汉代洪范五行学

一种异质性知识的经学化

程苏东 著

北京大学出版社

图书在版编目(CIP)数据

汉代《洪范》五行学：一种异质性知识的经学化/程苏东著.—北京：北京大学出版社，2023.1
　　ISBN 978-7-301-33742-4

Ⅰ.①汉… Ⅱ.①程… Ⅲ.①《尚书》–研究②五行–研究　Ⅳ.①K221.04②B2

中国国家版本馆CIP数据核字（2023）第025545号

书　　　名	汉代《洪范》五行学——一种异质性知识的经学化 HANDAI《HONGFAN》WUXINGXUE——YIZHONG YIZHIXING ZHISHIDE JINGXUEHUA
著作责任者	程苏东　著
责任编辑	魏奕元
标准书号	ISBN 978-7-301-33742-4
出版发行	北京大学出版社
地　　　址	北京市海淀区成府路205号　100871
网　　　址	http://www.pup.cn　新浪微博: @北京大学出版社
电子邮箱	编辑部 dj@pup.cn　总编室 zpup@pup.cn
电　　　话	邮购部010-62752015　发行部010-62750672　编辑部010-62756449
印　刷　者	三河市北燕印装有限公司
经　销　者	新华书店
	650毫米×980毫米　16开本　28印张　333千字 2023年1月第1版　2025年5月第3次印刷
定　　　价	86.00元

未经许可，不得以任何方式复制或抄袭本书之部分或全部内容。
版权所有，侵权必究
举报电话: 010-62752024　电子邮箱: fd@pup.cn
图书如有印装质量问题，请与出版部联系，电话: 010-62756370

目　录

引言：经学的数术化与数术的经学化 …………………… 1
　一、汉代经学"数术化"之说的回溯与反思 …………… 2
　二、数术的公共化与汉儒知识体系的新变 …………… 8
　三、作为个案的汉代《洪范》五行学 …………………… 14

上编　汉代《洪范》五行学基础文献研究

第一章　《洪范五行传》的成篇与作者问题 …………… 21
　一、《洪范五行传》传本考略：通行本与别本 ………… 22
　二、通行本的基本形态 ………………………………… 27
　三、伏生、夏侯始昌始作说献疑 ……………………… 33
　四、基于岁始的成书年代判断 ………………………… 41

第二章　刘向《洪范五行传论》佚文考辨 ……………… 47
　一、刘向《传论》的成书与流传 ………………………… 48
　二、刘向《传论》的基本形态 …………………………… 56

三、诸书征引《传论》体例辨识 ……………………… 58
四、诸书互见《传论》佚文的差异 …………………… 68
五、《汉书·五行志》"说曰"的出处问题 …………… 86

第三章 《汉书·五行志》体例覆覈 ……………… 100
一、学术史回顾 …………………………………… 101
二、《汉书·五行志》八例 ………………………… 104
三、《汉书·五行志》体例失严之例 ……………… 129

下编 汉代《洪范》五行学史

第四章 《洪范五行传》的形成 …………………… 137
一、作为"经传"的《洪范五行传》 ………………… 139
二、时令类文献视域中的《洪范五行传》 ………… 145
三、归本阴阳：战国秦汉五行、时令文献的基本特点 …… 149
四、《洪范五行传》对时令文献的因革 …………… 155
五、儒学灾异论个性的形成 ……………………… 163

第五章 《洪范》五行学师法及其经学形态的建立 …… 169
一、《尚书》"别传"之学 …………………………… 170
二、夏侯始昌所传《洪范》五行学师学谱系考 …… 172
三、《洪范》五行学师说辑略 ……………………… 185
四、《洪范》五行学师说的思想特点 ……………… 190

第六章 刘向《洪范五行传论》与经学灾异论体系的建构 ……………………………………………… 198
一、刘向《洪范》五行学的系统性问题 …………… 200

二、《洪范》五行学学理体系的重建 ·················· 211

三、援阴阳以说君臣大义 ·························· 242

四、《洪范》五行学体系中的《春秋》三传 ·············· 259

五、"六艺"知识体系的重构 ························ 268

第七章 《左传》、历数与刘歆《洪范》五行说 ········ 273

一、别本《洪范五行传》的择用与论证 ················ 274

二、向、歆《春秋》《左传》灾异说异同 ················ 280

三、《左传》与历数知识的绾合与冲突 ················ 289

四、日食食日、分野说平议 ·························· 303

五、两面性的刘歆及其困境 ·························· 314

第八章 《汉书·五行志》与汉儒天人学的经学化 ······ 317

一、为何是"五行志"？ ···························· 318

二、天人学体系的重建 ······························ 321

三、依经立传：《洪范五行传》的文本重构 ·············· 332

四、援经解传："说曰"的阐释风格 ···················· 336

五、"《春秋》之占"：灾异行事的择取 ·················· 340

六、以经驭传：《汉书·五行传》的编纂意图 ············ 343

第九章 渐趋驳杂的东汉《洪范》五行说 ·············· 344

一、西汉三家《洪范》五行说的流播 ·················· 346

二、基于史志阅读的《洪范》五行说 ·················· 350

三、"五行""五事"关系的新构 ······················ 355

第十章 郑玄经学体系中的《洪范五行传》注 ·········· 362

一、《尚书大传》郑注的散亡与辑佚 ·················· 363

二、《五行传》郑注体例与系统化趋向 …………… 365
三、基于"六天说"的"神怒"与"变异" …………… 384
四、"共御"之术的礼学化阐释 …………… 401
五、小结 …………… 404

结语：一种异质性知识的经学化 …………… 407

参考文献 …………… 418
  一、基本古籍 …………… 418
  二、出土文献 …………… 425
  三、近代以来出版论著 …………… 426
  四、学位论文 …………… 431
  五、期刊论文 …………… 431

后记 …………… 439

引言:经学的数术化与数术的经学化

《洪范》五行学是汉儒以《尚书·洪范》为基础,以战国五行说为纲领,整合阴阳、时令、天文、历算等数术知识构建而成的一种儒家灾异学说。它先后形成夏侯始昌所立师法、刘向《洪范五行传论》、刘歆《洪范五行传论》、班固《汉书·五行志》、郑玄《洪范五行传注》等多种经传说解,是相对独立于《尚书》学的别传之学;与京氏《易》、齐《诗》翼氏学、《春秋》公羊学以及"七纬"等共同构成汉代经学灾异论体系,对中古社会具有广泛影响。北宋以后,由于士人知识观念的转型,这类经传的合理性受到质疑,至近代以来逐渐形成汉代经学"数术化""神秘化"等论断,并被视为今文经学走向衰落的重要原因。不过,随着近年来经学史、知识史研究的深入,相关经传的内在价值及其历史意义得到重新评估。从战国秦汉经学史的整体视域来看,这些经传将儒家的核心视角从"人"转移到"天人之际",无疑存在偏失;但考虑到汉代儒学社会角色的变化,这种转变又有其合理性甚至必然性。作为一种试图绾合传统经传与数术知识的经说,这种解经风气何以会出现,经师如何弥合二者在价值立场、知识体系等方面的差异,其在历时层面表现出何种变化,这些均是值得探讨的问题。

一、汉代经学"数术化"之说的回溯与反思

《论语》称"子不语怪、力、乱、神"①，帛书《要》篇论《易》，以为巫史习于"赞""数"而君子明其"德"②，凡此均流露出先秦儒家对于数术知识的轻鄙之意。《庄子·天下》将晚周士人所治之学分为三类：其一为"旧法世传之史"所治"明而在数度者"；其二为儒生所治"六艺"之学；其三为诸子所治百家之学③。此说虽未脱学派立场，但其指出儒生不以数术为业却颇为中肯。不过，《周易》本于阴阳而推吉凶，《洪范》有休咎之征，《诗》言"乃占我梦"④"日月告凶"⑤，《仪礼》多涉卜筮，《春秋》则悉录灾异，"六艺"经传本就涉及数术，一旦落实到训释层面，恐怕不能不对数术有所了解。随着天人之学在汉代儒学中地位的提升，天文、历数、阴阳、五行、时令等"知天"之术更成为汉代经学的重要组成部分。仅从《七略》来看，除《数术略》大量著录灾异学论著外⑥，《六艺略》也载有《杂灾异》《灾异孟氏京房》、许商《五行传记》、刘向《五行传记》《明堂阴阳》等多种灾异论著。在刘歆看来，数术虽为专门之学，但既然出于"明堂羲和史卜之职"⑦，则同出王官的"六艺"经传在阐释中援用数术不

---

① 程树德：《论语集释》卷一四《述而下》，北京：中华书局1990年版，第480页。
② 湖南省博物馆、复旦大学出土文献与古文字研究中心编纂，裘锡圭主编：《长沙马王堆汉墓简帛集成》（叁），北京：中华书局2014年版，第118页。
③ （清）郭庆藩：《庄子集释》卷一〇下《天下》，北京：中华书局2012年版，第1067页。
④ 《毛诗正义》卷一一一二《斯干》，（清）阮元校刻《十三经注疏》，北京：中华书局2009年版，第937页上栏a。
⑤ 《毛诗正义》卷一二一二《十月之交》，《十三经注疏》，第957页上栏a。
⑥ 如《务成子灾异应》《十二典灾异应》《钟律灾异》《於陵钦易吉凶》《祯祥变怪》《四时五行经》《阴阳五行时令》等（《汉书》卷三〇《艺文志》，北京：中华书局1962年版，第1767、1768、1771、1772页）。
⑦ 《汉书》卷三〇《艺文志》，第1775页。

引言:经学的数术化与数术的经学化

仅理所当然,甚至是势所必然。这种看法在汉儒中颇具代表性,即便张衡在奏议中激烈批评谶纬之虚妄,但对《易》占、《洪范》五行说仍高度看重,视之为圣人"经天验道"之术①。当然,班固《汉书》传赞称董仲舒、夏侯始昌、刘向、谷永等"假经设谊,依托象类,或不免乎'亿则屡中'"②,王充据黄老"自然"说驳斥灾异论,视谴告为衰世造作之语③,可见汉人对于儒者援经以说灾异的随意性倾向已有所警惕。随着魏晋玄学的兴起,士人对汉儒天人学的热情更显淡薄。只是作为"六艺"知识体系的一部分,灾异说仍受到中古士人普遍认可,《五行志》成为常规史体,崔浩、高允等北朝大儒以精于《洪范》五行见重于朝④,隋人萧吉《五行大义》整合群书所见阴阳五行说,建立起更具系统性的儒学灾异论。不过,唐人所定"九经"疏义对卦气、《洪范》五行等灾异说的引述已非常有限⑤,《春秋公羊疏》对何休注所言灾异效验大多不过明其史事,至于其占验依据则鲜见讨论。相较而言,似乎只有据二刘旧疏删定而成的《毛诗正义》在灾异说方面显示出浓厚的兴趣和丰富的知识储备。总体而言,汉儒灾异论在中古时期仍得到传承,但其社会影响已现衰微之势。

真正的挑战始于北宋中前期⑥。仍以《洪范》五行学为例,尽管君主因灾异而罪己、策问、纳贤的政治传统仍得到延续,仁宗赵祯更亲撰《洪范政鉴》,收录诸家《五行传》注及正史所载灾异事例,显

---

① 《后汉书》卷五九《张衡列传》,北京:中华书局1965年版,第1910~1912页。
② 《汉书》卷七五《眭两夏侯京翼李传》,第3195页。
③ 黄晖:《论衡校释》卷一八《自然》,北京:中华书局1990年版,第784~785页。亦可参该书《变虚》《异虚》《感虚》《谴告》《变动》《感类》等篇。
④ 《魏书》卷三五《崔浩传》,北京:中华书局2017年版,第895页;卷一一四上《高允传》,第1183页。
⑤ 《周易正义》在《临》卦、《贲》卦正义中援用十二消息卦,《剥》卦正义以"六日七分"说解释王弼注;《尚书正义》在《洪范》"庶征""五福"部分援引《洪范五行传》之说。
⑥ 相关研究可参陈侃理《儒学、数术与政治:灾异的政治文化史》,北京:北京大学出版社2015年版,第264~271页。

示汉儒灾异论在北宋国家意识形态建构中仍具有重要意义；但在士人著述中，一种新的灾异观念正逐步形成。与《尚书正义》不同，胡瑗《洪范口义》在疏解"五事"休咎时全据《洪范》经文，一字不及《五行传》；只是他强调"王者作一事，必念一事之应；行一政，必念一政之报"①，仍未脱汉儒灾应观念影响。苏洵《洪范论》则对《五行传》及向、歆传论提出正面批评，指出其以"五事"与"皇极"并列、以"五福六极"分别对应"六事"等皆有悖经义，主张以"皇极"统摄"五事"，并与"六极五福"形成整体性的对应关系。不过，关于"五事"与"庶征"之间的效验关系，苏洵不仅未加否认，更加以申述，类似立场亦见于苏轼《制御试策》与《东坡书传》。至欧阳修《新唐书·五行志叙》乃提出"自三代之后，数术之士兴，而为灾异之学者务极其说"②，首次在史志中将灾异论归源于晚周数术，彻底扭转了《汉书·五行志》以来将天人之道溯至伏羲、大禹、文王、孔子等儒家先圣的传统叙述。欧阳修对《五行传》以"五事"与"庶征"相配的做法也提出批评，较苏洵说更为彻底。至王安石《洪范传》乃变"庶征"为"庶证"，又赋予"时阳若"等经文以新解③，完全否定了汉儒以灾异与人事一一对应的旧说，主张"以天变为己惧"，将灾异作为人君戒惧反思的契机，而"以天下之正理"考察政事偏失。荆公此文意在回击朝中反对派屡以灾异影射时政的做法④，故影响广泛。与其过从甚密的曾巩亦撰有《洪范传》，以孟子心性说疏解五事、八政，体现出北宋士人试图抹去《洪范》的灾异学色彩，并将其纳入性理

---

① （宋）胡瑗：《洪范口义》卷上，文渊阁《四库全书》本，卷上第 10 叶 b。
② 《新唐书》卷三四《五行一》，北京：中华书局 1975 年版，第 871 页。
③ 王安石《洪范传》认为，"雨、旸、燠、寒、风者，五事之证也。降而万物悦者，肃也，故若时雨然……"如此《洪范》所谓"休征"也就变为对人君顺施五事之效的一种比拟，不再具有灾异学意义。（〔宋〕王安石：《洪范传》，《王安石文集》卷六五《论议》，北京：中华书局 2021 年版，第 1137～1138 页）
④ 张兵：《〈洪范〉诠释研究》，济南：齐鲁书社 2007 年版，第 138～140 页。

之学的努力。

　　从《崇文总目》等的著录与文献征引来看，自东汉以来流行不辍的刘向《洪范五行传论》至北宋已经亡佚，《汉书·五行志》成为宋儒了解汉代《洪范》五行学的主要依据。《仪礼经传通解续》《玉海》《文献通考》等经传、典志均抄录《五行传》及郑玄注，但据《文献通考》引晁公武言："自古术数之学多矣，言五行则本《洪范》，言卜筮则本《周易》，近时两者之学殆绝。"① 可见汉儒灾异说已成绝学，诸书抄录似乎正有存古之意。同时，《洪范》五行学逐渐被视为一种将经学引入歧途的数术杂说，其经传性质遭到否定。郑樵斥之为"欺天之学"②，明儒熊明遇提出"刘向传《五行》而《洪范》夷于术数"③，清儒陈澧也认为《五行传》作为"汉儒术数之学，其源虽出于《洪范》，然既为术数之学，则治经者存而不论可矣"④。《四库全书总目提要》在论及《五行传》时认为"汉代纬候之说实由是起"，并据此"从《易纬》之例，附诸经解之末"⑤，《五行传》就此被排除在清儒建构的经学大厦之外。倒是力倡今文学的皮锡瑞立场有所不同，他将《洪范》五行学、《齐诗》翼氏学等天人灾异说视为"齐学"特色，认为其意在于"借天象以示儆，庶使其君有失德者犹知恐惧修省"⑥，反映了西汉经学重实用的时代特征。"齐学"说在 20 世纪前

---

① （元）马端临：《文献通考》卷二二〇《经籍考》，北京：中华书局 2011 年版，第 6099 页。
② 郑樵《通志·灾祥略·序》："说《洪范》者皆谓箕子本河图洛书以明五行之旨。刘向创释其传于前，诸史因之而为志于后，析天下灾祥之变而推之于金、木、水、火、土之域，乃以时事之吉凶而曲为之配，此之谓欺天之学。"（[宋]郑樵：《通志二十略》，北京：中华书局 1995 年版，第 1905 页）
③ （明）熊明遇：《徐巨源四经笺序》，《文直行书诗文·文选》卷三，顺治十七年熊人霖刻本，第 7 叶 b。
④ （清）陈澧：《东塾读书记》卷五，上海：上海古籍出版社 2012 年版，第 82 页。
⑤ （清）纪昀总纂：《四库全书总目提要》卷一二《经部·书类二》，石家庄：河北人民出版社 2000 年版，第 369 页。
⑥ （清）皮锡瑞：《经学历史》，吴仰湘编《皮锡瑞全集》第 6 册，北京：中华书局 2015 年版，第 36 页。

期经学史论著中颇见流传①,至于"齐学"之源,则学者仍多溯至邹衍等战国齐地数术传统。

随着近代以来科学观念的引入,儒学灾异论受到更猛烈的批判。章太炎痛惋经术之乱:"非仲舒、眭孟,谶纬必不敢乱经术。至于举国若狂之世,虽卓拔者犹将自陷,子骏、景伯多不能免。"②梁启超《阴阳五行说之来历》则以激愤之笔斥言:"庄严纯粹之六经,被邹衍余毒所蹂躏,无复完肤矣","两汉所谓今文家经说,其能脱阴阳五行臭味者,什无二三,大率自仲舒启之"。③梁说影响广泛而持续④。随着思想史研究的推进,尽管这类激进的价值判定已趋于中肯,但作为一种现象描述,汉代经学"数术化""神秘化""方士化""阴阳五行化""宗教化""齐学化""秘教倾向"等论断基本已成为学界共识⑤。在日本学界,西嶋定生以"儒教国教化"描述传统儒学与谶纬

---

① 本田成之《中国经学史》辟有《齐学底兴旺》一章,囊括《春秋》公羊、《洪范》五行乃至《穀梁传》《左传》、诸家《易》学中的灾异理论([日]本田成之:《中国经学史》,孙俍工译,上海:中华书局1935年版,第145~150页)。马宗霍以为"齐人喜言天人之理,鲁学颇守典章之遗"(马宗霍:《中国经学史》,上海:商务印书馆1937年版,第46页)。武内义雄同样将强调"天人相与的关系"视为齐学的主要特征([日]武内义雄:《中国哲学思想史》,汪馥泉译,上海:商务印书馆1939年版,第124页)。对"齐学"说的质疑,可参葛兆光《中国思想史》相关论述(葛兆光:《中国思想史·第一卷》,上海:复旦大学出版社2019年版,第255页)。

② 章太炎:《春秋左传读叙录》,原刊《国粹学报》第3卷(1907),收入《章太炎全集·春秋左传读 春秋左传读叙录 驳箴膏肓评》,上海:上海人民出版社2014年版,第801页;

③ 梁启超:《阴阳五行说之来历》,《东方杂志》第20卷第10号(1923.5),第70~79页。

④ 值得注意的是,梁文刊发后不久就受到吕思勉的批评。可参吕思勉《辩梁任公阴阳五行说之来历》,《东方杂志》第20卷第20号(1923),第75~85页,收入《吕思勉论学丛稿》,上海:上海古籍出版社2020年版,第190~202页。

⑤ 可参杨东莼《中国学术史讲话》,北京:北新书局1934年版,第127页;[日]泷熊之助:《中国经学史概说》,陈清泉译,上海:商务印书馆1941年版,第83页;夏曾佑:《中国古代史》,上海:商务印书馆1944年版,第334~338页;侯外庐、杜守素、纪玄冰、邱汉生:《中国思想通史·第二卷》(上册),北京:生活·读书·新知三联书店1950年版,第90~128页;顾颉刚:《秦汉儒生与方士·序》,上海:上海人民出版社1957年版,第8~9页;[英]崔瑞德、鲁惟一编:《剑桥中国秦汉史》,杨品泉等译,北京:中国社会科学出版社1992年版,第728页;张岂之主编:《中国思想学说史·秦汉卷》,桂林:广西师范大学出版社2008年版,第448~464页。

神秘思想的结合①,也引起日本学界广泛讨论②。

回顾这一过程,张衡明确区分《易》占、《洪范》五行、《春秋》灾异说与谶纬,认为前者"经天验道"而后者为"不占"之妄辞;但四库馆臣却认为前者"核其文体,即是纬书"③,实为后者滥觞,这一转变基于士人知识观念的变化。在近代以来的学术史视域中,经学的源初形态被设定为孔、曾、孟、荀等晚周儒者对于"六艺"的阐释之学,关注情性、人伦、礼俗、制度等社会问题④,汉以后各家经说被预设为这一传统的当然继承,一旦羼入某种"异质性知识",就会被视为偏离正统,获得"神学化""齐学化""玄学化""禅学化""理学化""心学化"等强调其异质性、地方性或学派性趋向的评价。本田成之一方面视灾异论为"前汉经学之一大精神";但通过将其溯源至邹衍,又认为前汉经学"殆非儒家",应属"方士"之学。这类论述反映出学者试图根据某种"纯粹""正宗"的理想知识形态判定经学史演进方向的倾向,固然为我们理解经学史发展提供了有效的视角,但无疑也掩盖了经学内部知识体系与阐释方式的复杂性与多样性。

事实上,经学是一种在历史上逐渐形成并不断变化的动态知识体系,本无恒定标准。研究者应致力于揭示不同时期经学的呈现方式与形成原因,而不必执着于以某一时期或学派的观念来限定何者"纯粹""正宗",何者杂芜。同时,在传统视域中,经学是一切知识的源头和基准,是用以观察和描述各种知识演变的参照物,学者即便关注经学与数术之间的互动关系,往往也是基于经学立

---

① [日]西嶋定生:《中国古代国家と東アジア世界》第一章第二篇《皇帝支配の成立》,东京:东京大学出版会1983年版,第75页。
② [日]板野長八:《図讖和儒教的成立》,《史学雑志》第84卷第2、3号(1975)。
③ 纪昀总纂:《四库全书总目提要》卷六《经部六·易类六》,第184页。
④ 例如《中国经学思想史》在论及经学与谶纬之别时提出:"经学是理性的,谶纬是神秘的;经学是经邦济世的,注重的是道德实践,谶纬是以预决吉凶为目的的,注重的是神秘的符应;经学是传统的经典诠释学,而谶纬则是以附会为特征的。"(姜广辉主编:《中国经学思想史·第二卷》,北京:中国社会科学出版社2003年版,第40页)

场关注其如何吸收数术思想;但从更广阔的知识史视野看,经学只是时代整体知识中的一部分,其发展受到时代知识水平的影响,因此,研究者应超越经学的自身视角,从知识史的整体背景中去理解经学知识体系的历时性变化。换言之,以先秦儒学为基准,汉代经学固然呈现出数术化倾向,但如果以先秦数术为基准,则其在汉代同样存在一个"经学化"的发展过程,二者一体两面,实不可偏废。这种研究视角的转变需要深入数术知识的自身传统与内在逻辑,细致梳理这些最初并非为儒生所习的异质性知识究竟如何与"六艺"发生关联,并经由相关经传阐释进入汉儒"六艺"之学的园囿甚至中庭。以《洪范》五行学而言,《五行传》原本只是一篇作者难以确定的普通经传,但由于它巧妙地整合了《洪范》经文与阴阳、五行、时令等数术知识,符合汉儒知识体系革新的内在需求,因此先后得到夏侯始昌、夏侯胜、许商、刘向、刘歆、班固、郑玄等硕儒的关注,形成一系列具有经传性质的论、记、说、注。《五行传》的数术色彩与儒生的经学化阐释之间构成持续的张力,成为我们观察汉代《洪范》五行学发展的重要维度,也使后者成为我们了解汉代经学史与知识史的有趣个案。

二、数术的公共化与汉儒知识体系的新变

从甲骨卜辞来看,以商王与贞人集团为代表的商代高级贵族是龟卜等天人交通之术的核心掌握者,王权与神权呈现出高度融合的形态。不过,随着王权逐渐独立,至商代晚期,商王已较少亲自从事占卜,贞人开始呈现出职官化倾向[①]。在周人"敬鬼神而远

[①] 林甸甸:《从贞人话语看早期记录中的修辞》,《中国社会科学》2019年第4期,第174页。

之"的观念影响下,诗书礼乐等关于治道、伦常、仪典、史事的知识成为贵族子弟学习的主要内容①。单襄公以"吾非瞽史,焉知天道"回应鲁侯之问②,郑子产则进一步认为:"天道远,人道迩,非所及也,何以知之?(裨)灶焉知天道?"③可见至少在部分春秋贵族的观念中,旨在探求"天道"的卜筮、梦占等数术已成为部分职官掌握的专门知识。《泰誓》言"民之所欲,天必从之"④,又言"天视自我民视,天听自我民听"⑤,在周人的君道观中,人君以知民而奉天,至于天道吉凶则由有司负责占问,类似士文伯、叔向、子产等对数术有所了解的贵族反被视为渊博超拔的异才。孔子克己复礼,以周代贵族的知识素养为基础建构起以道德、理性为旨归的君子之学,在主张"畏天命"的同时却不以"天道"语人⑥。此后,孟子主张存心养性以事天,荀子强调天人之分,"不与天争职"⑦,二者立场虽有不同,但都不主张借助数术探求天道。诚如孔子所言,"吾非斯人之徒与而谁与"⑧,先秦儒学是一种反求诸己的道德理论,其核心在"人",数术由此成为见斥于儒者之学的异质性知识。

不过,汉儒对涉及"天人之际"的各类数术却表现出浓厚兴趣,试图通过对"天"的理解重新建构"人"的价值与行为准则。董仲舒

---

① 《国语·晋语》载晋世子习《春秋》,《楚语》载楚太子习《春秋》《世》《诗》、礼、《令》《语》《故志》《训典》,(徐元诰:《国语集解》,北京:中华书局 2002 年版,第 415、485~486 页)《礼记·王制》称乐正"顺先王诗、书、礼、乐以造士"(《礼记正义》卷一三《王制》,《十三经注疏》,第 2905 页)。

② 徐元诰:《国语集解·周语下》,第 83 页。

③ 《春秋左传正义》卷四八,《十三经注疏》,第 4529 页上栏 a。

④ 《春秋左传正义》卷四〇,《十三经注疏》,第 4373 页下栏 a。

⑤ (清)焦循:《孟子正义》卷一九《万章上》,北京:中华书局 1987 年版,第 646 页。类似说法亦见于《国语·楚语》右尹子革之言:"民,天之生也,知天,必知民矣。"(徐元诰:《国语集解》,第 500 页)

⑥ 程树德:《论语集释》卷三三《季氏》,第 1156 页;卷九《公冶上》,第 318 页。

⑦ (清)王先谦:《荀子集解》卷一一《天论》,北京:中华书局 1988 年版,第 308 页。

⑧ 程树德:《论语集释》卷三六《微子上》,第 1270 页。

汉代《洪范》五行学——一种异质性知识的经学化

推阴阳以说灾异,又以止雨、求雨之术而擅名,夏侯始昌、夏侯胜、梁丘贺、眭孟、翼奉、刘向、刘歆、扬雄、蔡邕、郑玄等大儒几乎无不兼擅数术,以卦气说、《洪范》五行说、《春秋》灾异说为代表的一批经说将数术融入传统经传的阐释中,对汉代思想、政治与社会文化产生广泛影响。汉儒何以将"六艺"之学的重心转向天人之际,这一问题牵涉甚广,以下略陈四点:

首先,晚周数术的发达及其书面化带来其知识形态的系统化趋向。晚周数术在周天星象及其运行规律、八风运行规律及其物候影响、推步历术、五音十二律、五脏六腑的病理机制等知识领域,以及阴阳五行理论体系的建构等方面均有重要突破。这些知识与人类社会生活关系密切,一旦在重要时间节点或关键政治事件中得到验证,更会对时人造成强大的心理冲击。无论是八十一分历的核验,还是夏侯始昌预言柏梁台灾、夏侯胜预言昌邑王遭废,都成为轰动一时的事件。同时,数术在战国秦汉时期出现书面化的浪潮。《庄子》中轮扁以制轮为"得之于手而应于心,口不能言"的经验性技术[1],但《考工记》不仅详述车轮的制作工艺,还基于兵车、田车、乘车的不同功能标明其不同尺寸。此外,举凡历数、相术、堪舆、求雨、望气等各类知识都出现了规模可观的专业图籍。在书面化过程中,相关知识势必要经过系统化;而书面文本的积累反过来又会促进知识的进一步系统化。由此,数术的随意性和神秘性倾向得到遏制,逐渐呈现为一种基于象数等"客观"依据、循既定方法得出结论、并接受实践验证的系统性知识,具备了某种学理性和实证性色彩。张衡在奏议中即明确提出,日月星辰的运行、龟卜蓍占的兆坼等均是圣人据以预知吉凶的物质依据,故律历、卦候、九宫、

---

[1] (清)郭庆藩:《庄子集释》卷五中《天道》,第491页。

风角诸术与图谶等"不占之书"绝不可同日而语①。此外,数术知识的书面化还有助于其传播范围的扩大。《庄子·天下》认为"数度"之学仅传于"旧法世传之史"②,司马迁所举春秋以来"传天数者"亦不过子韦、裨灶、甘公等数人③,显示数术本是师弟相承的秘密知识;但从汉墓的发掘情况看,天文、历数、时令、阴阳等数术著作常与六艺、诸子文献同见于墓葬中,例如马王堆汉墓中既有《周易经传》《丧服图》《五行》《老子》《十六经》,又有《五星占》《天文气象杂占》《刑德》《阴阳五行》,银雀山汉墓中既有《晏子》《十官》《五议》,又有《曹氏阴阳》《禁》《三十时》,双古堆汉墓中既有《诗经》《儒家者言》《庄子》《吕氏春秋》,又有《刑德》《日书》《星占》《楚月》《天历》《向》④。数术文献的阅读不再仅限于少数技术官僚,而逐渐具备一定的公共性,这显然有利于汉儒在经传阐释中对其加以援用。

其次,先秦儒学对于预知未来的内在兴趣。数术借助技术预知未来,而儒者则服膺孔子"信而好古"的传统,二者看起来大相径庭。不过,《论语》载子张之问:"十世可知也?"孔子对曰:"殷因于夏礼,所损益可知也。周因于殷礼,所损益可知也。其或继周者,虽百世,可知也。"⑤在孔子看来,根据三代史事可以总结出社会发展损益之"道",此道恒久不变,足以成为预知未来的灵钥。据《左传》所载,孔子曾根据鲁国政事判定哀公三年鲁火当在桓、僖之宫,《左传》自身更是热衷于记述各种祸福预言和效验。当然,最具系统性的论述见于《周易》经传,《文言》称圣人"先天而天弗违"⑥,《系

---

① 《后汉书》卷五九《张衡列传》,第1911~1912页。
② 郭庆藩:《庄子集释》卷一〇下《天下》,第1065页。
③ 《史记》卷二七《天官书》,北京:中华书局2013年版,第1594页。
④ 胡平生:《阜阳双古堆汉简数术书简论》,《出土文献研究》1998年第2期,第17~35页。
⑤ 程树德:《论语集释》卷四《为政下》,第127页。
⑥ 《周易正义》卷一《乾》,《十三经注疏》,第30页下栏a。

辞》称《易》"彰往而察来"①,圣人不仅洞悉古今,更可烛照神明,准确把握"先天"之机。尽管与纯粹的数术热衷于预知相比,儒学灾异说更关注对灾异咎由的回溯②,但后者的实现无疑基于未来可以预知这一基本前提,因此,先秦儒学对于未来可预知性的确认为汉儒接受数术学说提供了重要的思想基础。

第三,汉代儒学的官学化及其社会角色的变化。先秦儒家主要关注人伦与制度,孔子、孟子、荀子在论述中都强调儒学是一种形而上的"君子之学",以杨墨商韩之言为异端邪说,视技术性知识为君子所不为的小道。不过,随着大一统帝国的建立,汉人开始追求知识层面的大一统,儒学成为承载国家意志的官学。这种社会角色的变化决定了它不可能再像先秦儒家一样仅为君子这一特定群体提供思想资源,必须成为对社会各领域、各群体具备广泛指导意义的公共知识。同时,如果不想重蹈秦始皇挟书律的覆辙,作为官学的儒学就必须突破其作为诸子学的狭隘立场,找到与诸子、数术知识"和平共存"的自我定位。这种探求在刘歆《七略》中得到完美呈现,他以"王官"统摄六略,将"六艺"作为王官之学的核心,而以诸子、诗赋、兵书、数术、方技为其流裔③,后者虽然无法与"六艺"相颉颃,但毕竟获得了充分的合法性,代表了汉人对于儒学以及整个知识世界的新认知。在此观念下,天文成为圣王"参政"之法,历谱成为"圣人知命之术"④,蓍龟为"圣人之所用"⑤,梦卜为"大人之占"⑥,"非湛密者弗能由"的数术就此成为儒者体道征圣的究极奥

---

① 《周易正义》卷八《系辞下》,《十三经注疏》,第 451 页上栏 a。
② 陈侃理:《儒学、数术与政治:灾异的政治文化史》,第 175~184 页。
③ [日]池田知久:《术数学》,[日]沟口雄三、小岛毅主编《中国的思维世界》,孙歌等译,南京:江苏人民出版社 2006 年版,第 126 页。
④ 《汉书》卷三〇《艺文志》,第 1765 页。
⑤ 《汉书》卷三〇《艺文志》,第 1767 页。
⑥ 《汉书》卷三〇《艺文志》,第 1771 页。

义[1]，无怪乎刘向、歆父子会以那样的热情投入到这项事业之中。

第四，先秦儒学知识体系的滞后与其永恒价值追求之间的矛盾。"六艺"主体内容成于商周而止于孔子，其知识趣味本有所局限，知识更新亦难以进行，因此，随着时代的推移必然存在一定滞后性，这在战国时期已经有所暴露。孟子一度悲观地预言"王者之迹熄而《诗》亡"[2]，荀子则发出"《诗》《书》故而不切"[3]的感叹。新旧替代本是知识演进的常态，但儒家坚信"天不变，道亦不变"[4]，官学化之后的经学更试图以圣人之"经"持续指导社会生活，这就要求后世经师必须通过创造性阐释来丰富经典的内涵，同时确保其知识体系的时代性。数术的系统化与公共化恰好适应了经学革新自身知识体系的需求，汉儒援纳阴阳、五行、时令、天文、历数等广受认同的数术学说，用最"先进"的知识重新论证这些古老的经典，彰显她们永恒的魅力，这对于维系经学的权威性具有重要意义。

总之，数术作为一种先秦儒家视域中的异质性知识，在汉儒的推动下实现了一定程度的经学化，甚至一度占据汉代经学知识体系的核心，这是战国秦汉知识史演进中的关键事件，值得深入探讨。关于"异质性知识"和"经学化"这两个概念，前文已多次提及，这里再略做说明。所谓"异质性知识"（heterogeneous knowledge），是指相对某种既有知识体系而言具有独立话语体系、生产与传播机制的知识。就儒学而言，《汉书·艺文志》所言诸子、兵书、数术、方技，以及后世出现的玄学、佛学、西学等在不同程度上均可以被视为异质性知识。至于"经学化"，则是指汉儒通过对异质性知识的文本化和阐释，使其在文本形态、传习方式、价值立场、阐释向

---

[1] 《汉书》卷三〇《艺文志》，第 1773 页。
[2] 焦循：《孟子正义》卷一六《离娄下》，第 572 页。
[3] 王先谦：《荀子集解》卷一《劝学》，第 14 页。
[4] 《汉书》卷五六《董仲舒传》，第 2519 页。

度、知识体系等各个层面与"六艺"经传深度融合的过程。本书将这一过程称为"经学化"而非"儒学化",意在强调这一过程不仅意味着思想倾向的转变,更是通过一系列具体的经传阐释而实现的。

三、作为个案的汉代《洪范》五行学

无论从文献规模,还是传习范围来看,《洪范》五行学在汉代经学的庞大体系中都显得微不足道,但它不仅突破大夏侯《尚书》学师法而建立起相对独立的传习谱系,而且一度成为显学,甚至超越京氏《易》和董氏《春秋》学,成为《汉书》著录灾异知识的基本框架,这不能不说是一个奇迹。作为"中国人的思想律"[①],阴阳五行学说的经学化显示出令人难以置信的能量,也成为我们选择汉代《洪范》五行学作为个案来讨论"异质性知识的经学化"这一论题的基本考量。当然,对于汉代经学研究而言,文献资料的存佚情况永远是我们面临的最大挑战,而《洪范》五行学在这方面同样显示出独特优势。由于汉魏之际郑玄学的巨大影响和中古官学经目的不断调整,汉儒经传多已亡佚。目前完整留存的只有《焦氏易林》《韩诗外传》《毛诗故训传》及郑笺、"三礼"郑注与何休《春秋公羊经传解诂》;此外,《京氏易传》《尚书大传》《大戴礼记》《春秋繁露》等尚有较多佚文存世,但就各经内部而言,存世经说的分布比较零散,难以形成系统的历时性研究。《洪范》五行学则不同,除了《五行传》本文以外,其在发展过程中先后形成许商《五行传记》、刘向《洪范五行传论》、刘歆《洪范五行传论》《汉书·五行志》和郑玄《尚书大传·洪范五行传注》等五种重要经说。尽管除了《五行志》,各书均

---

① 顾颉刚:《五德终始说下的政治和历史》,《清华学报》第 6 卷第 1 期(1930),第 71 页,收入《顾颉刚全集·顾颉刚古史论文集》卷二,北京:中华书局 2010 年版,第 249 页。

已亡佚，但均有佚文或佚说见于《汉书·五行志》《续汉书·五行志》及刘昭注、《南齐书·五行志》《魏书·灵征志》《隋书·五行志》《五行大义》《开元占经》《初学记》《艺文类聚》《洪范政鉴》《仪礼经传通解续》《文献通考》等中古经传、史志、类书、占书中，通过对上述文献的勾稽考订，不仅可以大致恢复《五行传》及其郑注、刘向《传论》的基本形态，而且可以略窥夏侯始昌所传师法、刘歆以及东汉诸家《洪范》五行说的特点，由此建立起一条贯穿西汉前期、中后期、东汉前期、后期的完整时间链条，这种连贯性和代表性在汉代专经研究中几乎是独一无二的。此外，汉儒在《五行传》说解中大量援引《易》说、《春秋》说，郑玄还融入礼说与图纬之学，这就为我们理解汉代经学史上的一些整体性问题，如汉儒专经与博通之学的分野与利弊、刘向与刘歆解经风格的异同、郑玄经学体系的形成与特点等提供了新的视角，也显示出汉代《洪范》五行学丰富的研究向度。

关于汉代《洪范》五行学的研究基础，由于《洪范》在宋学中被赋予新的意涵，汉儒《洪范》五行说逐渐被弃之若敝履，即便是保存完整的《汉书·五行志》也鲜见征引。直至清代，随着汉学风气兴起，后者的文献学价值才得到清儒的重视。阎若璩、惠栋、孙星衍、王先谦、皮锡瑞等先后据其所引汉儒经说考辑今古文异说，并以之辅翼训诂、考证。同时，清人也致力于《尚书大传·洪范五行传》及郑注的辑佚，先后有十余种辑本问世，马国翰、王谟等还先后辑佚刘向《洪范五行传论》，但由于文献搜集范围和所据版本的限制，误辑、漏辑者不在少数。尤其是清人辑本多关注佚文的搜罗，未充分关注《五行传》及郑注、刘向《传论》等文本的体例问题，故相关文献的内在结构未得到厘清，这对于高度依赖结构的《洪范》五行学文献来说无疑是一个缺憾。

随着近代科学的兴起，《汉书·五行志》又被视为"迷信大全"

而受到否定,除了缪凤林、牟润孙、吕思勉等少数学者对其体例、学术价值有所论及外①,相关研究长期处于停滞状态。倒是在西方汉学界,从1933年开始,艾伯华(Wolfram Eberhard)、德效骞(Homer H. Dubs)、马恩思(B. J. Mansvelt-Beck)、毕汉思(Hans Bielenstein)、柯马丁(Martin Kern)、王爱和等先后利用《汉书·五行志》所见灾异说,围绕汉儒灾异阐释是否具有自觉的政治指向性这一论题展开持续讨论,极大推动了汉儒灾异学的研究。

就东亚学界而言,直到20世纪七十年代,乃有学者意识到《汉书·五行志》的学术价值,开始基于不同的学科视角对其史料价值加以发掘。镰田正、池田秀三、野间文史、刘德汉、江素卿、龚留柱、吴祖春等先后利用其研究西汉《春秋》学和礼学;多贺浪砂、游自勇、向燕南等则从史学史层面研究其史料来源及编撰意图;彭曦、陈业新等在汉代自然灾害史、语言学、政治思想史等研究中大量援据《汉书·五行志》;徐公持、刘湘兰等则对其所载谣谚、异事的文学史价值加以研究。进入21世纪,随着学术界对于经学史、知识史研究的关注,真正以《汉书·五行志》为中心展开的研究终于开始出现。围绕《五行传》的作者与成篇、刘向与刘歆《洪范》五行学说的异同、《汉书·五行志》的编纂意图等问题形成了一系列研究热点,徐兴无、黄启书、平泽步、张书豪、陈侃理、任蜜林等在这些方面拓进尤多。只是基于汉代经学"数术化"这一基本立场,学者对于汉儒在援取数术知识时所用方法的认识仍稍嫌简略。

基于此,本书将在细致辨析《汉书·五行志》的编纂体例、全面勾稽两汉《洪范》五行学文献的基础上,跳出汉代经学"数术化"趋

---

① 如吕思勉在《怎样读中国历史》中指出:"如《五行志》专记怪异,似乎研究自然科学如天文、地质、生物、生理等人才有用,然而五行灾异亦是一种学说,要明白学术宗教大要的人,岂能不读?"(《吕思勉论学丛稿》,第528页)

向的传统叙述,在战国秦汉知识史演变的整体视域下关注汉儒如何在"六艺"经传和阴阳、五行、时令、天文、历算等异质性知识之间去取平衡,构建起一种既本于"六艺",又能有效呼应时代知识趣味的新型经传体系。

上 编
汉代《洪范》五行学基础文献研究

第一章 《洪范五行传》的
成篇与作者问题

  作为《洪范》五行学开山之作，《洪范五行传》经过夏侯始昌、夏侯胜、许商、刘向、刘歆、郑玄等数代经师持续阐释，成为儒学灾异论的经典，对汉代政治具有直接影响；同时，基于传文形成的系列论说成为班固编纂《汉书·五行志》的基础，后者确立的体例、灾异分类方法成为后世《五行志》的典范。因此，无论是要深入理解汉代经学史，还是要从源头上把握正史《五行志》的编纂特点及思想倾向，都必须对《五行传》的形成过程有所了解。不过，学界对这一问题尚未达成共识。《汉书·艺文志》只是将其作为"《传》四十一篇"之一整体著录于《六艺略》的《书》类；至东汉末年郑玄《尚书大传序》则称"《传》四十一篇"为伏生诸弟子追记师说之辞，由此形成影响深远的"伏生所作说"。不过，《五行传》长期以来仅流传于夏侯始昌所传后学，这引起学者的疑惑，清儒或据《汉书·五行志》之说认为其撰自夏侯始昌，或根据思想倾向与语言风格认为其源出先秦。面对这些意见，有必要在验核各家论据的基础上，回归《五行传》与《汉书》，通过对《五行传》早期传播过程、《汉书·艺文志》

著录体例、《汉书·五行志》所见说解以及传文内部信息的进一步发掘,以求得稳妥的认识。

一、《洪范五行传》传本考略:通行本与别本

班固在交代夏侯始昌所传师法、刘向、刘歆所据《五行传》异同时指出:

> 孝武时,夏侯始昌通《五经》,善推《五行传》,以传族子夏侯胜,下及许商,皆以教所贤弟子。其《传》与刘向同,唯刘歆《传》独异。①

通读全志可知,这里"其《传》""刘向"与"刘歆《传》"并非泛言夏侯始昌所传师法、刘向与刘歆对《五行传》的阐释,而是确指三者所据《五行传》文本。从这段描述看来,至晚到刘歆时,《五行传》已分化出两个传本系统,其中一种经夏侯始昌传于夏侯胜,复经周堪而传至许商,后者据其撰成《五行传记》,将师说著于竹帛。这一师学谱系传承有序,其所据本《五行传》的来源也比较明确。又据《汉书·楚元王传》,刘向于领校中秘书时曾获见一种《五行传》,并据以编撰《洪范五行传论》,从上举班固之言来看,其本与许商所传师学本相同,或即为师学弟子所献。刘向将这一单篇传文与其他《尚书》传文合编为《传》四十一篇②,后者逐渐以《尚书大传》之名广泛流传③,不妨

---

① 《汉书》卷二七中之上《五行志》,第1353页,标点未尽从。
② 《汉书》卷三〇《艺文志》,第1705页。
③ 据《玉海》所存《尚书大传》郑玄序佚文:"(伏)生终后,数子各论所闻,以己意弥缝其阙,别作章句,又特撰大义,因经属指,名之曰《传》。刘向校书,得而上之,凡四十一篇。"([宋]王应麟撰,武秀成、赵庶洋校证:《玉海艺文校证》(上)卷三《书》,南京:凤凰出版社2013年版,第142页)《尚书大传·洪范五行传》郑玄注有"鸡畜之有冠翼者也,属貌""龟虫之生于水而游于春者,属木"(《后汉书》志第十三《五行一》刘昭注,第3267页)等注文,可知其所据本与师法、刘向所据本同属一系。

第一章 《洪范五行传》的成篇与作者问题

统称为"通行本"。从传世文献的引用情况来看,通行本在传抄过程中也出现异文,如"皇之不极",宋元文献所引《尚书大传》多作"王之不极"。又如"思心"条末句,《汉书·五行志》引作"时则有金木水火沴土"①,《续汉书·五行志》引作"惟金水木火沴土"②,《隋书·五行志》引作"木金水火沴土"③,贾公彦《周礼疏》引作"惟木金水火沴土"④。这里有两处异文,一是"时则有",一作"惟"。《五行传》于妖、孽、祸、痾、眚、祥皆言"时则有",表示"非必俱至,或有或亡,或在前或在后也"⑤,至于论五行互沴则言"唯金沴木""唯木沴金",显示后者不属妖祥,而是造成妖祥的动因。"思心"条于此独言"时则有",显然与前文体例不合,故《汉书·五行志》特为说解:"不言'惟'而独曰'时则有'者,非一冲气所沴,明其异大也。"《续汉书》与贾疏引作"惟",当系涉前文而致误。另一处异文是四行之次,貌、言、视、听四事之失造成的五行互沴情况可表见如下:

表 1-1

貌之不恭	金沴木
言之不从	木沴金
视之不明	水沴火
听之不聪	火沴水

从上表可见,若就乘沴者言之,则为"金木水火";若就受沴者言之,则为"木金火水",诸书引文各有所据。不过,此处四行既居乘沴者之位,自宜取"金木水火"之次更为合理。

---

① 《汉书》卷二七下之上《五行志》,第1441页。
② 《后汉书》志第一三《五行一》,第3327页。
③ 《隋书》卷二三《五行志》,北京:中华书局2019年版,第726页。
④ 《周礼注疏》卷五《疾医》,《十三经注疏》,北京:中华书局2009年版,第1436页下栏b。
⑤ 《汉书》卷二七中之上《五行志》,第1353页。

另一类传本为刘歆《洪范五行传论》所据，未知其所出，也未见其他文献直接征引，故称之为"别本"。二者的主要差异可表见如下，其中斜杠之前为通行本，之后为别本：

表 1-2

	貌	言	视	听	思心	皇极
咎	狂/狂	僭/僭	舒/舒	急/急	瞀/瞀	瞀/眊
孽	龟/鳞虫	介虫/毛虫	蠃虫/羽虫	鱼/介虫	华/蠃虫	龙蛇/无
祸	鸡/羊	犬/犬	羊/鸡	豕/豕	牛/牛	马/马
痾	下体生上/鼻	口舌/口舌	目/目	耳/耳	心腹/心腹	下人伐上/下体生上
六沴司月	二月三月/二月三月	六月七月/八月九月	四月五月/四月五月	八月九月/十月十一月	十月十一月/六月七月	十二月正月/十二月正月

比较这些异文，可以得出三点直观感受：第一，这些异文具有系统性，显然不是因为传抄中的无意讹谬所致，而是经过刻意的改造。第二，别本在系统性上优于通行本。例如传文"六事"部分以"六沴—六罚—六极"为基本框架，故所言诸咎也应各有不同，但通行本"思心"与"皇极"二事同咎，而别本则各有所指。又如诸孽的设置，别本以"五虫"分配"五事"，非常清晰；而通行本诸孽既有介虫、蠃虫这样的大类，又有龟、鱼、龙蛇等具体物种，甚至还有不属于动物的"华孽"，完全不在一个逻辑层次上。至于诸痾方面，别本所列均为人体器官之异，而通行本所列"下人伐上之痾"直指国家政治，与其他"五痾"实在难以对应。第三，在"五孽""五祸"与"五事""五行"的对应关系上，别本更符合《管子·幼官》《管子·四时》《管子·五行》《管子·轻重己》《淮南子·天文》《淮南子·时则》《吕氏春秋·十二纪》《礼记·月令》等战国秦汉时令文献，而通行

本则与主流月令说颇相抵牾①,因此,尽管《汉书·五行志》以通行本作为"传曰"正文,但对于灾异事例的分类却主要以别本为依据。

不过,细绎通行本,会发现其怪异的体系背后也有一定的合理性。比如,《五行传》所言诸"咎"本于《洪范》"庶征"之"咎征",后者仅言"五事"有失之咎,故别本"皇之不极"所言"厥咎眊"实出自后人杜撰,而通行本反倒可以被理解为思心、皇极皆统摄五事,故二者同咎。在"六孽"的分类及对应关系方面,通行本诸孽虽然缺少鳞虫、毛虫和羽虫等大类,但犬、羊、豕、牛、马等毛虫和作为羽虫的鸡本已见于"六祸",通行本不再列出毛虫、羽虫,可以视为是避免重复的有意设计。至于"龙蛇"和"鱼"本就是鳞虫的基本构成,将有人君之象的"龙蛇"单独析出,使之对应"皇极",再将剩下的鳞虫之异归于"鱼孽",似乎也不失为一种合理的安排。此外,银雀山汉简《曹氏阴阳》论诸虫阴阳:"介虫最阴者,龟蛟鳖也。鳞虫最阴者,龙蛇也。赢虫最阴者虾蟆也。"②分别以"龟"与"龙蛇"为介虫、鳞虫之最阴者,可见传文特举"龟"与"龙蛇"亦非无据。再如"华孽",即植物异象,也是阴阳占候书中常见者,《银雀山汉简·三十时》论时令之宜即有"桃李华""麦芄华""木槿华""菽华"数语③,将反季开花视为异象,此与诸虫之异虽然表现不同,但本质上都是自然物候异象,故归入一类亦可接受。至于通行本"六孽"未能涉及的动物,则可以通过"眚""祥"的设置得到弥补。相反,别本虽然看起来结构完备,但其于"皇之不极"部分无"孽",所谓毛虫、羽虫之孽与"六祸"之间也存在重复,在深层结构上反而隐藏着矛盾。

---

① 岛邦男对此有系统研究([日]岛邦男:《五行思想と禮記月令の研究》,东京:汲古书院 2004 年版,第 104 页),不过,岛邦男的讨论基于别本为刘歆本人改易这一预设立场,这在我们的研究中需要重新考量。

② 银雀山汉墓竹简整理小组编:《银雀山汉墓竹简(贰)》,北京文物出版社 2010 年版,第 204 页。

③ 银雀山汉墓竹简整理小组编:《银雀山汉墓竹简(贰)》,第 215、216 页。

至于"六祸"与"六事"的对应关系,通行本虽与秦汉主流时令文献不合,但也不是全无依据,例如以"鸡"对应"木"(貌),又见于《黄帝内经·金匮真言论》《墨子·迎敌祠》和"青史氏之记",以"羊"对应"火"(视),亦见于《黄帝内经·金匮真言论》[①]。可以说,"五畜"与"五行"的对应关系在战国时期尚显多元,至西汉中前期才逐渐形成一种主流学说。从这个角度看,通行本的面貌似较别本更为古老。

更进一步,如果深入考察通行本与别本之间的异文,我们发现通行本透露出一种"去月令化"的努力,而别本则显示出"合月令化"的追求。《洪范》"五行"与月令说之间本无关联,但《五行传》试图基于"五行""五事"建构一整套灾应体系,则其与"五色""五畜""五虫""五官"等"月令五行"发生联系,也就在所难免。"月令五行"的核心是基于阴阳、四时的刑德思想,也就是当春、夏时,施行德政,主生养;当秋、冬时,施行刑政,主肃杀,强调不得"逆时施政"和"当时失政"。《洪范》"五行"既然在形式上要与"月令五行"发生关联,自然就要面对是否遵从四时刑德观念的问题。从《五行传》内部看来,传文似乎有意强调其作为《洪范》经传的独立色彩:例如在"火不炎上"条,传文以"弃法律,逐功臣,杀太子"为咎由,这里"弃法律"是放弃执法,也就是容忍奸佞,"逐功臣,杀太子"则是听信谗言,妄行诛杀,总之,"火"为光明之象,人君若昏庸不明,错勘贞奸,无论失之宽严,都会导致"火不炎上";但在时令文献中,火主

[①] 《金匮真言论》引歧伯之言,认为东方畜鸡,南方畜羊,中央畜牛,西方畜马,北方畜彘。(姚春鹏译注:《黄帝内经》,北京:中华书局2010年版,第49~51页)《墨子·迎敌祠》以敌自东方来,祭牲用鸡;自南方来,牲用狗;自西方来,牲用羊,自北方来,牲用彘。(〔清〕孙诒让:《墨子间诂》卷一五,北京:中华书局2001年版,第573~574页)《新书·胎教》引"青史氏之记"亦以太子悬弧之礼,东方用鸡,南方用狗,中央用牛,西方用羊,北方用彘。可见"五行"与"五畜"的对应关系在战国时期颇存异说。(〔汉〕贾谊撰,阎振益、钟夏校注:《新书校注》卷一〇,北京:中华书局2000年版,第391页)

夏养，故其时不可径行诛伐，而应"缓刑，免罪人"①"毋断大木、诛大臣"②。《五行传》将执法之失置于主德的火行而非主刑的金行，似乎就是要打破时令文献基于四时以论刑德的故说，重建更具儒学色彩的刑德观念。同样的例子在《五行传》中还有不少，本书第四章将有进一步讨论。

事实上，传文"五行"既取相生之序，这就决定了它既不可能、也无必要完全挣脱传统月令说的影响；但《五行传》论"五行"失性时不遵四时宜忌，论"五事"更不循五行生胜说，这些都体现出其本于《洪范》、以儒学为宗、"去月令化"的思想倾向。从这个角度来看，通行本与秦汉主流时令文献之间的龃龉恰恰符合这一倾向。秦汉时期月令学说影响巨大，从悬泉置《四时月令五十条》看来，月令不仅是一种社会风俗，也直接影响汉代法律和行政③，汉成帝曾在诏令中明确要求公卿"务顺四时月令"④。在此背景下，将一个不完全符合主流月令观念的经传纳入月令体系内，较之将一个典型的"五行月令"体系改造为令人费解的零散形态，可能性要大得多。因此，我们认为，通行本应代表《五行传》的早期形态，而别本则是在其基础上改易而成。本书讨论《五行传》成篇与作者问题，仍以通行本为主要依据。

二、通行本的基本形态

从存世佚文来看，《五行传》大致包括开篇、"六事之失""共御

---

① 银雀山汉墓竹简整理小组编：《银雀山汉墓竹简（贰）·四时令》，第215页。
② 黎翔凤：《管子校注》卷二四《轻重己》，北京：中华书局2004年版，第1533页。
③ 杨振红：《出土简牍与秦汉社会》第五章《月令与秦汉政治》，桂林：广西师范大学出版社2009年版，第211页。
④ 《汉书》卷一〇《成帝纪》，第312页。

之术"和"五行失性"四个部分。传文以《洪范》为本经,涉及其中"五行""五事""皇极""庶征""五福六极"五个部分。梁启超已经指出,《洪范》首畴"水曰润下,火曰炎上,木曰曲直,金曰从革,土爰稼穑"数句皆就"五行"物质属性而言,尚不具有"哲学的或术数的意味"①。至于"五事""皇极"两畴则申论君德,亦无涉灾异,唯"庶征""五福"两畴颇言吉凶祸福之应,因此成为《五行传》"六沴—六罚—六极"灾应体系的基础。当然,《洪范》九畴本相对独立,"五行""五事""五福"之间并无对应关系,甚至"六极"与其他尚五之说在数字层面亦不吻合,《五行传》试图将其整合为一个互相勾连、对应的灾应体系,自然要对经文加以增损。究竟《五行传》如何在《洪范》的基础上做出调整,尤其是"五行失性"与"六事之失"的先后次序、"五行"内部的先后次序等问题,学界仍存在争议,以下分别讨论。

首先,"五行失性"与"六事之失"同属《五行传》,学者向无异说,但近年来张书豪提出,"五行"部分在理论架构和思想内容方面均与"六事"部分"相距甚远,却又不能互补"②,根据"五行"部分与《春秋繁露·五行顺逆》之间的互见关系,张氏认为此部分为刘向据《五行顺逆》钞入《五行传》,系晚出之伪。关于这一说法,笔者以为恐难成立。首先,"五行"部分确与《五行顺逆》存在互见关系,但这一互见关系是以刘向《传论》为桥梁而得以实现的。从文本内部的异质性程度来看,有多处证据显示,并非后人据《五行顺逆》妄增《五行传》,而是恰恰相反,系后儒以刘向《传论》"五行失性"部分为基础撰成《五行顺逆》③。其次,更为直接的证据是《汉书·沟洫志》

---

① 梁启超:《阴阳五行说之来历》,《东方杂志》第20卷第10号(1923.5),第74页。
② 张书豪:《西汉灾异思想的基础研究——关于〈洪范五行传〉性质、文献、作者的综合讨论》,《台大中文学报》第43期(2013),第18页。
③ 程苏东:《〈春秋繁露〉"五行"诸篇形成过程新证》,《史学月刊》2016年第7期,第30~32页。

所载李寻、解光说黄河泛滥之文："阴气盛则水为之长,故一日之间,昼减夜增,江河满溢,所谓'水不润下'。"①李寻为夏侯始昌所传《洪范》五行学师学弟子②,其以"水不润下"为说,足见"五行失性"部分为师学本《五行传》所固有,非刘向所增。

至于"五行失性"与"六事之失"的先后次序,《洪范》先言"五行"而次言"五事",《汉书·五行志》所引"传曰"亦先列"五行失性"而后言"六事之失",孔广林、黄奭所辑本《五行传》均与此相同;但孙之騄、袁钧、陈寿祺、王闿运、皮锡瑞所辑本则以"六事之失"直承开篇,将"五行失性"置于全篇之末。事实上,《汉书·五行志》所引"传曰"未取传文开篇与"共御之术"部分,仅为节引,这一体例在《续汉书·五行志》《宋书·五行志》等正史《五行志》中得到延续,故难以据其考察《五行传》原貌。至于中古文献所引《五行传》则大多零散,即便是《仪礼经传通解续·因事之祭》"六祲"条、《文献通考·郊社考》等大段引述者也因自身体例而未引"五行失性"部分,因此同样难以成为判定"五行""六事"先后次序的依据。

不过,《五行传》郑玄注为我们解决这一问题提供了线索。在"木不曲直"条注文中,郑玄对"五行失性"的致灾机制做了整体论述:

> 君行此五者,为逆天东宫之政,东宫于地为木,木性或曲或直,人所用为器也,无故生不畅茂,多折槁,是为木不曲直⋯⋯其政逆则神怒,神怒则材失性,不为民用。其他变异皆属祲,

---

① 《汉书》卷二九《沟洫志》,第1691页。
② 《汉书·五行志》:"寻对曰:'《洪范》所谓鼓妖者也。师法以为人君不聪,为众所惑,空名得进,则有声无形,不知所从生⋯⋯'"(《汉书》卷二七中之下,第1429页)李寻称"师法"以论《洪范》灾异,知其为夏侯始昌所传《洪范五行传》师学弟子。张书豪认为此处李寻称"师法",而《沟洫志》引文不称"师法",可证"水不润下"诸说非师法所传,其说似过于牵强。

渗亦神怒。凡神怒者,日、月、五星既见适于天矣。①

这条注文有两处表述透露出郑玄所据本《五行传》的内在结构。其一是"其他变异皆属渗",此句同样出现在其他"四行"的注文中,从"其他"这一表述看来,显然前文已交代相关变异的具体所指,故此处径以"其他"省称。结合郑注对于"变异"的界定,所谓"其他变异"只能是指"六事之失"部分所言诸变:"故五行先见变异,以谴告人也。及妖、孽、祸、痾、眚、祥,皆其气类暴作非常,为时怪者也。"②由此看来,"六事之失"应位于"五行失性"之前,故郑注于彼处具列"变异",至此处则简言"其他变异"。其二是"日、月、五星既见适于天",由于此处所言"五材"之变均见于地,故郑注又举见于天的日月、五星之变,显示"神怒"所致灾异于天、地皆有所见。从"既"的使用来看,显然前文已对相关天变有所交代,故此处仅略言之;而结合全传,这些天变无疑是指"六事"部分"皇之不极"条所言"日月乱行,星辰逆行"。总此两点,《大传》本《五行传》应先言"六事之失",后言"五行失性",这也应当代表了通行本的基本形态。结合传文开篇"维王后元祀,帝令大禹,步于上帝。维时洪祀六渗,用咎于下"的叙述方式③,《五行传》应是以"六渗"为主题建构的一篇灾异学文献,故篇中所言本事、司月之法、祈禳之术等均围绕"六渗"展开,《洪范》本经所言"五行"反居于附庸地位。这与《汉书·五行志》所呈现的传文结构大不相同,对此我们将在第八章展开进一步论述。

其次,关于"五行"的内部次序。《洪范》本经以水、火、金、木、土为序,而《汉书·五行志》所引"传曰"的"五行失性"部分则取木、

---

① 《后汉书》志第十三《五行一》刘昭注引郑玄注,第3266页。
② 《后汉书》志第十三《五行一》刘昭注引郑玄注,第3267页,标点未尽从。
③ 皮锡瑞:《尚书大传疏证》卷四《洪范五行传》,第164页。

第一章 《洪范五行传》的成篇与作者问题

火、土、金、水五行相生之序,二者不合,遂引起学者注意。徐兴无认为这一差异反映了《五行传》的思想特征①;而丁四新、任蜜林认为《五行传》"五行"之次本与经文一致,《汉书》所见相生之序乃据刘向《传论》所改②;徐建委则认为改笔始于刘歆③。事实上,这一争议同样可以依据郑玄注得到解决。如前文所言,"木不曲直"句郑注明显带有统摄整个"五行失性"的意味:"木、金、水、火、土,谓之五材,《春秋传》曰:'天生五材,民并用之。'其政逆则神怒,神怒则材失性,不为民用。"④郑玄在这里引《左传》"五材"之文总论"五行",并交代从政逆、神怒到材失性的整体致灾机制,所指皆涵盖全部"五行",足见其所据本"五行失性"必取相生之序,以"木不曲直"为首,故于此撮论其要。《五行传》所陈"五行"之次确与本经不同。

关于通行本《五行传》的基本形态,还有两个问题需要注意。第一,明人黄佐《六艺流别·五行志》所录《五行传》有一段从"东方之极"到"小人乐"的文字,陈寿祺辑本将其置于篇末,但指出"其文颇不类伏书,又时与伏书相复,他书亦无有称引者,惟《皇览》称《逸礼》与此大同,皆可疑也。"⑤内野熊一郎、程元敏、陈侃理等先后将这段材料与《淮南子·时则》《礼记·月令》郑注所引"王居明堂礼"等进行比勘⑥,认为其并非《五行传》佚文,可为定谳。

第二,陈寿祺所辑《尚书大传》除有《洪范五行传》专论灾异外,

---

① 徐兴无:《刘向评传》,南京:南京大学出版社2005年版,第299页。
② 丁四新:《刘向、刘歆父子的五行灾异说和新德运观》,《湖南师范大学学报》2013年第6期,第109页。任蜜林:《刘向〈洪范〉五行说新论》,《社会科学研究》2020年第6期,第151~152页。
③ 徐建委:《文本革命:刘向、〈汉书·艺文志〉与早期文本研究》,北京:中国社会科学出版社2017年版,第324页。
④ 《后汉书》志第十三《五行一》刘昭注引郑玄注,第3266页。
⑤ (清)陈寿祺:《尚书大传》卷三,《四部丛刊初编》景清刻《左海文集》本,第24叶a~b。
⑥ [日]内野熊一郎:《漢初經書學の研究》,东京:清水书店1942年版,第12~23页;程元敏:《尚书学史》(上),上海:华东师范大学出版社2013年版,第470~471页;陈侃理:《〈洪范五行传〉与〈洪范〉灾异论》,《国学研究》第26卷(2010),第91~95页。

还有一篇《洪范传》辑录诸书所见训释《洪范》但与五行说无关的佚文,其中有"晦而月见西方谓之朓,朓则王侯奢也;朔而月见东方谓之侧匿,侧匿则王侯肃"四句,但王闿运《尚书大传补注》却将其辑入《鸿范五行传》①,究竟这四句佚文是否属于《五行传》呢?今案此四句首见于《汉书·五行志》,其后并录刘向、歆说解:

> 晦而月见西方谓之朓,朔而月见东方谓之仄慝,仄慝则侯王其肃,朓则侯王其舒。刘向以为,朓者疾也,君舒缓则臣骄慢,故日行迟而月行疾也。仄慝者不进之意。君肃急则臣恐惧,故日行疾而月行迟,不敢迫近君也。不舒不急,以正失之者,食朔日。刘歆以为,舒者侯王展意颛事,臣下促急,故月行疾也。肃者王侯缩朒不任事,臣下弛纵,故月行迟也。当春秋时,侯王率多缩朒不任事,故食二日仄慝者十八,食晦日朓者一,此其效也。②

我们知道,向、歆父子《传论》仅说解《五行传》,并未涉及《洪范》全篇,故二者既对此四句各有说解,则此四句应为《五行传》佚文,而班固在这段论述最后也指出:"此皆谓日月乱行者也",可见此四句正是对"皇之不极"条所言异象"日月乱行"的具体描述。此外,东汉末年大儒卢植在封事中言"臣闻《五行传》曰:'晦而月见谓之朓,王侯其舒。'"明称此文出自《五行传》③,更可证王闿运辑本不误。由于班固有意塑造"依经立传"的文本结构,故传文中凡与《洪范》经文关系疏离者,《五行志》皆弃而不取;此四句虽以涉及日食而见引,但也没有采用"传曰"的引述体例,因此造成陈寿祺辑

---

① (清)王闿运:《尚书大传补注》卷七,清光绪刻民国汇印《王湘绮先生全集》本,第15叶 b~16叶 a。
② 《汉书》卷二七下之下《五行志》,第1506页。中华书局整理本误以此句为京房《易传》引文。
③ 《后汉书》卷六四《吴延史卢赵列传》,第2117页。

本的错置。

三、伏生、夏侯始昌始作说献疑

关于《五行传》的作者问题，先后出现四种观点：第一，以《五行传》出自伏生及其弟子，为郑玄《尚书大传序》所倡故说，程元敏、侯金满、马楠有进一步论述①。第二，以《五行传》出自刘向，晋人王嘉《拾遗记》始见此说②，广见于《新唐书·五行志》等中古文献③，是刘向《洪范五行传论》在流传过程中一度被误题为《洪范五行传》后导致的讹说。第三，以《五行传》出自先秦，经伏生、夏侯始昌传习后为汉儒所知，程廷祚、王鸣盛均持此说④。第四，以《五行传》成于夏侯始昌，为赵翼所主⑤，缪凤林、徐复观、斋木哲郎、刘起釪、陈侃

---

① 程元敏：《尚书学史》（上），第467~468页。侯金满：《〈尚书大传〉源流考》，南京大学2013年硕士学位论文，第54~58页。马楠：《〈洪范五行传〉作者补证》，《中国史研究》2013年第1期，第144页。岛邦男亦持此说，但他将传文分为原作与续作（黄佐《六艺流别》引文）两部分，以续作出于伏生后学（岛邦男：《五行思想と礼记月令の研究》，第104页）。今知《六艺流别》引文晚出，其说自难成立。

② 王嘉《拾遗记》载录刘向以神遇而获赐《五行传》之说："刘向于成帝之末，校书天禄阁，专精覃思。夜有老人，着黄衣，植青藜杖，登阁而进，见向暗中独坐诵书。老父乃吹杖端，烟燃，因以见向，说开辟已前。向因受《洪范五行》之文，恐辞说繁广忘之，乃裂裳及绅，以记其言。至曙而去，向请问姓名，云：'我是太一之精，天帝闻金卯之子有博学者，下而观焉。'乃出怀中竹牒，有天文地图之书，'余略授子焉'。至向子歆，从向受其术，向亦不悟此人焉。"（〔晋〕王嘉撰，〔梁〕萧绮录，齐治平校注：《拾遗记校注》，北京：中华书局1981年版，第153页）此说虽荒诞，但可见其作者认为《五行传》始出于刘向。

③ 《新唐书·五行志》叙论也明确称"向为《五行传》，乃取其五事、皇极、庶证附于五行"（《新唐书》卷三四《五行一》，第872页）。

④ 程廷祚以《五行传》"其书甚古，非汉以后所能为，盖周人之遗书，而肄业者以备《洪范》之义疏者也"（〔清〕程廷祚：《〈洪范五行传〉考》，《青溪集》，合肥：黄山书社2014年版，第126页）。王鸣盛以《五行传》为"七十子之绪论而伏生特述之以授弟子"（〔清〕王鸣盛：《洪范后案下》，《西庄始存稿》卷二〇，清乾隆三十年刻本，第49叶b）。

⑤ （清）赵翼撰，王树民校证：《廿二史劄记校证》卷二，北京：中华书局1984年版，第40页。

理、徐兴无、任蜜林等均有论证①,近年来影响最大。

持伏生所作说的学者认为,《五行传》既属《尚书大传》,后者出自伏生,则《五行传》自然出于伏生。不过,这一推论存在两个问题。

其一,王鸣盛、袁钧、皮锡瑞等均认为《大传》自有一篇《洪范传》说解《洪范》②,其引文颇见于中古文献,《大传》与《五行传》实各为一书。不过,验诸汉代文献,此说难以成立。侯金满举出《汉书·楚元王传》赞语称"刘氏《洪范论》发明《大传》"之例③,可证班固所见《五行传》已为《尚书大传》之一篇。其实类似例证还有《白虎通·灾变》:"妖者,何谓也?衣服乍大乍小,言语非常。故《尚书大传》曰:'时则有服妖也。'孽者,何谓也?曰:介虫生为非常。《尚书大传》云:'时则有介虫之孽','时则有龟孽'。"④这些引文显然均出自《五行传》,而《白虎通》自称引用《尚书大传》,足证班固所见本《五行传》已属《尚书大传》。从篇数上看,《汉书·艺文志》著录《传》四十一篇,与大、小夏侯章句、解诂各为二十九卷(篇)并不相合,可知《传》四十一篇并非与《尚书》诸篇逐一对应者,即便其中有一篇关注经文训释的《洪范传》,也不足以否认另有一篇更富演绎

---

① 缪凤林:《洪范五行传出伏生辨》,中国史学会编《史学杂志》第 2 卷第 1 期(1930),第 1~2 页。徐复观:《中国经学史的基础》,《徐复观论经学史二种》,上海:上海书店出版社 2006 年版,第 97 页。[日]斋木哲郎:《秦漢儒教の研究》,东京:汲古书院 2004 年版,第 504 页。刘起釪:《〈洪范〉成书时代考》,《尚书研究要论》,济南:齐鲁书社 2007 年版,第 397~398 页。陈侃理:《〈洪范五行传〉与〈洪范〉灾异论》,《国学研究》第 26 卷(2010),第 95~100 页。徐兴无:《经典阐发与术数政治——〈洪范五行传〉考论》,《古典文献研究》第 15 辑(2012),第 28~62 页。任蜜林:《〈洪范五行传〉新论》,《河北师范大学学报》,2020 年第 5 期,第 88~90 页。

② 王鸣盛:《洪范后案下》,第 49 叶 a。(清)袁钧辑,袁尧年校补:《郑氏佚书》第 4 册《尚书五行传注》,光绪十四年浙江书局刻本。皮锡瑞:《经学通论》卷一《论五福六极明见经文不得以为术数五行配五事当从伏传汉志》,第 214 页。

③ 侯金满:《〈尚书大传〉源流考》,第 58~59 页。

④ (清)陈立:《白虎通疏证》卷六《灾变》,北京:中华书局 1994 年版,第 270 页。标点未尽从。

色彩的《洪范五行传》。

伏生所作说的另一个问题在于,《尚书大传》出于《汉书·艺文志》所载《传》四十一篇,但后者不题作者,《大传》出自伏生说实肇自郑玄,其说是否可信,同样值得讨论。《玉海》所录《中兴书目》载郑玄《尚书大传序》佚文是今日所见有关《大传》成书过程的最早记述:

> (伏)生终后,数子各论所闻,以己意弥缝其阙,别作章句,又特撰大义,因经属指,名之曰《传》。刘向校书,得而上之,凡四十一篇。①

郑玄以《大传》之学源出伏生,至张生、欧阳生等弟子乃将师说书于竹帛,类似《公羊传》《穀梁传》等早期经传的成书过程。至《经典释文》乃于《尚书大传》下小字注云"伏生作"②,而《隋书·经籍志》则径言"伏生作《尚书传》四十一篇,以授同郡张生"③,伏生逐渐成为完全意义上的《大传》"作者"。其实,《汉书·艺文志·六艺略》著录经传说记,多以作者姓氏名篇,如《易》类有《易传周氏》二篇、《服氏》二篇,《书》类有《欧阳说义》二篇,《礼》类有《王史氏》二十一篇,《乐》类有《王禹记》二十四篇,《孝经》类有《长孙氏说》一篇、《江氏说》一篇等,间注其名字、籍贯、职官、师学背景,显示汉儒撰作经传多已有著其名氏的意识。部分经传以师法名篇,如《诗》类《鲁故》二十五卷、《鲁说》二十八卷、《韩故》三十六卷,《春秋》类《公羊外传》五十篇、《穀梁外传》二十篇等,当为师法弟子累世纂集之书。有些虽不以作者名篇,但于注文揭出作者,如《春秋》类《国语》二十一篇注云"左丘明著",《楚汉春秋》九篇注云"陆贾所记",小学类

---

① 王应麟撰,武秀成、赵庶洋校证:《玉海艺文校证》(上)卷三《书》,第142页。
② (唐)陆德明撰,吴承仕疏证:《经典释文序录疏证》,北京:中华书局2008年版,第68页。
③ 《隋书》卷三二《经籍一》,第1035页。

《凡将》一篇注云"司马相如作",《训纂》一篇注云"扬雄作"。有的甚至不惮繁复,细致注出各章作者,如小学类《苍颉》一篇注云"上七章,秦丞相李斯作;《爰历》六章,车府令赵高作;《博学》七章,太史令胡毋敬作"。有些即便无法确定具体作者,也尽量交代其出处,如《易》类《淮南道训》二篇注云"淮南王安聘明《易》者九人,号九师说",《书》类《周书》七十一篇注云"周史记",《礼》类《记》百三十一篇注云"七十子后学者所记也",[①]显示刘歆、班固已具备强烈的作者意识。至于完全不题作者姓字者,一部分出自汉廷文书,如各经石渠《议奏》与《五经杂议》十八篇、《封禅议对》十九篇、《汉封禅群祀》三十六篇、《汉著纪》百九十卷、《汉大年纪》五篇,均出自官守,故不题作者;一部分冠以"古""杂"名,如《易》类《古五子》十八篇、《古杂》八十篇、《杂灾异》三十五篇、《诗》类《齐杂记》十八卷、《礼》类《古封禅群祀》二十二篇、《春秋》类《公羊杂记》八十三篇、《太古以来年纪》二篇、《孝经》类《杂传》四篇,应为刘向纂集佚名文献而成,故不言作者;还有一部分围绕某一主题展开,如《神输》五篇、《明堂阴阳》三十三篇、《明堂阴阳说》五篇、《中庸说》二篇、《周官经》六篇、《周官传》四篇、《乐记》二十二篇、《战国策》三十三篇、《孔子家语》二十七卷、《孔子三朝》七篇、《孔子徒人图法》二卷、《尔雅》三卷二十篇、《小尔雅》一篇、《弟子职》一篇等,或本为一书,然不题作者,故刘向、歆、班固亦不言作者。

通读《六艺略》,只有《书》类《传》四十一篇、《论语》类《传》十九篇和《孝经》类《说》三篇仅略言其体,其他一切信息均无。此外,三书还有一个重要共同点,那就是均未计入《六艺略》各经家数,《传》四十一篇应附于"经二十九卷",《传》十九篇附于"鲁二十篇",《说》三篇附于《弟子职》一篇",类似的情况只有《礼》类《记》百三十一

[①] 《汉书》卷三〇《艺文志》,第1703~1720页。

篇,应附于"经十七篇"。在班固看来,这几部书只是《尚书》《鲁论语》《弟子职》《礼经》之附属,难以视为独立的一"家"。从著录的次序来看,《传》四十一篇、《传》十九篇和《记》百三十一篇均直接系于经文或《鲁论语》之下,似乎三者性质相类,只是刘歆、班固对前二者来源所知甚少,故仅录其书而不著一辞。

既然刘歆、班固对《传》四十一篇的来源所知尚少,很难想象郑玄对其成书过程的了解却如此清楚。细究郑说,其中不少描述都值得怀疑,比如其称伏生诸弟子"别作章句",但从《汉书》记述来看,大夏侯章句始于夏侯胜、小夏侯章句始于夏侯建,此皆张生后学,至于欧阳章句,据《经典释文·序录》,乃欧阳生曾孙欧阳高所撰,可见张生、欧阳生等伏生弟子并未撰作章句。汉初经师多以口说授经,至武帝以五经课试弟子,章句之学乃逐渐形成,因此,郑玄所言数子"别作章句"看来只是悬想之辞。至于诸生"特撰大义"之说,亦不见于《史记》《汉书》。更重要的是,若依郑玄之言,三家"章句"既别,以汉儒的师法观念,三家"大义"也应别行,而《汉书·艺文志》更无由将三家"大义"混为一帙。事实上,对于"章句"与"大义"之学的刻意区分是两汉之际才出现的学术风气,《汉书》称扬雄"不为章句,训诂通而已"[①],《后汉书》称桓谭"遍习五经,皆诂训大义,不为章句"[②],班固"不为章句,举大义而已"[③],徐幹《中论·治学》批评当世学者"摘其章句,而不能统其大义之所极"[④],由于章句之学到后期愈加繁琐、破碎,乃出现弃章句而径论大义的经学新风,何休、郑玄等均是这一风气的引领者。郑玄在《尚书》注之外特为《大传》作注,显然对其解经风格有所属意。他依据《大传》与三

---

① 《汉书》卷八七上《扬雄传》,第3514页。
② 《后汉书》卷二八上《桓谭冯衍列传》,第955页。
③ 《后汉书》卷四〇上《班彪列传》,第1330页。
④ (魏)徐幹:《中论解诂》,北京:中华书局2014年版,第15页。

家章句的体例差异反推其撰述过程，展现出敏锐的学术眼光；但这只能显示《大传》诸篇出自章句学之外的另一解经传统，至于将其推至伏生，不过是郑玄基于其经学史知识而做出的判断，恐难凿实。

其实清儒早就注意到《大传》所涉《尚书》篇目与伏生所传本不合的问题[①]，《大传》所涉《九共》《帝告》《大战》《嘉禾》《揜诰》等均不见于伏生本[②]，传统说法认为伏生对其所授篇目以外各篇也有一定了解，故《大传》有所涉及，但这种解释与郑玄序称《大传》"因经属指"的说法本就自相矛盾，只是一种弥缝之辞。如果参考《汉书·艺文志》关于《记》百三十一篇的自注，我们认为，所谓《传》四十一篇实为刘向所见关于《尚书》的一批佚名文献，未必原为一书，也未必均为伏生及其弟子所撰，故其所涉篇目与伏生本有所不同，各篇如《洪范五行传》与《洪范传》之间的风格亦大相径庭。刘向将这些佚名经传总成一书，使附于经文，题名为《传》四十一篇，此后乃以《大传》之名逐渐流行。汉儒称引此书，从未称其为伏生或先师之说，至郑玄乃将其归诸伏生，并设"特撰大义"之说，强调其别于章句的独特价值。这样看来，《五行传》伏生所作说的依据似乎并不坚实。

夏侯始昌始作说正是基于对伏生所作说的质疑而提出的新说。学者认为，在始昌之前从无《尚书》学者言及《五行传》，而《汉书·五行志》明言《五行传》之学始于夏侯始昌：

> 夏侯始昌通《五经》，善推《五行传》，以传族子夏侯胜。[③]

缪凤林据此认为"首为《五行传》者，舍始昌莫属"。侯金满已经指

---

① 皮锡瑞：《经学通论》，第234页。
② 程元敏：《尚书学史》(上)，第423页。
③ 《汉书》卷二七中之上《五行志》，第1353页。

第一章 《洪范五行传》的成篇与作者问题

出,这一推断过于简单,"推"为寻绎、推演之意①,非始撰之辞,此句不足以认定夏侯始昌的作者身份。不过,陈侃理对此句读法提出一种新意见:

> 夏侯始昌通《五经》,善推五行,传以传族子夏侯胜……②

就此句本身来说,这种读法似乎也无不可,但其后言:"其《传》与刘向同,唯刘歆《传》独异。"③指出夏侯始昌所传本与刘向本相同,而刘歆所据本与之不同。我们知道,《汉书·五行志》抄录传文,凡刘歆本异文皆一一著录,并附说解,在"皇之不极"条"厥咎眊"句则径从刘歆本,至于灾异事例分类也多从刘歆本。此外,郑玄《五行传》注在"六沴司月"部分亦据刘歆本为说,可见汉儒对此本颇为看重。若班固、郑玄明知《五行传》为夏侯始昌所撰,不应据刘歆本校改师学所传本。此外,《汉书·儒林传》言:"其先夏侯都尉,从济南张生受《尚书》,以传族子始昌。"④这里"以传"前后结构与"夏侯始昌"句完全一致,二者用法也应一致,"以传"前文应为师生间传承的某种知识,是"以之传"的承前省略。因此,《五行志》之文仍应从旧读,班固只是将夏侯始昌作为《五行传》的早期传习者,并非始作者。

当然,班固的态度仍不足以坐实《五行传》的作者究竟是谁。

---

① 关于秦汉文献中"推"某书的用例,如《史记·十二诸侯年表》:"上大夫董仲舒推《春秋》义,颇著文焉。"(《史记》卷一四《十二诸侯年表》,第642页)《汉书》:"以《传》推之,以四渎比诸侯,毂、洛其次,卿大夫之象也。"(《汉书》卷二七中之下《五行志》,第1437页)"窃推《春秋》灾异,以救今事一二,条其所以。"(《汉书》卷三六《楚元王传》,第1947页)"(眭)孟推《春秋》之意,以为'石柳皆阴类……'"(《汉书》卷七五《眭两夏侯京翼李传》,第3153页)"推《易》意而为之传。"(《汉书》卷八八《儒林传》,第3613页)刘向《新序·杂事》:"臣向愚以《鸿范传》推之。"([汉]刘向撰,石光瑛校释:《新序校释》卷四《杂事》,北京:中华书局2009年版,第637页)由于《周易》《春秋》《五行传》等所言灾异论是有限的,故说灾异者需要在既有理论、事例的基础上加以"推"演,才能满足实际占验的需要。
② 陈侃理:《〈洪范五行传〉与〈洪范〉灾异论》,《国学研究》第26卷,第99页。
③ 《汉书》卷二七中之上《五行志》,第1353页。
④ 《汉书》卷八八《儒林传》,第3604页。

作为《洪范》五行学的始创者,夏侯始昌为《五行传》建立起最初的阐释体系,并经数代弟子传习而形成相对稳定的师法;比较《五行传》文本与师说对其所作阐发,自然有助于我们认识《五行传》的成篇与早期传播过程。我们注意到,传文以大量篇幅详细介绍了如何通过"共御"之术来转祸为福,包括"六沴"分司月份、方位、对应人群,"共御"的具体对象,奉祀仪式、祝词等等,带有浓厚的数术色彩。然而《汉书》所载谷永、孔光等对于"共御"之术的论述却完全从修己改政等儒家政治立场出发,孔光在论及销祸之法时更明确否定祈禳之术:"明承顺天道在于崇德博施,加精致诚,孳孳而已。俗之祈禳小数,终无益于应天塞异,销祸兴福,较然甚明,无可疑惑。"① 西汉经学传承素重师说,谷永、孔光等虽距夏侯始昌已有一定年代,但在基本灾异学立场上不至于有如此颠覆性的变化。这只能说明夏侯始昌及其所传师法在运用《五行传》时有所择取,主要利用其占验之术,对其"共御"之术则鲜少关注,故尽管汉儒大量运用《洪范》五行学占测灾异,却从未见过所谓"共御"之术的施用。传文与师法之间的这一显著差异足以确认夏侯始昌只是《五行传》的阐释者,并非作者。

事实上,《汉书·五行志》中确实有一条关于《五行传》作者信息的材料,只是尚未得到关注,见于"视之不明"条关于"草妖"的说解:

> 凡妖,貌则以服,言则以诗,听则以声。视则以色者,五色物之大分也,在于眚祥,故圣人以为草妖,失秉之明者也。②

班固首先提出,诸妖皆与"五事"关系密切,如"貌"失则见于冠服,故为"服妖","言"失则见于歌诗,故为"诗妖","听"失则见于异响,

---

① 《汉书》卷八一《匡张孔马传》,第3359～3360页。
② 《汉书》卷二七中之下《五行志》,第1405～1406页。

故为"鼓妖"。"视"主辨色,故"视"失应为五色之异,也就是"色妖",但传文却以"草妖"为应,令人疑惑。《五行志》继而做出解释:五色是万物的基本属性,传文所言"眚""祥"皆据五色而定,故此处变言"草妖",正是为了在"眚""祥"部分突出五色的重要性。且不论此说的合理性,关键在于这里班固明确以"草妖"之说归于"圣人"。据《汉书·五行志》引刘歆说,《洪范》"九畴"本为"洛书",相传出自大禹,经箕子传至武王,乃作《洪范》,故"九畴"六十五字及《洪范》全篇均可谓"圣人"之作,但"草妖"不见于《洪范》,只是《五行传》所言效验,此处"圣人以为"显然无法归于大禹、武王。班固心目中这个"圣人"究竟是谁呢?会是孔子吗?这实在难以判断,但绝不可能是伏生或夏侯始昌。因此,这一叙述足以显示,至晚到班固撰《汉书》时,尚未出现以伏生或夏侯始昌为《五行传》作者的说法,在班固等汉儒心目中,传文作者的地位显然更高。

四、基于岁始的成书年代判断

既然史料中关于《五行传》成书问题的记述如此单薄,不妨将视角转向《五行传》本身,传文"共御之术"部分关于"六沴司月"的记述方式引起学者的注意:

> 二月、三月,维貌是司;四月、五月,维视是司;六月、七月,维言是司;八月、九月,维听是司;十月、十一月,维思心是司;十二月与正月,维王极是司。①

与一般记述月份始于正月不同,这段论述以二月为始。岛邦男指出,汉文帝曾有改正朔之议,公孙臣据五德终始说,以为汉当以土

---

① 皮锡瑞:《尚书大传疏证》卷四《洪范五行传》,第181页。

德胜秦。岛氏复据五行相胜说推公孙臣意,即以二月为岁首,与"六沴司月"说恰相合,故以此传撰作在文帝时,"原作者"亦据此定为伏生①。此说为我们探讨《五行传》的成书背景提供了新思路,但其具体解释则有待商榷。关于文帝议改正朔事,比较完整的记载见于《汉书·郊祀志》:

> 鲁人公孙臣上书曰:"始秦得水德,及汉受之,推终始传,则汉当土德,土德之应黄龙见。宜改正朔,服色上黄。"时丞相张苍好律历,以为汉乃水德之时,河决金堤,其符也。年始冬十月,色外黑内赤,与德相应。公孙臣言非是,罢之。明年,黄龙见成纪。文帝召公孙臣,拜为博士,与诸生申明土德,草改历、服色事。②

受到"黄龙见成纪"的鼓舞,文帝始有改正朔之意,但随后新垣平事起,帝乃"怠于改正服、鬼神之事"③,可见改正虽被提上议事日程,但实未施行,《五行传》作者是否会根据这种尚未施行的改革意向撰述,实在令人怀疑。更重要的是,尽管改正朔的动机确与五德终始说有关,但汉儒并不据五德终始论改正之事。《春秋繁露·三代改制质文》明确指出,改正之法为"逆数三而复",也就是从夏正(建寅)开始逆推而为商正(建丑)、周正(建子),此后又回到夏正,循环往复,此汉儒所谓"三统"或"三正说";至于改服色之法则为"顺数五而相复",即据五行说循环往复。此说不仅为《春秋》家所倡,在《尚书大传》中亦有论及:

> 又曰:夏以孟春为正,殷以季冬为正,周以仲冬为正。夏以平旦为朔,殷以鸡鸣为朔,周以夜半为朔。不以二、三月后

---

① 岛邦男:《五行思想と禮記月令の研究》,第103页。
② 《汉书》卷二五《郊祀志》,第1212页。
③ 《汉书》卷二五《郊祀志》,第1214页。

为正者,万物不齐,莫适所立,故必以三微月也。三正之相承,若连环也。①

《甘誓》篇有"威侮五行,怠弃三正"之言,故《大传》有此说,其说不仅合于"三统说",而且明确指出二月、三月时万物已生长,但程度各异,故不宜作为岁首。因此,即便《五行传》作者据"改正"之议作传,也不应以二月为岁始。岛邦男的解释难以成立。

不过,岛氏提出的岁始问题确实不容回避。除始言二月外,"六沴"所司月份并非从正月至十二月顺次两两切分,而是将十二月与正月合为一组,且言"十二月正月"而非"正月十二月",显然,传文并非凭空构造"六沴司月"说,而是针对一种特定的岁始制度,其中"正月"并非岁始,而是与十二月同属一年。这一点还可以从《五行传》对一岁朝、中、夕对应人事关系的设定中得到确认:

凡六沴之作,岁之朝、月之朝、日之朝,则后王受之;岁之中、月之中、日之中,则公卿受之;岁之夕、月之夕、日之夕,则庶民受之。②

传文将一年分为朝、中、夕三部分,使其分别对应后王、公卿与庶民。关于三者的切分方式,郑玄按照正月为岁始的常规思路,认为"自正月尽四月为岁之朝,自五月尽八月为岁之中,自九月尽十二月为岁之夕"。若将其说与"六沴司月"加以结合,各月对应关系可表见如下:

---

① (宋)李昉等撰:《太平御览》卷二九《时序部》十四,北京:中华书局1960年影印本,第135页上栏。
② 皮锡瑞:《尚书大传疏证》卷四《洪范五行传》,第183页。

表 1-3

	正月	二月	三月	四月	五月	六月	七月	八月	九月	十月	十一月	十二月
司月	皇极	貌			视		言		听	思心		皇极
所受		后王				公卿				庶民		

仅从直观来看，这种对应关系就显得非常混乱。各月对应的"六沴"与所受对象之间犬牙交错，对于《五行传》这样一个强调系统性、结构性的文本来说，实在难以理解。如果考虑到思想层面，这种不合理性会得到进一步凸显。我们知道，"六事"以"皇极"为至尊，是天与君主的象征；其次是对应土行的"思心"，传文将"木金水火沴土"作为"思心之不睿"的形成机制，显然带有"五行贵土"的色彩。然而，根据郑玄说，分司十二月的"皇极"与分司十月、十一月的"思心"在人事方面却对应地位最低的庶民，这显然与二者在传文中的核心地位无法相称，再次显示正月不可能是《五行传》所据历法的岁始。

从历史上看，自秦始皇二十六年（前 221）"改年始"至汉武帝太初元年（前 104）改历①，曾长期施行以夏历十月为岁首的纪年法，新年始于孟冬十月，然后依次是十一月、十二月、正月、二月，直至九月结束改岁，《史记》《汉书》记载秦及汉初史事均以此法为据。我们尝试将《五行传》置于这一岁始制度之下，则十月十一月、十二月正月、二月三月等就自然成为一年中相邻的两个月，"六沴司月"的切分方法和叙述方式都可以得到解释。同时，这种制度下的"岁之朝"不再是正月至四月，而变成十月、十一月、十二月和正月，"岁之中"变成二、三、四、五月，"岁之夕"变成六、七、八、九月，据此重新将"六沴司月"说与一岁朝、中、夕对应的人事关系加以结合，可

---

① 《史记》卷六《秦始皇本纪》，第 302 页。

表见如下：

表 1-4

	十月	十一月	十二月	正月	二月	三月	四月	五月	六月	七月	八月	九月
司月	思心		皇极		貌		视		言		听	
所受	后王				公卿				庶民			

事实上，皮锡瑞基于其伏生所作说已经指出，"伏生自以其时亥正言之"①。在以十月为岁始的前提下，"六事"所司之月与其对应之人建立起系统性的对应关系，"思心"与"皇极"之失由后王承受，貌、视、言、听作为"思心"之臣，分别对应公卿与庶民。这一对应关系可以在《汉书·五行志》所载李寻奏对中得到验证：

> 哀帝建平二年四月乙亥朔，御史大夫朱博为丞相，少府赵玄为御史大夫，临延登受策，有大声如钟鸣，殿中郎吏陛者皆闻焉。上以问黄门侍郎扬雄、李寻，寻对曰："《洪范》所谓鼓妖者也。师法以为人君不聪，为众所惑，空名得进，则有声无形，不知所从生。其《传》曰：'岁、月、日之中，则正卿受之。'今以四月、日加辰巳有异，是为中焉。正卿谓执政大臣也。宜退丞相、御史，以应天变。然虽不退，不出期年，其人自蒙其咎。"②

李寻是夏侯始昌所传师学弟子，他援引传文"朝、中、夕"之说，根据"四月"和"辰巳"两个时间点判定此次"鼓妖"为正卿宜受。若依郑玄注，四月当为"岁之朝"，只有以十月为岁始，四月才属于"岁之中"。同时，通过这一事例也可以看出，尽管哀帝时期汉廷早已改正月为岁始，但师法传人仍沿用以十月为岁始的"朝、中、夕"划分法，以确保《五行传》的系统性。郑玄据己意注《尚书大传》，因此改

---

① 皮锡瑞：《尚书大传疏证》卷四《洪范五行传》，第 182 页。
② 《汉书》卷二七中之下《五行志》，第 1429 页。标点未尽从。

以正月为岁始重理传文。

　　总之,无论是根据《五行传》的内部结构,还是李寻的实际用例,都表明传文所言"六沴司月"说与"朝、中、夕"三分法均基于以十月为岁始的纪年法。传文之所以先言"二月三月"而非"十月十一月",是为了遵从传文"六沴"的自身顺序。同时,考虑到与传统月令说的配合,故以貌、视、言、听为序,使其对应的木、火、金、水得以分主四时。由此,《五行传》的编纂时间可以确定为秦始皇二十六年(前221)至汉武帝太初元年(前104)改历这118年之间。至于其具体作者,从《汉书·五行志》的记述以及师法弟子对传文的阐释来看,应当不是夏侯始昌;而欧阳、小夏侯两家早期经师无人传习此传,也使人难以相信其源出伏生。结合《汉书·艺文志》对《传》四十一篇的著录方式,我们大体推定此传是成于秦汉之际的一篇佚名文献。作者以《洪范》为本,将战国以来流行的月令、五行文献与儒家重德慎刑的观念加以整合,建立起六沴、五行灾应体系。此传撰成之后一度湮没,至夏侯始昌获见其文,乃据以阐说灾异,并传授弟子,建立师法。至许商撰《五行传记》,师说由此书于竹帛。刘向于中秘校书时亦见此传,乃将其与各种训解《尚书》的佚名文献合为一书,著录为"《传》四十一篇"。又据其所列"六事之失""五行失性"分门别类,各附先秦以来灾异行事,成《洪范五行传论》十一篇献于成帝。在该传的流传过程中,有好事者见其灾应体系与汉世流行月令说不符,遂据后者改易传文,成别本《五行传》。此本为刘歆所获,后者亦据以撰成《洪范五行传论》。自汉魏以后,许商《传记》与刘歆《传论》逐渐湮没,世所传者仅《大传》郑玄注本与刘向《传论》。《传论》亡于晚唐五代,《大传》也亡于元明,故明清以后《五行传》仅见于古书征引。至清儒以辑佚之学治《尚书大传》,《五行传》乃复稍具规模。

第二章　刘向《洪范五行传论》佚文考辨

刘向《洪范五行传论》(下文简称刘向《传论》)上承《洪范五行传》的灾异学框架,旁采《春秋》董氏灾异说、京氏《易》以及其他灾异学说,不仅对汉代《洪范》五行学的理论发展做出新探索,其说解、体例也深刻影响了《汉书·五行志》的编纂,是《洪范》五行学研究的重要依据。不过,随着中古士人知识观念的演进,该书到晚唐五代时期逐渐亡佚。清儒王谟、陈寿祺、黄奭等先后辑佚此书,但所据主要是《汉书·五行志》和宋人类书,至于大量载录刘向《传论》的《南齐书·五行志》《隋书·五行志》《开元占经》等中古文献则未能加以利用,对刘向《传论》的体例结构也未能充分揭示,而后者对于我们理解刘向《传论》至关重要。因此,有必要对刘向《传论》进行重新辑佚。在重辑过程中我们注意到,该书在中古时期传播中出现了版本分化和题名变化,诸书在征引《传论》时也基于自身体例和行文需要出现不同程度的增删改笔,致有面目几乎迥异者。为了能充分利用这些佚文,本章将在全面勾稽刘向《传论》佚文的基础上,对各书的引用体例、佚文的可靠性等问题加以辨析。

一、刘向《传论》的成书与流传

关于刘向《洪范五行传论》成书始末的记述见于《汉书·楚元王传》刘向部分：

> 成帝即位，显等伏辜，更生乃复进用，更名向。向以故九卿召拜为中郎，使领护三辅都水。数奏封事，迁光禄大夫。是时帝元舅阳平侯王凤为大将军秉政，倚太后，专国权，兄弟七人皆封为列侯。时数有大异，向以为外戚贵盛，凤兄弟用事之咎。而上方精于《诗》《书》，观古文，诏向领校中《五经》秘书。向见《尚书·洪范》，箕子为武王陈五行阴阳休咎之应。向乃集合上古以来历春秋六国至秦汉符瑞灾异之记，推迹行事，连传祸福，著其占验，比类相从，各有条目，凡十一篇，号曰《洪范五行传论》，奏之。天子心知向忠精，故为凤兄弟起此论也，然终不能夺王氏权。①

据此，刘向著书当在其任光禄大夫，领校中秘书期间。据《汉书·成帝纪》，刘向领校书始于河平三年（前26）八月，故此书撰著不早于此②；又此书为王凤兄弟而作，凤薨于阳朔三年（前22）八月③，可知此书著成不晚于此④。这样，《洪范五行传论》的撰作时间也就可以限定在河平三年八月至阳朔三年八月这四年之间。

关于刘向著书的依据，据班固所言似为《洪范》，但此篇早由欧

---

① 《汉书》卷三六《楚元王传》，第1949～1950页。
② 《汉书》卷一〇《成帝纪》，第310页。
③ 《汉书》卷一九下《百官公卿表》，第830页。
④ 钱穆将奏书时间定于河平三年（前26），是取其上限（钱穆：《两汉经学今古文经学平议》，北京：商务印书馆2001年版，第45页）。刘汝霖将奏书时间定于永始元年（前16），是以《洪范五行传论》与《新序》《说苑》上奏时间相同，其说恐不确（刘汝霖：《汉晋学术编年》，上海：华东师范大学出版社2010年版，第196页）。

阳、大小夏侯三家师学弟子广泛传习，不必于中秘方见，倒是《洪范五行传》，当时仅在大夏侯家"所贤弟子"中传习，故刘向于中秘乃见。此外，《传论》所言六沴、五行等灾变类型亦全据《五行传》，足证其著述基础正是《五行传》。班固所言意在强化刘向《传论》的经学底色，这一点我们在后文还将论及。

此书曾奏呈成帝，《汉书·艺文志》亦著录"刘向《五行传记》十一卷"①，可证其确为中秘所藏，只是两处所言题名一作"论"，一作"记"。若就西汉时期解经体式而言，当以"记"更为可信②；但《尚书大传》郑玄注、《魏书·灵征志》等引述此书均称"论"，可见其在实际流传中当以作"传论"者为多。其后《汉书·五行志》大量援据《传论》，但东汉士人在奏议、论著中论及《洪范》五行说，却未见征引此书者。至郑玄《五行传》注乃明确称引《传论》，可知此书至晚到东汉末年仍有流传。其后东晋江逌奏疏、梁萧子显《南齐书·五行志》、北魏郦道元《水经注》、北齐魏收《魏书·灵征志》等均明引《传论》，可知其在南北朝均有流传，但题名再次出现分化。《魏书·灵征志》征引此书时称《洪范论》，应当是《洪范五行传论》的简称；而据《晋书·江逌传》，江逌在给东晋哀帝所呈奏疏中称"臣寻《史》《汉》旧事，《艺文志》刘向《五行传》，洪祀出于其中"，结合其下文描述，可知其所谓"刘向《五行传》"实为刘向《洪范五行传论》，但"论"字脱去，使得刘向俨然成为《五行传》的作者。此后《南齐书·五行志》也以"《传》曰"称引《传论》，例如：

"木"《传》曰：东方，《易经》地上之木为《观》，故木于人，威

---

① 《汉书》卷三〇《艺文志》，第1705页。
② 据《汉书·艺文志·六艺略》，《书》类有许商《五行传记》一篇，《诗》类有《齐杂记》十八卷，《礼》类有《记》百三十一篇，乐类有《乐记》二十三篇、《王禹记》二十四篇，《春秋》类有《公羊杂记》八十三篇、《公羊颜氏记》十一篇，可知"记"是西汉时期重要的经传体裁，但并无以"论"题名者。

仪容貌也。①

类似称引又见于郦道元《水经注》：

> 秦昭王三十四年，渭水又大赤三日。《洪范五行传》云："赤者，火色也；水尽赤，以火沴水也；渭水，秦大川也；阴阳乱，秦用严刑，败乱之象。"②

刘向关于秦昭王此年渭水大赤的说解见于《汉书·五行志》，在定性与咎由分析方面与《水经注》引文完全一致，足证这段题名《洪范五行传》的引文实出自刘向《传论》。这种题名方式在《隋书·五行志》《开元占经》《艺文类聚》等初盛唐文献中同样得到反映③。在史志著录方面，《隋书·经籍志》仍题为"《尚书洪范五行传论》十一卷，汉光禄大夫刘向注"④，但《旧唐书·经籍志》则径以"《尚书洪范五行传》十一卷，刘向撰"著录⑤，可见题名为《洪范五行传》的钞本已经进入宫廷，具有相当的权威性，这也终于导致部分学者开始将刘向误认为《五行传》的作者。不过，在《新唐书·艺文志》中，该书题名重新被修正为"刘向《洪范五行传论》"⑥。

事实上，《汉书·五行志》明确记述夏侯始昌、夏侯胜等曾据《五行传》推说灾异，他们的时代都显然早于刘向，为何还会出现"刘向《洪范五行传》"的题名呢？这或许与中古时期经、传合钞的

---

① 《南齐书》卷一九《五行志》引"木传"，第411页。
② （北魏）郦道元撰，陈桥驿校证：《水经注校注》卷一九《渭水》，北京：中华书局2007年版，第448页。
③ 《隋书·五行志》："刘向《洪范五行传》曰：山者，君之象。水者，阴之表。"《隋书》卷二三《五行志》，第737页）《开元占经》："刘向《洪范五行传》曰：月蚀荧惑，在角亢，忧在中宫，非贼而盗也，有内乱。"（[唐]瞿昙悉达：《开元占经》卷一二《月占二》，北京：九州出版社2012年版，第135页）
④ 《隋书》卷三二《经籍一》，第1034页。
⑤ 《旧唐书》卷四六《经籍上》，北京：中华书局1975年版，第1969页。
⑥ 《新唐书》卷五七《艺文志》，第1424页。

第二章 刘向《洪范五行传论》佚文考辨

书写潮流有关。从《隋书·五行志》所引"《洪范五行传》"来看,其内容包括两种类型,一种确为《五行传》文,如"《洪范五行传》曰:'言之不从,是谓不乂。厥咎僭,厥罚常旸,厥极忧。时则有诗妖,时则有毛虫之孽,时则有犬祸。故有口舌之疴,有白眚白祥。惟木沴金。'"①又见于"视之不明""听之不聪""思心不容""皇之不极"诸条②;另一种则是对《五行传》的阐释,也就是刘向《传论》之文。由此看来,这种"刘向《洪范五行传》"实际上是《五行传》与刘向《传论》的合钞本,就其形态应题作"《洪范五行传》,刘向注",但时人在题写或著录中并未严格区分刘向是注者还是作者,最终出现了"刘向《洪范五行传》"这样似是而非的题名方式。

从称引频率来看,刘向《传论》在南北朝隋唐的流传比较普遍,除正史《五行志》及《初学记》《艺文类聚》等官修类书外,隋人萧吉《五行大义》、唐人瞿昙悉达《开元占经》、李淳风《乙巳占》等著述对《传论》也有大量征引。不过,北宋官修《崇文总目》及南宋各私家目录已不见此书著录,可知其亡佚恐在晚唐五代之际。虽然《太平御览》以及宋人潘自牧所编《记纂渊海》中仍见征引《洪范五行传》,但二者所见恐非刘向《传论》原书,应是转录自他书引文。

此外,姚振宗已经注意到,大约编纂于九世纪末的《日本国见在书目录》中著录有"《尚书鸿范五行传论》十二卷,汉光禄大夫刘向撰"③,显示该书完帙在唐代已东传日本。此后,具平亲王正历二年(宋太宗淳化二年,991)所撰《弘决外典钞·外典目》仍著录此

---

① 《隋书》卷二二《五行上》,第 703 页。
② 《隋书》卷二三《五行下》,第 717、721、726、737 页。
③ 此处"十二卷",孙猛认为系"十一卷"之讹。(〔清〕姚振宗:《隋书经籍志考证》卷二,王承略、刘心明主编《二十五史艺文经籍志考补萃编·第十五卷》(第一册),北京:清华大学出版社 2014 年版,第 101 页;孙猛:《日本国见在书目录详考》,上海:上海古籍出版社 2015 年版,第 4、75 页。)

书①,知其至平安时代中期仍有流传,此后即未见著录,亦鲜见征引,恐亦逐渐亡佚。

明清辑佚之学大兴,明人张溥在其《汉魏六朝百三名家集·刘中垒集》中将《汉书·五行志》所见《传论》佚文缀于卷末;其后清人王谟据《汉书·五行志》(135条)、《续汉书·五行志》刘昭注(2条)、《宋书·五行志》(1条)、《文选》李善注(2条)以及《艺文类聚》(3条)、《初学记》(2条)、《北堂书钞》(1条)、《太平御览》(17条)等类书重辑向书,共辑得佚文163条,分为上、下卷,仍题名《洪范五行传》,署为"汉沛郡刘向撰",收入《汉魏遗书钞》。由于张、王二人对《传论》原有体例并不了解,对于《南齐书·五行志》《隋书·五行志》《开元占经》等大量征引《传论》的书籍又未加留意,故漏辑之文既多,刘向原书的体例也未得到恢复。不过,作为《传论》辑本,这两部书对于刘向《传论》在明清时期的传播仍起到重要作用。此外,黄奭和陈寿祺也有辑本,分别见于《黄氏逸书考·子史钩沈》和《左海全集》。

关于刘向《传论》的流传,还有两个问题需要讨论:

第一,是《五行传论》与刘向另一部著作《五纪论》之间的关系。关于刘向作《五纪论》的记载,见于《汉书·律历志》:

> 至孝成世,刘向总六历,列是非,作《五纪论》。②

"五纪"在《洪范》"九畴"中位居第四,包括岁、月、日、星辰、历数,《五纪论》既然旨在对"六历"辨正是非,则其性质当为历学著作,与主说灾异的《五行传论》各为一书。不过,在汉人的知识背景下,言历数不可能不涉及灾异,故《续汉书·天文志》言:"成帝时,中垒校

---

① 孙猛:《日本国见在书目录详考》,第75页。
② 《汉书》卷二一上《律历志》,第979页。

第二章 刘向《洪范五行传论》佚文考辨

尉刘向广《洪范》灾条,作五纪、皇极之论,以参往行之事。"①《晋书·天文志》大抵沿其说,惟将刘向所作书改称《皇极论》②。从上下文来看,《续汉书》所谓"五纪、皇极之论"中的"五纪"应指《五纪论》,"皇极"则专指《洪范五行传论》中的"皇之不极"部分,其中"日月乱行,星辰逆行"条涉及天文历数,故与《五纪论》并言。古人在引述《传论》时常单称某一类灾异,如《汉书·五行志》引刘歆《传论》,即言"刘歆皇极传曰",故《续汉书》亦单称"皇极"。至《晋书·天文志》略去"五纪"与"之"字,仅作"皇极论",《玉海》在征引《续汉书》时又称"作五纪皇极论",似乎其书又题名为《五纪皇极论》,这些都导致后人误以为刘向除《五行传论》以外尚有《五纪论》《皇极论》等灾异学论著,或是反过来将《汉书·律历志》所言真正的历学论著《五纪论》与《五行传论》混为一书③。事实上,尽管《汉书·律历志》明称刘向作《五纪论》,但包括《汉书·艺文志》在内的历代公私目录却从未著录此书,这大概也是导致学者误解的重要原因。不过,从称引的角度看,《续汉书·律历志》所载和帝永元中贾逵论历、安帝延光二年(123)陈忠论历、顺帝汉安二年(143)虞恭等论历均援据《五纪论》④;刘宋文帝元嘉时期,何承天在《宋书·天文志》

---

① 《后汉书》志第十《天文上》,第3215页。
② 《晋书》卷一一《天文上》,北京:中华书局1974年版,第278页。
③ 如陈侃理引述《续汉书·天文志》叙论作"广《洪范》灾条作《五纪》《皇极》之论",并怀疑《汉书·五行志》中关于日月薄蚀等灾异的记载即出自《皇极论》(陈侃理:《儒学、数术与政治:灾异的政治文化史》,第136~137页)。杨向奎则提出"刘向之《五纪论》即《洪范五行传》"(杨向奎:《论刘歆与班固》,《绎史斋学术文集》,上海:上海人民出版社1983年版,第166页)。
④ 《续汉书·律历志》载贾逵论历:"臣谨案:前对言冬至日去极一百一十五度,夏至日去极六十七度,春秋分日去极九十一度。《洪范》'日月之行,则有冬夏'。《五纪论》'日月循黄道,南至牵牛,北至东井,率日日行一度,月行十三度十九分度七'也。"(《后汉书》志第二《律历志》,第3029页)陈忠延光论历:"臣辄复重难衡,兴,以为《五纪论》推步行度,当时比诸术为近,然犹未稽于古。及向子歆欲以合《春秋》,横断年数,损夏益周,考之表纪,差谬数百。"(《后汉书》志第二《律历志》,第3034~3035页)虞恭、宗䜣汉安论历:"《洪范五纪论》曰:'民间亦有黄帝诸历,不如史官记之明也。'"(《后汉书》志第二《律历志》,第3037页)

中讨论盖天说以及黄初四年(223)、五年太白昼见、青龙四年(236)星孛时[1]，反复引用《五纪论》；至孝武帝大明六年(462)祖冲之与戴法兴辩论历术，仍引《五纪论》为据[2]，可见至晚到刘宋时期，《五纪论》仍有流传。《宋书·天文志》引文详载《夏历》关于列宿、日月行度的论述，又言刘向据《五行传》驳难《夏历》之说，完全符合《汉书·律历志》"总六历，列是非"的概括。此后，《晋书·律历志》《开元占经》虽间有称引，但其引文皆见于《宋书·律历志》，恐据后者转引，《五纪论》盖亡于齐梁，故不为阮孝绪《七录》及《隋书·经籍志》所载。就佚文内容来看，其书所论虽涉星占，但仍以历数为主，与《洪范五行传论》绝非一书，故姚振宗《隋书经籍志考证》言："其书(作者案：此指刘向《洪范五行传论》)本不为《洪范》全经而作，后世又何从而非之乎？其他如五纪、稽疑，各有所论，见《汉书·历志》《艺文志》。与八政、三德、福极诸篇亦不相涉，皆非为全经作也。"[3]

值得注意的是，刘向《传论》佚文中也有几条专论历数，有的比

---

[1] 《宋书·天文志》："刘向《五纪》说，《夏历》以为列宿日月皆西移，列宿疾而日次之，月最迟。故日与列宿昏俱入西方；后九十一日，是宿在北方；又九十一日，是宿在东方；九十一日，在南方。此明日行迟于列宿也。月生三日，日入而月见西方；至十五日，日入而月见东方；将晦，日未出，乃见东方。以此明月行之迟于日，而皆西行也。"(《宋书》卷二三《天文一》，北京：中华书局2018年版，第737页)"黄初四年六月甲申，太白昼见。五年十一月辛卯，太白又昼见。案刘向《五纪论》曰：'太白少阴，弱，不得专行，故以已未为界，不得经天而行。经天则昼见，其占为兵、为丧，为不臣，为更王，强国弱，小国强。'"(《宋书》卷二三《天文一》，第739页)"青龙四年十月甲申，有星孛于大辰，长三尺。乙酉，又孛于东方……刘向《五纪论》曰：'春秋星孛于东方，不言宿者，不加宿也。'"(《宋书》卷二三《天文一》，第743页)

[2] 《宋书·律历志》载祖冲之对法兴之言："按《五纪论》黄帝历有四法，颛顼、夏、周并有二术，诡异纷然，则孰识其正。此古历可疑之据一也。夏历七曜西行，特违众法，刘向以为后人所造，此可疑之据二也。"(《宋书》卷一三《律历下》，第334页)此处所言刘向对夏历晚出的怀疑可以从《宋书·天文志》史臣所引向说中得到印证："向难之以《鸿范传》曰：'晦而月见西方，谓之朓。朓，疾也。朔而月见东方，谓之侧匿。侧匿，迟不敢进也。星辰西行，史官谓之逆行。'"(《宋书》卷二三《天文一》，第738页)

[3] 姚振宗：《隋书经籍志考证》卷二，第101页。

第二章 刘向《洪范五行传论》佚文考辨

较六历与《太初历》优劣,几乎完全符合《五纪论》"总六历,列是非"的定位①,考虑到《五纪论》在南朝中后期逐渐亡佚,不能排除其部分佚文被后人误视为《五行传论》佚文的可能。当然,《传论》"皇之不极"所言灾异有"日月乱行,星辰乱行",则其论七曜行度,亦属题中之义,对这种误识的可能性也不必过于夸大。

第二个问题是刘向《传论》与刘歆《洪范五行传论》在流传中发生的关联。《汉书·艺文志》不录刘歆本人撰作,然《汉书·五行志》大量引用歆书,郑玄《五行传》注两次参校"子骏《传》"②,可知至晚到东汉后期,刘歆《传记》犹有流传,此后该书既不见于史志著录,亦未见征引,可知其亡佚或在魏晋时期。不过,在《魏书·灵征志》所引《洪范论》佚文中,却有并非出自刘向,而应出自刘歆者。例如,刘歆所据本《五行传》"视之不明"条有"羽虫之孽",为通行本所不见,故刘向《传论》不可能出现此孽,但《魏书·灵征志》"羽虫之孽"条言"《洪范论》曰:'视不明,听不聪之罚也。'"③下文将有例证显示,《魏书·灵征志》所引《洪范论》一般即指刘向《传论》,而此处引文居然论及"羽虫之孽",实在令人费解。此外,即便按刘歆所据本,"羽虫之孽"应归咎于"视不明",与"听不聪"并无关联,后者所致应为"介虫之孽"④,故上述引文将"羽虫之孽"同时归咎于"视不明,听不聪",与刘歆《传论》也不相

---

① 如《新唐书·历志》:"《洪范传》曰:'历记始于颛顼上元太始阏蒙摄提格之岁,毕陬之月,朔日己巳立春,七曜俱在营室五度。'""故《洪范传》冬至日在牵牛一度,减太初星距二十一分,直南斗二十六度十九分也。《颛顼历》立春起营室五度,冬至在牵牛一度少。《洪范传》冬至所起无余分,故立春在营室四度太。"(《新唐书》卷二七上《历志三上》,第602~603、610~611页)《太平御览》引《鸿范五行传》曰:"圣人所以揆天行而纪万国也。孔子作《春秋》,正春正秋,所以重历也。五家之历多疏阔,唯《颛顼历》为微近,故张苍用《颛顼历》。元封中立《太初历》,测弦望皆最密。"(〔宋〕李昉等辑:《太平御览》卷一六《诗序部一》,第84页上栏b)
② 《后汉书》志第十七《五行五》刘昭注,第3342页。
③ 《魏书》卷一一二《灵征志》,第2920页。
④ 《汉书》卷二七中之下《五行志》,第1422页。

符。有趣的是,我们似乎可以在《汉书·五行志》中找到《魏书·灵征志》引文的依据:

> 昭公二十五年,夏,有鸜鹆来巢。刘歆以为羽虫之孽,其色黑,又黑祥也。视不明,听不聪之罚也。①

刘歆认为鸜鹆属鸟禽,系"视之不明"所致"羽虫之孽";其色黑,又兼"听之不聪"所致"黑祥",故有"视不明,听不聪之罚"的判断。《魏书·灵征志》断章取义,以为所有"羽虫之孽"均归咎于"视不明,听不聪之罚",遂致此误。不过,"视不明"句既然出自刘歆,但《魏书·灵征志》却以《洪范论》称引,似乎将其视为刘向《传论》佚文,这实在令人疑惑。其实,这并非孤例,《宋书·五行志》载"魏文帝黄初四年五月,有鹈鹕鸟集灵芝池"事,以为"案刘向说,此羽虫之孽,又青祥也"②,也将"羽虫之孽"归于刘向。由此看来,似乎同样不能排除刘歆《传记》在亡佚后有部分佚文被误视为刘向《传论》佚文的可能性,我们在考辑《传论》佚文时需加以留意。

二、刘向《传论》的基本形态

刘向《传论》本于《五行传》,而后者与《汉书·五行志》在结构上存在三处重要差异:第一,《汉书·五行志》未取《五行传》自"维王后元祀"至"建用王极"的开篇部分;第二,《汉书·五行志》未取《五行传》自"维五位复建"至"我民人无敢不敬事上下王祀"等陈述"六沴"司月及"共御"之术的部分;第三,《五行传》先言"六沴"之失,后言"五行"之失,而《汉书·五行志》则先言"五行"之失,后言

---

① 《汉书》卷二七中之下《五行志》,第1415页。
② 《宋书》卷三二《五行三》,第1025页。

第二章 刘向《洪范五行传论》佚文考辨

"五事""皇极"之失,次序与结构均有所不同。这三处调整极大地改变了《五行传》的文本性质和思想倾向,由此带来的一个重要问题便是,作为《五行传》与《汉书·五行志》之间的过渡文本,刘向《传论》在结构上究竟是更接近于《五行传》本身,还是已经对其加以剪裁调整,并为《汉书·五行志》所继承呢?

《晋书·江逌传》所载的一份奏疏为这一问题的判定提供了依据。据《晋书·孔严传》,东晋哀帝隆和元年(362)诏曰:"天文失度,太史虽有禳祈之事,犹崒昔屡彰。今欲依鸿祀之制,于太极殿前庭亲执虔肃。"[①]这里所谓"鸿祀之制",显然正是《五行传》所言"洪祀六沴"之法,而太常江逌奏疏指出:

> 逌上疏谏曰:"臣寻《史》《汉》旧事,《艺文志》刘向《五行传》,洪祀出于其中。然自前代以来,莫有用者。又其文惟说为祀,而不载仪注。此盖久远不行之事,非常人所参校……然洪祀有书无仪,不行于世,询访时学,莫识其礼。且其文曰:'洪祀,大祀也。阳曰神,阴曰灵。举国相率而行祀,顺四时之序,无令过差。'今案文而言,皆漫而无适,不可得详。若不详而修,其失不小。"帝不纳,逌又上疏曰:"……星辰莫同,载于《五行》,故《洪范》不以为沴。……案洪祀之文,惟神灵大略而无所祭之名,称举国行祀而无贵贱之阻,有赤黍之盛而无牲醴之奠。……"[②]

对照《五行传》佚文,可知此处刘向《传论》所释正是传文"共御"之术:

> 六沴之礼,散斋七日,致斋,新器,絜祀,用赤黍。三日之

[①] 《晋书》卷七八《孔严传》,第2060页。
[②] 《晋书》卷八三《江逌传》,第2174~2175页。

朝，于中庭祀四方，从东方始，卒于北方。其祀礼曰《袼祀》。曰某也方祀，曰播国率相行祀。其祀也曰：若尔神灵洪祀六沴是合，无差无倾，无有不正。若民有不敬事，则会批之六沴，六事之机，以县示我，我民人无敢不敬事上下王祀。[①]

比读江逌所引刘向《传论》与《五行传》，可知前者所释"洪祀""神""灵"显然对应传文"若尔神灵洪祀"句，其后"举国相率而行祀"对应传文"播国率相行祀"，"顺四时之序"对应传文"于中庭祀四方，从东方始，卒于北方"，"无令过差"对应传文"无差无倾"。至于其第二封奏疏所言"有赤黍之盛而无牲醴之奠"对应传文"絜祀，用赤黍"，"星辰莫同，载于《五行》，故《洪范》不以为沴"则对应传文关于"六沴"司月的论述："星辰莫同，是离逢，非沴，维鲜之功。"[②]由此看来，尽管刘向未必接受传文所言"共御"之术，但限于体例，其《传论》仍对这段文字有所说解。《通典》在记载晋哀帝此事时引用侍中刘遵之言，以为鸿祀之事"唯出《大传》，不在六籍。刘向、郑玄虽为其训，自后不同，前代以来，并无其式"[③]，亦称刘向曾为"洪祀"作训。刘向《传论》在结构上完全遵照《五行传》展开，《汉书·五行志》对于传文结构的裁汰并非袭自刘向《传论》，是班固基于史志编纂的需要做出的调整。

三、诸书征引《传论》体例辨识

就笔者所见，传世文献中保存刘向《传论》佚文较多者，除《汉书·五行志》以外，还有以下几种：

[①] （宋）朱熹著、（宋）黄榦编：《仪礼经传通解正续编》，北京：北京大学出版社2012年版，第2259页上栏a～下栏b。
[②] 朱熹著、黄榦编：《仪礼经传通解正续编》，第2258页上栏b。
[③] （唐）杜佑：《通典》卷五五《礼》十五《诸杂祠》，北京：中华书局1988年版，第1557页。

第二章 刘向《洪范五行传论》佚文考辨

（一）《隋书·五行志》

在征引《传论》的文献中，《隋书·五行志》虽然成书时代较晚，但其引文数量较多，且体例具有一定的系统性，故常常可以作为我们判断相关佚文出处的标准。《隋书·五行志》征引《传论》有三种体例，首先是明确以"刘向《洪范五行传》曰"或"刘向《五行传》曰"加以引述，各一见：

> 刘向《洪范五行传》曰："山者，君之象。水者，阴之表。人之类也。天戒若曰：君人拥威重，将崩坏，百姓不得其所。"①

> 刘向《五行传》曰："视不明，用近习，贤者不进，不肖不退，百职废坏，庶事不从，其过在政教舒缓。"②

如前文所言，南朝以来已有将《五行传》与刘向《传论》合钞的本子题名为《洪范五行传》者，《隋书·五行志》的引文即反映了这种书写形态。

第二种径以"《洪范五行传》曰"引起，除前述"言之不从"等5条确为《五行传》引文外，其余40条均为阐释传文者，例如：

> 《洪范五行传》曰："金者西方，万物既成，杀气之始也。古之王者，兴师动众，建立旗鼓，以诛残贼，禁暴虐，安天下，杀伐必应义，以顺金气。如人君乐侵陵，好攻战，贪城邑之赂，以轻百姓之命，人皆不安，外内骚动，则金不从革。"③

这显然是对《五行传》"好战攻，轻百姓，饰城郭，侵边境，则金不从革"诸句的阐释。考虑到上举《隋书·五行志》所引"刘向《洪范五行传》"实即刘向《传论》，则这类"《洪范五行传》"引文同样可以认定为刘向《传论》佚文。

---

① 《隋书》卷二三《五行下》，第 737 页。
② 《隋书》卷二三《五行下》，第 717 页。
③ 《隋书》卷二二《五行志》，第 689 页。

第三种体例是以"刘向曰"引起,不称书名。共 5 条,例如"木沴金"条:

> 刘向曰:"失众心,令不行,言不从,以乱金气也。石为阴,臣象也,臣将为变之应。"①

由于"木沴金"是《五行传》特有的灾异术语,因此这里虽然仅称"刘向曰",但可以推知其内容当出自刘向《传论》。又如"云阴"条:

> 刘向曰:"王者失中,臣下强盛而蔽君明,则云阴。"②

所谓"王者失中",显系《五行传》"皇之不极"的变辞,这里的"云阴"应指《五行传》"皇之不极"所致"厥咎眊",而《隋书·五行志》的另一处引文足以印证这一推测:

> 《洪范五行传》曰:王失中,臣下强盛,以蔽君明,则云阴。③

由此可见,《隋书·五行志》中以"刘向曰"引起的有关灾异论说,亦可视为刘向《传论》佚文。

《隋书·五行志》编纂时《传论》尚存全帙,且其所引《传论》多不见于他书,有些虽与《汉书·五行志》等引文互见,但也存在一定程度的异文,加上其将刘向《传论》称为《洪范五行传》,真实反映了刘向《传论》在中古时期的传播形态。综合这些信息,可以判断《隋书·五行志》当直接征引刘向《传论》,其引文具有重要的辑佚与校勘价值。

(二)《南齐书·五行志》

以《隋书·五行志》为参照,回看《南齐书·五行志》,可发现其

---

① 《隋书》卷二二《五行志》,第 714 页。
② 《隋书》卷二三《五行志》,第 738 页。
③ 《隋书》卷二三《五行志》,第 728 页。

第二章 刘向《洪范五行传论》佚文考辨

中亦有不少征引《传论》者,具体来说包括三种体例,一种是以"《传》曰"领起,共10条①,例如:

> 《传》曰:"大雨雪,犹庶征之常雨也,然有甚焉。雨,阴。大雨雪者,阴之畜积甚也。一曰:与大水同象,曰攻为雪耳。"②

这显然是对《春秋》"大雨雪"的《洪范》五行学成因的阐述,又见于《隋书·五行志》所引"《洪范五行传》":

> 《洪范五行传》曰:庶征之常雨也,然尤甚焉。雨,阴也,雪又阴畜积甚盛也。③

《魏书·灵征志》所引刘向《传论》亦见此文:

> 《洪范论》曰:《春秋》之大雨雪,犹庶征之恒雨也,然尤甚焉。夫雨,阴也,雪又阴也,大雪者,阴之稽积盛甚也。一曰与大水同,冬,故为雪耳。④

由此看来,《南齐书》所引这段"《传》"文可确认出自刘向《传论》,由于其所据本亦为传、论合钞的"《洪范五行传》",故径以"《传》曰"称引《传论》。又如:

> 《传》曰:"雨雹,君臣之象也。阳之气专为雹,阴之气专为霰。阳专而阴胁之,阴盛而阳薄之。雹者,阴薄阳之象也。霰者,阳胁阴之符也。《春秋》不书霰者,犹月蚀也。"⑤

---

① 另有两条:"《传》曰:'维水沴火。'又曰:'赤眚赤祥。'"应指《五行传》本文,故不计入此数。《南齐书》卷一九《五行志》,第418页。
② 《南齐书》卷一九《五行志》,第413页,标点未尽从。据《魏书·灵征志》,此处"攻"为"故"之讹字。
③ 《隋书》卷二二《五行志》,第626页。案,中华本此处标点有误,原作"庶征之常,雨也,然尤甚焉",将"常雨"点断,今径改。
④ 《魏书》卷一一二上《灵征志》,第2905页。
⑤ 《南齐书》卷一九《五行志》,第414页。

这段材料又见于《汉书·五行志》，明称出自刘向《传论》：

> 刘向以为盛阳雨水，温暖而汤热，阴气胁之不相入，则转而为雹；盛阴雨雪，凝滞而冰寒，阳气薄之不相入，则散而为霰。故沸汤之在闭器，而湛于寒泉，则为冰，及雪之销，亦冰解而散，此其验也。故雹者阴胁阳也，霰者阳胁阴也，《春秋》不书霰者，犹月食也。①

比读两者，虽然繁简不同，但其逻辑层次完全相合，均以阴、阳互胜关系解释雹、霰的形成，尤其是基于《春秋》不书月食来论证其不书霰，文辞完全相合，足证《南齐书》所引"《传》曰"并非《五行传》本文，而是刘向《传论》。

值得注意的是部分引文中所见"一曰"的性质问题，例如：

> 《传》曰："《易》曰'《乾》为马'。逆天气，马多死，故曰有马祸。一曰：马者，兵象也。将有寇戎之事，故马为怪。"②

中华书局整理本将"《传》曰"的引文止于"故曰有马祸"，此后"一曰"下另标上引号，似与前引"《传》曰"无关，但这两种对马祸的解释均见于《隋书·五行志》所引"《洪范五行传》"：

> 《洪范五行传》曰："马者兵象。将有寇戎之事，故马为怪。"③

> 《洪范五行传》曰："逆天气，故马多死。"④

其实这段"一曰"之文还见于《魏书·灵征志》所引《洪范论》⑤，可知其同样出自刘向《传论》，是刘向所载汉儒异说。这类引文不宜在

---

① 《汉书》卷二七中之下《五行志》，第1427页。
② 《南齐书》卷一九《五行志》，第428页，标点未尽从。
③ 《隋书》卷二三《五行下》，第741页。
④ 《隋书》卷二三《五行下》，第742页。
⑤ 《魏书》卷一一二上《灵征志》，第3176页。

"一曰"处截断,"《传》曰"后的下引号应将"一曰"之说包括在内。

第二种以"某《传》曰"称引,明确指出引文出自《传论》哪一部分,共9条,包括"木传""貌传""思心传""言传""听传"等,例如:

> "言"《传》曰:"下既悲苦君上之行,又畏严刑而不敢正言,则必先发于歌谣。歌谣,口事也。口气逆则恶言,或有怪谣焉。"①

这显然是对《五行传》"言之不从"条"诗妖"的解释,相关引文亦见于《开元占经》,明确称出自"《洪范五行传》":

> 《鸿范五行传》曰:"下既非君上之刑,畏严刑而不敢正言,则先发于歌。歌,口事也。气逆则恶言至,或有怪谣,以此占之,故曰诗妖。古者人君必视人民,听其歌谣,以省国政。"②

参考《开元占经》的引书体例,可知这段论述正为刘向《传论》,可见"某《传》曰"与"《传》曰"均指刘向《传论》,只是在称述时未加统一而已。

第三种体例是径用《传论》之文,无领起之辞,仅见于"火不炎上""金不从革""水不润下"三条,例如:

> 火,南方,扬光辉,出炎燧为明者也。人君向明而治,盖取其象。以知人为分,逸佞既远,群贤在位,则为明而火气从矣。人君疑惑,弃法律,不诛谗邪,则逸口行,内间骨肉,外疏忠臣,至杀世子,逐功臣,以妾为妻,则火失其性,上灾宗庙,下灾府榭,内爕本朝,外爕阙观,虽兴师众,不能救也。③

仿照《汉书·五行志》,《南齐书·五行志》将灾异分为五行、六沴凡

---

① 《南齐书》卷一九《五行志》,第423页。
② 《开元占经》卷一一三《人及神鬼占》,第1062页。
③ 《南齐书》卷一九《五行志》,第416页。

十一类,每类先以"木《传》曰""貌《传》曰"等引述刘向《传论》,再举事例相配,但在"火不炎上"等三部分却未见称引"《传》曰",而是径出此文,与全志体例不符。如果将这段文字与《隋书·五行志》中引自《传论》的文字相对比,会发现两者在逻辑层次和关键词上存在诸多共同点:

表 2-1

《南齐书·五行志》	《隋书·五行志》
<u>火</u>,<u>南方</u>,<u>扬光辉</u>,<u>出炎燸为明者也</u>。<u>人君向明而治</u>,盖取其象。以知人为分,<u>逸佞既远</u>,群贤在位,则为明而火气从矣。<u>人君疑惑</u>,<u>弃法律</u>,不诛逸邪,则逸口行,内间骨肉,外疏忠臣,<u>至杀世子</u>,<u>逐功臣</u>,<u>以妾为妻</u>,<u>则火失其性</u>,上灾宗庙,下灾府榭,内爇本朝,外爇阙观,虽兴师众,不能救也。①	《洪范五行传》曰:<u>火者</u>,<u>南方</u>,<u>阳光为明也</u>。<u>人君向南</u>,<u>盖取象也</u>。昔者圣帝明王负扆摄袂,南面而听断天下,揽海内之雄俊,积之于朝,以续聪明,<u>推邪佞之伪臣</u>,投之于野,以通壅塞,以顺火气。夫不明之君,惑于逸口,白黑杂揉,代相是非,众邪并进,<u>人君疑惑</u>,<u>弃法律</u>,<u>间骨肉</u>,<u>杀太子</u>,<u>逐功臣</u>,<u>以孽代宗</u>,<u>则火失其性</u>。②

比较画线部分,虽然二者措辞存在不少差异,但逻辑则高度一致。事实上,下文将会呈现,即便将《南齐书·五行志》"《传》曰"引文与《隋书·五行志》"《洪范五行传》曰"的相应引文加以对比,二者之间也存在不少差异,可知两书在征引中已经过史臣改笔,两志引文的差异可视为两书在引书体例上整体性差异的体现。总之,无论是基于《南齐书·五行志》的自身体例,还是其文字与他书所见《传论》佚文的相似度,均可确认这些论述源出刘向《传论》,即便不能直接作为《传论》佚文,也可以有效补充我们对刘向《传论》及其传

---

① 《南齐书》卷一九《五行志》,第 416 页。
② 《隋书》卷二二《五行志》,第 620 页。

播形态的认识。

从引述范围上来，《南齐书·五行志》引文中有"雨雹，君臣之象也"之文，为《汉书·五行志》所未引，又如对"皇之不极"的说解，亦与《汉书·五行志》中所见说解颇不相同，可知《南齐书·五行志》虽承《汉书·五行志》体例而作，但其所载刘向《传论》引文却并非由《汉书·五行志》转引，在《传论》佚文的校勘上自具其价值。

（三）《魏书·灵征志》

与南朝史臣编纂《宋书》《南齐书》等皆立《五行志》相对，北齐史臣魏收所编《魏书》亦将五行灾异纳入书志，但变体为《灵征志》。与《五行志》重灾异、略祥瑞不同，后者并重祸福，故体例自然有所调整。整体上看，《灵征志》打破了《五行志》以五行、六沴为框架的结构，灾异名目的排列与选择相对随意，有些灾异与《五行传》并无关联，因此，与《南齐书·五行志》《隋书·五行志》基本遵循《传论》体例不同，《魏书·灵征志》对《传论》的征引较为零散。不过，就自身体例而言，《魏书·灵征志》却最为严整，不仅 12 条引文统一以"《洪范论》曰"称述，而且对《五行传》与刘向《传论》也有明确区分。凡引《五行传》本文，称"《洪范传》曰"[1]，至引刘向《传论》，乃以"《洪范论》曰"引起，例如：

> 《洪范论》曰：山，阳，君也；水，阴，民也。天戒若曰：君道崩坏，百姓将失其所也。[2]

此文又见于《汉书·五行志》，明称出自刘向：

> 刘向以为山阳，君也；水阴，民也。天戒若曰：君道崩坏，

---

[1] 《魏书》卷一一二上《灵征志》，第 3170 页。
[2] 《魏书》卷一一二上《灵征志》，第 3156 页。

下乱,百姓将失其所矣。①

看来与南朝传、论合钞的风气不同,北朝流传的刘向《传论》仍保留传、论别行的早期形态。《魏书·灵征志》中所引《洪范论》之文多不见于《汉书·五行志》,且其引《汉书·五行志》则以"班固说"称引②,可知与《南齐书·五行志》《隋书·五行志》相类,此志亦据其所见刘向《传论》而征引,并非转录自《汉书·五行志》。

(四)《开元占经》

除了上述史志外,传世文献中征引刘向《传论》最集中的还有唐代瞿昙悉达所编《开元占经》。此书隐而复现③,颇为传奇,其体例则是广列灾异名目,并于每一目下遍引群书,其中大量涉及汉代经纬文献,具有重要的辑佚学价值。由于刘向《传论》涉及的灾异类型非常丰富,因此其引用频次也比较高。就引用形式而言,大抵可分为两类,一类明确以"刘向《洪范传》曰"称引,例如:

> 刘向《洪范传》曰:日之为异,莫重于蚀。故《春秋》日蚀则书之也。日蚀者,下凌上、臣侵君之象也。日蚀数者,其乱众。稀者,乱亦稀。④

此论日蚀之异,显然是就《五行传》"皇之不极"所致"日月乱行"而言。《占经》所云"刘向《洪范传》"当与《南齐书·五行志》《隋书·五行志》所言"《洪范五行传》"同例,系传、论合钞本刘向《传论》。

---

① 《汉书》卷二七下之上《五行志》,第 1456 页。
② 《魏书》卷一一二上《灵征志》,第 3169 页。
③ 关于《开元占经》的流传,可参[日]安居香山:《大唐〈开元占经〉异本考》,《东京教育大学文学部纪要》,1961 年第 3 期,第 1~83 页;黄复山:《〈开元占经〉版本流传考论》,殷善培、周德良主编《叩问经典》,台北:台湾学生书局 2005 年版,第 323~365 页;赵益、刘仁:《〈开元占经〉版本谱系考》,《古典文献研究》第 19 辑上卷(2016),第 219~227 页。
④ 瞿昙悉达:《开元占经》卷九《日占五》,第 94~95 页。

第二章　刘向《洪范五行传论》佚文考辨　67

另一类体例则是以"《洪范传》""《五行传》""《洪范五行传》",甚至"《洪范》"领起,虽不称刘向之名,但通过与他书所见佚文比对,亦可知实为刘向《传论》佚文,例如:

> 《洪范传》……又曰:《春秋》者虫之灾也,以罚暴虐而取于天下,贪叨无厌,以兴动众,取邑治城,而失众心,虫为害矣。文公三年秋,雨螽于宋。是时宋公以暴虐刑重,赋敛无度,应是而螽也。①

这段材料又见于《魏书·灵征志》"蝗虫螟"条,明称引自《洪范论》:

> 《洪范论》曰:刑罚暴虐,取利于下;贪饕无厌,以兴师动众;取邑治城,而失众心,则虫为害矣。②

李淳风《乙巳占》亦见征引,称引自"刘向云":

> 刘向云:《春秋》时螽者,虫之灾也。以刑罚暴虐而取天下,贪婪无厌,以兴师动众,聚邑治城而失众心,虫为害矣。故宋文公三年,天雨虫于宋。是时宋公暴虐重刑,赋敛无已,故应是秋雨螽。③

结合这两处引文,足证此处《占经》所引"《洪范传》"实为刘向《传论》。至于称引"《洪范五行传》"者:

> 《洪范五行传》曰:庄公十七年冬,多麋。牝兽之淫莫大于麋,麋,迷也,庄公悦郑詹之言,取齐淫女。④

此文又见于《汉书·五行志》,明称引自刘向《传论》:

---

① 瞿昙悉达:《开元占经》卷三《天占》,第28页;标点未尽从。"雨螽""应是而螽"据清文渊阁《四库全书》本改正。
② 《魏书》卷一一二上《灵征志》,第3197页。
③ (唐)李淳风:《乙巳占》卷一,《续修四库全书》第1049册,清抄本,第27页。"故宋文公"之"宋"似为衍文。
④ 瞿昙悉达:《开元占经》卷一一六《兽占》,第1106页。

严公十七年,"冬,多麋"。……刘向以为麋色青,近青祥也。麋之为言迷也,盖牝兽之淫者也。是时,严公将取齐之淫女,其象先见。①

两处引文虽有差异,但关键词句及核心意旨完全相合,足证《占经》所谓"《洪范五行传》"亦为传、论合钞的刘向《传论》。

综合上举《隋书·五行志》《南齐书·五行志》《魏书·灵征志》和《开元占经》,我们发现,在中古时期的史书、占书等文献中,颇多刘向《传论》佚文,他们有的称引"刘向《洪范五行传》",有的径以"《传》曰"引起,究其实都出自传、论合钞的刘向《传论》。我们虽然无法像上文所举诸例,为这些引文的出处一一找到佐证,但通过上述诸书自身的引书体例,将其中的"《洪范五行传》"引文归诸刘向《传论》佚文,当无大谬。此外,在《初学记》《艺文类聚》《太平御览》等类书,以及《五行大义》《观象玩占》《乙巳占》等占书中,也存在不少以"《洪范五行传》曰"引起的传文阐说,参照《隋书·五行志》等体例,大多亦可定为刘向《传论》佚文。

四、诸书互见《传论》佚文的差异

《传论》佚文散见于各种中古史书、类书、占书,其中有些看起来显然旨在解释同一句传文,或是对同一灾异事例的说解,但它们的行文却存在一定程度的差异,有些已经超出了版本异文的理解范围,对于这种现象,我们应该如何认识呢?

我们将诸书所见《传论》佚文的差异度分为三等。第一等虽有部分异文,但整体仍比较接近,兹举十例如下:

---

① 《汉书》卷二七中之上《五行志》,第1396页。

第二章 刘向《洪范五行传论》佚文考辨

表 2-2

1	《洪范论》曰：《春秋》之大雨雪，犹庶征之恒雨也，然尤甚焉。夫雨，阴也，雪又阴也。大雪者，阴之稽积盛甚也。一曰与大水同，冬故为雪耳。①（《魏书·灵征志》）	《传》曰："大雨雪，犹庶征之常雨也，然有甚焉。雨，阴。大雨雪者，阴之畜积甚也。一曰：与大水同象，曰攻为雪耳。"②（《南齐书·五行志》）	《洪范五行传》曰："庶征之常雨也，然尤甚焉。雨，阴也；雪，又阴畜积甚盛也⋯⋯"③（《隋书·五行志》）	《洪范五行传》云：大雨雪者，阴之蓄积盛甚也。④（《北堂书钞》）
2	刘向以为盛阳雨水，温暖而汤热，阴气胁之不相入，则转而为雹；盛阴雨雪，凝滞而冰寒，阳气薄之不相入，则散而为霰。故沸汤之在闭器，而湛于寒泉，则为冰，及雪之销，亦冰解而散，此其验也。故雹者阴胁阳也，霰者阳胁阴也，《春秋》不书霰者，犹月食也。⑤（《汉书·五行志》）	《洪范论》曰：阳之专气为雹，阴之专气为霰。此言阳专而阴胁之，阴专而阳薄之，不能相入则转而为雹。犹臣意不合于君心也。⑥（《魏书·灵征志》）	《传》曰："雨雹，君臣之象也。阳之气专为雹，阴之气专为霰。阳专而阴胁之，阴盛而阳薄之。雹者，阴薄阳之象也。霰者，阳胁阴之符也。《春秋》不书霰者，犹月蚀也。"⑦（《南齐书·五行志》）	《洪范五行传》云："阴阳相胁而雹霰。盛阴雨雪，凝滞而冰寒，阳气薄之不相入，则散而为霰。盛阳雨水，温暖而汤热，阴气胁之不相入，则转而为雹。霰者，阳胁阴也；雹者，阴胁阳也。"⑧（《初学记》）

① 《魏书》卷一一二上《灵征志》，第 3163 页。
② 《南齐书》卷一九《五行志》，第 413 页，标点未尽从。
③ 《隋书》卷二二《五行上》，第 697 页；标点未尽从。
④ （唐）虞世南：《北堂书钞》卷一五二《天部四》，北京：学苑出版社 1998 年版，第 527 页。
⑤ 《汉书》卷二七中之下《五行志》，第 1427 页。
⑥ 《魏书》卷一一二上《灵征志》，第 3162 页。
⑦ 《南齐书》卷一九《五行志》，第 414 页。
⑧ （唐）徐坚：《初学记》卷二《天部下·雹》，北京：中华书局 2004 年版，第 32 页。

续表

3	史记秦二世元年,天无云而雷。刘向以为雷当托于云,犹君托于臣,阴阳之合也。二世不恤天下,万民有怨畔之心。①（《汉书·五行志》）	《洪范论》曰:雷,阳也;云,阴也。有云然后有雷,有臣然后有君也。雷托于云,君托于臣,阴阳之合也。故无云而雷,示君独处,无臣民也。②（《魏书·灵征志》）	《洪范五行传》曰:"雷霆托于云,犹君之托于人也。君不恤于天下,故兆人有怨叛之心也。"③（《隋书·五行志》）	《洪范五行传》曰:秦二世元年,无云而雷。雷,阳也,云,阴也。有云然后有雷,有臣然后有君也。无云而雷,示君独处,无人民也。④（《开元占经》）
4	《洪范论》曰:刑罚暴虐,取利于下;贪饕无厌,以兴师动众;取邑治城,而失众心,则虫为害矣。⑤（《魏书·灵征志》）	《洪范五行传》曰:"刑罚暴虐,贪饕不厌,兴师动众,取城修邑,而失众心,则虫为灾。"⑥（《隋书·五行志》）	《五行传》曰:君行暴虐而赋税贪叨无厌,以师动众,取邑治城,而失众心,则虫为害。⑦（《开元占经》）	

---

① 《汉书》卷二七中之下《五行志》,第1430页。
② 《魏书》卷一一二上《灵征志》,第3167页。
③ 《隋书》卷二三《五行下》,第722页。
④ 瞿昙悉达:《开元占经》卷一〇二《雷霆占》,第1001页;标点未尽从。
⑤ 《魏书》卷一一二上《灵征志》,第3179页。
⑥ 《隋书》卷二三《五行下》,第724页。
⑦ 瞿昙悉达:《开元占经》卷一二〇《龙鱼虫蛇占》,第1142页。

第二章　刘向《洪范五行传论》佚文考辨

续表

5	《鸿范五行》云：秦昭王三十八年，上郡大饥，山木尽死，民无所食，蜂食民苗。①（《北堂书钞》）		《五行传》曰：秦昭王委事太后弟穰侯为丞相，弟谦荡，君皆用事私门，权倾公朝。三十八年，上郡大饥，山东尽死，民无所食，蜂食民苗。②（《开元占经》）
6	刘向以为……正昼皆暝，阴为阳，臣制君也。③（《汉书·五行志》）	《洪范五行传》曰："昼而晦冥若夜者，阴侵阳，臣将侵君之象也。"④（《隋书·五行志》）	《洪范传》曰：日正昼而冥晦者，阴反为阳，臣反制君也。⑤（《开元占经》）	
7	《洪范论》曰：马者，兵象也，将有寇戎之事，故马为怪也。⑥（《魏书·灵征志》）	《传》曰："《易》曰'《乾》为马'。逆天气，马多死，故曰有马祸。一曰：马者，兵象也。将有寇戎之事，故马为怪。"⑦（《南齐书·五行志》）	《洪范五行传》曰："马者兵象。将有寇戎之事，故马为怪。"⑧（《隋书·五行志》）	

---

① 虞世南：《北堂书钞》卷一五六《岁时部四》，第565页上栏a。
② 瞿昙悉达：《开元占经》卷一二〇《龙鱼虫蛇占》，第1142页；标点未尽从。
③ 《汉书》卷二七下之下《五行志》，第1513页。
④ 《隋书》卷二三《五行下》，第729页。
⑤ 瞿昙悉达：《开元占经》卷六《日占二》，第57页。
⑥ 《魏书》卷一一二上《灵征志》，第3176页。
⑦ 《南齐书》卷一九《五行志》第428页；标点未尽从。
⑧ 《隋书》卷二三《五行下》，第741页。

8	史记秦孝公二十一年有马生人……一曰,诸畜生非其类,子孙必有非其姓者,至于始皇,果吕不韦子。①(《汉书·五行志》)	《洪范五行传》曰:秦孝公二十一年有马生人。占曰:畜生非其类,子孙必有非其姓者,后始皇盖吕不韦子也。②(《开元占经》)	
9	《洪范传》曰:人君失序,享国不明,臣下务乱,群阴蔽阳,则日月薄蚀,汶闇暗昧,若蚀从中起,背璚纵横,则乱交争,兵革并行。③(《开元占经》)	《洪范传》曰:人君失序,国不明,臣下瞀乱,群阴蔽阳,则日月薄蚀,闇昧无光,四方蹐起,背璚纵横,贼乱交争,兵革并行。④(《开元占经》)	
10	刘向以为《星传》曰"心,大星,天王也。其前星,太子;后星,庶子也……"⑤(《汉书·五行志》)	《鸿范五行传》曰:心之大星,天王也。前星,太子;后星,庶子。⑥(《史记索隐》)	《洪范五行传》曰:"心之大星天王也,其前星太子也,后星庶子也。"⑦(《后汉书》李贤注)

以上十例又可以分为两类,一类是同书前后所引《传论》存在异文,如例9《开元占经》中先后两次引用"日月薄蚀"的咎由、异象分析,应属"皇之不极"所致"日月乱行"条。两处引文大致相同,但

---

① 《汉书》卷二七下之上《五行志》,第1445页。
② 瞿昙悉达:《开元占经》卷一一八《马占》,第1122页。
③ 瞿昙悉达:《开元占经》卷九《日占五》,第95页。
④ 瞿昙悉达:《开元占经》卷一七《月占七》,第184页,"群",整理本误作"君";"闇",整理本作"暗",均据文渊阁《四库全书》本改。
⑤ 《汉书》卷二七下之上,第1469页。
⑥ 《史记》卷二七《天官书》索隐,第1541页。
⑦ 《后汉书》卷四二《郎顗襄楷列传》李贤注,第1062页。

第二章 刘向《洪范五行传论》佚文考辨

"享国不明"句,一脱"享"字;"臣下瞀乱"句,一误作"务乱";"则乱交争",一作"贼乱",应系传抄过程中讹脱所致。唯"汶闇暗昧,若蚀从中起"句,一作"闇昧无光,四方踏起",差异较大,未知何故。

另一类更为普遍,是分见于不同论著的佚文存在差异。其中有些反映出刘向《传论》在流传中版本的分化,如例1,《魏书·灵征志》作"恒雨",《南齐书·五行志》《隋书·五行志》《北堂书钞》均作"常雨",后者避汉文帝之讳,当为刘向《传论》原貌。不过,从《汉书·五行志》《续汉书·五行志》看来,《五行传》原文似作"恒雨",故《魏书·灵征志》所据《传论》似依传文而径改向书,使传、论之间保持一致。前文已言,《魏书·灵征志》所引《传论》题名《洪范论》",而南朝、隋唐文献引书多称"《洪范五行传》",二者版本自有不同,这里通过引文也得到验证。

不过,除了例1所见异文具有一定的版本区分度以外,多数异文无法确定是因为所据版本不同,还是各书在钞录时发生衍、夺、倒、讹所致。有些异文音、义相近,本就在两可之间,如例3中《汉书·五行志》作"怨畔",《隋书·五行志》作"怨叛";例4中《魏书·灵征志》作"贪饕无厌",《隋书·五行志》作"贪饕不厌",《开元占经》作"贪叨无厌";例6中《隋书·五行志》作"昼而晦冥",《开元占经》作"昼而冥晦"。至于明显的讹误,如例1《南齐书·五行志》"曰攻为雪耳"句,读来令人费解,参考《魏书·灵征志》引文,可知当作"冬,故为雪耳"。例5《开元占经》"上郡大饥,山东尽死"句,一郡饥而山东尽死,于理不合,参考《北堂书钞》引文,可知当作"山木尽死","东"系"木"之讹。

至于衍文之例,如例3,《隋书·五行志》作"雷霆托于云,犹君之托于人也",以"雷""霆"并举,这完全符合日常语言习惯,但在灾异学理论中,"雷""霆"实有分别。前者又称"震",为天之长子,人君之象,以二月出、八月入,其出入合时与否是判断吉凶的重要依据。至于"霆",或称"电",虽同为异象,但地位远不若"雷"。这里所论灾异既为"无云而雷",且以"云"为民,以"雷"为君,则不应衍及"霆"。参《汉书·五行志》《魏书·灵征志》引文,此句均仅作"雷",可知《隋书·五行志》引文之"霆"当为衍文。

夺文之例,如例10,《汉书·五行志》作"心,大星,天王也",似以"大星"解"心",但心宿实有三星,大星仅其一而已,今参诸《史记索隐》及《续汉书·五行志》刘昭注引文,知有作"心之大星"者,文气贯通,故《汉书·五行志》所引恐脱一"之"字。这些讹谬未必能反映各书所引《传论》原貌,相关异文很可能是各书在征引乃至自身传刻过程中发生的。

第二等,是诸书引文有明显的繁简之别,应为部分撰述者在征引时有意增饰或删略所致。举九例如下:

表 2-3

1	《洪范论》曰:大水者,皆君臣治失而阴气稽积盛强,生水雨之灾也。①(《魏书·灵征志》)	《洪范五行传》曰:"阴气强积,然后生水雨之灾。"②(《隋书·五行志》)
2	刘向以为蛮色青,近青眚也,非中国所有。南越盛暑,男女同川泽,淫风所生,为虫臭恶。③(《汉书·五行志》)	《洪范五行传》云:蛮,负蠜,夷狄之物,越之所生,其为虫臭恶,南方淫女气之所生也。④(《左传正义》)

---

① 《魏书》卷一一二上《灵征志》,第3160页。
② 《隋书》卷二二《五行上》,第696页。
③ 《汉书》卷二七中之下《五行志》,第1431页。
④ 《春秋左传正义》,《十三经注疏》,第3729页上栏a。

第二章 刘向《洪范五行传论》佚文考辨

续表

3	《洪范五行传》曰:"君持亢阳之节,兴师动众,劳人过度,以起城邑,不顾百姓,臣下悲怨。然而心不能从,故阳气盛而失度,阴气沉而不附。阳气盛,旱灾应也。"①(《隋书·五行志》)		又曰:……君持亢阳之节,暴虐于下,兴师旅,动众劳民,以起城邑,臣下悲怨,而心不从,故阳气盛而失度,故旱灾应也。②(《艺文类聚》)	
4	文公三年"秋,雨螽于宋"。刘向以为先是宋杀大夫而无罪,有暴虐赋敛之应。③(《汉书·五行志》)	《洪范五行传》曰:《春秋》之螽者,虫灾也。以刑罚暴虐,贪叨无厌,兴师动众,虫为害矣。雨螽于宋。是时宋公暴虐刑重,赋敛无已,故应是而雨螽。④(《艺文类聚》)	又曰:《春秋》者虫之灾也,以罚暴虐而取于天下,贪叨无厌,以兴动众,取邑治城,而失众心,虫为害矣。文公三年秋,雨螽于宋。是时宋公以暴虐刑重,赋敛无度,应是而螽也。⑤(《开元占经》)	刘向曰:《春秋》时螽者,虫之灾也。以刑罚暴虐而取天下,贪婪无厌,以兴师动众,聚邑治城而失众心,虫为害矣。故宋文公三年,天雨虫于宋。是时宋公暴虐重刑,赋敛无已,故应是雨螽。⑥(《乙巳占》)

---

① 《隋书》卷二二《五行上》,第705页。
② (唐)欧阳询:《艺文类聚》卷一〇〇《灾异部》,上海:上海古籍出版社1982年新1版,第1723页。
③ 《汉书》卷二七中之下《五行志》,第1432页。
④ 欧阳询:《艺文类聚》卷一〇〇《灾异部》第1729页。
⑤ 瞿昙悉达:《开元占经》卷三《天占》,第28页,标点未尽从,"雨螽于宋""应是而螽",整理本均误作"虫",据文渊阁《四库全书》本改。
⑥ 李淳风《乙巳占》卷一,《续修四库全书》第1049册,清钞本。

续表

5	刘向以为近火沴水也。秦连相坐之法,弃灰于道者黥,罔密而刑虐。加以武伐横出,残贼邻国,至于变乱五行,气色谬乱。天戒若曰,勿为刻急,将致败亡。①(《汉书·五行志》)	《洪范五行传》云：赤者,火色也；水尽赤,以火沴水也；渭水,秦大川也；阴阳乱,秦用严刑,败乱之象。②(《水经注》)	《洪范五行传》曰："火沴水也。法严刑酷,伤水性也。五行变节,阴阳相干,气色缪乱,皆败乱之象也。"③(《隋书·五行志》)	
6	刘向以为山阳,君也；水阴,民也,天戒若曰,君道崩坏,下乱,百姓将失其所矣。哭然后流,丧亡象也。④(《汉书·五行志》)	《洪范论》曰：山,阳,君也；水,阴,民也。天戒若曰：君道崩坏,百姓将失其所也。⑤(《魏书·灵征志》)	刘向《洪范五行传》曰："山者,君之象。水者,阴之表。人之类也。天戒若曰：君人拥威重,将崩坏,百姓不得其所。"⑥(《隋书·五行志》)	《洪范传》曰：山者阳之位,君之象也。水者阴之表也,民之类也。崩者坏沮也,壅者不得其所也。天若语曰：人君权威重,将崩坏不治,百姓将不得其所也。至于以丧礼泣之,缟素哭泣然后流,丧亡之象也。⑦(《开元占经》)

① 《汉书》卷二七中之下《五行志》,第1438页。
② (北魏)郦道元撰,陈桥驿校证：《水经注校证》卷一九《渭水》,第448页。
③ 《隋书》卷二三《五行下》,第726页。
④ 《汉书》卷二七下之上《五行志》,第1456页。
⑤ 《魏书》卷一一二上《灵征志》,第3156页。
⑥ 《隋书》卷二三《五行下》,第737页。
⑦ 瞿昙悉达：《开元占经》卷九九《山石冢光占》,第984页。

第二章　刘向《洪范五行传论》佚文考辨

续表

7	刘向以为蜮生南越。越地多妇人,男女同川,淫女为主,乱气所在,故圣人名之曰蜮。蜮犹惑也,在水旁,能射人,射人有处,甚者至死。南方谓之短狐,近射妖,死亡之象也。①(《汉书·五行志》)	《洪范五行传》曰:蜮,如鳖,三足,生于南越。南越妇人多淫,故其地多蜮。淫女惑乱之气所生也。②(《左传正义》,《毛诗正义》同,"惑"作"或")	《洪范五行传》曰:蜮,射人者,生于南方,谓之短狐,故南越多蜮。蜮者,淫女惑乱之所生也。③(《艺文类聚》)《洪范五行传》曰:蜮,射人者也,生于南越地,南方谓之短狐者也。④(《艺文类聚》)	《洪范五行传》曰:"蜮,射人,生于南越,谓之短狐。"⑤(《后汉书》李贤注)
8	刘向以为龙贵象而困于庶人井中,象诸侯将有幽执之祸。⑥(《汉书·五行志》)	《五行传》曰:"龙见,幽囚之象也。"⑦(《汉书》张晏注)	《洪范五行传》曰:"龙,阳类,贵象也。上则在天,下则在地,不当见庶人邑里室家井中,幽深之象也,诸侯且有幽执之祸,皇不建之咎也。"⑧(《隋书·五行志》)	

---

① 《汉书》卷二七下之上《五行志》,第1463页。
② 《十三经注疏》,第3847页下栏b、978页上栏a。
③ 欧阳询:《艺文类聚》卷一〇〇《灾异部》第1733页。
④ 欧阳询:《艺文类聚》卷三五《人部》,第616页。
⑤ 《后汉书》卷六〇上《马融列传》李贤注,第1964页。
⑥ 《汉书》卷二七下之下《五行志》,第1508页。
⑦ 《汉书》卷七五《眭两夏侯京翼李传》师古注引,第3182页。
⑧ 《隋书》卷二三《五行下》,第739页,标点未尽从。

9	董仲舒、刘向以为常星二十八宿者，人君之象也；众星，万民之类也。列宿不见，象诸侯微也；众星陨坠，民失其所也。夜中者，为中国也。不及地而复，象齐桓起而救存之也。向亡桓公，星遂至地，中国其良绝矣。刘向以为夜中者，言不得终性命，中道败也。或曰象其叛也，言当中道叛其上也。天垂象以视下，将欲人君防恶远非，慎卑省微，以自全安也。①（《汉书·五行志》）	《洪范传》曰：星者，在位人君之类也。陨者众，其陨坠，失其所也。夜中然后陨者，言不得终其性命，中道而败。或曰象其叛也。夜中然后反者，言当以中和之道反之也。天变所以语人也，防恶远非，陨卑有微，将以安之也。②（《开元占经》）

根据诸书引文之间的互见程度，以上九例又可分为三类：

第一类，诸书引文间存在互相包含的关系，即繁本佚文基本涵括简本佚文的全部信息。如例3，《隋书·五行志》引文为繁本，《艺文类聚》引文为简本，后者除"暴虐于下"一句外，均见于《隋书·五行志》，而《隋书·五行志》中的"阴气沉而不附。阳气盛"两句则不见于《艺文类聚》。从逻辑上看，此处论旱灾之由，当就阴、阳二气两方面而言，故此《隋书·五行志》兼举阴、阳，当为《传论》原文，《艺文类聚》略去论阴之文，当系撰述者基于从简的原则而省略。又如例6，《开元占经》引文为繁本，其余《汉书·五行志》《魏书·灵征志》《隋书·五行志》所引均为简本，后三者的信息均见于《占经》，而《占经》引文对"崩""壅"二字的训释则不见于后三书。进一步看，《隋书·五行志》"君人拥威重"句对应《占经》中"人君权威重"，然《汉书·五行志》《魏书·灵征志》无此语；《汉书·五行志》

---

① 《汉书》卷二七下之上《五行志》，第1467～1468页。
② 瞿昙悉达：《开元占经》卷七六《杂星占》，第759页；标点未尽从。"众"，整理本误作"从"，据文渊阁《四库全书》本改。

中"哭然后流,丧亡象也"对应《开元占经》"至于以丧礼泣之,缟素哭泣然后流,丧亡之象也",而《魏书·灵征志》《隋书·五行志》引文则无。如果我们相信以上诸书均各自抄录其所据《传论》,则《开元占经》的佚文应当比较全面地保存了《传论》原貌,而三种史志均有不同程度的简省。其他如例1,《魏书·灵征志》引文为繁本,《隋书·五行志》引文为简本;例4,《开元占经》《乙巳占》引文为繁本,《艺文类聚》引文为简本;例7,《汉书·五行志》引文为繁本,《艺文类聚》《后汉书》李贤注所引为简本;例8,《隋书·五行志》引文为繁本,《汉书·五行志》、《汉书》张晏注所引为简本。

第二类,诸书引文之间存在部分互见关系,但各自又有部分内容不见于其他佚文。如例2,《汉书·五行志》引文略繁,《左传正义》引文略简,但《汉书·五行志》中"非中国所有。南越盛暑,男女同川泽"的信息不见于《左传正义》,而《左传正义》中"蜮,负蠜,夷狄之物……女气之所生也"的信息也不见于《汉书·五行志》,两者除了"为虫臭恶"一句相合以外,其余信息互有繁简。又如例4,表面上看,《开元占经》《乙巳占》引文为繁本,《汉书·五行志》引文为简本,但仔细比读,《汉书·五行志》中"先是,宋杀大夫而无罪"的信息并不见于《占经》《乙巳占》。再如例5,《汉书·五行志》中关于秦法残暴的具体描述不见于《水经注》《隋书·五行志》,但后两书中关于"阴阳相干"的咎由亦不见于《汉书·五行志》。这些并不完全的互见关系进一步显示诸书《传论》引文之间不存在直接的传抄关系,他们都是分别抄录其所见《传论》,因此在字句选择上才会有所不同。当然,不能排除有些不见于他书的引文可能只是抄录者的增饰。

第三类比较特别,是某书在征引《传论》时将其与他书引文相杂糅,故与另见于他书的引文存在差异。如例9所示《春秋》"夜中星陨如雨",《汉书·五行志》杂糅董仲舒与刘向之说,故何为董说、何为刘说,已难以辨识。至于《开元占经》则单独引述《传论》,比对二者,可知《汉书·五行志》"董仲舒、刘向以为"中"常星二十八宿者,人君之象也""众星陨坠,民失其所也"之言见于《占经》引文,确为刘向之说,而"夜中者,为中国也。不及地而复,象齐桓起而救存之也。向亡桓公,星遂至地,中国其良绝矣"数句则不见于《占经》,应为董仲舒之说。在《汉书·五行志》中,以"董仲舒、刘向以为"领起的灾异说解颇不少,而其他材料由于缺少另见于他书的相应引文,难以进行比对,但例9所示《汉书·五行志》对董、刘二说的杂糅,以及由此带来的对刘向《传论》原文的改笔,对我们重新审视《汉书·五行志》引文的可靠性颇具参考价值。

当然,以上三类虽然互见程度不同,但整体上仍可辨识出源自同一文献,只是各书根据自身体例、语境对《传论》进行不同程度的改写,故引文存在繁简之别。这种差别一般只存在于文辞层面,并不影响到对文意的理解,如例3、例4中的《艺文类聚》《开元占经》《乙巳占》等,有的虽然部分信息被隐去,但相关信息并无碍文意的理解,如例2、例7、例8等。值得注意的是部分佚文经过改笔后出现了思想层面的差异,如例1关于"常雨"的咎由,在《魏书·灵征志》中首先点出"君臣失治"这一人事问题,再由人及天,以"阴气稽积盛强"作为"君臣失治"与"水雨之灾"间的桥梁;但《隋书·五行志》引文则删落"君臣失治"句,径以"阴气强积"作为咎由,这就由《传论》原有的天人感应说变为具有自然哲学色彩的灾异说了。当然,《隋书·五行志》在据此说解天监七年(508)大雨时仍归咎于梁武帝"频年兴师",显然还是遵循天人感应说,但其对《传论》的截取不能不说对我们理解刘向灾异说造成一定的影响。

又如例6所言山崩,《隋书·五行志》与《开元占经》引文都以山崩之咎由在于"人君权威重,将崩坏不治,百姓将不得其所也",换言之,一旦君主权威不能得到维护,礼乐征伐不从天子出,则国家必将

第二章　刘向《洪范五行传论》佚文考辨

陷于混乱,百姓也会无所归依,这充分体现了刘向《传论》"尊尊"的核心思想,影射了他对西汉后期外戚擅政、君权旁落现象的批判。但是,在《汉书·五行志》和《魏书·灵征志》中,"人君权威"被改写为"君道",而在传统政治话语中,"君道"虽然也可以被理解为"君臣之道",但更多是"人君之道"的简称,如《孟子·离娄》"欲为君尽君道,欲为臣尽臣道"①,《汉书·成帝纪》载诏令"盖闻天生众民,不能相治,为之立君以统理之,君道得则草木昆虫咸得其所"②,若没有《隋书·五行志》和《占经》佚文的比照,读者很容易将"君道崩坏"理解为君主个人德行败坏,由此导致山崩、百姓失所,这就将《传论》的"尊尊"之义完全误解为对昏君庸主的批判了。

再如例9"夜中星霣如雨",《汉书·五行志》引《传论》"或曰象其叛也,言当中道叛其上也",把"当中道叛其上"作为"象其叛"的进一步解释,认为"夜中星霣"象征大臣无忠贞之德,于中道叛上;但从《占经》引文来看,"或曰象其叛也。夜中然后反者,言当以中和之道反之也",这里"象其叛也"是对"星霣如雨"的解释,而"言当以中和之道反之也"则是对"夜中然后反者"的解释,检《公羊传·庄公七年》:

　　夏四月辛卯,夜,恒星不见,夜中星霣如雨。恒星者何?列星也。列星不见,何以知?夜之中星反也。如雨者何?如雨者,非雨也。非雨则曷为谓之如雨?不修《春秋》曰"雨星不及地尺而复"。君子修之曰:"星霣如雨。"何以书?记异也。③

据现代天文学观测和分析,"强大流星暴出现时,许多流星看起来似乎是落在地球上而又反弹到空中"④,故有"星反"之说,《占经》引文中"夜中然后反者"正是就此而言。又据其引文,"星霣如雨"象

---

① 焦循:《孟子正义》卷一四《离娄上》,第491页。
② 《汉书》卷一〇《成帝纪》,第307页。
③ 《春秋公羊传注疏》卷六,《十三经注疏》,第4838页上栏a～下栏a。
④ 庄天山:《论鲁庄公七年夏四月辛卯夜,恒星不见,夜中星陨如雨》,《天文学报》2006年第1期,第70页。

征臣下、诸侯反叛,然而,由于人君及时"以中和之道"救之,故陨星"不及地,尺而复",象征叛事最终未成。由此可知,刘向《传论》不仅指出"星陨"的异象,还指出其救弊之法在于"防恶远非",这与《洪范》五行学注重"若是共御"的传统非常契合①。《汉书·五行志》虽以"刘向以为"作为引语,但经班固改写后的辞句完全掩盖了向书"共御"之意,这对于我们借助《汉书·五行志》认识刘向的灾异思想,自然也造成一定的干扰。

第三等,诸书引文旨意、逻辑大体相同,但具体措辞则差异极大,至有完全不相涉者。这种情况比较少见,但颇值得注意,兹举三例:

表2-4

1	"木"《传》曰:"东方,《易经》地上之木为《观》,故木于人,**威仪容貌**也。木者,春生,气之始,农之本也。无夺农时,使民岁不过三日,行什一之税,无贪欲之谋,则木气从。如人君**失威仪**,逆木行,**田猎驰骋,不反宫室,饮食沈湎,不顾礼制,出入无度,多发繇役,以夺民时**,作为奸诈,**以夺民财**,则木失其性矣。盖以工匠之为轮矢者多伤败,故曰**木不曲直**。"②(《南齐书·五行志》)	《洪范传》曰:"木曰曲直者,东方,《易》云:地上之木为《观》,言春时出地之木,无不曲直,花叶可观,如人威仪容貌也。……古之王者,登舆有鸾和之节,降车有佩玉之度,田狩有三驱之制,饮饯有献酢之礼。无事不巡幸,无夺民时。以春农之始也,无贪欲奸谋,所以顺木气。"③(《五行大义》)	《洪范五行传》曰:"木者东方,**威仪容貌**也。古者圣王垂则,天子穆穆,诸侯皇皇。登舆则有鸾和之节,降车则有佩玉之度,田狩则有三驱之制,饮食则有享献之礼。无事不出境。此容貌动作之得节,所以顺木气也。如人君违时令,**失威仪**,**田猎驰骋,不反宫室,饮食沉湎,不顾礼制**,纵欲恣睢,**出入无度,多繇役以夺人时**,增赋税以**夺人财,则木不曲直**。"④(《隋书·五行志》)

---

① 《汉书》卷二七中之下《五行志》,第1411页。
② 《南齐书》卷一九《五行志》,第411页,标点未尽从。
③ [日]中村璋八:《五行大義校註(増訂版)》,东京:汲古书院1998年版,第14页;标点未尽从。
④ 《隋书》卷二二《五行志》,第688页。

第二章 刘向《洪范五行传论》佚文考辨

续表

2	刘向以为周三月,今正月也,当雨水,雪杂雨,雷电未可以发也。既已发也,则雪不当复降。皆失节,故谓之异。于《易》,雷以二月出,其卦曰《豫》,言万物随雷出地,皆逸豫也。以八月入,其卦曰《归妹》,言雷复归。入地则孕毓根核,保藏蛰虫,避盛阴之害;出地则养长华实,发扬隐伏,宣盛阳之德。入能除害,出能兴利,人君之象也。是时,隐以弟桓幼,代而摄立。公子翚见隐居位已久,劝之遂立。隐既不许,翚惧而易其辞,遂与桓共杀隐。天见其将然,故正月大雨水而雷电。是阳不闭阴,出涉危难而害万物。天戒若曰,为君失时,贼弟佞臣将作乱矣。①(《汉书·五行志》)	《传》曰:"雷于天地为长子,以其首长万物,与之出入,故雷出万物出,雷入万物入。夫雷者人君之象,入则除害,出则兴利。雷之微气以正月出,其有声者以二月出,以八月入,其余微者以九月入。冬三月雷无出者,若是阳不闭阴,则出涉危难而害万物也。"②(《南齐书·五行志》)
3	《左氏传》鲁严公时有**内蛇与外蛇斗郑南门中,内蛇死**。刘向以为近蛇孽也。先是郑厉公劫相祭仲而逐兄昭公代立。后厉公出奔,昭公复入。死,弟子仪代立。厉公自外劫大夫**傅瑕**,使傜子仪。此外蛇杀内蛇之象也。蛇死六年,而**厉公立**。严公闻之,问申繻曰:"犹有妖乎?"对曰:"人之所忌,其气炎以取之,妖由人兴也。人亡衅焉,妖不自作。人弃常,故有妖。"③(《汉书·五行志》)	《洪范五行传》曰:"初,郑**厉公劫相祭仲而篡兄昭公**,立为郑君。后雍纠之难,**厉公出奔**,郑人立昭公。既立,**内蛇与外蛇斗郑南门中,内蛇死**。是时**傅瑕**仕于郑,欲内厉公,故内蛇死者,昭公将败,厉公将胜之象也。是时昭公宜布恩施惠,以抚百姓,举贤崇德,以厉群臣,观察左右,以省奸谋,则内变不得生,外谋无由起矣。昭公不觉,果杀于傅瑕,二子死而**厉公入**,此其效也。《诗》云:'惟虺惟蛇,女子之祥。'郑昭公殆以女子败矣。"④(《后汉书》李贤注)

---

① 《汉书》卷二七中之上《五行志》,第 1363~1364 页。
② 《南齐书》卷一九《五行志》,第 413 页。
③ 《汉书》卷二七下之上《五行志》,第 1467 页。
④ 《后汉书》卷五四《杨震列传》李贤注,第 1777 页。

就例1而言,这是对《五行传》"田猎不宿,饮食不享,出入不节,夺民农时,及有奸谋,则木不曲直"数句的说解。我们可以将这段文字分为三部分,第一部分解释"木",体现在《南齐书·五行志》中,是从开头至"农之本也",在《五行大义》中,是引文全部,在《隋书·五行志》中,是开头至"威仪容貌也";第二部分讲如何才可以顺"木气",在《南齐书·五行志》中,是从"无夺农时"到"则木气从",在《隋书·五行志》中,是从"古者圣王"到"所以顺木气也";第三部分是逐句解释传文,也就是两志引文中余下的部分。就此三者而论,诸书引文在一、三两部分相似度较高,如第一部分,《南齐书·五行志》《五行大义》均以《观》卦作为联系"木"与"威仪容貌"的桥梁,只是《五行大义》在"木"之可观与"人"之可观的相关性上交待得更详尽,而《南齐书·五行志》则显得简扼跳脱,当略有删节,至于《隋书·五行志》则直接给出"威仪容貌"这一核心概念,没有论述环节,当是裁汰更甚所致,不过三者在"木""东方""威仪容貌"等几个关键词上仍保持一致。至于第三部分,虽有部分异文,但大体一致,这两部分都可以归为上文第二等,属繁简之别。我们这里关注的是引文第二部分。在《南齐书·五行志》引文中,这部分主要论述"农时"与税制,最后归结于"无贪欲之谋",也就是对应传文"及有奸谋",乃可顺木气;而在《隋书·五行志》引文中,这部分主要论圣王之威仪容貌,最后归结于"容貌动作之得节",乃可顺木气,对于"及有奸谋"句完全没有呼应,甚至我们准此来看两书引文第三部分的差异,《南齐书》中对应"及有奸谋"的"作为奸诈以夺民财"句,在《隋书·五行志》中则作"增赋税以夺人财",而所谓的"增赋税",似乎还是就传文"田猎不宿,饮食不享"这类纵欲恣肆的行为而言,换言之,《南齐书·五行志》引文中反复强调、传文中也明确出现的"及有奸谋"这一咎由,在《隋书·五行志》引文中竟完全被隐去了。与诸书引文的繁简之别不同,《南齐书·五行志》和

第二章　刘向《洪范五行传论》佚文考辨

《隋书·五行志》引文的第二部分在文辞上完全没有相合之处，二者所言主题也各有侧重，若没有第一、三部分的重合，简直无法确认它们是否源出同一部文献。

再看例2关于"雷"及其灾异表现的描述。粗读两处引文，感觉虽然主题均是"雷"，但其措辞、风格差异极大，不似出于一手，但细究其文，则"以二月出""以八月入""入能除害，出能兴利""人君之象""是阳不闭阴""出涉危难而害万物"等核心词句仍并见于两文之中，可知当源出《传论》同一段文字。但是，《汉书·五行志》引文以卦气说解释雷以二月出、以八月入，但在《南齐书·五行志》中则完全没有援引《易》说的痕迹，甚至《南齐书·五行志》中"雷之微气以正月出""其余微者以九月入"的描述似乎还有些悖离卦气说的意味。《汉书·五行志》《南齐书·五行志》皆自称引述刘向《传论》，但二者在涉及作为"人君之象"的"雷"这样重要的异象时，却在时间节点及其生成机制方面出现两种不同版本，这无疑也值得我们注意。

至于例3则是对《左传》中一次具体异象的分析。鲁庄公时，郑国南门中有城内之蛇与城外之蛇斗，内蛇死，刘向乃据《五行传》说此灾异。我们将其说解分为两部分，第一部分是对灾异所示政治事件的描述，在《汉书·五行志》中，是从开头至"而厉公立"，在李贤注引文中，是从开头至"此其效也"；第二部分是对这次灾异事件的评价，也就是两引文的剩余部分。就第一部分而言，《汉书·五行志》与李贤注引文均以郑国厉、昭二公争位之事解释内、外蛇斗，但《汉书·五行志》的描述较简扼，李贤注引文的描述则比较具体，特别是对昭公之所以"将败"的分析，为《汉书·五行志》所不见。就第二部分来说，则两者完全不同，《汉书·五行志》举《左传》中申繻之言，说明"人弃常，故有妖"，而李贤注引文则引《诗》以说明昭公"殆以女子败"。更为重要的是，从《汉书·五行志》引文来看，其先言"厉公劫相祭仲而逐兄昭公代立"，又言"厉公自外劫大夫傅瑕"，是以"厉公"为此蛇异之咎由，彰厉公逐兄弑君之恶；而从李贤注引文来看，则于厉公篡位之行外，又亟贬昭公不能守其位，遂致见杀，此则为《汉书·五行志》引文所全无。

　　统观以上三种不同层次的引文差异，我们有这样几点认识：其一，诸书引文多有不能旁见于他书者，而其互见之文亦多存差异，因此我们认为，《汉书·五行志》《魏书·灵征志》《南齐书·五行志》《隋书·五行志》《开元占经》诸书，虽然其后出者自然会参照前书的编纂体例，但就征引刘向《传论》而言，则互相之间基本不存在直接传抄关系，当是各据其所见《传论》（或题名《洪范五行传》）而抄录，因此，互见于诸书的引文差异在一定程度上反映了刘向《传论》在传抄过程中发生的版本分化。其二，诸书互见引文的差异，除了源于所据《传论》自身的版本差异以外，还与各书编纂者在引用时所作增删、改笔有关，例如上文所举关于传文"木不曲直"的说解，《隋书·五行志》引文中完全不见对"及有奸谋"句的解释，这与刘向《传论》的整体阐释风格并不相符，当为史臣引书时简省所致。就上举数例看来，各书在征引的改笔程度上并没有特别突出、一贯的风格，如以《汉书·五行志》与《隋书·五行志》等相比，或前繁后简，或前简后繁，并无定例，因此，很难断定哪本书在整体征引上更忠实于《传论》原文，需要我们在阅读时通过对《传论》整体体例的比照，以及对相应传文的对照，逐一分析各书的改笔程度。

五、《汉书·五行志》"说曰"的出处问题

　　《汉书·五行志》所引"传曰"之下各有一段以"说曰"引起的说解，关于其归属问题，学界主要存在两种意见，一种认为出自西汉

第二章　刘向《洪范五行传论》佚文考辨

《尚书》欧阳、大小夏侯诸家博士说,清儒王鸣盛[①]、王先谦[②]等持此说,今人王爱和从其说[③]。另一种认为出自夏侯始昌至刘向诸儒,近人缪凤林持此说[④]。就前者而言,乃是将"说曰"误认为《尚书·洪范》经说,但这些说解仅仅围绕《五行传》展开,不可能属于诸家博士章句。至于后者,夏侯始昌所立师法至西汉中后期由其三传弟子许商整理成《五行传记》,并以"一曰"等形式见于《汉书·五行志》传文说解中,但说解的主体当非始昌师法之说。因此,主要的问题是"说曰"是否可以被视为刘向《传论》的佚文。实际上,如果将这些说解与《南齐书·五行志》《隋书·五行志》等所引刘向《传论》进行比对,会发现两者之间存在一定的互见关系,若参照上文所定三种不同层次互见关系的标准,则《汉书·五行志》"说曰"与诸书所见刘向《传论》佚文的吻合度同样可以分为三等。

第一等,即《汉书·五行志》"说曰"与诸书所见《传论》引文高度重合,仅存在部分异文。这种整体重合的例子在《汉书·五行志》中非常罕见,严格来说仅有一例,即"木不曲直"部分:

[①] (清)王鸣盛:《十七史商榷》卷一三《汉书七·五行志所引》,陈文和主编《嘉定王鸣盛全集》(第四册),北京:中华书局2010年版,第142页。

[②] 王先谦《汉书补注》用其说,见《汉书补注·五行志第十七上》,上海:上海古籍出版社2012年版,第1902~1903页。

[③] 王爱和:《中国古代宇宙观与政治文化》,上海:上海古籍出版社2011年版,第186页。

[④] 缪凤林:《汉书五行志凡例》,中国史学会编《史学杂志》,第1卷第2期(1929.5),第2页。

表 2-5

《汉书·五行志》	《南齐书·五行志》	《隋书·五行志》
说曰：木，东方也。于《易》，**地上之木为《观》**。其于王事，**威仪容貌**亦可观者也。故行步有佩玉之度，登车有和鸾之节，田狩有三驱之制，饮食有享献之礼，出入有名，使民以时，务在劝农桑，谋在安百姓：如此，则木得其性矣。若乃田狩驰骋不反宫室，饮食沈湎不顾法度，妄兴繇役以夺民时，作为奸诈以伤民财，则木失其性矣。盖工匠之为轮矢者多伤败，及木为变怪，是为**木不曲直**。①	"木"《传》曰："东方，《易经》**地上之木为《观》**，故木于人，**威仪容貌**也。木者，春，生气之始，农之本也。无夺农时，使民岁不过三日，行什一之税，无贪欲之谋，则木气从。如人君失威仪，逆木行，田猎驰骋，不反宫室，饮食沈湎，不顾礼制，出入无度，多发繇役，以夺民时，作为奸诈，以夺民财，则木失其性矣。盖以工匠之为轮矢者多伤败，故曰**木不曲直**。"②	《洪范五行传》曰："木者东方，**威仪容貌**也。古者圣王垂则，天子穆穆，诸侯皇皇。登舆则有鸾和之节，降车则有佩玉之度，田狩则有三驱之制，饮食则有享献之礼。无事不出境。此容貌动作之得节，所以顺木气也。如人君违时令，失威仪，田猎驰骋，不反宫室，饮食沉湎，不顾礼制，纵欲恣睢，出入无度，多繇役以夺人时，增赋税以夺人财，则**木不曲直**。"③

　　由上表加粗字体可见，虽然《汉书·五行志》"说曰"并未标示出处，但其引文几乎都可以从《南齐书·五行志》《隋书·五行志》所见刘向《传论》佚文中找到依据，而值得注意的是，三志说解之文的逻辑结构完全一致，但具体行文则互有详略。《汉书·五行志》以《观》卦解"木"、强调"务在劝农桑"，以及对"木不曲直"的具体解释皆见于《南齐书》而不见于《隋书》，至于《汉书》关于王者威仪容貌的具体描述则与《隋书》互见，反不见于《南齐书》。综合三志，《传论》原文应首先以《观》卦将"木"与"威仪容貌"结合起来；继而从正面描述王者威仪容貌的理想状态及其对于农时的重视，实际上是

---

① 《汉书》卷二七上《五行志》，第 1318~1319 页。
② 《南齐书》卷一九《五行志》，第 411 页，标点未尽从。
③ 《隋书》卷二二《五行志》，第 688 页。

第二章　刘向《洪范五行传论》佚文考辨　89

对《五行传》"田猎不宿,饮食不享,出入不节,夺民农时,及有奸谋"等咎由的解释;然后,又从反面论述王者之失将导致的灾异,也是对传文所列咎由的再次解释;最后则解释"木不曲直"的具体表现。三志在抄录《传论》时各有所截取,如第一部分,《隋书》删去以《观》卦解"木"的内容;第二部分,《汉书》《隋书》缺少对"及有奸谋"的对应陈述;第三部分,三志似乎都比较完整地抄录了《传论》,唯《隋书》多有改笔;至于第四部分,则《隋书》整体未录。

第二等,《汉书·五行志》"说曰"与他书所见《传论》引文整体思路一致,一些关键词也有所重合,然而有明显的繁简差异,以"火不炎上"为例:

表 2-6

《汉书·五行志》说文	《南齐书·五行志》	《隋书·五行志》
说曰:**火,南方,扬光辉**为明者也。其于王者,南面乡明而治。《书》云:"知人则哲,能官人。"故尧舜举群贤而**命之朝**,远四佞而放诸**壄**。孔子曰:"浸润之谮、肤受之诉不行焉,可谓明矣。"贤佞分别,官人有序,帅由旧章,敬重功勋,殊别适庶,如此则火得其性矣。若乃信道不笃,或耀虚伪,**谗**夫昌,邪胜正,**则火失其性矣**。自上而降,及滥炎妄起,**灾宗庙**,烧宫馆,**虽兴师众,弗能救也**,是为火不炎上。①	火,南方,扬光辉,出炎燧为明者也。人君向明而治,盖取其象。以知人为分,逸**佞**既远,群贤在位,则为明而火气从矣。人君疑惑,弃法律,不诛逸邪,则谗口行,内闲骨肉,外疏忠臣,至杀世子,逐功臣,以妾为妻,**则火失其性**,上**灾宗庙**,下灾府榭,内燋本朝,外燋阙观,**虽兴师众,不能救**也。②	《洪范五行传》曰:"**火者南方,阳光为明**也。人君向南,盖取象也。昔者圣帝明王,负扆摄袂,南面而听断天下。揽海内之雄俊,积之于**朝**,以续聪明,推邪**佞**之伪臣,投之于**野**,以通壅塞,以顺火气。夫不明之君,惑于谗口,白黑杂揉,代相是非,众**邪**并进,人君疑惑。弃法律,间骨肉,杀太子,逐功臣,以孽代宗,**则火失其性**。"③

---

① 《汉书》卷二七上《五行志》,第 1320 页。
② 《南齐书》卷一九《五行志》,第 416 页。
③ 《隋书》卷二二《五行志》,第 690 页。

《汉书·五行志》"说曰"的结构与前引"木不曲直"基本一致，第一部分介绍"火"行的自然属性及其对应的人事，第二部分从正面论述如何施政才能使"火得其性"，第三部分从反面说明"火失其性"的咎由，第四部分解释"火不炎上"的具体表征。至于《南齐书·五行志》引文同样可以分为这四个部分，而《隋书·五行志》则与其在"木"行部分的表现一样，前三部分与《汉书·五行志》《南齐书·五行志》相对应，第四部分阙如。

至于各部分的具体内容，则从上表加黑字体看来，三书在第一部分重合度最高，都出现"火""南方""扬光辉"（或作"阳光"）"为明"四个关键词。《汉书·五行志》与《南齐书·五行志》的第四部分重合度也较高，均有"自上而降"（或作"上灾"）"灾宗庙""虽兴师众，弗能救也"等关键词句，只有对火灾所及建筑的列举有所差别。但三志在第二、三部分的差异度显然要超过重合度。第二部分，传文举出"弃法律，逐功臣，杀太子，以妾为妻"四种咎由，就其字面而言，重点在于强调执法平正与尊卑大防，但三志说解论述的重点则均集中于"知人"，将传文强调的"尊卑"之分转移到"贤佞"之别上，三志解释取向的一致性显示出其内在的相关性，但就其具体阐释路径来说则有明显差异。《汉书》基于所引《尚书》和孔子之言来说明"知人"的道理，《南齐书》则直接说明"知人"的重要性，而《隋书》则以"圣帝明王"的具体事迹说明"知人"之理，三者取径完全不同，又显示出重要的差异度。

在第三部分，《汉书》举出"信道不笃"一词，仍是接续前文强调"明"在王政中的重要性，认为"弃法律"等四种失政行为都是君主"不明"所致，而这一点在《南齐书》和《隋书》中也得到体现，它们对于"人君疑惑"的警惕，以及《隋书》明确强调"不明之君"的失政，都与《汉书》对于"明"的强调相契合。但是，从具体措辞来看，则《南齐书》和《隋书》略有相近，而《汉书》则与二者完全不同。

第二章 刘向《洪范五行传论》佚文考辨

类似的情况也见于"土""金"两行,《汉书·五行志》"说曰"与《南齐书》《隋书》所引《传论》佚文在解释取向、思路和结构上完全对应,重要的关键词也分别相合,但在正面论说王政时,《汉书·五行志》分别征引孔子之言和《诗经》,并将其作为论说的基础,而《南齐书》《隋书》则以古代明王贤君的事迹作为论说的基础,显示出《汉书·五行志》"说曰"与《南齐书》《隋书》所见刘向《传论》佚文之间的系统性差异:

表 2-7

《汉书·五行志》说文	他书所引刘向《洪范五行传论》
说曰:土,中央,生万物者也。其于王者,为内事。宫室、夫妇、亲属,亦相生者也。古者天子诸侯,宫庙大小高卑有制,后夫人媵妾多少进退有度,九族亲疏长幼有序。孔子曰:"礼,与其奢也,宁俭。"故禹卑宫室,文王刑于寡妻,此圣人之所以昭教化也。如此则土得其性矣。若乃奢淫骄慢,则土失其性。亡水旱之灾而草木百谷不孰,是为稼穑不成。①	《洪范五行传》曰:"土者中央,为内事。宫室、台榭、夫妇、亲属也。古者,自天子至于士,宫室寝居,大小有差,高卑异等,骨肉有恩。故明王贤君,修宫室之制,谨夫妇之别,加亲戚之恩,敬父兄之礼,则中气和。人君肆心纵意,大为宫室,高为台榭,雕文刻镂,以疲人力,淫泆无别,妻妾过度,犯亲戚,侮父兄,中气乱,则稼穑不成。"②(《隋书·五行志》)

---

① 《汉书》卷二七上《五行志》,第 1338 页。
② 《隋书》卷二二《五行志》,第 693 页;标点未尽从。

续表

《汉书·五行志》说文	他书所引刘向《洪范五行传论》
说曰：**金，西方，万物既成，杀气之始也**。故立秋而鹰隼击，秋分而微霜降。**其于王事**，出军行**师，把旄杖钺**，誓士众，抗威武，所以征畔逆止暴乱也。《诗》云："有虔秉钺，如火烈烈。"又曰："载戢干戈，载橐弓矢。"动静应谊，"说以犯难，民忘其死。"如此则金得其性矣。若乃**贪**欲恣睢，务立威胜，不重民**命，则金失其性**。**盖工冶铸**金铁，金铁**冰滞涸坚**，不成者众，及为变怪，是为金不从革。①	金者，西方，万物既成，杀气之始也。其于王事，兵戎战伐之道也。王者兴师动众，建立旗鼓，**杖旄把钺**，以诛残贼，止暴乱，杀伐应义，则金气从。工冶铸化，革形成器也。人君乐侵陵，好攻战，**贪**城邑，轻百姓**之命**，人民不安，内外骚动，**则金失其性**。盖冶铸不化，水滞固坚，故曰金不从革，又曰惟木沴金。②（《南齐书·五行志》） 《洪范五行传》曰："**金者西方，万物既成，杀气之始也**。古之王者，兴**师**动众，建立旗鼓，以诛残贼，禁暴虐，安天下，杀伐必应义，以顺金气。如人君乐侵陵，好攻战，贪城邑之赂，以轻百姓之命，人皆不安，外内骚动，则金不从革。"③（《隋书·五行志》）

前文已言，《汉书·五行志》《南齐书·五行志》和《隋书·五行志》均各自据其所见刘向《传论》加以征引，因此存在因所据版本和去取不同而导致的差异。就上表"金"行部分看，《南齐书·五行志》和《隋书·五行志》虽然存在不少异文，但整体重合度很高，基本显示出刘向《传论》的原貌；而将《汉书·五行志》的引文与之相比，则异同参半，显示出《汉书·五行志》"说曰"与刘向《传论》之间一方面存在传抄关系，另一方面又存在重要的系统性差异。

第三等，部分字句存在互见关系，但《汉书·五行志》与他书所

---

① 《汉书》卷二七上《五行志》，第 1340 页。
② 《南齐书》卷一九《五行志》，第 422 页。
③ 《隋书》卷二二《五行志》，第 689 页。

第二章　刘向《洪范五行传论》佚文考辨　　93

见《传论》引文在论证逻辑上存在重要差异,这集中体现在"六事"部分诸祸的说解上:

表 2-8

	《汉书·五行志》说文	他书所引刘向《洪范五行传论》
貌之不恭	于《易》,《巽》为鸡,鸡有冠距,文武之貌,不为威仪。貌气毁,故有鸡祸。一曰,水岁鸡多死及为怪,亦是也。①	"貌"《传》又曰:"……貌气毁,故有鸡祸。一曰:水岁鸡多死及为怪,亦是也。"②(《南齐书·五行志》)
言之不从	于《易》,《兑》为口,犬以吠守,而不可信,言气毁故有犬祸。一曰,旱岁犬多狂死及为怪,亦是也。③	"言"《传》曰:言,《易》之道,西方曰《兑》,为口,人君过差无度,刑法不一,敛从其重,或有师旅炕阳之节,若动众劳民,是言不从。④(《南齐书·五行志》)《洪范五行传》曰:犬祸者,西方也,以口守,言之类也。言气毁则犬伤疾矣,故曰犬伤祸也。旱岁犬多狂死,或言气乱则犬为怪,以期占之。⑤(《开元占经》)
视之不明	于《易》,刚而包柔为《离》,《离》为火为目。羊上角下蹄,刚而包柔,羊大目而不精明,视气毁故有羊祸。一曰,暑岁羊多疫死,及为怪,亦是也。⑥	《洪范论》曰:君不明,失政之所致。⑦(《魏书·灵征志》)《洪范五行传》曰:"君不明,逆火政之所致也。"⑧(《隋书·五行志》)

---

① 《汉书》卷二七中之上《五行志》,第1353页;标点未尽从。
② 《南齐书》卷一九《五行志》,第415页;标点未尽从。
③ 《汉书》卷二七中之上《五行志》,第1377页。
④ 《南齐书》卷一九《五行志》,第428页。
⑤ 瞿昙悉达:《开元占经》卷一一九《羊犬豕占》,第1124页;标点未尽从。
⑥ 《汉书》卷二七中之上《五行志》,第1406页。
⑦ 《魏书》卷一一二上《灵征志》,第2918页。
⑧ 《隋书》卷二三《五行志》,第720页。

续表

	《汉书·五行志》说文	他书所引刘向《洪范五行传论》
听之不聪	于《易》,《坎》为豕,豕大耳而不聪察,听气毁,故有豕祸也。一曰,寒岁豕多死,及为怪,亦是也。①	
思心之不容	于《易》《坤》为土为牛,牛大心而不能思虑,思心气毁,故有牛祸。一曰,牛多死及为怪,亦是也。②	《洪范论》:《易》曰"《坤》为牛",《坤》,土也,土气乱则牛为怪。一曰,牛祸,其象,宗庙将灭。一曰,转输烦则牛生祸。③(《魏书·灵征志》) 《洪范五行传》曰:"牛事应,宫室之象也。"④(《隋书·五行志》)
皇之不极	于《易》,《乾》为君为马,马任用而强力。君气毁,故有马祸。一曰,马多死及为怪。亦是也。⑤	《传》曰:"《易》曰'《乾》为马'。逆天气,马多死,故曰有马祸。一曰:马者,兵象也。将有寇戎之事,故马为怪。"⑥(《南齐书·五行志》) 《洪范五行传》曰:"逆天气,故马多死。"⑦(《隋书·五行志》)《洪范五行传》曰:"马者兵象。将有寇戎之事,故马为怪。"⑧(《隋书·五行志》) 《洪范论》曰:马者,兵象也,将有寇戎之事,故马为怪也。⑨(《魏书·灵征志》)

---

① 《汉书》卷二七中之下《五行志》,第1406页。
② 《汉书》卷二七中之下《五行志》,第1421页。
③ 《魏书》卷一一二上《灵征志》第3176页;标点未尽从。
④ 《隋书》卷二三《五行志》,第730页。
⑤ 《汉书》卷二七下之上《五行志》,第1442页。
⑥ 《南齐书》卷一九《五行志》,第428页。
⑦ 《隋书》卷二三《五行志》,第741页。
⑧ 《隋书》卷二三《五行志》,第742页。
⑨ 《魏书》卷一一二上《灵征志》第3176页;标点未尽从。

第二章　刘向《洪范五行传论》佚文考辨

由上表可见,《汉书·五行志》对诸祸形成机制的解释包括两种完全不同的说法:一种是正文部分,以《说卦》中《乾》为马、《坤》为牛、《巽》为鸡、《坎》为豕、《离》为目、《兑》为口等卦象说为基础,建立起"六事"与"六畜"的对应关系;另一种由"一曰"引起,以"六畜"在水、旱、寒、暑等物候环境下的死亡变怪为基础,解释"六祸"成因。从表中佚文来看,"一曰"之说在刘向《传论》中已有存录,很可能源自许商《五行传记》,此暂不论。至于卦象说,《传论》佚文仅在犬、马、牛三祸中有所援用,似不如《汉书·五行志》完备。究竟《传论》对鸡、豕、羊三祸的说解是否同样援用《说卦》,这是涉及《汉书·五行志》"说曰"与刘向《传论》之关系的重要问题。

比较《汉书·五行志》与《传论》佚文对于"六祸"的说解,可以发现除了对《易》卦的援用多寡不同以外,还有一个更具系统性的差异,即前者每条之下均有一句对六畜生理缺陷的描述,如"羊大目而不精明""牛大心而不能思虑",而后者完全不见类似论述。从《汉书·五行志》来看,这句生理描述对于"六祸"形成机制的论述至为关键,其逻辑关系可以用下列公式表达:

$$气毁 \xrightarrow{\text{六畜生理缺陷}} 祸生$$

在这一公式中,"气毁"是成因,"祸生"是结果,而决定某气毁乱后将发生何种灾祸的,是该气与何种动物的生理缺陷相关。举例而言,若"言气"毁伤,则一定是"言德"有亏者遭祸。《汉书·五行志》认为,犬正是这种动物——它天性善吠,本应为"言德"之表,但其守护门户时,常有盗贼至而不吠,或亲友至而狂吠者,其口无信,"言德"有亏,因此,当言气毁伤时即有犬祸。又如羊有"大目",但"不精明",是"视德"有亏者,故视气毁则应祸。"豕大耳而不聪察""牛大心而不能思虑",是"听德""思心德"有亏者,故分别当受听气、思心气毁伤之祸。关于"鸡祸",中华书局整理本此句读为:

>于《易》,《巽》为鸡,鸡有冠距文武之貌。不为威仪,貌气毁,故有鸡祸。①

是以"不为威仪"与"貌气毁"连读,而以"冠距文武之貌"为句,这是没有真正理解《汉书·五行志》而导致的误断。事实上,"不为威仪"当从上句读,意谓鸡虽有冠、距,似有能文能武之貌,但其实并无威仪,是"貌德"有亏者,故当受"貌气毁"之祸。至于"马任用而强力"句中的"强力",也应理解为强用体力②,指马虽任人用,恃其"力"而不用"知",于君德有亏,故"君气毁"而应祸。由此看来,《汉书·五行志》对"六祸"的说解全部遵循这一逻辑。

不过,这一逻辑在《传论》佚文中却难觅踪迹。以犬祸而言,佚文仅言犬"以口守,言之类",这是基于同类相感的观念,将犬视为"言德"的体现者而非缺失者,故以言气毁伤时致有犬祸。同样,佚文根据《说卦》中《坤》为地、牛之象,自然推导出"土气乱则牛为怪"的结论;又根据《乾》为天、马之象,认为"逆天气,故马多死"。显然,除非经过《南齐书·五行志》《魏书·灵征志》《隋书·五行志》《开元占经》等编纂者刻意、精心又高度默契的删略,《传论》的论述逻辑一定是将"六畜"视为"六事"之德的表现者,故以"六畜"多死、变怪为体现"六事之失"的灾异。在这种阐释逻辑中,"六畜"在某种程度上被视为对应"六事"的灵兽,与《汉书·五行志》强调"六畜"生理缺陷的观念大相径庭。由此看来,无论《传论》是否如《汉书·五行志》一样在"六祸"说解中全部援引《易》卦,二者的阐释逻辑都存在根本差异。班固在志文编纂中显然对刘向《传论》有所借

---

① 《汉书》卷二七中之上《五行志》,第1353页。
② 类似用法如《战国策·齐策》:"善说者陈其势,言其方,人之急也,若自在隘窘之中,岂用强力哉?"(《战国策笺证》卷一〇《齐三》,上海:上海古籍出版社2006年版,第593页)《淮南子·要略》:"秦国之俗,贪狼强力,寡义而趋利……"(何宁:《淮南子集释》卷二一,北京:中华书局1998年版,第1462页)

第二章　刘向《洪范五行传论》佚文考辨

鉴,但无论是系统性还是内在的逻辑,《五行志》都已经自成体系,无法再被视为刘向之说了。

关于《汉书·五行志》"说曰"与刘向《传论》各持异说的例证又见于"貌之不恭"部分,志文援据《易》卦"四正"说解释常雨、常阳、常奥、常寒之罚的生成机制:

> 于《易》,"震"在东方,为春为木也;"兑"在西方,为秋为金也;"离"在南方,为夏为火也;"坎"在北方,为冬为水也。春与秋,日夜分,寒暑平,是以金木之气易以相变,故貌伤则致秋阴常雨,言伤则致春阳常旱也。至于冬夏,日夜相反,寒暑殊绝,水火之气不得相并,故视伤常奥,听伤常寒者,其气然也。①

由于这段材料将《易》学与《洪范》五行学加以融合,故历来受到学者关注。有学者即据其论述刘向的《易》学修养②,但问题是,根据这里的"四正"说,则常阳、常奥、常阴、常寒应分别发生于春、夏、秋、冬四时,但这在《洪范》五行学框架内根本难以成立。因为所谓"常奥"本就指冬季出现反常温暖天气,绝不可能发生在夏天,至于常阳、常阴,从《汉书·五行志》所举灾异事例来看,也并不限于春、秋季节发生。事实上,《传论》佚文中确实存在关于"常奥"与"常寒"生成机制的论述:

> 《洪范五行传》曰:日月之行,则有冬有夏,而为寒暑。若南失节,暑过而长,则为寒,退而暑短,则为奥。人君急则暑进疾而寒,舒则暑退迟而奥,故曰急,恒奥(笔者注:当作"寒")若。③

刘向认为,常寒、常奥的形成是太阳运行速度的缓急失度所致,究

---

① 《汉书》卷二七中之上《五行志》,第1354页。
② 郑万耕:《刘向、刘歆父子的易说》,《周易研究》2004年第2期,第11页。
③ 瞿昙悉达:《开元占经》卷五《日占一》,第44页;标点未尽从。

其根本则在于人君施政宽严失常。若施政暴急,则暑进疾,有常寒之罚;若施政宽缓,则暑退迟,有常奥之罚。这段佚文与《汉书·五行志》所载刘向"周之末世,舒缓微弱,政在臣下,奥燠而已,故籍秦以为验"的观点完全契合①,与志文所载刘向对各种灾异事例的分析也具有一致性。因此,前述"四正"说既不见于他书所引刘向《传论》,而且与《传论》佚文及《汉书·五行志》所载刘向说解显然存在抵牾,相信并非出自刘向《传论》。至于这是班固本人之说,还是他从时人《洪范》五行说中转录而来,就难以判断了。

《魏书·灵征志》在引述汉儒《洪范》五行说时,明确区分《汉书·五行志》和刘向《洪范论》,可见在其编纂者看来,两书之间差异明显,不宜混同。通过这部分的论述,我们也进一步证实了《汉书·五行志》"说曰"虽与刘向《传论》存在一定的互见关系,但已经过较大程度的增删、改笔,不宜再视为刘向《传论》佚文。班固在志文中径以"说曰"称引,不列刘向之名,并非有意掠美,而是一种审慎稳妥的史家笔法。

总之,刘向《传论》虽然在晚唐之际已然亡佚,但其佚文仍大量保存于《汉书》《续汉书》《南齐书》《魏书》《隋书》等史志之中,同时也广见于《五行大义》《艺文类聚》《开元占经》等占书、类书中。通过对这些佚文的辑佚,可以一定程度上重建刘向《传论》的基本结构、体例,为我们认识刘向《洪范》五行学提供更丰富的文献依据。但是,通过诸书所见刘向《传论》佚文的异同考辨,我们也发现,不仅《传论》在流传过程中自身发生了版本分化,不同文献在征引刘向《传论》时也经过不同程度的增删改易,因此,见于他书的《传论》引文已经难以被直接视为《传论》之文,它们有的经过简略后失去了原有的逻辑层次,有的为了被纳入新的文本秩序,面貌也经过自

---

① 《汉书》卷二七中之下《五行志》,第1422页。

觉的整饬。在《传论》已经散佚的情况下，我们固然只能依靠这些零散的引文，但我们仍应通过对互见佚文的比勘，思考不同文献在征引《传论》时究竟从何种立场进行截取甚至"重写"，一方面尽可能辨识刘向《传论》的原貌，另一方面也高度关注"重写者"的用心，循此则不仅可以避免对于诸书所见《传论》引文的简单遵信，也可以充分激发这些不断被"重写"的引文背后隐藏的学术史价值。

第三章 《汉书·五行志》体例覆覈

《汉书·五行志》以《洪范五行传》为框架,纂辑董仲舒、夏侯始昌、夏侯胜、京房、刘向、谷永、李寻、刘歆等经师的灾异说解,是我们了解汉代《洪范》五行学的基础,对两汉思想史、经学史研究也具有重要价值。同时,该志保存了大量先秦至西汉的天文、地质、气象、物候资料,为自然科技史研究提供了重要的文献依据。近年来,《汉书·五行志》的学术价值逐渐受到学者关注,但与《汉书》其他各志相比,相关研究整体上还比较薄弱,志文中大量经传说解仍未得到充分利用。导致这一情况的原因之一,就是《五行志》复杂的体例问题。刘知几《史通》言:"夫史之有例,犹国之有法。国无法,则上下靡定;史无例,则是非莫准。"[1]体例严整与否是判断史书优劣的重要标准,而《汉书·五行志》在这方面恰让人难以把握——其征引诸家说解,或明示出处,或概言"一曰";至于灾异效验,则或言或否;妖祥事理,亦语默不一,甚至有同一灾异事例前后重见者。显然,要对汉代《洪范》五行学展开研究,就必须厘清《汉

---

[1] 刘知几著,浦起龙通释:《史通通释·内篇·序例》,第81页。

书·五行志》的体例,这正是本章要讨论的问题。

一、学术史回顾

就笔者管见,最早论及《汉书·五行志》体例问题的正是唐代史学家刘知几。他在《史通》中专辟一篇讨论《五行志》,认为其"抵牾者多""芜累尤甚",原因在于其体例"首尾纷挐,而章句错糅"。具体来说,其一是"引书失宜",即征引史籍时或明称《春秋》《左氏》,或虚称"史记",甚或略言出处,有失谨严;其二是"叙事乖理",主要是指在载录灾异事例时或未言效验,或将同类灾异,如雪、雹、霜等分载多处,不成体系。此外,刘知几对于《五行志》部分灾异说解的迂曲牵合也深表不满[1]。这些批评颇多切中《五行志》体例之失,为我们研读这一文献提供了重要思路;不过,刘氏的批评完全立足于史学家立场,忽视了《汉书》十志普遍存在的经学背景,尤其缺乏对于《洪范》五行学自身结构体系的充分理解,因此部分批评也显得过于苛刻。

刘知几之外,唐人鲜有关注《五行志》体例者。《尚书正义》引述《汉书·五行志》"说曰"称"夏侯始昌、刘向等说云"[2],或可代表唐人对《五行志》"说曰"性质的一般认识。宋明士人对《五行志》较少关注,即便有所引述,亦相对零散,故亦不涉体例问题。至乾嘉考据学兴起,始有王鸣盛从整体上梳理《五行志》编纂体例:

> 《五行志》先引"经曰"一段是《尚书·洪范》文,次引"传曰"一段是伏生《洪范五行传》文,又次引"说曰"一段是欧阳、

---

[1] 刘知几著,浦起龙通释:《史通通释·外篇·汉书五行志错误》,第498、504页。
[2] 《尚书正义》卷八《咸有一德》:"《五行志》夏侯始昌、刘向等说云:'肃,敬也。内曰恭,外曰敬。人君行己体貌不恭,急慢骄蹇则不能敬。木色青,故有青眚、青祥。'"(《十三经注疏》,第352页上栏b)

大小夏侯等说,乃当时列于学官、博士所习者。以下则历引《春秋》及汉事以证之,所采皆董仲舒、刘向歆父子说也。①

西庄将《五行志》分为"经曰"领起的《尚书·洪范》、"传曰"领起的伏生《五行传》、"说曰"领起的诸家博士说、历引《春秋》及汉事以为证的诸儒说解四个部分,发凡起例,影响颇巨,王先谦、马恩思、王爱和等皆引以为据②。从今天的眼光看,这种体例划分无疑失于轻率。班固此志整合诸家之说,其内在扞格之处实多,特别是"说曰"所引部分,以及大量径引经传说解、不具出处之文,非经细密考定,实在难以判断。故缪凤林认为王说"缺伪尚多"③,乃更撰《汉书五行志凡例》,考定《五行志》体例凡七条,其所举《五行传》非必出自伏生、"说曰"所引非尽博士经说、"一曰"所引为班固有意存诸家异说等观点,皆涉及《五行志》研究中的关键问题,已成为学者探讨《五行志》的基础。近年来,黄启书、苏德昌等围绕"说曰"部分的史料来源、《五行志》的体例依据等问题又提出了新的看法④。应该说,经过二百年来学者的持续努力,《五行志》的体例已基本得以廓清,只是关于志文体例与刘向《传论》的因革关系、灾异事例载录的分类依据与编次原则、"一曰"所引说解的来源、董仲舒与刘向灾异说的合载方式等问题,相关讨论仍有未尽之处,一定程度上影响

---

① 王鸣盛:《十七史商榷》卷一三《汉书七·五行志所引》,陈文和主编《嘉定王鸣盛全集·第四册》,第142页。

② 王先谦:《汉书补注》,第1902页。B. J. Mansvelt-Beck, *The Treatises of Later Han: Their Author, Sources, Contents and Place in Chinese Historiography*, Leiden: E. J. Brill, 1990, pp133. 王爱和:《中国古代宇宙观与政治文化》,上海:上海古籍出版社2011年版,第184页。王爱和认为《汉书·五行志》经、传、说的三层结构体现出汉儒地、人、天三重宇宙观念,相关论述可参该书第185~195页。

③ 缪凤林:《汉书五行志凡例》,中国史学会编《史学杂志》第1卷第2期(1929.5),第1~4页。

④ 黄启书:《〈汉书·五行志〉之创制及其相关问题》,《台大中文学报》第40期(2013.3),第156~161页。苏德昌:《〈汉书·五行志〉研究》,台北:台大出版中心2013年版,第66~82页。

了学者对刘向、班固《洪范》五行学特点的认识。究其原因，主要是学者对于《汉书·五行志》体例的研究多基于该志内部展开，而作为一篇典型的"衍生型文本"[1]，该志并非班固自出机杼之作，其体例设计之核心，乃在于如何兼存董仲舒、京房、刘向、刘歆等诸人异说，从而构成一集大成的系统。董、京、向、歆诸人所撰灾异学著作的自身体例完全不同，甚至他们所依托的灾异学理论也大相径庭，这不仅构成班固《五行志》编纂中面临的最大难题，也成为后人阅读《五行志》的最大障碍。换言之，若不明董、京、向、歆诸人灾异学体系之差异，以及班固对此诸说之取舍，实难以把握《五行志》体例以及班固的书写编纂意图，对志文所载董、京、向、歆诸人灾异学思想的总结也难免有失偏颇。

有鉴于此，对于《汉书·五行志》体例的研究不应局限于志文本身，而应首先尽量考知董仲舒、京房、刘向、刘歆所撰灾异学著作之原貌，在此基础上再讨论班固如何对这些著作加以择取、整合。在上举诸说中，刘向《传论》的佚文大量见于《续汉书·五行志》《魏书·灵征志》《南齐书·五行志》《隋书·五行志》《五行大义》《开元占经》等中古文献，董、京、歆三人论著也有不同数量的佚文存世[2]，通过对这些佚文的勾稽，不仅《汉书·五行志》的体例可以得到进一步廓清，志文内部的违戾之处也可得到一定程度的理解。

---

[1] 文本生成者基于既有文本，通过移植、改笔、补笔、留白、缀合、割裂、章次调整、译写等多种方式生成的文本，即所谓"衍生型文本"。相关论述可参拙文《激活"衍生型文本"的文学性》，《中国社会科学报》2016年7月25日，第5版。

[2] 程苏东：《〈开元占经〉所见董仲舒灾异说辑考》，杜泽逊主编《国学季刊》，第26辑（2022.6），第1~21页。

二、《汉书·五行志》八例

（一）《汉书·五行志》自叙论而下，包括经、传、说、例四个层次。第一层次为"经曰"领起之《洪范》经文；第二层次为"传曰"领起之《洪范五行传》；第三层次为传文说解，时以"说曰"领起，时则无，系据刘向《洪范五行传论》增删而成，间以《京房易传》相附从；第四层次为先秦以来灾异事例，并附董仲舒、夏侯胜、眭孟、京房、刘向、刘歆、李寻等诸家说解，多存异说。

《五行志》自开篇"《易》曰"至"以傅《春秋》，著于篇"为叙论部分，总论全志宗旨与基本体例，其后自"经曰"以下分为经、传、说、例四个层次。"经曰"共两节，其一为《洪范》"五行"部分，统摄其下五行失性之传；其二则就《洪范》"五事""庶征"二畴加以整合，统摄其下"五事"有失之传。至于"皇之不极"条则不引经文，径列传文而已。

《五行志》虽然呈现出以"传"解"经"的形式，但细绎传文，可知其与经文的关系实较疏离。以"五行"部分而言，经文之次为水、火、木、金、土，但传文之次却是木、火、土、金、水；在"五事"部分，传文所涉除"五事""庶征"二畴外，还有第九畴"六极"之文，但传文所列"六极"之次与经文亦不相合，故《五行志》亦未引相关经文；至于"皇之不极"部分，除"皇极"二字取自《洪范》外，所论与经文毫无关联；如果再考虑到《五行传》还有大段于经文完全无据的"共御"之术，可以确知，《五行传》本非意在解经的训故之传，而是援取经文自加演绎，试图构建独立阐释体系的"外传"之学，与《京氏易传》《韩诗外传》等性质略近。因此，传文本不必附于经文之下，以"传"附"经"的体例当为班固所创，反映出有意强化《五行志》经学色彩的倾向。

第三章 《汉书·五行志》体例覆覈

至于"说曰"与"传曰"的关系则不同。以"木不曲直"条为例,"说曰"先总释木行方位、卦象及"木性"①,其后"若乃田猎驰骋不反宫室,饮食沈湎不顾法度,妄兴繇役以夺民时,作为奸诈以伤民财"数句与传文"田猎不宿,饮食不享,出入不节,夺民农时,及有奸谋"逐字对应,可知"说曰"主旨全在阐释传文,与经文的关系则相对疏离。不过,《五行志》传文说解部分的体例并不统一,自"言之不从"条以下,传文之后再无"说曰"作为引语,但相应部分仍有一段文字对传文所言咎由、效验加以阐释,与前文"说曰"所引者性质完全相同,故仍以一例视之。通过对照中古文献所见刘向《传论》佚文,可知这些说解多据刘向《传论》改笔而成,但部分改动程度较大,故班固不再冠以刘向之名,径以"说曰"领起②。

此外,说解还援引《京房易传》关于水灾、温奥、异寒的论述,分别对应《五行传》"水不润下""视之不明—恒奥之罚""听之不聪—恒寒之罚"三种灾异。《易传》所言这三类灾异的形态与《五行传》存在相关性,但前者分类更为细致,如水灾又分为"雨杀人以陨霜,大风天黄""水寒,杀人""水,五谷不收"等若干形态③。至于咎由,二者均大致将温奥归咎于君权暗弱,将异寒归咎于人君暴急,但对水灾的分析则有较大出入。《易传》占验本自有体系,只是其咎由分析亦颇采阴阳、时令说,故与《五行传》存在一定的相似性,但整体上看,《易传》引文对于《五行传》的理解并无实质帮助,反而颇多枝蔓歧说,在《五行志》的整体结构中相对显得游离。之所以附见于此,当是班固为了塑造儒学灾异论的内在一致性而有意为之。

---

① 《汉书》卷二七上《五行志》,第1318~1319页。
② 关于《汉书·五行志》"说曰"部分的归属问题,可参本书第二章第五节相关论述。
③ 《汉书》卷二七上《五行志》,第1342页。

(二)西汉所传《洪范五行传》大致可分为两个系统,其一为夏侯始昌、刘向所据通行本,其二为刘歆所据别本。《汉书·五行志》"传曰"摘录通行本传文,于说解中以"刘歆×传曰"兼存别本异文;唯"皇之不极"条"厥咎眊"句径依别本。

前文已言,《五行传》在西汉时期已经分化出两个系统:

表 3-1

	许商、刘向所据通行本	刘歆所据别本
貌之不恭	龟孽;鸡祸;下体生上之疴	鳞虫之孽;羊祸;鼻疴
言之不从	介虫之孽	毛虫之孽
视之不明	蠃虫之孽;羊祸	羽虫之孽;鸡祸
听之不聪	鱼孽	介虫之孽
思心之不容	华孽	蠃虫之孽
皇之不极	下人伐上之疴	下体生上之疴

在所有涉及灾异类目的异文中,《五行志》"传曰"无一例外遵从通行本,但在"皇之不极"条"厥咎眊"句,班固却改从别本。关于此句,刘向《传论》言:"皇之不极,是谓不建,其咎在霿乱失听,故厥咎霿。思心之咎亦霿。"[①]最后一句明确指出"思心""皇极"二失同咎,可知通行本此句作"厥咎霿",这也可以通过《五行传》郑玄注得到确认[②]。传文所言诸"咎"取自《洪范》"庶征"之"咎征",后者本就仅列"五咎",故通行本以"思心""皇极"同咎,可谓不悖经文。至于别本,其"思心"之咎为"霿","皇极"之咎为"眊",由此则合为"六咎",显然意在与传文"六沴""六罚""六极""六事"的整体结构保持一致。二者正讹暂且不论,但班固在传文说解中称人君"失在眊

---

① 《南齐书》卷一九《五行志》,第 427 页。
② 此句郑玄注言"瞀与思心之咎同耳"(《后汉书》志第十七《五行五》刘昭注,第 3342 页),知郑注本"思心""皇极"同咎。

悖，故其咎眊也"①，足证其于此处改从别本。

我们知道，《汉书·五行志》的基本结构是由《五行传》"五行"失性、"五事"之失和"皇之不极"所导致的各种灾异支撑起来的，刘向、歆父子所据《五行传》版本既已不同，他们对于部分灾异咎由、效验的判定又颇存歧见，故二人所撰《洪范五行传论》在结构、观点等层面自然存在系统性差异。班固试图将二者整合到一篇志文中，难度可想而知，后世所讥《五行传》体例之弊亦多肇端于此。

（三）《汉书·五行志》载录灾异事例，皆据《洪范五行传》所言灾异类型分类编排，虽董仲舒、眭孟、京房等据别家理论所说灾异，亦派入《五行传》所言灾异类型之下。

西汉儒学灾异论发达而多元，董仲舒推阴阳而说《春秋》灾异，眭孟据阴阳推汉世灾异，京房亦据《周易》而建立起一整套灾异学说，这些理论之间虽然存在一定的关联，但毕竟各成体系，方枘圆凿，本难以贯通。不过，班固在编纂此志时不以《灾异志》为名，而称之为《五行志》，且在载录灾异事例时放弃最便捷的编年体，不避繁难地按照《五行传》加以分类，这些都显示出班固编纂该志的意图绝不仅止于著录灾异事例，而是如其叙论所言，通过"揽仲舒，别向、歆，传载眭孟、夏侯胜、京房、谷永、李寻之徒"②，在理论层面将多元的儒学灾异论整合为一个集大成的新体系。在这一宗旨下，班固将董、眭、京诸家原有灾异学体系完全打破，仅在"水不润下"等三处传文说解中援引《京房易传》，而将其他可择取者依《五行传》体系散入具体灾异事例的说解中，如眭孟说分别见于"言之不从—白祥"条昭帝元凤三年（前78）"大石自立"事③和"视之不明—

---

① 《汉书》卷二七下之上《五行志》，第1458页。
② 《汉书》卷二七上《五行志》，第1317页。
③ 《汉书》卷二七中之上《五行志》，第1400页。

草妖"条昭帝时"上林苑中大柳树断仆地"事[1]下,而董仲舒、京房说则大量附见于各灾异事例的说解中,不必赘举。

(四)《汉书·五行志》载录灾异事例,多据刘向、歆之说加以分类,至于向、歆存异说者,则以刘歆分类法为据。

《五行志》将所有灾异分为"五行"之失、"五事"之失与"皇之不极"十一大类,在"五事""皇极"部分又分出罚、极、妖、孽、祸、痾、眚、祥、沴等具体的灾异类型,全志就是按照这些类目对灾异事例进行分类编排,而其分类依据自然值得注意。由于志文所载灾异事例大量见于《春秋》,而刘向、歆父子各自所撰的《洪范五行传论》均大量载录《春秋》灾异,故二书成为班固对灾异事例加以分类的主要依据。具体来说,班固关于灾异事例的分类可以分为四种情况:

第一,刘向、歆分类相同,则《五行志》遵从二人分类,此不必论。

第二,若仅存刘向、歆一人之说,则《五行志》各从其说。例如"晦",刘向据《穀梁传》以"晦"为昼暝,故定为"思心之不容—脂夜之妖";刘歆据《左传》以"晦"为史官记月晦之例,并非灾异,故无说,班固遂从刘向将其归入"脂夜之妖"。又如鱼异,刘向定为"听之不聪—鱼孽",蛇异,刘向定为"皇之不极—龙蛇之孽",刘歆所据本既无鱼孽、龙蛇之孽的类目,他对鱼异、蛇异也未举出具体事例,故班固均从刘向说。至于鸡异,刘向定为"貌之不恭—鸡祸"[2],鼠异,刘向定为"貌之不恭—青祥","宋有生女子赤而毛"[3],刘向定为

---

[1] 《汉书》卷二七中之下《五行志》,第1412页。

[2] 事实上,班固并不认可刘歆所据别本将"鸡祸"归咎于"视之不明"的做法,故将"鸡祸"列于"貌之不恭"条,也可能是表明班固此处对于通行本的认同。类似情况又见于"羊祸"条(《汉书》卷二七中之下《五行志》,第1406页)。

[3] 《汉书》卷二七中之下《五行志》,第1419页。

"视之不明—赤眚",刘歆所据本虽然也有鸡祸、青祥、赤眚等类目,但至少从《五行志》的征引情况来看,刘歆在这几种类目下并未举出事例,故班固均依刘向说分类。这里有一个特例需要说明,即自文公十一年"败狄于咸"以下的11件人异。关于鲁文公时期长人之异,刘向定为"皇之不极—下人伐上之痾",而志文称"刘歆以为人变属黄祥"①,看似刘歆对此事亦有说解,且定为"思心之不容—黄祥"。不过长狄兄弟"身横九畮"之异仅见于《穀梁传》②,而从《汉书·五行志》的载录来看,刘歆说《春秋》灾异仅据《春秋》及《左传》,故其对此事恐怕并无说解,所谓"人变属黄祥"当系其传文阐释部分对"黄祥"的整体说明,非为灾异事例而作,故班固仍据刘向说,将人异归入"皇之不极—下人伐上之痾"。

第三,若某类灾异刘向、歆均未言及,则班固乃据传文自行确定分属。在貌不恭、言不从、诗妖、金沴木等类目下,向、歆父子似乎均未举出事例,故相关类属应为班固所定。由于传文对各类灾异的具体形态已有基本描述,故这些分类大多合理,唯"听之不聪—鱼孽"条有"武帝元鼎五年秋,蛙与虾蟆群斗"一事③,班固将其定为"鱼孽",略显牵强,若据蛙、蛤蟆之类属归入"蠃虫之孽",或据其色归入"青祥",似更为合理。

第四,若刘向、歆存在异说,则尽依刘歆分类法。向、歆父子所据《五行传》版本不同,二者对灾异的定性又常常存在差异。例如《春秋》"大水",刘向定为"貌之不恭—恒雨之罚",属"五事"之失④;而刘歆则定为"水不润下",为"五行"失性所致⑤。"大水"在刘向、

---

① 《汉书》卷二七下之上《五行志》,第 1471 页。
② 《春秋穀梁传注疏》卷一一,《十三经注疏》,第 5228 页上栏 b。
③ 《汉书》卷二七中之下《五行志》,第 1430 页。
④ 《汉书》卷二七上《五行志》,第 1344 页。
⑤ 《汉书》卷二七上《五行志》,第 1342 页。

歆各自所撰《洪范五行传论》中处于不同的类目之下，一旦要将二书纂为一体，必然面临如何协调二者编次体例差异的问题。从《汉书·五行志》来看，班固虽然在《五行传》文本及其说解的选择方面以刘向《传论》为主，但面对二者灾异分类的差异，却尽从刘歆说，相关事例可参下表：

表 3-2

次序	灾异	代表事例	刘向定性	刘歆定性
1	木冰	成公十六年正月，雨，木冰。	貌之不恭—恒雨之罚	木不曲直
2	石言	昭公八年春，石言于晋。	言之不从—白祥	金不从革
3	大水	桓公元年秋，大水。	貌之不恭—恒雨之罚	水不润下
4	大雨	隐公九年三月癸酉，大雨。	非灾异	貌之不恭—恒雨之罚
5	兽异	庄公十七年冬，多麋。	貌之不恭—青祥	言之不从—毛虫之孽
6	鸟异	昭公二十五年夏，有鸜鹆来集。	言之不从—白祥；听之不聪—黑祥	视之不明—羽虫之孽；听之不聪—黑祥
7	未当雨雪而雨雪	桓公八年十月，雨雪。	貌之不恭—恒雨之罚	听之不聪—恒寒之罚
8	大雨雪	僖公十年冬，大雨雪。	貌之不恭—恒雨之罚	听之不聪—恒寒之罚
9	陨霜杀菽	定公元年十月，陨霜杀菽。	貌之不恭—恒雨之罚	听之不聪—恒寒之罚
10	大雨雹	僖公二十九年秋，大雨雹。	貌之不恭—恒雨之罚	听之不聪—恒寒之罚
11	螽	桓公五年秋，螽。	言之不从—介虫之孽	听之不聪—介虫之孽

续表

次序	灾异	代表事例	刘向定性	刘歆定性
12	蜚	庄公二十九年有蜚。	貌之不恭—青眚	听之不聪—介虫之孽
13	蝝	宣公十五年冬，蝝生。	视之不明—蠃虫之孽	听之不聪—黑眚
14	六鹢退蜚	僖公十六年正月，六鹢退蜚，过宋都。	貌之不恭—青祥	思心之不容—恒风之罚
15	螟	隐公五年秋，螟。	视之不明—蠃虫之孽	思心之不容—蠃虫之孽
16	陨石	僖公十六年正月，陨石于宋。	言之不从—白祥	皇之不极—星辰逆行

上表所列为向、歆父子针对同类灾异作出的不同定性，其中例11、15由于二人所据《五行传》版本不同，故虽然均定为"介虫之孽""蠃虫之孽"，但所属类目却不相同，其他各例则都是因为定性角度不同而产生分歧，如例2"石言"，刘向据其色而定为"白祥"，刘歆则以金属矿物多藏于石，金、石同类，故定为"金不从革"。又如例13蝝灾，刘向以蝝为螟之幼虫，故定为"蠃虫之孽"；而刘歆则据其色定为黑眚。班固在面对上述十六种异说时，均据刘歆说确定其编次类属，而以董仲舒、刘向诸人之说相附从。例如"大水"，《五行志》共载十一事，均编入"五行"部分"水不润下"条，董仲舒、刘向关于《春秋》"大水"的相关说解亦附见于此；而"貌之不恭—恒雨之罚"条仅收刘歆认为属灾异而刘向认为并非灾异的"大雨"，再无"大水"之例。

班固于"传曰"部分以刘向所据本为正文，对于灾异事例的分类、编次却大量改从刘歆说，这一体例背后自有其特定考量，本无可厚非；但若从史志编纂的角度来说，这种错位设计几乎无可避免地最终造成《五行志》内在结构的纠缠，并由此影响了读者对志文的理解。尤其是"传曰"以刘向所据本为主,这很容易给读者一种印象,即《五行志》的基本体例来自刘向《传论》,前者自然也就成为学者讨论刘向《洪范》五行学的基本取材;而实际上,《五行志》的体例设计恰恰对刘向《传论》的原有结构造成巨大破坏,相当程度上遮蔽了刘向《洪范》五行学的系统性,具体而言或有三点:

第一,某类灾异的理论分析与事例说解前后悬隔。按刘向《传论》的原有体例,所有灾异事例均被系于某一类目之下,而他对于每类灾异的形成都有一个整体的理论分析,或见于对传文的说解中,例如前引"夫不敬其君,不从其政,则阴气胜,故曰厥罚常雨",或见于具体的灾异事例说解,例如"大水者,皆君臣治失而阴气稽积盛强,生水雨之灾也"。只要看某一事例被系于哪个类目之下,就可以大致了解其咎由,系统性非常清晰。但是,在《五行志》中,刘向对某类灾异的理论分析与其所举事例常常被拆分入不同的灾异类目之中。仍以"大水"事为例,刘向对于这类灾异的理论说解见于"貌之不恭—恒雨之罚",而其事例分析则遵从刘歆之说,编于"水不润下"部分,二者悬远而不能呼应。陈侃理曾据《汉书·五行志》认为"刘向解释五行与五事之灾异多有重合,同一种灾异有时被分别安排入两个不同的类别","(刘向)常常不按传文的设定解说灾异行事",所举例据正为"大水"[①],足见《五行志》对刘向《传论》结构的切割确实影响了学者对于其《洪范》五行学体系的认知。

第二,同类灾异散见于各处,不成体系。刘向《传论》的基本体例是"比类相从,各有条目"[②],通过同类事例的排比彰显其背后的整体咎由;但经过班固重编后,原本前后连缀的事例往往进入不同的灾异类目中。以"恒雨之罚"为例,刘向认为此罚系君权暗弱,臣

---

① 陈侃理:《儒学、数术与政治:灾异的政治文化史》,第123、124页。
② 《汉书》卷三六《楚元王传》,第1950页。

第三章 《汉书·五行志》体例覆覈

下轻暴所致,与西汉元、成时期的政局十分接近,故尤为看重,《春秋》"木冰""大水""大雨雪""未当雨雪而雨雪""大雨雹""陨霜杀菽"等灾异均被其纳入"恒雨"条,篇幅之巨,令人印象深刻。然而,在《五行志》中,根据刘歆分类法,"木冰"被列入"木不曲直","大水"被列入"水不润下","雨雪""大雨雹""陨霜杀菽"被列入"听之不聪—恒寒之罚",相互之间缺少呼应,原有的体系也就此湮没。

第三,个别灾异孤悬一处,不伦不类。如果《五行志》所录灾异事例均兼存向、歆异说,则其分类以刘歆说为据,以刘向说附从,似乎也还可以理解;但为了维护《五行志》所载灾异类型的完整性,班固采取的原则是,只要同一灾异类型中出现过一次刘歆说,则该类灾异全部遵从刘歆分类法加以编次。这就造成那些明明只有刘向或董仲舒一人说解,却因为同类灾异中存在刘歆异说的事例在编次上显得非常突兀。例如"视之不明"部分景帝三年(前154)"有白颈乌与黑乌群斗楚国吕县"事,《五行志》载"刘向以为近白黑祥也"[①],"视之不明"所致应为赤祥,此异既属"白黑祥",则本应置于"言之不从—白祥"条或"听之不聪—黑祥"条,但班固为了维护"鸟异"这一灾异类型的完整性,此处仍据刘歆分类法,将其列入"视之不明—羽虫之孽",这无疑会令不了解《五行志》编纂体例的读者感到困惑。

总之,《汉书·五行志》旨在"别向、歆",故于每事之下往往并列二人之说,但向、歆《洪范》五行学的首要差别并不在具体灾异事例的说解,而在于二者所据《五行传》结构层面的差异。班固在传文征引与灾异事例载录中分别遵从刘向、刘歆本,造成全志内在结构的错迕,反而湮灭了二说的核心差异,这一体例设计确实难称完善。

---

① 《汉书》卷二七中之下《五行志》,第1415页。

（五）《汉书·五行志》编次灾异事例，于各类目之下均以时间为序；如果某类之下又可分为若干子目，则先据子目再次分类，复以时间为序。

王先谦较早注意到《五行志》载录灾异事例的次序问题，其于"五事""皇极"诸灾异事例之后均——注明"以上貌不恭""以上恒雨"等[①]，揭示《五行志》"比类相从"的编纂意图。同时，王氏还发现班固在某些灾异类目中会根据其具体形态划分若干子目，例如"听之不聪—恒寒之罚"条，王先谦在成帝阳朔四年（前21）"雨雪，燕雀死"事下注"以上雪"[②]，在元帝永光元年（前43）"陨霜杀桑"事下注"以上霜"[③]，在成帝河平二年（前27）"楚国雨雹"事下注"以上雹，总曰恒寒"[④]，显示《五行志》于"恒寒"条内部又分出"雪""霜""雹"三个子目。这一观察非常细致，堪为卓识。事实上，将灾异类目细分为若干子目，再于各子目内按时间排序的体例不仅见于"恒寒"，还见于以下七个类目，是贯穿全志的基本体例：

1．"言之不从—恒阳之罚"条。刘向将《春秋》干旱分为两类，一类是"大旱"和"大雩"，一般发生在夏、秋季，对农作物生长有直接影响，故公羊家视为"灾"；另一类是"不雨"，一般发生在冬、春季，因为错开农时，"不伤二谷"，故视为"异"[⑤]。《汉书·五行志》循此将《春秋》干旱分为两个子目：自僖公二十一年（前639）"夏，大旱"至定公十年（前500）"九月，大雩"为夏伏旱，凡十一事；自庄公

---

① 王先谦：《汉书补注·五行志第七中之上》，第1956、1958页。
② 王先谦：《汉书补注·五行志第七中之下》，第2026页。
③ 王先谦：《汉书补注·五行志第七中之下》，第2028页。
④ 王先谦：《汉书补注·五行志第七中之下》，第2029页。
⑤ 《汉书》卷二七上《五行志》，第1385页。《公羊传·僖公二十一年》："夏，大旱。何以书？记灾也。"（《春秋公羊传注疏》卷一一，《十三经注疏》，第4899页下栏b）《桓公五年》："大雩。大雩者何？旱祭也……何以书？记灾也。"（《春秋公羊传注疏》卷四，第4810页上栏a）《文公二年》："自十有二月不雨，至于秋七月。何以书？记异也。"（《春秋公羊传注疏》卷一三，第4922页上栏a～b）

第三章 《汉书·五行志》体例覆覈

三十一年(前663)"冬,不雨"至文公十三年(前614)"自正月不雨"为冬春旱,凡五事,二者各自编年。对于《五行传》来说,所有干旱均属"恒阳之罚",并无二次分类的必要;但《汉书·五行志》将两类干旱分别编次,可见其虽以《五行传》为基本框架,仍充分顾及《春秋》学的内在体系。至于惠帝五年(前190)"夏,大旱"以下十三事则为汉世大旱,并无辞例可言,故不再区分子目。

2. "言之不从—白祥"条。《五行志》分为石异和天雨白物两个子目,前者自《左传》昭公二十四年(前518)"王子朝以成周之宝圭湛于河"至昭帝元凤三年(前78)泰山"大石自立",凡三事;后者为武帝天汉元年(前100)"三月,天雨白毛",仅一事。两个子目各自编年,故武帝事列于昭帝事后。

3. "视之不明—草妖"条。分为"陨霜不杀草"、草木异生和天雨草三个子目,第一类仅僖公三十三年(前627)"十二月,陨霜不杀草"一事,第二类自《书序》"伊陟相太戊"至哀帝建平三年(前4)"零陵有树僵地",第三类仅元帝永光二年(前42)"天雨草"一事。三类各自编年,故《春秋》事在《书序》之前,而元帝事被置于哀帝事后。

4. "听之不聪—鼓妖"条。分为异响和雷异两个子目,前者所举《左传》僖公三十二年(前628)"枢有声如牛"和哀帝建平二年(前5)"有大声如钟鸣"两事均为声源不明的异响,后者所举秦二世元年(前209)"天无云而雷"事则是知其声源而不明其成因。两个子目各自编年,故秦二世事虽在哀帝之前,但仍居"鼓妖"之末。王先谦认为"此条应在《左传》后,哀帝前,盖误倒"[1],正以未明全志体例而致此误。

---

[1] 王先谦:《汉书补注·五行志第七中之下》,第2032页。陈侃理亦据此批评刘向《传论》有"圆凿方枘"之弊(陈侃理:《儒学、数术与政治:灾异的政治文化史》,第123页),恐未安。

5."思心之不睿—金木水火沴土"条。以哀公三年（前492）地震为界，分为地震、山崩两个子目，各依时间排序。

6."皇之不极—龙蛇之孽"条。以惠帝二年（前193）"有两龙见于兰陵"为界，分为龙异、蛇异两个子目，各依时间排序。

7."皇之不极—下人伐上之痾"条。共分六个子目：文公十一年（前616）"败狄于咸"、秦始皇二十六年（前221）"有大人长五丈"为长人之异；魏襄王十三年（前306）"魏有女子化为丈夫"、哀帝建平中（前6~前3）"豫章有男子化为女子"为变性；哀帝建平四年（前3）"山阳方与女子田无啬生子"、平帝元始元年（1）"朔方广牧女子赵春病死"为复生；同年六月"长安女子有生儿"为怪胎；景帝二年（前155）"胶东下密人年七十余"为人生角；成帝建始三年（前30）"京师相惊"以下三事为民惊走。这部分所分子目虽然复杂，但各依时间为序，无一错谬，可见此例之严。

（六）《汉书·五行志》载录灾异事例说解，一般均标明出处；亦有不具出处者，或录自刘向《洪范五行传论》，或为班氏自撰。

班固在叙论中称《五行志》旨在"揽仲舒，别向、歆，传载眭孟、夏侯胜、京房、谷永、李寻之徒所陈行事"①，故其载录灾异事例说解，一般均以"某某以为"指明出处；但也有不言出处者，如：

> （昭公）六年"九月，大雩"。先是，莒牟夷以二邑来奔，莒怒伐鲁，叔弓帅师，距而败之，昭得入晋。外和大国，内获二邑，取胜邻国，有亢阳动众之应。②

这里先言灾异事例，然后直接进入咎由分析，未知所据。将这些佚名说解与刘向《传论》佚文相比对，可知其中有部分系取自向书。由于相关事例不存异说，故班固径录向说而未加"刘向以为"，以下

---

① 《汉书》卷二七上《五行志》，第1317页。
② 《汉书》卷二七中之上《五行志》，第1388页。

第三章 《汉书·五行志》体例覆覈

略举数例：

表 3-3

例次	《汉书·五行志》	刘向《洪范五行传论》佚文
1	史记秦始皇帝二十六年，有大人长五丈，足履六尺，皆夷狄服，凡十二人见于临洮。天戒若曰，勿大为夷狄之行，将受其祸。是岁始皇初并六国，反喜以为瑞，销天下兵器，作金人十二以象之。遂自贤圣，燔《诗》《书》，坑儒士；奢淫暴虐，务欲广地；南戍五岭，北筑长城以备胡越，堑山填谷，西起临洮，东至辽东，径数千里。故大人见于临洮，明祸乱之起。后十四年而秦亡，亡自戍卒陈胜发。①	《洪范五行传》曰："秦始皇二十六年，有大人身长五丈，足迹六尺，夷狄皆服。有十二人，见于临洮。"②（《法苑珠林》） 《尚书洪范五行传》……又曰："秦始皇时有大人，身长五丈，足迹六尺，夷狄服，见于临洮。天戒秦曰：勿大行夷狄之道，将受其祸云。"③（《太平御览》）
2	高帝三年十月甲戌晦，日有食之，在斗二十度，燕地也。后二年，燕王臧荼反，诛，立卢绾为燕王，后又反，败。④	《洪范五行传》曰：汉高帝三年冬十月甲戌晦，日有食之，燕吴越分也。后二年燕王臧荼反，诛，复以卢绾为燕王，亦反，诛，南越王赵佗自立称帝之应也。⑤（《开元占经》）
3	十一月癸卯晦，日有食之，在虚三度，齐地也。后二年，齐王韩信徙为楚王，明年废为列侯，后又反，诛。⑥	《洪范五行传》曰：汉高帝三年冬十一月癸卯晦，日有食之，吴齐分也。后二年，齐韩信徙封楚王，三年废为侯而诛之应也。⑦（《开元占经》）

---

① 《汉书》卷二七下之上《五行志》，第 1472 页。
② （唐）释道世撰，周叔迦、苏晋仁校注：《法苑珠林校注》卷五《六道篇》，北京：中华书局 2003 年版，第 161 页。
③ 李昉等撰：《太平御览》卷三七七《人事部一八》，第 1742 页上栏 a。
④ 《汉书》卷二七下之下《五行志》，第 1500 页。
⑤ 瞿昙悉达：《开元占经》卷九《日占五》，第 93～94 页；标点未尽从。
⑥ 《汉书》卷二七下之下《五行志》，第 1500 页。
⑦ 瞿昙悉达：《开元占经》卷九《日占五》，第 92 页；标点未尽从。

续表

例次	《汉书·五行志》	刘向《洪范五行传论》佚文
4	八月,长星出于东方,长终天,三十日去。占曰:"是为蚩尤旗,见则王者征伐四方。"其后兵诛四夷,连数十年。元狩四年四月,长星又出西北,是时伐胡尤甚。①	《洪范五行传》曰:武帝建元六年八月,长星出东方,长竟天。占曰:"是蚩尤旗,见则王者征伐四方。"自是之后,兵讨四夷,连二十年。元狩四年四月,长星复出西北,是时击胡狄。②(《开元占经》)

《法苑珠林》《开元占经》均编于唐初,其时刘向《传论》尚未亡佚,故可据以抄录,特别是《开元占经》,所录《传论》佚文不见于《五行志》者凡数十条,更可证其所录事例非抄自《五行志》,而是直接录自刘向《传论》。《太平御览》虽成于宋初,然其所录多本自汉唐故籍,故其引文亦具有相当的可信度。从上述四例来看,《五行志》所录灾异事例说解中不具出处者,确有部分出自刘向《传论》。循此思路再看《五行志》其他未具出处的事例说解,可以发现这种情况恐怕不在少数。例如:

> 文帝后五年六月,齐雍城门外有狗生角。先是帝兄齐悼惠王亡后,帝分齐地,立其庶子七人皆为王。兄弟并强,有炕阳心,故犬祸见也。犬守御,角兵象,在前而上向者也。犬不当生角,犹诸侯不当举兵向京师也。天之戒人蚤矣,诸侯不寤。后六年,吴、楚畔,济南、胶西、胶东三国应之,举兵至齐。齐王犹与城守,三国围之。会汉破吴、楚,因诛四王。故天狗下梁而吴、楚攻梁,狗生角于齐而三国围齐。汉卒破吴、楚于

---

① 《汉书》卷二七下之下《五行志》,第1517页。
② 瞿昙悉达:《开元占经》卷八五《妖星占上》,第851页;标点未尽从。

梁,诛四王于齐。①

此条没有刘向《传论》佚文可以直接对校,但有几处细节值得注意:其一,关于动物生角,又见于文帝十二年(前168)"有马生角于吴","刘向以为马不当生角,犹吴不当举兵向上也"②,其说与此处"犬不当生角,犹诸侯不当举兵向京师也"基本相合。其二,以角为兵象,又见于《隋书·五行志》所引刘向《传论》:"妇人,阴象也。角,兵象也。下反上之应。"③其所言者,老妇生角也。其三,关于"犬守御"及"天狗下梁"事,又见于《太平御览》所引刘向《传论》:"七国之兵战于梁地,故天狗先降梁垒,见以其象也。狗者,守御之类也,所降以惑守御也。"④总此三点,文帝后元五年(前159)"齐雍门外又狗生角"的说解很可能也是录自刘向《传论》。

当然,《五行志》还有不少未具出处的事例发生在刘向身后,从其咎由分析来看也并非出自刘歆,如平帝元始五年(5)"高皇帝原庙殿门灾尽"事⑤,说解将其归咎于王莽篡汉,显然不应出自刘歆,且该事最终述及王莽"卒夷灭"的下场,更在刘歆身后,故应为班固仿照刘向、歆父子灾异说解的思路自撰之文。

(七)《汉书·五行志》多合载董仲舒、刘向灾异事例说解。

与征引刘歆、京房等人说解不同,班固在引述董仲舒、刘向说解时大量采用合载的方式,具体形态有四种:其一是径以"董仲舒、刘向以为"整合二人之说;其二是先载刘向说,末称"董仲舒指略同""董仲舒说略同""指略如董仲舒";其三是统称刘向对某类灾异的说解"略皆从董仲舒说",见于诸虫和地震部分;其四是分别载录

---

① 《汉书》卷二七中之上《五行志》,第1397~1398页。
② 《汉书》卷二七下之上《五行志》,第1470页。
③ 《隋书》卷二三《五行下》,第732页。
④ 李昉等撰:《太平御览》卷八七五《咎征部二》,第3882页下栏a。
⑤ 《汉书》卷二七上《五行志》,第1338页。

董仲舒、刘向之说,然于刘向说下仅录其部分说解,末以"它如仲舒"提示其与董说大体相合①。这些载录方式意在显示刘向对董仲舒《春秋》灾异说的吸取,应当符合汉代经学灾异论的基本脉络;但诚如班固本人所言:"刘向治《穀梁春秋》,数其祸福,传以《洪范》,与仲舒错。"②刘向《春秋》学师法与董生不同,其《传论》又基于《五行传》灾异体系展开,即便对董说有所吸取,在细节层面也难免存在诸多差异。合载的方式多大程度可以反映董、刘之说的实际相似度,早已引起学者的讨论③。

《汉书·五行志》称刘向"诸震略皆从董仲舒说"④,因此不妨先看二人关于地震咎由的分析。《国语·周语》载西周幽王二年(前780)阳伯父对地震成因的阐述:"夫天地之气,不失其序,若过其序,民乱之也。阳伏而不能出,阴迫而不能烝,于是有地震。"阳气被阴气迫压于地下,伏不能出,故致地震。阳伯父认为,这种阴阳失序的格局一旦形成就难以改变,并会进一步造成人事变故:"阳失而在阴,川源必塞,源塞,国必亡……若国亡,不过十年,数之纪也。"⑤这一切都可以依据某种知识得以预见,用陈侃理对于灾异观念的分类来说,属于更具数术色彩的"预言式"灾异论⑥。至董仲舒解《春秋》灾异,虽仍从阴阳关系入手,但具体说解则颇为不同:

> 董仲舒《对灾异》曰:地者,阴之类也,动者,后宫臣下专主

---

① "它如仲舒"例见于"皇之不极"部分昭公二十四年五月乙未日食事(《汉书》卷二七下之下《五行志》,第1497页)。
② 《汉书》卷二七上《五行志》,第1317页。
③ [日]坂本具償:《「漢書」五行志の災異説——董仲舒説と劉向説の資料分析》,《日本中国学会報》第40期(1988),第47~58页;[日]平澤步:《「漢書」五行志と劉向「洪範五行伝論」》,《中国哲学研究》第25号(2011.3),第40~44页。
④ 《汉书》卷二七下之下《五行志》,第1452页。
⑤ 徐元诰:《国语集解·周语上》,第26页。
⑥ 可参陈侃理《儒学、数术与政治:灾异的政治文化史》,第175~180页。

之盛,阳衰,故致疾疫,当制后宫齐御百官以救之。①

董仲舒认为地为阴性,当主静,今动而为震,是阴失性而专阳事。此说与阳伯父之说的最大差异在于,后者将"阴阳失序—川震—源塞—国亡"视为不可逆的过程,而董氏根据《公羊传》,将地震视为承担谴告功能的"异",是一种反常但仍可回归正常的临时形态,通过回溯其人事咎由,完全可以通过修己改政得到禳救,用陈侃理分类法,属于更具儒学色彩的"回溯式"灾异说。这一观念在刘向《传论》中得到延续:

> 《洪范论》曰:地阴类,大臣之象,阴静而不当动,动者,臣下强盛,将动而为害之应也。②

> 刘向《洪范传》曰:地动者,臣不臣也,臣下大贵也。③

无论是对于地震发生机制的阴阳学解释,还是对其人事咎由的分析,刘向《传论》都与董说相呼应,故班固称刘向于"诸震略皆从董仲舒",应当如实反映了董、刘二说之间的相似性。

不过,在另外一些事例中,二人说解的相似度就未必如此。以庄公七年(前687)"四月辛卯夜,恒星不见,夜中星陨如雨"事为例:

> 董仲舒、刘向以为,常星二十八宿者,人君之象也;众星,万民之类也。列宿不见,象诸侯微也;众星陨坠,民失其所也。夜中者,为中国也。不及地而复,象齐桓起而救存之也。乡亡桓公,星遂至地,中国其良绝矣。刘向以为,夜中者,言不得终性命,中道败也。或曰象其叛也,言当中道叛其上也。天垂象

---

① 瞿昙悉达:《开元占经》卷四《地占》,第35页。
② 《魏书》卷一一二上《灵征志》,第3151页。
③ 瞿昙悉达:《开元占经》卷四《地占》,第35页。

以视下,将欲人君防恶远非,慎卑省微,以自全安也。①

班固先以"董仲舒、刘向以为"引述一段关于恒星、众星灾异指向的说解,接着又以"刘向以为"引述一段关于"夜中星陨如雨"的说解,似乎除了对"夜中"的理解有所不同,刘向说解与董仲舒均保持一致。不过,坂本具偿已经注意到,在"董仲舒、刘向以为"之下,已有关于"夜中"的解释——"为中国也",将"中"理解为地域上的"中国";而在"刘向以为"下,又有关于"夜中"的解释——"中道败也",将"中"理解为时间上的"中道"。这两种解释显然无法兼容,"董仲舒、刘向以为"之下的解释显然难以被完全视为刘向之说。事实上,除了这一问题以外,董、刘对于此事的说解还有一处重要差异:

> 董仲舒曰:常星二十八舍,人君之象也。众星者,万民之类也。列宿不见,象诸侯微也。②
>
> 董仲舒曰:众星坠,民失其所也。③
>
> 《洪范传》曰:星者在位人君之类也,陨者众,其陨坠失其所也。夜中然后陨者,言不得终其性命,中道而败。或曰:象其叛也。夜中然后反者,言当以中和之道反之也。天变所以语人也,防恶远非,陨卑有微,将以安之也。④

通过《开元占经》所见董、刘二说佚文可知,董仲舒认为恒星为人君之象,众星为万民之类,而刘向将恒星、众星均视为人君之象,两说截然不同。从《春秋》学的角度看,经文分别描述常星和众星的不同形态,二者确应各有所象,董说似乎更具合理性;但《五行传》将"日月乱行,星辰逆行"全部归咎于"皇之不极",也就是人君失政,

---

① 《汉书》卷二七下之下《五行志》,第 1508~1509 页。
② 瞿昙悉达:《开元占经》卷七六《杂星占》,第 758 页。
③ 瞿昙悉达:《开元占经》卷七六《杂星占》,第 760 页。
④ 瞿昙悉达:《开元占经》卷七六《杂星占》,第 759 页。"陨者众",整理本误作"陨者从",今据文渊阁《四库全书》本更正,标点亦未尽从。

第三章 《汉书·五行志》体例覆覈

刘向基于《五行传》说灾异,自然也就无法对"星辰"所象再做区分。为了照顾《五行传》的自身体系,刘向不得不暂时放弃《春秋》学视角。总之,董、刘说解的差异不仅表现在"夜中"一词,《汉书·五行志》的载录方式掩盖了二者在星变类象判定上的根本差异。

再看二人对于"山崩"的讨论。《春秋》成公五年(前586)载"夏,梁山崩",《公羊传》以此为"记异"①,《开元占经》载董仲舒之说:

> 董仲舒《对灾异》曰:山者,阴类。崩者,忠贞离叛,臣蔽主之善,使恩泽不流,怒恚壅隔,民人乖散之象也。任贤良、使忠贞以救之。②

《汉书·五行志》则具载刘向《传论》说解,并称"董仲舒说略同":

> 《穀梁传》曰廱河三日不流,晋君帅群臣而哭之,乃流。刘向以为山阳,君也,水阴,民也,天戒若曰,君道崩坏,下乱,百姓将失其所矣。哭然后流,丧亡象也。梁山在晋地,自晋始而及天下也。后晋暴杀三卿,厉公以弑。溴梁之会,天下大夫皆执国政,其后孙、宁出卫献,三家逐鲁昭,单、尹乱王室。董仲舒说略同。③

对照《开元占经》所载董说与《五行志》所载刘向说,二者均将权臣专擅视为咎由,以百姓流离失所为效验,的确存在相当的共同性;但二者对于具体致灾机制的分析则颇见差异,其中最为关键的就是对"山"阴阳属性的判定。山为土石之类,故董仲舒以山为阴,大臣之象,山崩为群阴作祟所致,故人事咎由为忠臣离叛,邪臣擅政,只有选贤任能、去邪诛恶才能匡救。不过,《周易》艮为山,为少男,

---

① 《春秋公羊传注疏》卷一七,《十三经注疏》,第4975页下栏b。
② 瞿昙悉达:《开元占经》卷九九《山石冢光占》,第983页。
③ 《汉书》卷二七下之上《五行志》,第1456页。

且山高出于地上，故又有以山为阳之说。《开元占经》引京房《易传》"山崩，阴乘阳，弱胜强，天壁亡"①，即以山为阳，以阴作祟害阳而致祸。上引刘向《传论》亦明确以山为阳、人君之象。《开元占经》又载刘向《传论》："山者，君之象，一曰，诸侯位也。"②从"一曰"来看，刘向完全了解时人以山为诸侯、臣象之说，但他仍一反董说，以山为阳，应与其所持穀梁说对于"梁山崩"的独特认识有关。在《公羊传》看来，山崩本身即为异象，故董氏说解完全围绕山的阴阳属性及其失性之由展开。《京房易传》认为"小人剥庐，厥妖山崩"③，也将山崩视为独立异象而论其咎由。至于《穀梁传》则不同：

> 梁山崩。不日，何也？高者有崩道也。有崩道，则何以书也？曰梁山崩，壅遏河三日不流。晋君召伯尊而问焉，伯尊来，遇辇者，辇者不辟，使车右下而鞭之。辇者曰："所以鞭我者，其取道远矣。"伯尊下车而问焉，曰："子有闻乎？"对曰："梁山崩，壅遏河三日不流。"伯尊曰："吾为此召我也。为之奈何？"辇者曰："天有山，天崩之。天有河，天壅之。虽召伯尊如之何？"伯尊由忠问焉，辇者曰："君亲素缟，帅群臣而哭之，既而祠焉，斯流矣。"伯尊至，君问之曰："梁山崩，壅遏河三日不流。为之奈何？"伯尊曰："君亲素缟，帅群臣而哭之，既而祠焉，斯流矣。"④

所谓"高者有崩道也"，《穀梁传》认为高山崩塌是自然之道，甚至连壅河本身也不足为奇，《春秋》此事非为记异而书，只有由此引发的伯尊与辇者所论禳救之道才是《春秋》书写此事的原因。刘向说基本遵循《穀梁传》的分析，但基于其《传论》的自身体系，将"山崩—

---

① 瞿昙悉达：《开元占经》卷九九《山石冢光占》，第983页。
② 瞿昙悉达：《开元占经》卷九九《山石冢光占》，第984页。
③ 《汉书》卷二七下之上《五行志》，第1455页。
④ 《春秋穀梁传注疏》卷一三，《十三经注疏》，第5251页下栏a～b。

第三章 《汉书·五行志》体例覆覈

壅河—哭而后流"视为前后关联的一个整体性异象。因此，与董、京仅关注"山崩"不同，刘向需要解释"山崩""壅河""哭而后流"这一系列事件的整体致灾机制。在一般的阴阳观念中，水为阴，"壅河"自然是阴气失性所致，由此逆推，造成"壅河"的"山崩"就要被定为阳气失性而扰阴所致，而山也就只能被推定为阳性、人君之象。基于这一逻辑，刘向认为"山崩"的根本原因在于人君失德、"君道崩坏"，这不仅与完全归咎于乱臣的董说大不相同，与京房、纬书等同样以山为阳，但仍将山崩归咎于"阴乘阳""大夫排主"的常见说法也存在差异①。究其原因，大概还是与其将"山崩—壅河—哭而后流"视为整体性异象的理解方式有关。既然"壅河"的致灾机制是阳气害阴，如果再将"山崩"的致灾机制归于"阴乘阳"，则势必将陷入阴胜阳、阳胜阴的循环推演中。只有将阳气自身失性确定为"山崩"的成因，才能为后续一系列异象的出现建立起因果链条。从刘向所举效验来看，晋厉公"暴杀三卿"的行为本身就是君道崩坏的恶政，而由此引发的栾书弑君以及列国大夫擅政之事则反映了作为臣下的阴气失性之变。刘向此说显示出其《洪范》五行学的精细之处。由此看来，即便董、刘对人事咎由的分析大致相同，但二者说解仍有可能存在重要差异。

此外，坂本具偿还指出，在僖公十六年（前644）"陨石于宋"事中，《汉书·五行志》以"董仲舒、刘向以为"合载二人之说，但其中有"石与金同类，色以白为主，近白祥也"之语②，通读诸书所见董仲舒说，知其从未据《五行传》说灾异，"近白祥"云云显为刘向之言。总之，《汉书·五行志》对于董仲舒、刘向说的整合基于班固个人的

---

① 《开元占经》引《运斗枢》"山崩者，大夫排主，阳毁失基"，又引《考异邮》"山者君之位也，崩毁者，阳失制度，为臣所犯毁"（瞿昙悉达：《开元占经》卷九九《山石冢光占》，第983页）。

② 《汉书》卷二七下之下《五行志》，第1518～1519页。

阅读体验及其史志编纂中的行文习惯,未必能够准确反映两说的异同程度。

(八)《汉书·五行志》以"一曰""或曰"载录时人异说,或系照录自刘向《洪范五行传论》,或系班固自引。

根据刘向《传论》佚文,可知其确有以"一曰"引用异说之例:

> 《洪范五行传》曰:日月之行,则有冬有夏而为寒暑。若南失节,暑过而长,则为寒,退而暑短则为燠。人君急则暑进疾而寒,舒则暑退迟而燠,故曰急,恒燠若。一曰,暑长为潦,暑短为旱。奢者为扶。扶者,邪臣进,正臣疏,君子不足,奸人有余。①

> "听"《传》曰:"不聪之象见,则妖生于耳,以类相动,故曰有鼓妖也。一曰:声属鼓妖。"②

将《汉书·五行志》所引"一曰""或曰"与刘向《传论》佚文相比照,可知其中确有部分出自后者,例如成公十六年(前575)正月"雨,木冰"事,《汉书·五行志》言:

> 刘向以为冰者阴之盛而水滞者也,木者少阳,贵臣卿大夫之象也。此人将有害,则阴气胁木,木先寒,故得雨而冰也。是时叔孙乔如出奔,公子偃诛死。一曰,时晋执季孙行父,又执公,此执辱之异。或曰,今之长老名木冰为"木介"。介者,甲。甲,兵象也。是岁晋有鄢陵之战,楚王伤目而败。属常雨也。③

---

① 瞿昙悉达:《开元占经》卷五《日占一》,第44页;标点未尽从。
② 《南齐书》卷一九《五行志》,第427页;标点未尽从。中华本"听传曰"后引号止于"故曰有鼓妖也",以"一曰"另起引述,今据刘向《传论》体例,知其多以"一曰"引述他说,故"听传曰"后引号应止于"声属鼓妖"。类似情况在《南齐书·五行志》中尚有多处,后文不再赘述。
③ 《汉书》卷二七上《五行志》,第1319~1320页。

第三章 《汉书·五行志》体例覆覈

关于"木冰",《隋书·五行志》引用刘向《传论》:

> 《洪范五行传》曰:阴之盛而凝滞也。木者少阳,贵臣象也。将有害,则阴气胁木,木先寒,故得雨而冰袭之。木冰一名介。介者兵之象也。①

根据这段引文,《汉书》"或曰"所云"木冰"为"介"、兵象之说实见于刘向《传论》。此外,根据刘歆的定性,"雨,木冰"事在《汉书》中被置于"木不曲直"条,但全文最后却出现一句"属常雨也",将其归入"貌之不恭—恒雨之罚",这不仅与其所处类目不合,"貌之不恭"的咎由与前文"或曰"所言兵事之间也缺乏相关性,令人费解。从刘向说解来看,他认为这一灾异的主要咎由在于"阴之盛",也就是贵臣将害君上,故以叔孙乔如乱上及公子偃之事为效验,这与其对"恒雨之罚"的整体分析完全一致:"夫不敬其君,不从其政,则阴气胜,故曰厥罚常雨。"②由此看来,与刘歆将"雨,木冰"定为"水不润下"不同,刘向将其定为"恒雨之罚",文末这句"属常雨也"正是班固对刘向灾异定性的记述,强调其与刘歆之异。因此,"属常雨也"之前的整段材料均应出自刘向《传论》,其中"一曰""或曰"为刘向所引《春秋》家异说,班固整体照录,并以"属常雨也"对刘向说加以总结。

又如《汉书·五行志》"皇之不极—马祸"条:

> 史记秦孝公二十一年有马生人,昭王二十年牡马生子而死。刘向以为皆马祸也。……一曰,诸畜生非其类,子孙必有非其姓者,至于始皇,果吕不韦子。③

《开元占经》亦载"马生人"事,并引刘向《传论》:

---

① 《隋书》卷二二《五行上》,第698页。
② 《汉书》卷二七中之上《五行志》,第1353页。
③ 《汉书》卷二七下之上《五行志》,第1469页。

《洪范五行传》曰：秦孝公二十一年，有马生人。占曰：畜生非其类，子孙必有非其姓者，后始皇盖吕不韦子也。①

此处《占经》所引"占曰"正与《五行志》中"一曰"相合，可知后者亦当录自刘向。

　　当然，《五行志》也有很多"一曰"所涉史事在刘向身后，应为时人之说，不知所出，故班固径以"一曰"引起：

　　成帝河平元年二月庚子，泰山山桑谷有蘖焚其巢。……一曰，王莽贪虐而任社稷之重，卒成易姓之祸云。②

　　哀帝建平中，豫章有男子化为女子，嫁为人妇，生一子。……一曰，嫁为人妇生一子，将复一世乃绝。③

此外，有的"一曰"所引虽未必在刘向身后，但似为汉世流行经说，故也可能出于班固自引，例如成公三年"二月甲子，新宫灾"的说解部分出现两个"一曰"，其编排次序值得注意：

　　穀梁以为宣宫，不言谥，恭也。刘向以为时鲁三桓子孙始执国政，宣公欲诛之，恐不能，使大夫公孙归父如晋谋。未反，宣公死。三家谮归父于成公。成公父丧未葬，听谗而逐其父之臣，使奔齐，故天灾宣宫，明不用父命之象也。一曰，三家亲而亡礼，犹宣公杀子赤而立。亡礼而亲，天灾宣庙，欲示去三家也。董仲舒以为成居丧亡哀戚心，数兴兵战伐，故天灾其父庙，示失子道，不能奉宗庙也。一曰，宣杀君而立，不当列于群祖也。④

前一处"一曰"在"刘向以为"和"董仲舒以为"之间，后一处"一曰"

---

① 瞿昙悉达：《开元占经》卷一一八《兽占》，第1122页。
② 《汉书》卷二七中之下《五行志》，第1416页。
③ 《汉书》卷二七下之上《五行志》，第1472~1473页。
④ 《汉书》卷二七上《五行志》，第1324页。

在"董仲舒以为"之后。依照《五行志》体例,其征引诸说一般先引具名者,如董仲舒、刘向、刘歆等,再引不具名者,以"一曰"领起,但这里前一处"一曰"位于两个具名者之间,稍显不次。笔者认为,造成这一现象的原因是,此"一曰"乃刘向《传论》所引,故班固一并照录。至于后一处"一曰",其与"刘向以为"之间尚隔董仲舒说,显非《传论》所录,而对照两汉《春秋》学说,我们发现其与何休《解诂》颇存关联:

> 此象宣公篡立,当诛绝,不宜列昭穆。成公幼少,臣威大,重结怨强齐,将不得久承宗庙之应。[①]

关于宣宫灾,刘向、董仲舒皆以为咎在成公,前一"一曰"以为咎在三家,唯后一"一曰"以为咎在宣公。何休认为此事咎在宣公篡立、成公结怨强齐,似是融会诸说而成,可知后一"一曰"在汉代颇有流传,故先后为班固、何休所用。

整体而言,《五行志》以"一曰""或曰"引述者甚多,除涉及刘向身后事的部分以外,多数似与"刘向以为"所引关系密切,当视为刘向《传论》引文的一部分;而有些"一曰"与"刘向以为"之间穿插"董仲舒以为""刘歆以为"等具名引文,则应视为班固自引者。具体情况比较复杂,需逐一辨析。

三、《汉书·五行志》体例失严之例

以上我们初步梳理了《汉书·五行志》的基本体例,但关于其体例问题的讨论显然还未完满,例如,缪凤林曾提出"凡一事而诸

[①] 《春秋公羊传注疏》卷一七,《十三经注疏》,第 4974 页下栏 b。

家为说不同则数说并著以列在前者为正说"①,今观《五行志》著录诸家异说之序,或以董先,或以向先,或以歆先,唯从不以"一曰"者为先,但是否即能推定有所谓"正说"之例,似尚难论定,故不妨存疑。值得注意的是,《五行志》所载灾异事例有完全不合体例者,亦有衍文、重见之处,这里略举四例。

其一见于"视之不明—草妖"条:

> 僖公三十三年"十二月,李梅实"。刘向以为周十二月,今十月也,李梅当剥落,今反华实,近草妖也。先华而后实,不书华,举重者也。阴成阳事,象臣颛君作威福。一曰,冬当杀,反生,象骄臣当诛,不行其罚也。故冬华者,象臣邪谋有端而不成,至于实,则成矣。是时僖公死,公子遂颛权,文公不寤,后有子赤之变。一曰,君舒缓甚,奥气不臧,则华实复生。董仲舒以为李梅实,臣下强也。记曰:"不当华而华,易大夫;不当实而实,易相室。"冬,水王,木相,故象大臣。<u>刘歆以为庶征皆以虫为孽,思心蠃虫孽也。</u>李梅实,属草妖。②

此条所论为李、梅反季结果之事,各家所说不同。依《五行志》体例,先引刘向说,认为属"视之不明—草妖";复引董仲舒说,认为是臣下专擅之象;最后引刘歆说,认为亦"属草妖"。但是,在"刘歆以为"之下,出现了"庶征皆以虫为孽,思心蠃虫孽也"一句,其所论问题是"思心之不睿"应与何"孽"相对应,而该问题与这里的上下文之间显然无关,刘歆对于诸妖的认定与刘向完全相同,其所谓"草妖"也属于"视之不明",与"思心蠃虫孽"毫无关系。因此,"庶征"云云显为错简之文,依笔者管见,此句当置于"思心之不睿"部分,

---

① 缪凤林:《汉书五行志凡例》,中国史学会编《史学杂志》第1卷第2期(1929.5),第3页。
② 《汉书》卷二七中之下《五行志》,第1412页。

第三章 《汉书·五行志》体例覆覈

刘向所据本《五行传》认为"思心"对应"华孽",以花为象,这与"龟孽""介虫之孽""蠃虫之孽""鱼孽""龙蛇之孽"等皆以"虫"为象颇不相合,故刘歆以为当据别本,以"思心"之失所致为"蠃虫之孽"。

其二,"貌之不恭—青祥"条载昭帝时鼠异:

> 昭帝元凤元年九月,燕有黄鼠衔其尾舞王宫端门中,王往视之,鼠舞如故。王使吏以酒脯祠,鼠舞不休,一日一夜死。近黄祥,时燕刺王旦谋反将死之象也。其月,发觉伏辜。京房《易传》曰:"诛不原情,厥妖鼠舞门。"①

然此事又见于"思心之不容—黄祥":

> 昭帝元凤元年九月,燕有黄鼠衔其尾舞王宫端门中,往视之,鼠舞如故。王使夫人以酒脯祠,鼠舞不休,夜死。黄祥也。时燕刺王旦谋反将败,死亡象也。其月,发觉伏辜。京房《易传》曰:"诛不原情,厥妖鼠舞门。"②

一事前后重见,且说解几乎完全相同,显然是体例有失。具体来看,此既为"黄鼠"之异,且定为"黄祥",自应列于"思心之不容—黄祥",其见于"青祥"者当为失次。不过,如果注意到"青祥"条的编纂体例,则这一重见似乎也可以理解。"青祥"条首列《春秋》成公七年(前584)"正月,鼷鼠食郊牛角"事,刘向以为"近青祥,亦牛祸也"③。所谓"牛祸",自然是指郊牛,则"青祥"显然应就鼷鼠而言。鼠于五虫属毛虫,但刘向所据本《五行传》并无"毛虫之孽",故其参照羽虫之例,据毛色为其定性,类似做法亦见于庄公十七年(前677)"冬,多麋","刘向以为麋色青,近青祥也"④。不过,鼠有青、

---

① 《汉书》卷二七中之上《五行志》,第1374页。
② 《汉书》卷二七下之上《五行志》,第1449页。
③ 《汉书》卷二七中之上《五行志》,第1372页。
④ 《汉书》卷二七中之上《五行志》,第1396页。

灰、白、黄等各种毛色，刘向径将其定为"青祥"，实在是将《春秋》灾异纳入《洪范》五行学体系时不得已采取的权宜之计。基于同类相从的原则，刘向又将定公十五年（前495）、哀公元年（前494）两次"鼷鼠食郊牛"列于此事之后，由此在"青祥"条形成了一个专载"鼠异"的子类。班固在刘向《传论》基础上补充昭帝、成帝时期两次鼠异，也就将其附列于"青祥"条中；但昭帝年间的这次鼠异被明确记载为"黄鼠"，故班固又将其移入"黄祥"条，但"青祥"条中已录者疏于删裁，遂导致一事前后重见之失。

其三，"言之不从—白祥"条载昭公二十四年（前518）王子瑕湛圭变石、昭帝元凤三年（前78）泰山"大石自立"二事。前文已言，刘向将石异定为"白祥"，而刘歆将其定为"金不从革"，按照全志体例，在这种情况下，班固应循刘歆分类法将所有石异归入"金不从革"条。今查《五行志》，其"金不从革"条确实载有昭公八年（前534）"石言于晋"和成帝鸿嘉三年（前18）五月"天水冀南山大石鸣"两件石异。前举二事所言石异的具体形态虽然与"石言""石鸣"有所不同，但无疑均为石异，自应归为一类，不应复据刘向分类法列入"白祥"之中。

其四，见于"皇之不极—日月乱行"条：

> 十七年"六月甲戌朔，日有食之"。董仲舒以为……刘歆以为鲁、赵分。《左氏传》平子曰……说曰：正月谓周六月，夏四月，正阳纯乾之月也。慝谓阴爻也，冬至阳爻起初，故曰复。至建巳之月为纯乾，亡阴爻，而阴侵阳，为灾重，故伐鼓用币，责阴之礼。降物，素服也。不举，去乐也。避移时，避正堂，须时移灾复也。啬夫，掌币吏。庶人，其徒役也。刘歆以为，六月二日鲁、赵分。①

---

① 《汉书》卷二七下之下《五行志》，第1495~1496页。

此条论昭公十七年（前525）六月朔日食，先引董说，复以"刘歆以为"引其分野说，继引《左传》季平子与太史关于救日食之术的不同意见，并附刘歆说解，至"庶人，其徒役也"文意已足。然而，其后志文再次以"刘歆以为"引述其食日、分野说，显然与前文有所重复，与全志体例亦不相合，当系班固刊削未周所致。

总之，由于《汉书·五行志》载录刘向、刘歆和班固三人不同的《洪范》五行说，尤其是三者对《五行传》文本结构的理解存在诸多差异，因此，志文体例难免繁复，甚至出现叠床架屋、舛谬失次之例。我们在研读中应以《五行志》自身体例为经，以刘向、歆《传论》体例为纬，实事求是，不避繁乱，方可把握这篇兼具经传与史志性质的珍贵文献。

下 编
汉代《洪范》五行学史

第四章 《洪范五行传》的形成

《洪范》五行学之所以在汉代取得持续的影响力,固然有赖于夏侯始昌、刘向、刘歆、班固、郑玄等硕儒的不断推演、阐释,但这一切的基础无疑是《洪范五行传》。这篇传文虽然篇幅不大,但在传统儒家经典的基础上,广泛融会战国以来流行的阴阳、五行、月令、星占等新兴数术知识,在实际占验中具有一定的可操作性,在理论层面更留下丰富的阐释空间。20世纪90年代以来,随着汉代经学史、知识史研究的深入,学者围绕《五行传》的学理源流、思想倾向与政治影响等问题展开持续探讨[1],传文在数术和儒学之间呈现的张力成为关注的重点。不过,作为一篇作者尚不清晰、成篇过程隐晦、原本又已散佚的文献,研究者只能依靠大量碎片化的二手文献推测其旨意,相关研究显然难以完美。就笔者管见,当前研究或有

---

[1] 代表性成果可参:冯浩菲:《〈洪范五行传〉的学术特点及其影响——兼论研究天人感应说之不能忽略伏生》,《中国文化研究》1997年夏之卷,第37~41页;[日]島邦男:《五行思想と禮記月令の研究》,第92页;徐兴无:《经典阐发与术数政治——〈洪范五行传〉考论》,《古典文献研究》第15辑(2012),第28~62页;陈侃理:《儒学、术数与政治:灾异的政治文化史》,第74~75页。

两方面尚可推进。首先,部分研究所据文献存在误辑或时代断限上的问题。島邦男根据黄佐《六艺流别》所引《五行传》"五时月令"说与秦汉时令文献的互见关系,将《五行传》纳入秦汉月令体系之内,李学勤也注意到这段传文所言"四极"与子弹库楚帛书"四木"之间的相关性①;但陈寿祺已对黄佐引文的可靠性提出质疑,内野熊一郎、程元敏、陈侃理等进一步考定《六艺流别》所见《五行传》系元明晚出伪书,島氏立论的基础遂受到动摇。又如《春秋繁露·五行顺逆》与《五行传》"五行"部分存在互见关系,不少学者根据隋唐以来史志目录题名,以《五行顺逆》为董仲舒本人所作,并将其视为《五行传》的文献来源与思想基础②。然而,随着庆松光雄、田中麻纱巳、齋木哲郎、戴君仁、徐复观、Sarah A. Queen(桂思卓)、Michael Loewe(鲁惟一)等从正、反两个立场展开的持续研究,《五行顺逆》《五行五事》等在思想上与包括《五行相生》《五行相胜》在内的其他《繁露》各篇,以及见于《汉书》的董仲舒对策、经说间的矛盾与割裂已经得到充分揭示,《五行顺逆》基本可以确认是后学以董氏五行生胜说为基础,大量援据刘向《传论》编纂而成③,因此,将其视为汉初五行灾异说的相关研究也就有重新审视的必要。

另一方面,关于《五行传》的思想史背景,传统研究多关注《管子》《吕氏春秋》《淮南子》《淮南子》《礼记》等经传、诸子文献中与四时、月令相关的篇目,这些论述在五行宜忌体系上一脉相承而渐趋精密,将《五行传》置于这一背景下,除了"六沴—五行"的灾应体系

---

① 李学勤已经指出:"清代辑注《尚书大传》的学者虽多收录这段,但多有怀疑,这里姑且存而不论。"(李学勤:《简帛佚籍与学术史》,南昌:江西教育出版社2001年版,第52页)

② 陈侃理:《〈洪范五行传〉与〈洪范〉灾异论》,《国学研究》第26卷(2010),第89~112页;任蜜林:《〈洪范五行传〉新论》,《河北师范大学学报》2020年第5期,第90页;张书豪:《西汉灾异思想的基础研究——关于〈洪范五行传〉性质、文献、作者的综合讨论》,《台大中文学报》第43期(2013),第21~25页。

③ 可参程苏东《〈春秋繁露〉"五行"诸篇形成过程新证》,《史学月刊》2016年第7期,第27~40页。

具有独特性以外，其在儒学方面的推进似乎显得无足称道。但是，随着大量战国秦汉阴阳、五行、时令、星占文献的出土，我们逐渐了解到，这一时期阴阳五行学说的驳杂程度远超我们的想象①，在更为广阔的视域下，不仅《五行传》中部分稀见的宜忌、灾祥可以找到其数术依据，而且传文在儒学与数术之间的取舍抉择也可以得到更有力的凸显。

整体上说，目前学界对《五行传》思想的研究仍以外部研究为主，通过其灾异发生机制探讨文本思想特点的内部研究尚显不足。传文如何将《洪范》"五行""五事""庶征""五福六极"整合成一个互相对应的体系？又如何以此为基础援纳数术知识？《五行传》与战国秦汉广泛流行的月令学说之间有何异同？其思想核心是什么？本章将以战国秦汉阴阳、五行、时令文献为背景，通过对传文灾异形成机制的分析，对上述问题作出探讨。

一、作为"经传"的《洪范五行传》

就目前所知，《五行传》所涉灾异知识主要有两大来源：其一是《洪范》"五行""五事""皇极""庶征""五福六极"诸畴，传文通过对相关经文的采择与改造，构成"六沴"部分所言咎由、罚极与"五行"部分所言灾异；其二是战国以来流行的时令类文献，传文撷取其中部分宜忌，构成"六沴"部分妖、孽、祸、痾、眚、祥等各种灾异，以及"五行"部分所列咎由。此外，传文"共御"之术部分提到乔忿、讫众等一系列术语，应有所据，只是目前尚不清楚。

《洪范》九畴在形式上各自独立，主题各有侧重，其"五行""五

---

① 可参李零《从占卜方法的数字化看阴阳五行说的起源》，《中国方术续考》，北京：东方出版社2001年版，第85~88页。

事""五纪""五福"虽均取"五"为数,但相互之间未必存在系统性对应关系,倒是"五事"与"庶征"两畴之间的相关性颇为明确:

> 五事:一曰貌,二曰言,三曰视,四曰听,五曰思。貌曰恭,言曰从,视曰明,听曰聪,思曰睿。恭作肃,从作乂,明作晢,聪作谋,睿作圣。
>
> 庶征:曰雨,曰旸,曰燠,曰寒,曰风。曰时五者来备,各以其叙,庶草蕃庑。一极备,凶;一极无,凶。曰休征:曰肃,时雨若;曰乂,时旸若;曰晢,时燠若;曰谋,时寒若;曰圣,时风若。曰咎征:曰狂,恒雨若;曰僭,恒旸若;曰豫,恒燠若;曰急,恒寒若;曰蒙,恒风若。①

"五事"所言五德与"庶征"中可致休征的五种善政完全相合,若就此将两畴所列诸事全部纳入,即可得到如下对应关系:

表 4-1

五事	貌	言	视	听	思
五事之宜	恭	从	明	聪	睿
五事之德	肃	乂	晢	谋	圣
善政	肃	乂	晢	谋	圣
休征	时雨若	时旸若	时燠若	时寒若	时风若
恶政	狂	僭	豫	急	蒙
咎征	恒雨若	恒旸若	恒燠若	恒寒若	恒风若

《五行传》正是以此为基础,建构起"五事"失宜的初步咎由与效验:

---

① 《尚书正义》卷一二《洪范》,《十三经注疏》,第 400 页上栏 b;407 页下栏 b。

第四章 《洪范五行传》的形成

表 4-2

咎由	貌之不恭	言之不从	视之不明	听之不聪	思心之不容
失德	是谓不肃	是谓不乂	是谓不悊	是谓不谋	是谓不圣
厥咎	狂	僭	舒	急	霿
厥罚	恒雨	恒旸	恒燠	恒寒	恒风

对比两表,《洪范》作"思""睿""哲""豫""蒙"者,《五行志》作"思心""容""悊""舒""霿",一般认为这反映了今古文《尚书》之间的异文。由此看来,尽管《五行传》最终建构起相对独立的占验体系,其旨趣也与本经相去甚远,但这一核心结构仍使其至少在形式上保有儒家"经传"的身份,对其在汉代士人群体中的稳定流传具有重要意义。

除了"庶征"部分外,《五行传》还将《洪范》中一些原本并不具有灾异学色彩的说法纳入灾应体系中,其中最重要的就是第九畴"向用五福,威用六极"。经文于"皇极"畴言"敛时五福,用敷锡厥庶民""而康而色,曰:'予攸好德。'汝则锡之福",于"三德"畴又言"惟辟作福,惟辟作威",可知"五福六极"本为人君所示威福:

> 五福:一曰寿,二曰富,三曰康宁,四曰攸好德,五曰考终命。六极:一曰凶短折,二曰疾,三曰忧,四曰贫,五曰恶,六曰弱。①

至于《五行传》则整合"庶征"与"五福六极"两畴,将后者作为上天对人君改过与否的最终赏罚:"若是共御……五福乃降","若不共御,六伐既侵,六极其下"。② 不过,传文并未就"五福"与"五事"的对应关系做出任何说明,反倒是"六极"作为终极祸殃被反复提及,

---

① 《尚书正义》卷一二《洪范》,《十三经注疏》,第 398 页下栏 a、第 404 页上栏 a、第 408 页下栏 b～409 页上栏 a。
② 朱熹著、黄榦编:《仪礼经传通解正续编》,第 2255 页上栏 a。

彰显出儒家灾异学著作的批判性立场。不过,"六极"与"五事"在数理上缺乏一致性,传文遂取经文"皇极"之名以补"五事"之不足,并生造"恒阴"作为"皇之不极"所致之"罚",《洪范》"五事"由此被改造为《五行传》"六沴"。王爱和认为传文之所以将"皇极"纳入"六事",意在强调"大一统"的政治理念,显示出帝国肇建时期儒生的政治理想①。这种解释固然可以成立,但秦汉以来流行的五行说中本有"贵土"之义,即以"土"为君,以金、木、水、火为臣,表现在四时对应关系中,则有"土王四时"之说。《五行传》于貌、言、视、听均以两行互沴,至"思心之不容"独言"金木水火沴土",显见援用"贵土"说。基于这一结构,同样可以演绎出"大一统"尊尊之说,非必得"皇极"始见其义。因此,我们认为,传文之所以纳入"皇极",首先还是为了照应所谓"六极"之说。其实苏轼对此早有论断:"夫五行之相沴,本不至于六。六沴者,起于诸儒欲以六极分配五行,于是始以皇极附益而为六。夫皇极者,五事皆得;不极者,五事皆失。非所以与五事并列而别为一者也。是故有眊而又有蒙,有极而无福,曰五福皆应,此亦自知其疏也。"②《五行传》以"皇极"附赘"五事"之后,不仅有叠床架屋之嫌,而且使得整个《五行传》在处理"五行"与"六沴"之间的关系时变得颇为尴尬。

不过,在"六事"与"六极"的具体对应关系上,《五行传》还是颇费思量,努力赋予其更多的合理性。由于《洪范》"六极"与"五事"本无对应关系,故传文可以按照自身理解来建构二者的关联:

---

① 王爱和:《中国古代宇宙观与政治文化》,第192页。
② (宋)苏轼:《御试制科策一道》,(明)茅维编《苏轼文集》卷九《策》,北京:中华书局1986年版,第296页。

第四章 《洪范五行传》的形成

表 4-3

《洪范》六极	一曰凶短折	二曰疾	三曰忧	四曰贫	五曰恶	六曰弱
《五行传》六极	貌之不恭	言之不从	视之不明	听之不聪	思心之不容	皇之不极
	厥极恶	厥极忧	厥极疾	厥极贫	厥极凶短折	厥极弱

除"贫""弱"两极以外，传文其余四"极"均未遵《洪范》之次，其中意指夭亡的"凶短折"改为对应"思心"，似乎体现出五行贵土的观念，与传文的整体思路保持一致。

当然，作为一篇经传，如果不能将首畴"五行"纳入，传文在结构上似乎始终缺乏完整性。因此，《五行传》根据《洪范》"水曰润下，火曰炎上，木曰曲直，金曰从革，土爰稼穑"之说，建立起"木不曲直""火不炎上""土无稼穑""金不从革""水不润下"等五种灾异，在"六沴"体系之外建立起又一组相对独立的灾应体系。从行文次序来看[①]，传文并未遵循《洪范》"五行"之次，而是代之以战国以来流行的五行相生说，显示出《五行传》所言"五行"已是战国以来充分抽象化的数术概念。

另一方面，传文还提出"五行"之间的互沴关系，并将其作为"五事"之失所致灾异的发生机制，从而将"五事"明确与"五行"勾连起来。为便于论述，不妨将前表所列"六罚""六极"一并表列如下：

表 4-4

五事之失	貌之不恭	言之不从	视之不明	听之不聪	思心之不容
厥咎	狂	僭	舒	急	霿
罚	恒雨	恒旸	恒燠	恒寒	恒风
极	恶	忧	疾	贫	凶短折
五行互沴	金沴木	木沴金	水沴火	火沴水	金木水火沴土

---

① 关于《五行传》行文次序的考证，可参本书第一章第二节。

"沴"有侵害之义,故表中受沴者应为"五事"所主之行。我们注意到,传文虽主五行相生说,但在论及五行互沴关系时,却没有采用与之对应的五行相胜说,而是基于五行相生说和贵土说所呈现的空间结构,建立起相对两行之间的互沴关系:

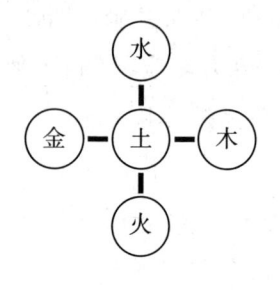

```
        水
        │
  金 ── 土 ── 木
        │
        火
```

图 4-1

仅就五行学层面而言,传文这一设定无可厚非。不过,如果从整个"六沴"灾应体系的框架来看,《洪范》所言"咎征"依次为恒雨、恒旸、恒燠、恒寒,其中恒阳一般出现于夏天,恒寒一般出现于冬天,恒燠出现于秋冬,大致反映出四时物候灾害的特点。基于"五事"与"五行"的对应关系,"言"对应"金",主秋,少阴,以"恒旸"为咎征尚且说得过去,但"视"对应"火",主夏,太阳,其以"恒燠"为咎征就显得令人费解了。如果传文取五行相胜为说,将貌、言、视、听分别对应于木、火、金、水,使恒雨、恒旸、恒燠、恒寒分别对应春、夏、秋、冬,则《五行传》"五事"与"五行"之间的对应关系也许会显得更加合理。当然,这是基于后世逐渐主流化的阴阳、四时观念而言,对《五行传》而言多少有些苛求了。

除了灾应体系,《五行传》在数术色彩最为浓厚的"共御"之术部分对经文也有所采择。"庶征"畴论及王、卿士、师尹以及庶民对休、咎二征的影响:

曰王省惟岁,卿士惟月,师尹惟日。岁、月、日、时无易,百谷用成，乂用明，俊民用章，家用平康。日、月、岁、时既易，百谷用不成，乂用昏不明，俊民用微，家用不宁。庶民惟星。星有好风，星有好雨。日月之行，则有冬有夏。月之从星，则以风雨。①

岁、月、日、星辰本就是经文"五纪"所言历数天时的单位和依据，而王、卿士、庶民则是"稽疑"部分人君决疑的三大社会依据。"庶征"以岁、月、日分别对应王、卿士、师尹，强调三者对于天时及生民日用的影响；又以庶民对应星辰，主风雨平顺，四者共同影响岁时物候，是《洪范》中又一具有灾异学色彩的天人架构。《五行传》借用这一架构，同时做出调整：

> 凡六沴之作，岁之朝、月之朝、日之朝，则后王受之。岁之中，月之中，日之中，则公卿受之。岁之夕，月之夕，日之夕，则庶民受之。②

传文将"卿士"与"师尹"整合为"公卿"，同时打破岁、月、日与不同等级贵族的一一对应关系，以岁、月、日之朝、中、夕分别对应后王、公卿、庶民。这一思路与"稽疑"部分以王、卿士、庶民三者并列的做法相一致，从理论上强化了庶民对于国家政治的影响力。

可以说，《五行传》最大限度地发掘了《洪范》的灾异学资源，在"五事"与"庶征"两畴的基础上，将"五行""五纪""皇极""三德""稽疑""五福六极"各畴中的相关概念和观念加以整合，由此建立的灾应体系构成《五行传》的基础框架，赋予其不可磨灭的经学底色。

二、时令类文献视域中的《洪范五行传》

除了《洪范》本经以外，《五行传》的另一重要知识来源是时令

---

① 《尚书正义》卷一二《洪范》，《十三经注疏》，第407页下栏b~408页上栏b。
② 朱熹著、黄榦编：《仪礼经传通解正续编》，第2258页上栏a。

类文献。李零将战国以来的选择类古书分为"时令类"与"日书类"两大类①,其中时令类文献以《管子·幼官》《管子·四时》《管子·五行》《吕氏春秋·十二纪》《淮南子·天文》《淮南子·时则》《礼记·月令》等为代表,在出土文献中则包括《银雀山汉简·禁》《银雀山汉简·三十时》《银雀山汉简·迎四时》《银雀山汉简·四时令》《银雀山汉简·不时之应》《北大藏西汉竹书·节》等,它们在《夏小正》等农政月令的基础上以阴阳、五行等数术学说作为理论基础,大量扩充其所涉内容,举凡用数、车驾、旌旗、武备、音律、乐舞、宫室、牲畜、饮食、稼穑、设官、封国、赋税、郊祀等国家刑赏诸事,均被纳入其中,结构整齐,匹配精细,施政者一旦违背时令,就会招致各种物候灾变。就时令的划分而言,或以"月"为单位,或以"时"为单位,有的分为四时,有的分为五时,甚至三十时。《淮南子·天文》中还有一种基于太岁的"岁历占"②,由于木星运行以约12年为一周期,故古人将其作为纪岁单元,谓之岁星,又想象出与之对应的太岁,亦称太阴、岁阴。"岁历占"以12年为一个占卜单元,又根据木、火、金、水将其分为四部分,由此判断各年饥穰水旱。这种占法虽以年为单位,但其理论和结构仍基于"四时"和"五行",可以视为时令类文献的一种特殊形态。

《五行传》大量利用了战国以来时令类文献中的岁时禁忌,这在"五行失性"部分显得尤其明晰:

---

① 李零:《读几种出土发现的选择类古书》,《中国方术续考》,第 324、338 页。
② 何宁:《淮南子集释》卷三《天文训》,第 287～289 页。

第四章 《洪范五行传》的形成　147

表 4-5

	《洪范五行传》	战国秦汉时令类文献
木	田猎不宿,饮食不享,出入不节,夺民农时,及有奸谋。	是月也,天气下降,地气上腾,天地和同,草木萌动。王命布农事……田事既饬,先定准直,农乃不惑。①(《礼记·月令·孟春》) 田猎、罝罘、罗网、毕翳、餧兽之药毋出九门。②(《礼记·月令·季春》) 人君好驰骋田猎,则野草□,田畴秽,国多冲风,折树木,坏大墙。③(银雀山汉简《人君不善之应》)
火	弃法律,逐功臣,杀太子,以妾以妻。	断薄刑,决小罪,出轻系。④(《礼记·月令·孟夏》) 毋断大木,诛大臣,毋斩大山,毋戮大衍。⑤(《管子·轻重己·夏禁》) 审断决狱,讼必端平。戮有罪,严断刑。天地始肃,不可以赢。⑥(《礼记·月令·孟秋》) 乃命有司,申严百刑,斩杀必当,毋或枉桡,枉桡不当,反受其殃。⑦(《礼记·月令·仲秋》)
土	治宫室,饰台榭,内淫乱,犯亲戚,侮父兄。	桓公曰:"何谓籍于时?"管子曰:"阳春农事方作,令民毋得筑垣墙,毋得缮冢墓。丈夫毋得治宫室,毋得立台榭。……"⑧(《管子·地数·轻重十》) 土行御。天子修宫室,筑台榭,君危。⑨(《管子·五行》)

---

① 《礼记正义》卷一四《月令》,《十三经注疏》,第 2937 页上栏 b~下栏 a。
② 《礼记正义》卷一五《月令》,《十三经注疏》,第 2952 页下栏 a。
③ 银雀山汉墓竹简整理小组编:《银雀山汉墓竹简(贰)》,第 229 页。
④ 《礼记正义》卷一五《月令》,《十三经注疏》,第 2956 页下栏 a。
⑤ 黎翔凤:《管子校注》卷二四《轻重己》,第 1533 页。
⑥ 《礼记正义》卷一六《月令》,《十三经注疏》,第 2973 页上栏 a。
⑦ 《礼记正义》卷一六《月令》,《十三经注疏》,第 2974 页上栏 b。
⑧ 黎翔凤:《管子校注》卷二三《地数》,第 1364 页。
⑨ 黎翔凤:《管子校注》卷一四《五行》,第 880 页。

续表

	《洪范五行传》	战国秦汉时令类文献
金	好战攻,轻百姓,饰城郭,侵边境。	赏军帅武人于朝。天子乃命将帅选士厉兵,简练桀俊,专任有功,以征不义,诘诛暴慢,以明好恶,顺彼远方。①(《礼记·月令·孟秋》) 固封疆,备边竟。②(《礼记·月令·孟冬》) 庚子受制,则缮墙垣,修城郭。③(《淮南子·天文》) 是月也……修宫室,坏墙垣,补城郭。④(《礼记·月令·孟秋》) 十月朔日,天子出令,命北辅入御,令曰:缮甲厉兵,合计为伍,修封四疆。⑤(银雀山汉简《四时令》)
水	简宗庙,不祷祠,废祭祀,逆天时。	是月也,大饮烝。天子乃祈来年于天宗,大割祠于公社及门闾,腊先祖五祀。⑥(《礼记·月令·孟冬》) 是月也,命太卜祷祠。⑦(《吕氏春秋·孟冬纪》) 天子乃与公卿大夫,共饬国典,论时令,以待来岁之宜。⑧(《礼记·月令·季冬》) 北方水,其帝颛顼,其丞玄冥,其神上为辰星。主正四时。⑨(马王堆帛书《五星占》)

从上表可见,无论是描述灾应的话语体系,还是具体的咎由,传文"五行"失性部分的论述大多取材于时令类文献。特别是从结

---

① 《礼记正义》卷一六《月令》,《十三经注疏》,第2972页下栏b。
② 《礼记正义》卷一七《月令》,《十三经注疏》,第2991页下栏a。
③ 何宁:《淮南子集释》卷三《天文训》,第227页。
④ 《礼记正义》卷一六《月令》,《十三经注疏》,第2973页上栏a。
⑤ 银雀山汉墓竹简整理小组编:《银雀山汉墓竹简(贰)》,第225页。
⑥ 《礼记正义》卷一七《月令》,《十三经注疏》,第2992页上栏b~下栏a。
⑦ 许维遹集释:《吕氏春秋集释》,北京:中华书局2009年版,第217页。
⑧ 《礼记正义》卷一七《月令》,《十三经注疏》,第2997页下栏a。
⑨ 裘锡圭主编:《长沙马王堆汉墓简帛集成》(肆),第230页。

构上看,传文虽然没有直接使用"四时"这一概念体系,但其所论施政宜忌显然根植于时令文献的内在逻辑,例如"木不曲直"条,有"田猎不宿""夺民农时",与时令文献中春政之忌相类,"稼穑不成"条"治宫室,饰台榭"二事与土王之时禁忌相类;"金不从革"条"好战攻""侵边境"与秋政之忌相类,"水不润下"条"不祷祠""逆天时"等与冬政之忌相类,特别是火、水二行,若不以时令文献作为参照,很难理解"火"与"法律"、"水"与祷祭、天时之间有何关联。

三、归本阴阳:战国秦汉五行、时令文献的基本特点

《汉书》称刘向"见《尚书·洪范》,箕子为武王陈五行、阴阳休咎之应"①,称李寻"独好《洪范》灾异,又学天文、月令、阴阳"②,可见《五行传》的阐释和传习确实有赖于阴阳、月令等数术知识的掌握。不过,与一般的五行学文献相比,《五行传》与"阴阳"之间存在复杂的依违关系。传文虽在多个层面涉及阴阳观念,有些禁忌本身就根植于战国以来的阴阳学说,但又在部分论述中表现出对于阴阳观念的刻意回避,在战国秦汉"阴阳""五行"渐趋合流的整体思潮中显得别具一格。因此,《五行传》中阴阳观念的伏见是我们理解其理论特色的重要切入点,而在讨论这一问题之前,有必要对战国秦汉时期"阴阳""五行"观念的发展过程略作梳理。

根据目前学界对于"阴阳""五行"两者之间关系的认识,它们在形成初期并无内在联系③。"阴阳"最初是对光照晦暗差异的一

---

① 《汉书》卷三六《楚元王传》,第1950页。
② 《汉书》卷七五《眭两夏侯京翼李传》,第3179页。
③ 可参白奚《中国古代阴阳与五行说的合流——〈管子〉阴阳五行思想新探》,《中国社会科学》1997年第5期,第24~25页。

种描述,后来抽象为对构成宇宙的基本物质——"气"的二元化区分。至于《尚书·洪范》所言"五行",则代表了另一种宇宙认知模式——以多元化的水、火、木、金、土作为构成宇宙的基本物质,其所宗之数"五"或源自商人的"亚形世界观"[1]。二者无论在数理层面,还是对于宇宙构成基本物质的认知,都存在系统性差异[2]。

庞朴指出,大概到春秋时期,"五行"已经逐步由五种具体的物质抽象为具有统摄性的物质"属性"[3],例如在《左传·昭公二十九年》蔡墨对魏献子的答辞中提出:"故有五行之官,是谓五官……木正曰句芒,火正曰祝融,金正曰蓐收,水正曰玄冥,土正曰后土。龙,水物也。水官弃矣,故龙不生得。"[4]无论是五行的神格化,还是以"龙"为"水物",均显示此时"五行"已经具有类型化的属性,不过,当蔡墨进而论及"五官"之神的形成过程时,他以五官先后出自少皞、颛顼、共工三氏,且为六人所分守,这种结构上的粗疏显示出此时的"五行说"尚未达到充分系统化的水平,其与"阴阳"似乎也未发生关联。

不过,《左传·昭公九年》郑人神灶已有"火,水妃"之说[5],昭公十七年梓慎更言"水,火之牡"[6],可知至晚到春秋后期,五行说已逐渐与阴阳观念发生关联。在《左传·哀公九年》赵鞅"卜救郑"的过程中,其所得兆象为"遇水适火",而史龟称此兆为"沈阳"[7],即以水

---

[1] 张光直:《说殷代的"亚形"》,《中国青铜时代》,北京:生活·读书·新知三联书店2013年版,第323~325页;[英]艾兰:《"亚"形与殷人的宇宙观》,《中国文化》1991年第4期,第40页;赵林:《殷契释亲——论商代的亲属称谓及亲属组织制度》,上海:上海古籍出版社2011年版,第376页。
[2] 李零:《从占卜方法的数字化看阴阳五行说的起源》,《中国方术续考》,第89页。
[3] 庞朴:《阴阳五行探源》,《中国社会科学》1984年第3期,第75~98页。
[4] 《春秋左传正义》卷五三,《十三经注疏》,第4611页上栏b~4612页上栏a。
[5] 《春秋左传正义》卷四五,《十三经注疏》,第4467页下栏b。
[6] 《春秋左传正义》卷四八,《十三经注疏》,第4527页上栏a。
[7] 《春秋左传正义》卷五八,《十三经注疏》,第4702页上栏a。

第四章 《洪范五行传》的形成

为阴,以火为阳,由于水胜火,故阳沉于阴下,主阴者吉而主阳者凶。杜预注云"兵,阴类也",故史龟言"可以兴兵"。在史龟的占法中,卜者首先需要明确五行的阴阳属性,再结合五行的生胜关系来实现对于吉凶的占验,这里"水"行与"兵"之间的逻辑关系是通过"沈阳"这一阴阳学原理得以勾连的,整个占法虽以五行为基础,但阴阳在占测过程中却扮演了关键的角色。

这种依托于"五行"学说,同时援引阴阳理论的占术在星占文献中也有体现。马王堆帛书《五星占》以五行说为基本框架,但其"金星占"在论及战争胜负的判定时,将一个月分为阳、中、阴三旬,又依据列国南北相对位置分别赋予其阴、阳属性,如此则时、空属性相合者为利,相犯者为伤。显然,"阴阳"在这一占法中也具有关键意义。可以说,从春秋末期至汉初,"阴阳"对于"五行"说的影响似有愈加见重之势,至少在传世的战国秦汉五行学文献中,"五行"多扮演支撑文本结构的功能,而"阴阳"往往才是判定吉凶的关键。究其原因,则与战国中后期"五行"说与时令文献的广泛融合有关。

如果相信尚五观念滥觞于商人以己居中而视四方的"亚形"宇宙观,则"五行"说与"五方"的对应关系可谓其题中之意;至于"四方"与"四时"之间的对应关系,在甲骨卜辞"四方风"中也已初步得到揭示[①],因此,以方位为媒介,原本侧重空间属性的"五行"与四时之间也就有了进一步关联的可能。这一点至晚在战国中期《子弹

---

① 杨树达:《甲骨文中之四方风名与神名》,《积微居甲文说》卷下,《杨树达文集》第八册,上海:上海古籍出版社 2006 年版,第 77 页。

库楚帛书·乙篇》对于四时起源的神话式叙述中已有体现[1],而在《四时五行经》《阴阳五行时令》《管子·五行》《吕氏春秋·十二纪》《礼记·月令》《银雀山汉简·禁》《银雀山汉简·曹氏阴阳》《银雀山汉简·三十时》《淮南子·时则训》等战国末期至汉初的阴阳、五行、时令文献中更是普遍出现,显然已成为当时主流的宇宙观念。不过,当"五行"与"四时"发生关联时,如何处理"阴阳""五行"与"四时"三者之间关系的问题就变得十分突出了。岛邦男已经指出,"阴阳"观念是时令文献的理论内核[2]。《系辞》云:"刚柔相摩,八卦相荡,鼓之以雷霆,润之以风雨,日月运行,一寒一暑。"[3]寒暑变易被视为阴阳变化的外在体现,因此在《管子·四时》中遂有这样的概括:"是故阴阳者,天地之大理也。四时者,阴阳之大径也。"[4]可以说,在战国秦汉时令文献中,无论其对于四时宜忌或阴阳属性的具体陈述有何差异,它们的理论基础都是"四时者,阴阳之大径"这一核心观念,由于"阴阳"在政事领域又可以被解读为"刑德",而四时的自然属性亦被抽象为生、养、收、藏,由此"阴阳"理论自然与四时政事之宜忌形成对应关系,"阴阳"为体,"四时"为用,前者居于本体性的核心地位。

但是,相较于"阴阳—寒暑—刑德"这一逻辑链,"五行"与"四时"的对应则显得过于着迹。这首先体现为"五行"与"四时"之间的数理矛盾。以上举《子弹库帛书·乙篇》所叙四时起源神话为例,在分配四时所主五行时,帛书以木(青)、火(朱)、土(黄)、水

---

[1] 《子弹库帛书·乙篇》这样描述四时的起源:"长曰青干,二曰朱四单,三曰翏黄难,四曰□墨干。千有百岁,日月允生,九州不平,山陵备峨,四神乃作至于覆。天方动,扞蔽之青木、赤木、黄木、白木、墨木之精。"(李零:《长沙子弹库战国楚帛书研究》,北京:中华书局1985年版,第69页)关于此处叙述与五行说之间的关联,亦可参李学勤《简帛佚籍与学术史》,第55页。

[2] 岛邦男:《五行思想と礼記月令の研究》,第34页。

[3] 《周易正义》卷七《系辞上》,《十三经注疏》,第157页上栏a。

[4] 黎翔凤:《管子校注》卷一四《四时》,第838页。

第四章 《洪范五行传》的形成

(墨)分别对应春、夏、秋、冬，但在文末述及承天的五根天柱时，又以青、赤、黄、白、墨五木完整对应于五行，显然，金行(白木)成为帛书"五行—四时"对应体系中的赘余者①。而庞朴早已指出，困扰楚帛书的这一问题同样困扰着《管子·五行》《淮南子·时则训》《礼记·月令》《春秋繁露·五行相生》等文献的作者，只是对于他们来说，赘余的一行由"金"变为"土"而已②。

"五行"与"四时"之间的隔阂更体现为"五行"说与普遍作为"四时"理论基础的"阴阳"说之间的扞格："五行"原本是独立于"阴阳"的另一种宇宙生成观念，它自身并不具有明确的阴、阳属性，因此，当"五行"进入时令体系时，原先单一的"体(阴阳)—用(四时)"关系中就出现了与"阴阳"相并列的另一种"本体"，这当然是任何一个理论体系所不能接受的，因此，援入"五行"的时令文献势必要在"阴阳"和"五行"这两个本体之间有所取舍。《管子·四时》明确以火、金二行为"阳""阴"二气所生③，以木、水二行分别视为"风""寒"二气所生，但在论及四时政事时，则以春(主木)时"宗正阳"，冬(主水)时"符阴气"，显示所谓"风""寒"二气实质上仍本于阳、阴，木、火、土、金四行皆为"阴阳"的产物，至于"土"行的来源问题则未加着笔。作为较早将"阴阳""五行"与"四时"融为一体的文献，《管子·四时》的结构安排和叙述方式显示出早期"四时—五行"理论构建者面临的困境，而《礼记·礼运》的叙述则代表了战国后期至秦汉士人对"阴阳""五行"与"四时"之间关系的成熟看法：

---

① 值得注意的是，李零指出："黄木不见于帛书，帛书左下角之木是用墨线白描，恐所记有误。"(李零：《长沙子弹库战国楚帛书研究》，第70页)结合下文所言青、赤、黄、白、墨五木之序，显然依五行相生之序，帛书中四神之第三者确当以白木为宜，今作黄木者，可知帛书似已意识到此处"四时"与"五行"之匹配难以周全，故有前后文及图、文之矛盾。

② 可参庞朴《五行漫说》，《庞朴文集·第一册》，济南：山东大学出版社2005年版，第307页。

③ 黎翔凤：《管子校注》卷一四《四时》，第846、851页。

故天秉阳,垂日星;地秉阴,窍于山川,播五行于四时,和而后月生也。是以三五而盈,三五而阙。五行之动,迭相竭也,五行、四时、十二月还相为本也。①

在这一理论体系中,"天地"是外在的实体性本源,"阴阳"是内在的本质性根源,"阴阳"通过"五行"这一媒介而产生"四时",由是形成现实可感的月份变化。换言之,在这一体系中,"阴阳"仍是"本体","四时"仍是"用",而木、火、土、金、水是迭相兴废的五种介质。作为宇宙本源的阴阳,通过与这五种介质分别遇"和",乃造成时月、物候的变化。"阴阳"与"五行"之间的理论扞格至此有了一个基本的调和。类似体系也见于《春秋繁露·天地阴阳》,此后时令文献虽多取"五行"为框架,但其思想内核则多归本"阴阳"。

基于四时、十二月的吉凶占测体系具有非常古老而发达的民间传统,因此,"五行"说在与时令文献融合的过程中大大扩充了其实际占验的能力,大量基于时令传统的宜忌说被纳入五行占验体系之中,"五行"由此成为战国秦汉时期最为流行的理论之一。当然,这一融合的代价也是明显的,"五行"说就此失去了其独立的本体性地位。统观战国至西汉涉及"五行"的各类文献,鲜有不与时令文献相表里、最终归本于"阴阳"者。少数文献虽未明确提及"阴阳",但其占测、宜忌体系的成立仍以"阴阳"为理据,例如《管子·五行》以"五行"各主七十二日,同篇不言四时、阴阳,然其以木行所主之时"论贤不肖士吏,赋秘赐,赏于四境之内","不夭麑麋,毋傅速,亡伤襁褓"②,明是主赏勿行刑,以水行所主之时"发擱渎盗贼,数剔竹箭,伐檀柘,令民出猎禽兽,不释巨少而杀之"③,明是主刑勿

---

① 《礼记正义》卷二二《礼运》,《十三经注疏》,第 3081 页上栏 b~下栏 a。
② 黎翔凤:《管子校注》卷一四《五行》,第 869 页。
③ 黎翔凤:《管子校注》卷一四《五行》,第 878 页。

以德,这种刑德二分的思想背后,正是"阴阳"这一理论基础。

四、《洪范五行传》对时令文献的因革

作为《五行传》重要的知识来源,战国秦汉时令文献中的时月宜忌大抵有两类来源:一类源出《夏小正》等历书,如正月"农率均田""初服于公田",二月"万用入学",五月"班马政",十一月"王狩""陈筋革"等[1],强调施政的季节性;另一类则是战国以来大量出现的阴阳书、星占书、日书等数术文献。这两类文献虽然一个原始古朴,一个神秘抽象,但也存在共通之处,那就是对"天时"的高度关注以及由此形成的刑德二分框架。例如银雀山汉简《三十时》有这样的时令:

日夏至,地成,不可渎沟洫陂池。不可以为百丈千丈城,必弗有也。亇叩筑宫室,有忧。

四十八日,凉风,杀气也。以战客胜,可始修田野沟。可始入人之地,不可亟刃,亟刃者有殃。[2]

夏时主"养",故当施行德政,不可妄动土木而废民时,至于秋时,凉风起,"杀气"生,于此时乃可动土木,甚至可以"入人之地",也就是侵伐他国。在《管子》《吕氏春秋》中,关于秋冬行兵刑之事的描述较《三十时》稍显委婉,类似这种"可始入人之地"的露骨描述已不太多见,但在《管子·五行》中,仍明确强调应以此时行刑杀、备甲兵[3],至于《管子·四时》《礼记·月令》《吕氏春秋·十二纪》《淮南子·时则》《淮南子·天文》等文献,都有关于逆时施政将

---

[1] (清)孔广森:《大戴礼记补注》,北京:中华书局2013年版,第41～59页。
[2] 银雀山汉墓竹简整理小组编:《银雀山汉墓竹简(贰)》,第212页。
[3] 黎翔凤:《管子校注》卷一四《五行》,第876、878页。

导致祸殃的描述。在这种观念下,一方面,作为施政手段的"刑德"本身是第二位的,作为宇宙原则的"天时"才是第一位的,处理政事的第一原则不是事件本身的轻重缓急,而是其发生的时间点。另一方面,"德""刑"本身亦无轻重之别,均是维系宇宙自然运转的必要手段,"刑"基于"阴","德"基于"阳",阴阳既然是宇宙之本源,则德刑亦为施政之大纲,主阳之时行德教,主阴之时行刑教,此为天意,不可违逆,亦不可偏废,银雀山汉简《曹氏阴阳》对此有所概括:"夫物固从其向动其类矣。是故事而不使,则无以为春。赏而不善,则无以为夏。禁而不止,则无以为秋。威而不惧,则无以为冬。"①类似说法又见于马王堆帛书《经法·君正》《十六经·观》等②,尤以后者论述最具系统性:

> 黄帝曰:群群□□□□□□为一囷,无晦无明,未有阴阳。阴阳未定,吾未有以名。今始判为两,分为阴阳。离为四时,□□□□□□□□□因以为常……不靡不黑,而正之以刑与德。春夏为德,秋冬为刑。先德后刑以养生。姓生已定,而敌者生争。不谌不定。凡谌之极,在刑与德。刑德皇皇,日月相望,以明其当,而盈□无匡。③

黄帝以"阴阳"为宇宙本体之初分,以"四时"为"阴阳"分离后呈现出的实际状态,而"德刑"则是宇宙运转所遵循的"常"道。这种"阴阳—四时—刑德"观念,与前引《管子》《礼记》中载录的时令文献完全一致。《观》虽然指出"先德后刑以养生",但这是基于春夏在先,秋冬在后的自然时序,并非就二者的重要性而言,故其后

---

① 银雀山汉墓竹简整理小组编:《银雀山汉墓竹简(贰)》,第205页。
② 《经法·君正》言:"天有死生之时,国有死生之政。因天之生也以养生,谓之文,因天之杀也以伐死,谓之武。文武并行,则天下从矣。"(裘锡圭主编:《长沙马王堆汉墓简帛集成》(肆),第132页)
③ 裘锡圭主编:《长沙马王堆汉墓简帛集成》(肆),第152页。

文乃有"夫并时以养民功,先德后刑,顺于天"的论述,再次突出"时"对于人君施政的决定性意义。关于银雀山汉简《曹氏阴阳》以及马王堆帛书《经法》《十六经》诸篇的形成年代,学术界尚存争议,但从它们于西汉初年随墓主人入葬一事可知,其流行时间大抵在战国秦汉之际,这些具有理论性的文献与具有实践性的时令文献中均表现出依时刑德、刑德并重的倾向,显示这种政治观念在汉初颇具影响[①]。

《五行传》产生于五行学与时令文献广泛融合的西汉初期,在撰述中自然会对这批文献加以利用。值得注意的是,《五行传》对于时令文献的取材不仅存在于凶咎、禁忌等细节层面,也在于全传的结构层面。前文已言,《洪范》"五行"次序本为水、火、木、金、土,但《五行传》"五行"部分则以木、火、土、金、水为序,显然是改从"五行相生"说,而在分配"六沴"所主之月时,传文以二月三月、四月五月、六月七月、八月九月分别对应貌(木)、视(火)、言(金)、听(水)四事,临时调整了"视"与"言"的次序,使此四事对应的四行符合相生之序。这些做法都与时令文献中常见的"四时—五行"体系一脉相承,显示出《五行传》在文本结构和灾应设计上均受到战国以来时令文献的影响。但正是在此背景下,我们发现,《五行传》中的部分灾应涉及和表述又显示出对时令文献中"依时刑德"这一核心观念的有意拒斥,具体表现为以下三个方面:

第一,"五行"禁忌不再以顺应天时为最高原则。在时令文献中居统摄地位的天时观念在传文所言诸多禁忌中仅体现为"水不润下"部分的"逆天时"一条,其他所有禁忌均与时令无涉。在论及"六沴司月"的部分,由于占验几乎不可能不与时间因素发生关联,

---

① 可参王利华《〈月令〉中的自然节律与社会节奏》,《中国社会科学》2014年第2期,第185~203页。

因此传文以十二月两两对应于貌、视、言、听、思心、皇极，又以年、月、日之朝、中、夕分别对应后王、公卿、庶民，但在言及"六沴作见"后的祈禳术时，则"于中庭祀四方，从东方始，卒于北方"，祝词亦言："若尔神灵，洪祀六沴是合，无差无倾，无有不正。"始终将"六沴"作为整体进行祷祝，显然意在打破某种灾异的发生仅与某一特定时令存在相关性的传统观念，显示出《五行传》有意削弱"时"在国家政治事务中的指导性地位，倡导理性施政的儒学文献立场。

传文对于天时原则最大的突破体现在"火不炎上"部分所谓"弃法律"的灾应设计上。我们知道，在早期政治观念中，"法律"主要强调其惩罚性功能，所谓"弃法律"，就是强调律法刑罚不可废弛，这是传文唯一论及刑律的部分。在战国以来流行的"四时—五行"体系中，与刑罚有关的禁忌一般出现在火、金二行所主之时，但倾向则大相径庭。"金"主肃杀，其政严，故《吕氏春秋》于孟秋时主张"修法制""戮有罪，严断刑"[①]，仲秋时更强调"申严百刑，斩杀必当，毋或枉桡"[②]。与此相反，"火"主长养，故"火"政主宽缓，《管子·五行》篇云："睹丙子，火行御。天子敬行急政，旱札苗死，民厉。"房玄龄注云："时当宽缓而乃急，故有旱札疫之灾也。"[③]在《吕氏春秋·孟夏纪》中，则主张此月"断薄刑，决小罪，出轻系"，也是主张行清省之政，在夏季适当宽宥小罪薄刑。推而言之，在《管子·五行》中，"土"继"火"而主养，故土行御主之时，亦要求"不诛不贞""宽刑死，缓罪人"，这些都体现出在"四时—五行"体系中，火、土所主之时不可刑杀的传统禁忌。但是，《五行传》偏偏在火行部分强调不可废弃法律，这显然意在增加事件本身而非其发生的具体时间在国家政治中的重要性，增加决策的理性成分。结合本

---

① 许维遹：《吕氏春秋集释》卷七《孟秋纪》，第156页。
② 许维遹：《吕氏春秋集释》卷八《仲秋季》，第176页。
③ 黎翔凤：《管子校注》卷一四《五行》，第865页。

第四章 《洪范五行传》的形成

条"逐功臣,杀太子,以妾为妻"的下文可知,此处所谓"弃法律"恐非就普通刑事、民事案件而言,而是关乎国家政治大节的贞奸之分,甚或是关于王位继嗣的大统之争,西周以嫡长子继承制为定法,但到了春秋战国以来,庶子、臣下阴谋篡位者既多,则"弃法律"之告诫,自然也就显得极为迫切。儒家向来强调重德轻刑,但在涉及嫡庶之辨、君臣之分的原则问题上,却并不主张宽忍,至有"君亲无将"之说,这些在《公羊传》《左传》等战国经传中均有体现,至西汉初期大儒贾谊、董仲舒等,虽然在论及德刑关系时皆主张重德轻刑,但若论及诸侯尾大不掉、势凌主上等问题,则皆主张早用兵刑,"忍而诛之"[1]。《五行传》于金、水部分避言刑杀,却在主长养的火行部分特言不可轻废法律,其惩奸除佞之用意自显得更为深切。

第二,在对"五行"禁忌的描述中,虽然仍部分遵从时令文献的传统框架,但多以儒学义理润色之。以土行部分"治宫室,饰台榭"句为例,在《管子·五行》中,有"睹戊子,土行御。天子修宫室,筑台榭,君危"之辞,房玄龄注云,"土方用事,而修宫室以动乱之,故君有危亡之祸"[2],强调不可在土用事之时修治宫室台榭。但是,宫室、台榭实为贵族生活之必需品,既然土主之时不可破土,则宫室台榭当何时修治呢?《礼记·月令》孟秋之令乃言,"是月也……修宫室,坏墙垣"[3],以孟秋季宜修治宫室。类似的判断还见于银雀山汉简《三十时》,其以夏至日"不可筑宫室,有忧"[4],而大抵在春天的"十时"则"可以筑宫室、墙垣、门"[5]。可见在时令文献中,修治宫室、台榭本身并非恶政,其修治的程度也不是文献关注的范围,唯

---

[1] 《汉书》卷二七上《五行志》,第1332页。
[2] 黎翔凤:《管子校注》卷一四《五行》,第880页。
[3] 《礼记正义》卷一六《月令》,《十三经注疏》,第2973页上栏a。
[4] 银雀山汉墓竹简整理小组编:《银雀山汉墓竹简(贰)》,第211页。
[5] 银雀山汉墓竹简整理小组编:《银雀山汉墓竹简(贰)》,第212页。

其修治时间才是判断此事吉凶的关键。《五行传》遵循时令文献的传统,在土行部分论及宫室、台榭的修治,但从其措辞来看,所谓"治宫室,饰台榭……则稼穑不成",此处"饰"自有冗余修饰之义,而这一语境中的"治"显然也不是普通的修治,而是指过分的整饬。传文的关注点显然不再集中于修治的具体时间,而是修治的程度。传文既承认宫室、台榭存在的合理性,又反对过分雕饰,这正符合儒家崇礼而节用的思想,与一般时令文献仅重"时"序的理念显然不同。

又如金行部分"好战攻,轻百姓,饰城郭,侵边境"句。在时令文献中,金、水主兵革,故当金、水所主之时多强调应整饬军旅、城池,以备不虞,例如《礼记·月令》明确以孟秋之月"补城郭",仲秋之月"筑城郭",孟冬之月"备边竟";而《银雀山汉简·四时令》亦强调冬季需"缮甲厉兵,合计为伍,修封四疆"①,凡此皆强调依时整备国防的重要性。《五行传》虽然也循例在金行部分论及战攻守备的问题,但其要旨却不在强调军备之必要性,反而是防厄穷兵黩武的倾向;换言之,"战攻"诸事虽不可废弃,但不可"好"之,要充分考虑百姓的利益轻重;"城郭"等攻防工事不可废弛,但不可过于增饰;对于"边境"自然应有所修备,但传文关注的则是不得侵占他国边境,这种反对战争、反对扩张、崇文抑武的立场显示出鲜明的儒家色彩。作为国家政治,文、武并修,原不可偏废,但儒家兴于春秋战国尚武轻文之世,面对法家偏重农战之论,其立论自不免矫枉过正。传文于金行部分反言战攻之弊,显然是立足于时令文献中常见的五行宜忌,通过这种反差式的叙述凸现其重德教、慎兵刑的儒学立场。

第三,在时令宜忌之外,新增部分戒忌,体现出尊尊、亲亲的儒

---

① 银雀山汉墓竹简整理小组编:《银雀山汉墓竹简(贰)》,第224~225页。

学立场。统观《五行传》"五行"部分,可以确定不见于其他时令文献,系《五行传》新增的戒忌似乎只有三条,分别是木行部分的"及有奸谋",火行部分的"杀太子,以妾为妻",和土行部分的"内淫乱,犯亲戚,侮父兄"。关于这三条何以分别置于木、火、土行之下,似乎难以梳理出清晰、一致的理据,例如木行部分的核心论点,是君主不可恣纵己欲而违夺农时,这与木主春、主生长的时令观基本相应,而"有奸谋"则与之缺少逻辑性的关联,并不能由"田猎不宿,饮食不享"这样的前文推演而来,有刻意嫁接的斧凿痕迹。同理,土行部分的"内淫乱"数句亦难以与其前文"治宫室,饰台榭"等土功之事相并。至于"杀太子,以妾为妻"句,应取自《春秋公羊传·僖公三年》齐桓公阳谷之盟,"无障谷,无贮粟,无易树子,无以妾为妻"[1],所谓"树子",也就是"太子",这一盟辞有多种版本,但均就时势而言,并无五行学背景,《五行传》将其置于火行之下,似乎也很难从数术角度给出合理解释。简言之,这些新增戒忌都不是对于传统时令禁忌的进一步推演,而是传文作者刻意植入的新说。

有趣的是,虽然我们难以考定新增的三条戒忌与其所属各行之间的逻辑关系,但如果将这三条本身联系起来,却可以看到其内在逻辑联系:所谓"有奸谋",是一个相对模糊的概念,与其他"饮食不享""治宫室"等有明确所指的戒忌体例不一,此暂不论。至于"杀太子,以妾为妻",明确强调不可破坏宗法尊卑,"内淫乱,犯亲

---

[1] 《春秋公羊传注疏》卷一〇,《十三经注疏》,第4882页上栏b。类似说法也见于《穀梁传》和《孟子》,但所系本事不同。《穀梁传·僖公九年》言齐桓公"葵丘之会,陈牲而不杀,读书加于牲上,壹明天子之禁,曰:'毋雍泉,毋讫籴,毋易树子,毋以妾为妻,毋使妇人与国事!'"(《春秋穀梁传注疏》卷八,《十三经注疏》,第5200页上栏b~下栏a)《孟子·告子下》亦认为此语出于葵丘之盟:"葵丘之会诸侯,束牲、载书而不歃血。初命曰:'诛不孝,无易树子,无以妾为妻。'再命曰:'尊贤育才,以彰有德。'三命曰:'敬老慈幼,无忘宾旅。'四命曰:'士无世官,官事无摄,取士必得,无专杀大夫。'五命曰:'无曲防,无遏籴,无有封而不告。'曰:'凡我同盟之人,既盟之后,言归于好。'"(《孟子注疏》卷一二《告子章句下》,《十三经注疏》,第6004页上栏b~下栏a)

戚，侮父兄"，则是明确强调不可破坏宗亲伦常，由此两点反观"及有奸谋"，则其"奸谋"所指，大抵亦指有悖君臣大义、伦理纲常者，概括起来，就是违反儒家"尊尊""亲亲"的伦常大义。事实上，自春秋、战国以来，传文所列诸事实在是屡见不鲜，例如杀太子者，有晋献公杀太子申生，秦始皇杀公子扶苏；"以妾为妻"者，有成公以成风为夫人，晋献公以骊姬为夫人；"内淫乱"者，有哀姜之乱、陈夏征舒之乱、卫宣公之乱；至于"犯亲戚""侮父兄"者，则数不胜数，凡此种种，皆《春秋》所贬，大义所在。由此看来，《五行传》新增戒忌的要旨在于严"尊尊"之义，崇"亲亲"之伦，这些本是儒家的核心要义，却是一般时令文献未加措意者。《五行传》作者将《春秋》大义融入五行灾应体系之中，强化了传文的儒学立场，彰显了《五行传》的理论个性。

概言之，就《五行传》理论基础与灾应体系的建构而言，文本对于"四时—五行"体系的刻意规避显示出作者试图跳出"依时刑德"传统观念的束缚，在充分利用战国以来时令文献知识资源的同时，重建符合儒家政治立场的灾应体系。在这一体系中，国家政治的各个方面皆以德教为主，但在涉及君臣之分、嫡庶之辨等关键问题时，亦需明察秋毫，绝不姑息，可谓"重德慎刑"。与基于农政传统、富于数术色彩的"依时刑德"说相比，这是一种更为务实、成熟的政治理念，与秦汉大一统之后渐趋复杂的国家治理需求亦相吻合。类似的理念也见于《春秋繁露》[①]，除了众所周知的"重德轻刑"说以外，在论及不必机械"依时施政"时，董仲舒通过对传统时令观念的进一步阐发，反推出"行急皆不待时"的结论，实际上推翻了《管子》中"刑德异节失次，则贼气遬至，贼气遬至，则国多灾殃"[②]的机械宜

[①] 苏舆：《春秋繁露义证》卷一七《如天之为》，第464页。
[②] 黎翔凤：《管子校注》卷一四《四时》，第855页，标点未尽从。

忌观。由此可见,《五行传》对战国时令文献中"依时刑德"观念的突破与董仲舒具有一致性,代表了汉初儒生在将战国数术学说纳入儒家知识体系时呈现出的普遍倾向。

五、儒学灾异论个性的形成

通过以上论述,我们可以对《五行传》的灾异学思想及其特点作以下小结:

第一,《五行传》以《洪范》"五行""五事"及"皇极"为基本结构,在一定程度上摆脱了战国以来五行学文献中常见的"四时—五行"体系的束缚,淡化了归本阴阳、依时刑德的数术色彩,建立起更具儒学立场的政治灾异论。不过,《五行传》对于"四时—五行"体系的刻意"疏远"虽然有利于其儒学个性的显扬,但从灾异论内在合理性的角度而言,也存在一定风险。春秋以来"五行"学说的发展形态虽然多样,但整体上是沿着三种不同的路径演进,其一是强调五行分化,由此引申出《左传》中"五官"分治等诸学说;其二是强调五行生胜,也就是五行内部的转化与制衡,邹衍"五德终始说"、董仲舒"五官"生胜说等皆属此类;其三则是通过五行与阴阳、四时的对应,强调依时施政,《管子·五行》及大量时令文献皆属此类。《五行传》在结构设计层面主要突出第一种路径,即强调"五行""五事"各有所主,均不可失,但在"五行"失性部分却改刻意从五行相生之序,至于其所列戒忌则大量源自战国以来时令文献。这样看来,《五行传》对于战国以来"五行"学的三条发展路径均有所涉及,这固然可以被视为一种融会诸说的勇气,但从实际效果来看,也使得《五行传》的内在理路变得十分驳杂,人为斧凿的痕迹非常明显。在其后续传播中,阐释者为了凸显传文的系统性,常常无法完全遵循传文的自身逻辑,刘向《洪范五行传论》、《汉书·五行志》、郑玄

《五行传》注等均不同程度地将"四时—五行"体系重新纳入《五行传》的阐释资源中,这与《五行传》自身理论构造的驳杂是有一定关系的。

第二,《五行传》基于儒家士人的言说立场,具有鲜明的政治批判色彩。具体表现为两点:其一,是批判性的思维模式。将《五行传》与《吕氏春秋·十二纪》等时令文献比读,我们发现,如果说后者旨在创造一个"建设性"的施政纲领的话,则《五行传》更致力于建立起一种"批判性"的话语体系。《宋史·五行志》在论及《汉书》《续汉书》建立的《五行志》传统时曾指出:"且于庶征惟述灾眚,而休祥阙焉,亦岂无所见欤?"①追根溯源,这一传统正是由《洪范五行传》建立起来的。我们注意到,《洪范》所列庶征本有休、咎之别,其"五福六极"畴亦并言"向用五福,威用六极",此所谓吉凶并具。但传文于"六事"部分则仅言"咎征""六极",体现出重灾异、轻祥瑞的倾向。事实上,从全传的书写方式来看,其开篇即从如何避免"神之怒"入手,在行文中无论是谈"六沴作见"还是"五行"失性,都是从"失政"这一反面角度切入,在时令文献中从正面叙述的"补城郭""建台榭""备边竟"等政令,在传文中都被改写为负面性的"饰城郭""饰台榭""侵边境",时令文献中在特定时节可以适当举行的田猎、饮食、整备军旅等,在传文中也均从反面着笔,强调不可"田猎不宿,饮食不享""好战攻"。这种切入角度的不同,反映出传文作者旨在为执政者提供警示的言说立场。战国儒生常常扮演"不治而议论"的角色,这赋予战国儒学以浓厚的批判传统,并对以《五行传》为代表的西汉今文学产生了深远的影响。从西汉士人征引《五行传》的用例来看,它也确实在一定程度上起到了针砭时弊的作用,由此,以《五行传》为代表的灾异学与以符瑞为核心的谶纬学

---

① 《宋史》卷六一《五行志》,北京:中华书局1977年版,第1317页。

在政治立场上呈现出鲜明的差异。其二，是灾异论中鲜明的君主指向。《五行传》的作者虽然难以明确，但行文中却透露出一种"说大人而藐之"的气质。传文虽然在"六沴"灾应的时间定位中将卿士、庶民与后王相并，但无论是在"六沴"部分，还是在"五行"部分，其关注的重点都是以君主为核心的执政者群体①。《五行传》对于这一群体的行止进行了全方位的限制，并以大量的咎征、罚、极、妖、孽、祸、痾、眚、祥作为惩戒，而在这当中特别值得注意的，无疑是"皇之不极"部分提出的"下人伐上之痾"。所谓"伐"，在战国以来儒学文献中常与"征"连用，强调武装行动的正义性，《论语·季氏》载孔子之言："天下有道，则礼乐征伐自天子出；天下无道，则礼乐征伐自诸侯出。"②因此，"伐"字多用于天子对诸侯、上对下的惩戒，与之相反的"叛""弑"则多就下对上的军事行动而言，这一字之差，体现出以传统儒学对于君臣秩序的强调与维护。不过，到战国时期，由于多数君主荒德无行，传统的尊卑观念也受到挑战，因此在《孟子》中，已经明确提出对桀、纣这样的君主可以诛杀的观点，孟子称之为"诛一夫"，也就是先否定桀、纣的君主地位，再承认他们犯有可诛之行，故此可以诛杀，这固然较一般君臣尊卑的观念有了很大的进步，但仍刻意回避了诛"君"之名，在理论上还是维护了君不可凌的立场。《孟子》曰："征者，上伐下也，敌国不相征。"③可见，对于"征伐"二字，孟子仍审慎地归诸天子。至于《五行传》"下人伐上"之说则完全从理论上肯定了在"皇之不极"的前提下，"下

---

① 诸葛俊元在论述《洪范五行传》的灾异学思想时同样注意到，"不论是《尚书·洪范》所言'天乃锡禹洪范九畴'，还是《洪范五行传》所言'帝令大禹步于上帝'，都指明政局之良窳需由承接天命之帝王独力承担，与臣属实无关联"，并认为这是《洪范五行传》与《吕氏春秋》灾异思想的核心差异(参诸葛俊元《西汉学术与政治权力变迁》，台北：文津出版社2014年版，第245页)。
② 程树德：《论语集释》卷三三《季氏》，第1141页。
③ 焦循：《孟子正义》卷一四《尽心下》，第954页。

人"可以对君主行征伐之权。这与《孟子》中的"诛一夫"相比,无疑更具锋芒。事实上,这样的措辞带有非常强烈的士人立场,类似的言论又见于《左传·襄公十四年》师旷论卫懿公之见逐:"若困民之主,匮神乏祀,百姓绝望,社稷无主,将安用之?弗去何为?"①这里师旷虽用一中性的"去"字,但其立场已与《五行传》相若。到皇权政治逐渐稳定的西汉中后期,这种言论已经难以为时人所接受,例如夏侯胜提出此处"伐"宜为"代"②,显然是不敢以正面的"伐"来称呼诛杀君主的行为。《汉书·五行志》称:"君乱且弱,人之所叛,天之所去,不有明王之诛,则有篡弑之祸,故有下人伐上之痾。"③虽然保留"伐"字,但将其分解为"明王之诛"和"篡弑之祸"两种,就前者而言,指朝代更易中新君诛杀昏君,则诛伐之权,仍归诸天子;就后者而言,暗指臣下诛君,遂直称之为"篡弑",可见对传文"下人伐上"之辞,实不敢直面。刘歆在注解此句时,则变言为"天诛已成",将诛君之权归于"天"。同样,郑注云"书亦或作'代'。……天于不中之人,恒耆其味厚,其毒增以为病,将以开贤代之也。《春秋传》所谓'夺伯有魄者'是也"④,可知不仅汉人已有据夏侯胜之言径改传文者,且郑玄本人亦弃"伐"字而用"代"字,并将此"开贤代之"的行为主体归之于"天"。总之,夏侯胜、刘歆、郑玄虽然均为当世大儒,且夏侯胜素有敢言之称,但对于"下人伐上"之说皆不敢接受,对比之下,足见《五行传》之敢言。

第三,《五行传》以"尊君""重民"思想为核心,兼见大一统、亲亲、防奸、尚贤等适应汉初时局特点的政治理念。传文反对君主纵欲享受、大兴土功、穷兵黩武,可知其"轻百姓"之辞虽仅见于"金不

---

① 《春秋左传正义》卷三二,《十三经注疏》,第4250页下栏a。
② 《后汉书》志一七《五行五》刘昭注,第3341页。
③ 《汉书》卷二七下之上《五行志》,第1458页。
④ 《后汉书》志一七《五行五》刘昭注,第3341页。

从革"一条之中,但"重民"之心实统摄六沴、五行,是传文的纲领。但在强调"重民"这一儒家基本观念的同时,传文还体现出敏锐的政治眼光,它反对"杀太子,以妾为妻",乃是严尊尊之大防,反对"内淫乱,犯亲戚,侮父兄""简宗庙""废祭祀",是申亲亲之要旨,反对"有奸谋",是防奸,反对"逐功臣",是尚贤,这些都是从春秋以来长期的政治乱局中总结出的重要心得,更是西汉政权初建时不可回避的实际问题。事实上,汉初政局经历了多次动荡,高祖时期诸异姓王之乱,是如何处置"功臣"的问题;诸吕之乱、七国之乱,是如何处置宗亲的问题;高祖时期的戚夫人之与赵王如意,景帝时期的栗太子事,武帝时期的卫太子事,以及贯穿整个汉初的诸侯国"尾大不掉"事,是如何处置尊尊的问题;而在这些大小政治变局中忠奸贤愚的分辨与培养,则是防奸、用贤的问题。可见,《五行传》所举的这些施政禁忌,几乎无不与汉初政局息息相关,具有很强的现实指向性,无怪乎其甫一出现,就得到大儒夏侯始昌的青目。

《五行传》在理论体系上的最大发明,则是将《洪范》中并列的两畴——"五事"与"皇极"整合在一起,并将象征大一统皇权的"皇极"作为"六沴"之归宗。有学者认为《五行传》中"皇极"仍然是外在于"五事"之外的系统,如王爱和即提出"五行"部分对应"地","五事"部分对应"人","皇极"部分对应"天",三者构成"地—人—天"这一完备的体系[①]。王氏此说颇有启发性,为我们认识《五行传》的整体架构提供了新的思路,但据笔者管见,这一体系对于《五行传》来说恐求之过深。事实上,传文在论述"皇之不极"时,所指涉的仍然是君主,这与其论述"五行""五事"的话语结构是完全一致的,可见作者并无将"皇极"与"五事"割裂开的用意,而在传文言及祈禳之术的部分,有"若民有不敬事,则会批之于六沴,六事之

---

① 王爱和:《中国古代宇宙观与政治文化》,第183页。

机,以县示我"之说,这里以"六沴""六事"并言,亦足见传文已经将"五事"与"皇极"整合为一体,后者不再是独立的类属。但是,这并不影响"皇极"在《五行传》灾异体系中的重要地位,所谓"皇极",汉儒解释为"大中"[①],有君统之意,因此,传文在遍言五行、五事之后,以"皇极"为归宗,并且特别指出"皇之不极",将有"下人伐上之疴""日月乱行,星辰逆行",实际上正是明确了"皇极"即天下君统的寓意,故此"皇极"虽在"六沴"之中,但实为"六沴"之核心;又,传文以五行与五事相对应,唯"皇极"不与"五行"相应,似乎也意味着"皇极"上系于"天",非"五行"可主的意蕴。可见,《五行传》已经完全与大一统帝国的政治格局相适应。事实上,后来刘向在《洪范五行传论》"皇之不极"条中不再以分野说《春秋》日食,而以整个天下为灾应之所指,总论君道衰败,正是符合《五行传》"大一统"的政治理念。

总体而言,《五行传》的灾应体系与战国秦汉时期流行的时令文献存在一定的传承关系,但它在理论基础、具体灾应设计,特别是政治思想等方面均有重要改造,可谓"旧瓶酿新酒"。经过《五行传》的整合,汉代的五行灾异学进入了一个新阶段。当然,无论就实践性、系统性,还是学理性,传文还都有很多粗疏之处,有待于夏侯始昌等硕儒的不断弥缝、阐释。以《五行传》的传习、运用和阐释为中心,汉代儒学灾异论也开启了一段新篇章。直到唐宋时期,尽管《洪范》五行占验早已不再令人信服,但士大夫在论著、奏议中仍屡屡征引《五行传》,足见其影响之巨,不在占验之灵,而在义理之深。

[①] 《汉书·孔光传》:"皇之不极,是为大中不立。"(《汉书》卷八一《匡张孔马传》,第3359页)

第五章 《洪范》五行学师法及其经学形态的建立

汉代经学注重师法传承,关于各经师法分化,自清季以来,洪颐煊、钟襄、刘传莹、唐晏、王国维、钱穆、沈文倬、程元敏等学者先后着力于此,已经取得令人瞩目的成果①。然而,作为较早以单篇而形成"别传"师法的《洪范》五行学,其师学谱系与师法要义却尚未得到学界的足够关注,由于师学谱系的断绝和师法著作的亡佚,夏侯始昌所传《洪范》五行学师法在隋唐时期已基本湮没无闻,甚至在《隋书·经籍志》中出现"济南伏生之传,唯刘向父子所著《五行传》,是其本法"的说法②。由于对传习者的知识结构有特殊要求,《洪范》五行学虽经夏侯胜而得以传习,但无论是其师学谱系,还是师法要义,都不属于夏侯胜所建立的"大夏侯《尚书》",因此,其在两汉儒生中的传习范围相对有限,这也许是这一论题未能引起学界足够关注的主要原因。不过,自夏侯始昌据《五行传》初步

---

① 可参程苏东《从六艺到十三经——以经目演变为中心》,北京:北京大学出版社 2018 年版,第 158~237 页。
② 《隋书》卷三二《经籍一》,第 1036 页。

建立师法始,夏侯胜、许商、谷永、孔光、李寻、周磐等数代师学弟子始终维系着这一师法的传承,他们不仅编纂出标志着师说走向系统化的《五行传记》,而且在各种政治场合援据师说阐论灾异、讥刺时政。可以说,在两汉儒学灾异论的庞杂体系中,夏侯始昌所传《洪范》五行学师法具有广泛而持续的影响,代表了《洪范》五行学的基本形态。只有了解了这一基本形态,我们才有可能进一步辨清刘向《洪范五行传论》、刘歆《洪范五行传论》、《汉书·五行志》、郑玄《洪范五行传》注等非师法谱系《洪范》五行学著作的结构特点与思想个性,同时也才能更全面、平实地认识"师法"在汉代经学传播中具有的实际形态。基于此,本章拟利用散见于《汉书》《后汉书》以及《续汉书》刘昭注等文献中的相关材料,对夏侯始昌所传《洪范》五行学的师学谱系及其师法要义等问题进行初步梳理。

一、《尚书》"别传"之学

有关《洪范》五行学的建立及其传播方式,较早的记载见于《汉书·五行志》:"孝武时,夏侯始昌通《五经》,善推《五行传》,以传族子夏侯胜,下及许商,皆以教所贤弟子。"[1]此外,在述及夏侯胜的师承时,亦言"胜少孤,好学,从始昌受《尚书》及《洪范五行传》,说灾异"[2]。这两条材料显示,至少就西汉时期而言,《五行传》的传习仅在"所贤弟子"的范围内展开,而"受《尚书》"与"受《洪范五行传》"也是两个相对独立的过程。《后汉书·周磐传》称其"少游京师,学《古文尚书》《洪范五行》《左氏传》"[3],将《洪范五行》与《古文尚书》《左氏传》并举,可见至东汉初期,"《洪范五行》"仍然是一门独立授

---

[1] 《汉书》卷二七中之上《五行志》,第1353页。
[2] 《汉书》卷七五《夏侯胜传》,第3155页。
[3] 《后汉书》卷三九《周磐传》,第1310～1311页。

第五章 《洪范》五行学师法及其经学形态的建立

受的学问。皮锡瑞由此提出所谓"别传"之说："经学有正传，有别传。《洪范》五行，犹《齐诗》五际，专言术数，皆经学之别传。"①在论及《春秋》灾异学时，皮锡瑞再次指出："汉儒言占验者，齐学为盛，伏《传》五行、《齐诗》五际皆齐学。公羊氏亦齐学，故董子书多说阴阳、五行，何氏《解诂》说占验亦详。要皆《春秋》之别传，与大义无关，犹《洪范五行传》与《齐诗》，非《诗》《书》大义所关也。"②我们认为，皮锡瑞对于"正传"与"别传"的区分是合理的，特别是他注意到这种区分与"言占验"这一特殊的功能之间存在关联，见识尤精，这一点下文还将论及。

具体而言，皮锡瑞所谓"别传"之说应包括两点：其一，大夏侯《尚书》章句及解诂中应有对于《洪范》篇的具体说解，是大夏侯《尚书》学的必要组成部分，与夏侯始昌、夏侯胜所传《五行传》并非一说。其二，《洪范》五行学虽然由夏侯始昌、夏侯胜所传，但其师法传承与《尚书》大夏侯学相对独立，一方面多数大夏侯《尚书》学弟子并不传习此《传》，另一方面，从西汉后期小夏侯《尚书》弟子李寻、欧阳《尚书》弟子鲍宣等亦习《洪范》五行师法的情况来看，《洪范》五行学的传承也存在逸出大夏侯师学谱系的现象。究其原因，恐怕是因为《洪范》五行学对于传习者的知识结构有较特殊的要求，除了传统《尚书》学的故训以外，与月令、阴阳、天文、历算诸学关系密切，而后者并不是当时儒学弟子必须修习的内容，因此，如同后来《仪礼》学发展出《丧服》学、《礼记》中《中庸》《大学》均独立成学一样，《尚书·洪范》成为"五经"中最早以单篇成学的经典文献。

---

① 皮锡瑞：《经学通论》卷一，第213页。
② 皮锡瑞：《经学通论》卷四，第531页。

二、夏侯始昌所传《洪范》五行学师学谱系考

从现存史料看来,作为最早研习《五行传》,并用其说灾异、传授弟子之人,夏侯始昌无疑是《洪范》五行学的师法奠基人。可惜除了他以"《洪范传》说灾异"传诸族子夏侯胜的记载见于《汉书》本传以外①,我们对夏侯始昌的五行学说几乎一无所知。《汉书》本传称其曾于太初元年(前104)"先言柏梁台灾日,至期日果灾"②。这里夏侯始昌是依据何种占术预测"柏梁台灾日",实不可知,而从《五行传》佚文来看,似乎也没有能够预知灾异具体日期的占术,故对于夏侯始昌的《洪范》五行学,目能暂付阙如。

至于夏侯胜的《洪范》五行学,据《汉书》及郑玄《尚书大传》注可考知者盖有三事。其一,他曾据《五行传》推知昌邑王刘贺遭废一事。从现存史料来看,这是《洪范》五行学第一次登上西汉宫廷政治的舞台,事在昭帝元平元年(前74):

> 会昭帝崩,昌邑王嗣立,数出。胜当乘舆前谏曰:"天久阴而不雨,臣下有谋上者,陛下出欲何之?"王怒,谓胜为妖言,缚以属吏。吏白大将军霍光,光不举法。是时,光与车骑将军张安世谋欲废昌邑王。光让安世以为泄语,安世实不言。乃召问胜,胜对言:"在《洪范传》曰'皇之不极,厥罚常阴,时则下人有伐上者',恶察察言,故云臣下有谋。"光、安世大惊,以此益重经术士。③

---

① 《汉书》卷七五《眭两夏侯京翼李传》,第3155页。
② 《汉书》卷七五《眭两夏侯京翼李传》,第3154页。
③ 《汉书》卷七五《眭两夏侯京翼李传》,第3155页。

第五章　《洪范》五行学师法及其经学形态的建立

此事后来亦为刘向《洪范五行传论》所录，并被收入《汉书·五行志》①。昌邑王遭废是西汉政治史上最受关注的事件之一，《洪范》五行学后来一度成为西汉宫廷中的显学，应与夏侯胜这次成功的占验有关。值得注意的是，夏侯胜对于《五行传》的理解和运用与传文自身存在一定差异。传文开篇称："若六沴作见，若不共御，六伐既侵，六极其下。"②这里"六沴"所指妖、孽、祸、痾、眚、祥等异象均为先兆性预警，而"六伐（罚）""六极"则是人君未加戒惧后招致的实质性惩罚。按照传文的逻辑，妖、孽、祸、痾等的出现应早于罚、极，具体到"皇之不极"条，所谓"下人伐上之痾"即属先兆性预警，只有在君主不加"共御"的情况下才会出现"厥罚常阴"和"厥极弱"的祸殃。然而，在夏侯胜的占验中，他根据天气久阴不雨（即"常阴"）推测将有"下人伐上"，这实际上是反过来将"六罚"视为先兆性预警，而将"痾"作为实质性惩罚。作为《洪范》五行学的早期代表人物，夏侯胜对于《五行传》的理解对汉代《洪范》五行学的影响可想而知，但他在实际占验中几乎完全倒置了《五行传》的逻辑体系，显示出作为"师法"的《洪范》五行学与《五行传》文本之间确实存在重要差异。这一点我们在下文还将提及。

其二，由于夏侯胜对于《五行传》的理解和运用与传文之间存在差异，这使得他对于其师所传《五行传》部分文本的可靠性也产生了怀疑。其说见于《续汉书·五行志》刘昭注引郑玄《尚书大传》注：

> 郑玄曰：夏侯胜说"伐"宜为"代"。书亦或作"代"。③

夏侯胜既然曾据《五行传》"时则有下人伐上者"句推知昌邑王将遇

---

① 见于徐坚《初学记》引"《尚书洪范五行传》曰"（徐坚《初学记》卷一八《人部中》"当车扣马"条，第438页）。由《旧唐书·经籍志》可知，唐人所谓"《尚书洪范五行传》"实即刘向《洪范五行传论》（《汉书》卷二七下之上《五行志》，第1459页）。
② 朱熹著、黄榦编：《仪礼经传通解正续编》，第2255页上栏a。
③ 《后汉书》志第十六《五行五》，第3341页。

变故，则夏侯始昌所传本《五行传》此句应作"下人伐上"无疑；而此时《五行传》甫由夏侯始昌传于夏侯胜，在社会上尚未流传，可知郑注中"书亦或作'代'"一句应是郑玄本人校语，描述的是东汉后期《五行传》版本的异文情况。夏侯胜改字之说只是根据其自身对《五行传》的理解而做出的"理校"，并无版本依据。我们在上章已经指出，"伐"原为攻击之意，但在春秋以来儒家的政治语境中，逐渐被赋予一种等级化的意义，"征伐"被视为王权的象征，与"攘夷""复仇"等共同构成早期儒家认可的少数几种合法的暴力触发机制。《五行传》将"下人伐上"作为"六疴"之一，可以说是一种很特别的设计——一方面，《五行传》并不将"下人伐上"视为一种正当的抗争方式，因此，其在本质上属于"疴"，与传文中"下体生于上之疴""口舌之疴""目疴""心腹之疴"等一样，是一种具有病态化体征的异象；但另一方面，作为"六沴"之一，"下人伐上之疴"与诸妖、孽、祸、疴一样，本身又是"天"意的体现，是上帝警示人君的一种方式，因此，尽管这一行为在人间秩序中呈现为一种病态，但在神学意义上却具有无可争议的正当性。这种巧妙的设计体现出《五行传》既强调"尊尊"，又主张"重民"的儒学立场。值得注意的是，"下人伐上"既然仍属于具有警示性意义的"六沴"，则这里的"伐"显然应理解为一般意义上的侵犯、僭越、凌辱等，至于真正诛灭君父的弑杀行为，恐不在其列。刘歆在《传论》中认为此句应作"下体生上之疴"，以为"下人伐上，天诛已成，不得复为疴云"①，就是将"伐"理解为狭义的诛杀，认为既然已行诛杀，自然不宜再仅仅列为"疴"，但如果回到战国秦汉的实际语境中，则这里的"伐"作为一般意义上的侵伐，仍然是可以讲通的。

不过，与后来的刘歆一样，夏侯胜对于《五行传》的这一设计似

---

① 《汉书》卷二七下之上《五行志》，第1459页。

第五章 《洪范》五行学师法及其经学形态的建立

乎并不认同。根据前文的分析,由于他并未将"下人伐上"视为具有警示、预兆性质的异象,反而是将作为"六罚"之一的"常阴"视为"下人伐上"的预兆,这样"下人伐上"反过来就成为由"常阴"而导致的最终结果了。基于这样一种灾异学逻辑,"下人伐上"也就不再仅仅是一般意义上的侵伐、僭越,而更倾向于被理解为弑杀、诛灭等更为严重的行为。夏侯胜在征引《五行传》时仅称"时则有下人伐上",不言"之痾",未知是否亦如刘歆一样,有意否定"下人伐上"作为"痾"的性质①。总之无论如何,对于夏侯胜而言,这种弑父弑君的行为若仍以"下人伐上"称之,则似乎赋予了其完全的合法性,这显然是他无法接受的,因此,他认为宜用中性的"代"字取代具有合法性色彩的"伐"字。此说在当时似产生了一定的影响,后来确实出现了以"代"字替代"伐"字的钞本,但从刘向、刘歆《传论》以及《汉书·五行志》《续汉书·五行志》的引用来看,作"伐"者仍占据主流,可见夏侯胜对于其师所传传文虽有怀疑,也提出了异说,但似乎并未据此径改其所传《五行传》文本。这种对于"师法"既不盲从,亦不轻废的审慎态度,颇值得我们注意。

其三,夏侯胜将《五行传》及其推度灾异之法传于所贤弟子,确立了《洪范》五行学作为"别传"之学的师学传统。据《汉书·五行志》记载,《五行传》自夏侯胜而下以至许商,"皆以教所贤弟子",作为大夏侯《尚书》的建立者,夏侯胜没有将《五行传》列入其《尚书》学的常规章句体系中,这反映出他对于《五行传》的独特认知,只是相关材料有限,于此难以细论。以上是有关夏侯胜《洪范》五行学的基本情况。

自夏侯胜以下,《汉书·五行志》明确记载的《洪范》五行学师法

---

① 郑玄《尚书大传·洪范五行传》注论"下人伐上之痾",称"王极气失之病也"(《后汉书》志第十六《五行志》刘昭注,第3342页),知郑玄所据本《尚书大传·洪范五行传》亦有"之痾"二字。

传人仅许商一人,不过,从志文中"皆以教所贤弟子"一句可知,在夏侯胜与许商中间,《洪范》五行学仍有其他师学传人。如果从许商往上逆推,则其师周堪亲炙夏侯胜,《汉书·儒林传》列为大夏侯《尚书》的首位传人,故可以相信,周堪应传夏侯胜《洪范》五行学。

此外,西汉后期名儒孔光在奏议中解说哀帝元寿元年(前 2)正月朔日日蚀时,亦征引《五行传》,且称述师法①,可知其亦习《洪范》五行学。孔光之师为周堪的另一位弟子牟卿,这不仅进一步佐证了周堪曾传《洪范》五行学,亦可见除许商外,周堪亦将此学传与牟卿,并由后者传与孔光。因此,如果以夏侯胜为《洪范》五行学第一代师学传人,则周堪应为第二代师学传人,许商、牟卿是第三代师学传人,孔光则是第四代师学传人。

关于许商,尽管《汉书》中并未记载他有关灾异的具体说解,但仍有两点值得注意。第一,《汉书·儒林传》载许商"善为算,著《五行论历》"②,《汉书·艺文志》著录"许商《算术》二十六卷"③,可知其精于历算。从《五行传》的佚文来看,其"皇之不极"部分颇涉及日月星辰之变,与天算之学关系密切,许商有这方面的知识优势,无怪乎其得以系统传习《洪范》五行学。第二,从其撰《五行传记》一篇可知,许商是《洪范》五行学师法传承过程中的关键人物。《洪范》五行学自夏侯始昌、夏侯胜而下,虽持《五行传》以为本,但说解奥义,则多以口耳相传,而在西汉经学史上,一种师学如果想要立为官学,除了要有传承有序的师学谱系以外,一般还要有书面可据的章句传注。因此,许商《五行传记》的撰写,标志着《洪范》五行学的师法体系已逐渐成熟。作为"大夏侯《尚书》"的"别传"之学,《洪范》五行学虽然没有争立官学的目的,但其传播形态已经具有了相

---

① 《汉书》卷八一《匡张孔马传》,第 3360 页。
② 《汉书》卷八八《儒林传》,第 3604 页。
③ 《汉书》卷三〇《艺文志》,第 1766 页。

第五章 《洪范》五行学师法及其经学形态的建立

当的独立性,于"五经"诸家师法中俨然别为一宗了。同时,在许商著《五行传记》以前,《五行传》的传习似乎主要在大夏侯《尚书》学内部展开,而随着《五行传记》的撰写与流传,《洪范》五行学开始越出夏侯始昌所传师学弟子的范围,刘向、刘歆、扬雄等《尚书》学师法谱系之外的硕学通儒也开始阅读、研习《五行传》,向、歆父子甚至为之撰写传论,《洪范》五行学的学术地位得到了进一步提升。我们虽然没有直接的材料能够证明许商《五行传记》与此之间的直接联系,但二者在时间节点上的相关性至少是值得注意的。

除上述师法谱系明确可考的传习者以外,从《汉书》的记载来看,西汉《洪范》五行学师法的传习者至少还有谷永和李寻。关于谷永的师学背景,《汉书》未有明确记载,唯称其"于天官、《京氏易》最密"①,而其用《五行传》说灾异的事例亦屡见于《汉书》。第一例见于《外戚传》,事在成帝建始元年(前32),时太后及帝诸舅恐成帝无嗣,遂以诸异象归咎于许皇后,许皇后上书辩白,而成帝乃以刘向、谷永之言报曰:

> 日者,建始元年正月,白气出于营室。营室者,天子之后宫也。正月于《尚书》为皇极。皇极者,王气之极也。白者西方之气,其于春当废。今正于皇极之月,兴废气于后宫,视后妾无能怀任保全者,以著继嗣之微,贱人将起也。……于戊己,亏君体,著绝世于皇极,显祸败及京都。②

此事又见于《汉书·五行志》③。刘向、谷永所言"正月于《尚书》为皇极",显然援据《五行传》"六沴司月"之说:"十二月与正月,维王

---

① 《汉书》卷八五《谷永杜邺传》,第3472~3473页。
② 《汉书》卷九七下《外戚传》,第3978~3979页。
③ 《汉书·五行志》亦载此事:"成帝建始元年正月,有星孛于营室,青白色,长六七丈,广尺余。刘向、谷永以为营室为后宫怀任之象,彗星加之,将有害怀任绝继嗣者。"(《汉书》卷二七下之下《五行志》,第1517页)

极是司。"①

第二例见于《五行志》,未知何年:

> 惠帝七年正月辛丑朔,日有食之,在危十三度。谷永以为,岁首正月朔日,是为三朝,尊者恶之。②

此事又见于《续汉书·五行志》③。这里所谓"三朝"之说,亦取自《五行传》:"凡六沴之作,岁之朝,月之朝,日之朝,则后王受之。"④

第三例见于其本传,他在成帝元延元年(前12)奏议中再次提到所谓"三朝"之说:

> 建始元年以来二十载间,群灾大异,交错锋起,多于《春秋》所书。八世著记,久不塞除,重以今年正月己亥朔日有食之,三朝之会,四月丁酉四方众星白昼流陨,七月辛未彗星横天。⑤

第四例亦见于其本传,事在建始三年(前30),对于我们认识谷永《洪范》五行学的师学渊源最为重要:

> 建始三年冬,日食、地震同日俱发,诏举方正直言极谏之士,太常阳城侯刘庆忌举永待诏公车。对曰:……窃闻明王即位,正五事,建大中,以承天心,则庶征序于下,日月理于上;如人君淫溺后宫,般乐游田,五事失于躬,大中之道不立,则咎征降而六极至。凡灾异之发,各象过失,以类告人。……经曰:"皇极,皇建其有极。"传曰:"皇之不极,是谓不建,时则有日月乱行。"……臣闻灾异,皇天所以谴告人君过失,犹严父之明诫。畏惧敬改,则祸销福降;忽然简易,则咎罚不除。经曰:

---

① 朱熹著、黄榦编:《仪礼经传通解正续编》,第2257页下栏b。
② 《汉书》卷二七下之下《五行志》,第1500页。
③ 《后汉书》志第十八《五行六》,第3369页。
④ 朱熹著、黄榦编:《仪礼经传通解正续编》,第2258页上栏a。
⑤ 《汉书》卷八五《谷永杜邺传》,第3468页。

第五章 《洪范》五行学师法及其经学形态的建立

"飨用五福,畏用六极。"传曰:"六沴作见,若不共御,六罚既侵,六极其下。"①

所谓"大中之道",即其下文所言"皇极",这里将"五事"与"皇极"结合起来,认为若此六者有失,将导致"咎征降而六极至",而所谓"咎征",正是《洪范》所言"曰狂,恒雨若;曰僭,恒旸若"等六者,亦即《五行传》所谓"六罚",故其下文引《五行传》"六沴作见"之文为证,表明其所言灾异学原理正源自《五行传》。值得注意的是,这里谷永以"窃闻""臣闻"引起其说,表明其所言诸事皆有依据,而有趣的是,这些所闻之言与《汉书·孔光传》所载元寿元年(前2)孔光以"臣闻师言"的方式引述的经说非常相似。谷永所闻"五事失于躬,大中之道不立,咎征降而六极至",孔光奏议中作"貌、言、视、听、思失,大中之道不立,则咎征荐臻,六极屡降";谷永所闻"灾异,皇天所以谴告人君过失,犹严父之明诫。畏惧敬改,则祸销福降;忽然简易,则咎罚不除",孔光奏议称"臣闻师曰,天之与王者,故灾异数见,以谴告之,欲其改更。若不畏惧,有以塞除,而轻忽简诬,则凶罚加焉,其至可必"②。谷永、孔光对于《五行传》"六沴作见,若不共御,六罚既侵,六极其下"句的阐释几乎完全相同,显示谷永所谓"臣闻"之说并非虚辞,而是与孔光一样,系师法相传之说。即便我们无法确认谷永就是《洪范》五行师学弟子,但至少可以相信,谷永所习《洪范》五行学与夏侯始昌所传师法是基本契合的。

至于李寻,其本师为夏侯建弟子张山拊。夏侯建虽从夏侯胜习《尚书》学,但既兼取欧阳《尚书》,又旁及它经,故自立师法,称"小夏侯"。据《汉书·李寻传》,寻"治《尚书》",与张孺、郑宽中同师。宽中等守师法教授,寻独好《洪范》灾异,又学天文、月令、

---

① 《汉书》卷八五《谷永杜邺传》,第 3443~3450 页。
② 《汉书》卷八一《匡张孔马传》,第 3360 页。

阴阳"①。从这一叙述看来,李寻"独好"的《洪范》灾异"之学显然不属于郑宽中等所守小夏侯师法,而是别有渊源。《汉书·沟洫志》载有成帝鸿嘉四年(前17)李寻、解光所上治河之议:

> 阴气盛则水为之长,故一日之间,昼减夜增,江河满溢,所谓水不润下,虽常于卑下之地,犹日月变见于朔望,明天道有因而作也。众庶见王延世蒙重赏,竞言便巧,不可用。议者常欲求索九河故迹而穿之,今因其自决,可且勿塞,以观水势。河欲居之,当稍自成川,跳出沙土,然后顺天心而图之,必有成功,而用财力寡。②

这里"所谓水不润下"之说显然取自《五行传》。李寻认为黄河泛滥如同日月之变,是一种"天道有因而作"的灾异,故据《五行传》将其定性为"水不润下"。不过,从《沟洫志》所引奏议来看,李寻在进一步论述治河方略时却完全抛开灾异学立场,对《五行传》所列"水不润下"的几项咎由未有一点言及③,而是主张在技术上放弃王延世筑堤塞河的思路,根据黄河决口后的自然流势来疏浚河道。这一主张与许商、平当的奏议基本一致④,体现出西汉《尚书》家"以《禹

---

① 《汉书》卷七五《眭两夏侯京翼李传》,第3179页。
② 《汉书》卷二九《沟洫志》,第1691页。
③ 如谷永为此事所上奏议即完全从灾异角度出发:"先是,谷永以为'河,中国之经渎,圣王兴则出图书,王道废则竭绝。今溃溢横流,漂没陵阜,异之大者也。修政以应之,灾变自除'。"(《汉书》卷二九《沟洫志》,第1691页)
④ 《汉书·沟洫志》载许商之议:"古说九河之名,有徒骇、胡苏、鬲津,今见在成平、东光、鬲界中。自鬲以北至徒骇间,相去二百余里,今河虽数移徙,不离此域。孙禁所欲开者,在九河南笃马河,失水之迹,处势平夷,旱则淤绝,水则为败,不可许。"(《汉书》卷二九《沟洫志》,第1690~1691页)此与李寻奏议中所言"议者常欲求索九河故迹而穿之"者。至于平当有关治河之议,亦见《汉书·沟洫志》:"哀帝初,平当使领河堤,奏言'九河今皆寘灭,按经义治水,有决河深川,而无堤防雍塞之文。……'"(《汉书》卷二九《沟洫志》,第1691页)所谓"经义治水,有决河深川"之说,正与李寻"因其自决"之说相合。许商治大夏侯学,李寻治小夏侯学,平当治欧阳学,然于治河则皆主"决河深川"之法,可知其为今文《尚书》通义,与杨焉、王延世所主障塞法不同。

第五章 《洪范》五行学师法及其经学形态的建立

贡》治河"的基本思路①。总之,这里"水不润下"虽被提出,但在论述中并未发挥实际影响。至哀帝建平二年(前5)发生"有大声如钟鸣"之异,李寻乃完全援据《洪范》五行学"师法"加以说解,事见《汉书·五行志》:

> 哀帝建平二年四月乙亥朔,御史大夫朱博为丞相,少府赵玄为御史大夫,临延登受策,有大声如钟鸣,殿中郎吏陛者皆闻焉。上以问黄门侍郎扬雄、李寻,寻对曰:"《洪范》所谓鼓妖者也。师法以为人君不聪,为众所惑,空名得进,则有声无形,不知所从生。其《传》曰'岁、月、日之中,则正卿受之'。今以四月日加辰巳有异,是为中焉。正卿谓执政大臣也。宜退丞相、御史,以应天变。然虽不退,不出期年,其人自蒙其咎。"扬雄亦以为鼓妖,听失之象也。②

"鼓妖"之说不见于《洪范》经文,故李寻所谓"《洪范》"显然并非经文,而是指《洪范》五行学。李寻在占验中明称"师法",复引传文,显示其《尚书》学虽属小夏侯师法,但《洪范》五行学则另有所师。前文已言,《洪范》五行学自许商以下而师法渐备,这里李寻以小夏侯弟子而传习大夏侯所传之《洪范》五行学,也显示出西汉后期《洪范》五行学师法体系的相对独立性。

除了上述基本可以确定为师学弟子的传习者外,西汉后期士人在奏议和论著中涉及《五行传》的,除了先后撰著《传论》的刘向、歆父子以外,还有扬雄、鲍宣、王嘉等数人。关于扬雄之例,已见于上引哀帝建平二年"有大声如钟鸣"事,扬雄将其定为"鼓妖,听失之象也",显然是根据《五行传》"听之不聪,时则有鼓妖"之说而判定。只是此事系扬雄与李寻同奉诏应答,未知扬雄之说是否受到

---

① (清)皮锡瑞:《经学历史》,北京:中华书局2008年版,第90页。
② 《汉书》卷二七中之下《五行传》,第1429页。

李寻影响,故暂不将其列入师学弟子。

鲍宣为平当弟子,治欧阳《尚书》。《汉书·平当传》称"每有灾异,当辄傅经术,言得失",可知欧阳《尚书》平氏之学本身已包含灾异学成分,但其与《洪范》五行学关系如何,尚难以判断①。鲍宣在奏议中曾援用《五行传》"三朝"之说,但并未言明其说所据,事在哀帝元寿元年(前2):

> 宣复上书言:陛下父事天,母事地,子养黎民,即位已来,父亏明,母震动,子讹言相惊恐。今日蚀于三始,诚可畏惧。小民正月朔日尚恐毁败器物,何况于日亏乎!②

这里"三始"显然就是传文所谓"三朝",鲍宣称"三始",未知是否其所见传文即如此。前文已言,到西汉后期,《洪范》五行学的传习已经不再局限于师学弟子,因此,鲍宣虽然为欧阳《尚书》弟子,但亦有机会获见传文。因此,在缺乏直接证据的情况下,我们同样暂不将其归入师学弟子之列。

至于王嘉,其师学背景亦不明,但在哀帝元寿元年的日食奏对中,他也提到所谓"三朝"说:

> 今太皇太后以永信太后遗诏,诏丞相、御史益贤户,赐三侯国,臣嘉窃惑。山崩地动,日食于三朝,皆阴侵阳之戒也。③

循鲍宣之例,对于王嘉是否为师学弟子,我们也取存疑的态度。

至于东汉时期,光武帝建武二年(26),尹敏曾"上疏陈《洪范》消灾之术":

> 建武二年,尹敏上疏曰:"六沴作见,若是供御,帝用不差,

---

① 张兵认为平当所习灾异学即为《洪范》五行学,惜未举出证据(张兵:《〈洪范〉诠释研究》,第32页)。
② 《汉书》卷七二《王贡两龚鲍传》,第3091页。
③ 《汉书》卷八六《何武王嘉传》,第3498页。

第五章 《洪范》五行学师法及其经学形态的建立

神则大喜,五福乃降,用章于下。若不供御,六罚既侵,六极其下。明供御则天报之福,不供御则祸灾至,欲尊六事之体,则貌、言、视、听、思心之用合,六事之揆以致乎太平,而消除轗轲孽害也。"①

据《后汉书·尹敏传》,敏"少为诸生,初习欧阳《尚书》,后受古文,兼善《毛诗》《穀梁》《左氏春秋》"②,未言其曾传习《洪范》五行学,但这里所论"六沴"及"共御"之术显然均援据《五行传》,而且,尹敏所论消灾之关键在于"尊六事之体",强调通过修治人事而非《五行传》所言祷祝之术来避祸,与上文所引谷永、孔光等师学弟子完全相合,可见其《洪范》五行学虽未知所出,但大抵与师法不悖。

据笔者所见,东汉士人中唯一可以确定传习《洪范》五行学师法的是活跃于和帝时期的名儒周磐。《后汉书·周磐传》称其"少游京师,学《古文尚书》《洪范五行》《左氏传》"③,既然是年少游学时习得《洪范五行》,则其所学应系师法所传者。据其本传,周磐于安帝建光元年(121)时以七十三岁高龄而参加朝会,可知其生年当在光武帝建武二十四年(48),此时西汉末年曾传习《洪范》五行学的许商、李寻、孔光诸人均已作古,故周磐所师者恐怕应是许商甚至孔光的弟子一辈。周磐本传称其曾于晚年"梦见先师东里先生",但此"东里先生"究竟是否即传其《洪范五行》者,实难考知。此后,尽管班固、王充、卢植、蔡邕、张衡、郑玄等学者均曾在奏议、论著、传注中征引《五行传》,但一方面,他们从不称引师法,另一方面,他们对于《五行传》文本的认识和使用也与夏侯胜、谷永、李寻、孔光等师法弟子存在明显差异,显示出东汉《洪范》五行学发展的新特

---

① 《后汉书》志第十三《五行志》,刘昭注引《续汉书》,第3268页。
② 《后汉书》卷七九上《儒林列传》,第2558页。
③ 《后汉书》卷三九《周磐传》,第1310~1311页。

点,故不再纳入夏侯始昌所传《洪范》五行学师法弟子的范围。

这样,我们可以将夏侯始昌所传《洪范》五行学师法的大致谱系及其兴衰始末简述如下:

第一代,即夏侯始昌。他据其所见《五行传》初步建立起推度灾异的知识体系。

第二代,即夏侯胜。他传承了夏侯始昌的《洪范》五行学,并用之占验,使《洪范》五行学开始在西汉宫廷中产生影响。同时,他以此学"教所贤弟子",确立了《洪范》五行学作为"别传"之学的独特师法形态。

第三代,以周堪为代表。他从夏侯胜传习《洪范》五行学,并将其传授所贤弟子。

第四代,以许商、牟卿为代表。许商始将自夏侯始昌以来的口传师说著于竹帛,这标志着《洪范》五行学师法体系走向成熟,并开始影响到刘向、谷永等大夏侯师法系统以外的儒生,《洪范》五行学的传播开始具有一定的独立性。

第五代,以孔光为代表。他在奏议中援据师法论说灾异,《洪范》五行学广泛参与到成哀时期的宫廷政治中,李寻、扬雄、刘歆、鲍宣、王嘉等名儒均在奏议中援用《五行传》,《洪范》五行学迎来其在两汉传播史上最兴盛发达的时期。与此同时,随着刘歆所见本《五行传》的出现,以及刘向、刘歆父子各自《洪范》五行学体系的建立,夏侯始昌所传师法也开始面临文本和阐释层面的挑战,《洪范》五行学的发展开始呈现出驳杂多元的特点。

第六代,传习于两汉之际,其人湮没无闻。

第七代,以周磐为代表。未见其具体灾异说解,亦未知其是否将师法传诸弟子。不过,其灾异说解完全不见于《续汉书·五行志》,东汉《洪范》五行学师法的衰落于此可见一斑。

三、《洪范》五行学师说辑略

　　关于夏侯始昌所传《洪范》五行学的具体师说,由于许商《五行传记》早已亡佚,且诸书未见明确征引,因此已难知其貌。不过,上文通过对夏侯胜、谷永、孔光等人在奏议、占验中所论《五行传》的相关内容,亦可略窥崖略,而除了奏议所引师说以外,《汉书·五行志》中还有一部分没有具名,而以"一曰"领起的传文说解值得我们注意。笔者在研究刘向《传论》佚文时已经指出,"一曰"的体例在刘向《传论》中已经存在,《汉书·五行志》中不少"一曰"就是抄录自刘向《传论》,而刘向《传论》的撰写不早于其领校中秘(河平三年,前26),不晚于王凤之死(阳朔三年,前22),此时《五行传》的传习仍主要在夏侯始昌所传师法弟子的范围内进行,故刘向《传论》所引对《五行传》文本的别家说解很可能即出自许商《五行传记》,至少大部分应属于夏侯始昌所传《洪范》五行学师说。这一点我们可以从《传论》所引"一曰"对传文"常阴""鼓妖"两种异象的说解中得到一些验证。

　　关于"常阴"之罚,刘向认为《春秋》无其应,但《汉书·五行志》在文公十三年"自正月不雨,至于秋七月"条下引"一曰"之说,认为"不雨,近常阴之罚,君弱也"[1],在"皇之不极"说解中又引"一曰":"皇极之常阴,刘向以为《春秋》亡其应。一曰,久阴不雨是也。"[2]两处"一曰"均以《春秋》"不雨"为"常阴",而这在《南齐书·五行志》所引刘向《传论》中也得到一定程度的验证:

　　　　"思心"《传》曰:"心者,土之象也。思心不睿,其过在瞀乱

---

① 《汉书》卷二七中之上《五行志》,第1391页。
② 《汉书》卷二七下之上《五行志》,第1459页。

失纪。风于阳则为阴,于阴则为大臣之象,专恣而气盛,故罚常风。心为五事主,犹土为五行主也。一曰,阴阳相薄,偏气阳多为风,其甚也常风;阴气多者,阴而不雨,其甚也常阴。"①

这里的"思心《传》"正是刘向《传论》的"思心"条。在刘向的理论中,风兼阴、阳之性,无论何者专恣过盛,均会导致"常风"之罚。其后,刘向又引用"一曰"之说,同样以风为阴阳二气争胜所致,但此说认为阳气胜则为"常风",阴气胜则为"常阴",并明确以"阴而不

---

① 《南齐书》卷一九《五行志》,第418~419页,标点未尽从。"风于阳则为阴,于阴则为大臣之象"句令人费解,中华书局1972年王仲荦整理本(下文简称王校本)改作"风于阳则为君",似无版本依据,应为理校。隋人萧吉《五行大义》卷三《论五常》论"思心"失所致常风,言:"于阳则为阴,于阴则为阳,大臣之象。"(中村璋八《五行大义校註(增订版)》卷三《论五事》,第123页)较《南齐书》所引刘向《传论》多出一"阳"字,值得注意。今案,《大戴礼记·曾子天圆》言:"阴阳之气各从其所,则静矣。偏则风,俱则雷,交则电,乱则雾,和则雨。"(孔广森:《大戴礼记补注》卷五《曾子天圆》,第110页)《淮南鸿烈·天文》言:"天之偏气,怒者为风;地之含气,和者为雨。阴阳相薄,感而为雷,激而为霆,乱而为雾。"(刘文典:《淮南鸿烈集解》卷三《天文训》,北京:中华书局1989年版,第80~81页)由此可知,在西汉士人的知识结构中,"风"的产生与阴阳之气失和有关,而在此过程中,由于阴、阳之气可能互有胜负,故风之属性也就有阴、阳之别。《白虎通·八风》于"景风"则言"阳气长养也",于"凉风"则言"阴气行也",于"不周风"言"阴阳未合离也",(陈立:《白虎通疏证》卷七《八风》,第342页)皆可证在汉人知识观念中,风兼阴、阳二性,随时而变,这也就构成《南齐书》所引《传》说的知识基础:无论阳盛于阴,抑或阴盛于阳,都会产生风,故风有"于阳"之风和"于阴"之风。只是据《南齐书》引文,则仅言"于阴"之象,不言"于阳"之象,前后不伦,王仲荦先生遂改前句"阴"为"君"字,今参《五行大义》之文,可知《南齐书》此处脱一"阳"字。《五行大义》卷三《论五常》大量引述刘向《传论》之文,此处亦应暗据其说,故可为参校。刘向认为"风"与"大臣"之间存在共通性,因为后者对于君主来说是阴,对于庶民来说是阳,其处事始终处在阴阳博弈的不同立场上,故"风"可为"大臣之象"。这一点还可以从《汉书·五行志》对于"常风"的说解中得到的验证:"雨旱寒奥,亦以风为本,四气皆乱,故其罚常风也。"(《汉书》卷二七下之上,第1441页)《汉书·五行志》在论及常雨、常旸、常寒、常奥之罚时,多从阴阳关系入手,如以"阴气胜"为常雨之咎由,以"阳气胜"为常旸之咎由,而此处根据"貌言视听"以"心"为主,而将"风"视为雨旱寒奥之本,而这自然也就意味着"常风"之罚的出现不只是阴或阳单一的过盛,而是阴、阳二者的偏废均有可能造成这一现象。《汉书·五行志》的说解本系刘向《传论》而成,《南齐书·五行志》所引《传论》在论述常风之罚后特别提及"心为五事主,犹土为五行主也。"显示《汉书·五行志》的说解确实与刘向《传论》在基本思路上存在一致性,"风"在这里显然不会只具备"阴"一种属性,而应是兼存阴、阳两种可能性,应据《五行大义》补《南齐书》之脱文。

第五章 《洪范》五行学师法及其经学形态的建立

雨"作为"常阴"的具体表现，与《汉书·五行志》"一曰"之说完全一致。我们知道，刘向之所以认为"常阴"于《春秋》无其应，是因为他将"不雨"视同旱灾，纳入"常阳"之罚，而前引夏侯胜在占测昌邑王遭废一事时，正以"久阴不雨"作为"常阴"之象，可见刘向《传论》、《汉书·五行志》两书所引"一曰"对于"常阴"的解释与夏侯始昌所传《洪范》五行学师法恰相吻合。

至于"鼓妖"的具体所指，刘向与时人也有不同意见，其说见于《南齐书·五行传》：

"听"《传》曰：不聪之象见，则妖生于耳，以类相动，故曰有鼓妖也。一曰，声属鼓妖。[①]

刘向认为所谓"鼓妖"并不是指外界出现异常的声音，而是"妖生于耳"，也就是耳朵出现幻听的症状，《汉书·五行志》以"鼓妖"为"妄闻之气发于音声"[②]，显然正是遵从刘向说。不过，刘向又引"一曰"之说，指出时人也有以"鼓妖"为外界异常声响者。事实上，前引《汉书·五行志》载李寻在判断"有大声如钟鸣，殿中郎吏陛者皆闻"一事时，正将其定为"鼓妖"，并称"师法以为人君不聪，为众所惑，空名得进，则有声无形，不知所从生"，认为"鼓妖"之异在于"声"而不在于"耳"。李寻明确称引"师法"，可知在关于"鼓妖"的理解方面，刘向《传论》所引"一曰"同样与师法之说相合。

在为数不多的师法弟子奏议中，夏侯胜对于"常阴"的解释和李寻对于"鼓妖"的解释均与刘向《传论》、《汉书·五行志》所引"一曰"相合，这显示出两书所引"一曰"确实与夏侯始昌师法之间存在某种联系。此外，《汉书·五行志》所引"一曰"中还有一些明显具有体系性的说解，例如关于"六祸"：

[①] 《南齐书》卷一九《五行志》，第427页，标点未尽从。
[②] 《汉书》卷二七中之下《五行志》，第1421页。

表 5-1

	"一曰"
鸡祸	水岁鸡多死及为怪
犬祸	旱岁犬多狂死及为怪
羊祸	暑岁羊多疫死及为怪
豕祸	寒岁豕多死及为怪
牛祸	牛多死及为怪
马祸	马多死及为怪

这些解释前后思路一致，显然是出于同一说解。其中"犬祸""马祸"之说，分别见于《开元占经》和《南齐书·五行传》所引刘向《传论》[1]，显示这一阐释体系至晚在西汉成帝前期已经出现，不能排除其出自夏侯始昌所传师法的可能性。如果将刘向对诸祸的解释与之对比，会发现刘向颇用《说卦》与六祸加以勾连，带有一定的比附色彩，而"一曰"之说则相对平实，其将鸡、犬、羊、豕之祸分别与水、旱、暑、寒岁相对应，乃是基于传文中貌、言、视、听之失分别导致恒雨、恒阳、恒奥、恒寒之罚的说法，与传文的关系更为贴合。

当然，刘向《传论》也有对同一灾异引用两种"一曰"者，如上引"常阴"之罚，《南齐书·五行志》所引刘向《传论》在引述第一种"一曰"之后，还引述了第二种"一曰"："一曰，风宵起而昼晦，以应常阴，同象也。"[2]将"思心"之失引起的"常风"与"皇之不极"而致的"常阴"视为"同象"。所谓"同象"之说，确实见于《汉书·五行志》

---

[1] 《开元占经》："《洪范五行传》曰：'犬祸者，西方也，以口守，言之类也。言气毁则犬伤疾矣，故曰犬祸也。旱岁犬多狂死，或言气乱则犬为怪，以期占之。'"（《开元占经》卷一一九《犬咎征》，北京：九州出版社 2012 年版，第 1124 页，标点未尽从）《南齐书·五行志》："《传》曰：'《易》曰"乾为马"。逆天气，马多死，故曰有马祸。一曰：马者，兵象也，将有寇戎之事，故马为怪。'"（《南齐书》卷一九《五行志》，第 428 页，标点未尽从）

[2] 《南齐书》卷一九《五行志》，第 419 页，标点未尽从。

第五章 《洪范》五行学师法及其经学形态的建立

所引"一曰":"一曰,夜妖者,云风并起而杳冥,故与常风同象也。"①以"脂夜之妖"与"常风"同象。又如《南齐书·五行志》引《传》曰:"大雨雪,犹庶征之常雨也,然有甚焉……一曰,与大水同象,曰攻为雪耳。"②《魏书·灵征志》引刘向《传论》作:"《洪范论》曰:《春秋》之大雨雪,犹庶征之恒雨也,然尤甚焉。……一曰与大水同,冬故为雪耳。"③以《春秋》中的"大雨雪"与"大水"同象。值得注意的是,这两处"同象"说虽然所论不同,但其所言"同象"都是指两种异象具有同样的灾异学原理,故"脂夜之妖"和"常风"同归咎于"思心之不容",而"大雨雪"与"大水"则同归咎于"貌之不恭"。可是,"常风"与"常阴"分别归咎于"思心之不容"与"皇之不极",二者并非基于同一灾异学原理,故刘向《传论》"常阴"条所引的这第二种"一曰"虽然也采用"同象"之说,但其所指显然与《传论》"大雨雪"条和《汉书·五行志》"脂夜之妖"条所引"一曰"有所不同,这两种"一曰"应出于不同的理论体系。此外,《魏书·灵征志》"牛祸"条在引用刘向《传论》时,也出现两种"一曰":

> 《洪范论》:《易》曰"《坤》为牛",《坤》,土也,土气乱则牛为怪,一曰,牛祸,其象宗庙将灭。一曰,转输烦则牛生祸。④

凡此皆可见在刘向撰述《传论》之时,其所知《五行传》说解已出现不止一种,《传论》所引"一曰"虽有部分出于夏侯始昌所传师法,但亦不可将其完全纳入师说,仍需结合具体说解逐条辨析。

---

① 《汉书》卷二七下之下,第1441页。
② 《南齐书》卷一九《五行志》,第413页,标点未尽从。
③ 《魏书》卷一一二上《灵征志》,第2905页。
④ 《魏书》卷一一二上《灵征志》,第2918页,标点未尽从。

四、《洪范》五行学师说的思想特点

　　从上举《洪范》五行学师说来看，夏侯始昌所传师法弟子除利用《五行传》的占验体系对灾异进行占测、说解以外，还对传文中部分灾异名目的具体所指，以及整个灾异体系的内在合理性做了进一步论证，二者应构成夏侯始昌所传师法的主要内容。前者如谷永、孔光等对于所谓"皇极"的解释，以及刘向《传论》所引"一曰"对于"常阴"等异象的具体解释，后者如李寻在论及"鼓妖"出现的原因时，即联系其咎由"听之不聪"，认为是君主惑于谗言，遂使有名无实者得进所致，故对于鼓妖的塞除之法就是要去除这些名不副实之徒，这些都有助于《五行传》的使用者进一步理解传文中各种灾异的生成机制。在具体的解说风格上，相较于刘向多处援引《易》《春秋》说阐释传文，仅就目前所见师说来看，其解说大多本于传文，不牵引他经。夏侯胜在批评夏侯建《尚书》学时，即认为后者牵引他经，破碎大道①，看来这种谨守本传的解说风格在其所传《洪范》五行学中也得到了贯彻。

　　从灾异学的整体立场上看，师法弟子在运用《五行传》说灾异时，更注重对于既有灾异的解释，而非对未现灾异的预测，这一点也与《五行传》自身的灾异学取向基本一致。陈侃理在分析早期中国灾异文化时指出，数术学传统下的灾异论注重对于未来的预测，而儒学传统中的灾异论则注重对既有灾异的回溯咎责，同时两者之间也存在相互影响②。在以"谴告"说为代表的儒家灾异理论中，经师宣称对于既有灾异的解释能够帮助君主找到咎由，从而避免

---

① 《汉书》卷七五《眭两夏侯京翼李传》，第3159页。
② 陈侃理：《儒学、数术与政治：灾异的政治文化史》，第175页。

第五章 《洪范》五行学师法及其经学形态的建立

灾异继续发生；但如果君主不予理会，则未来的灾异将在何时、何地、以何种方式出现，经师大多只能做出笼统的警示，只有等进一步的灾异出现以后，才能再次做出解释。以《五行传》为例，其以大量篇幅论述了五事、皇极、五行等人事之失将分别导致何种异象，应归咎于何人，同时也详细介绍了"六沴作见"后应采取何种禳救之法，但至于"若不共御"将导致的后果，则仅仅援用《洪范》中"咎征""六极"的相关名目，并未具体展开，这多少显示出《五行传》作为儒家灾异学著作对数术知识的相对轻忽。

但有趣的是，对于《洪范》五行学师法的两位早期建立者来说，无论是夏侯始昌对柏梁台灾日的精确预测，还是夏侯胜对昌邑王遭废的预知，恰恰是以其预知未来的能力而赢得皇帝及朝官的青睐，如果将视野进一步扩充到其他的经师，则梁丘《易》学、京氏《易》学的兴起，也与他们每能预测未来有关[①]。这充分显示出儒家灾异学的理论诉求与汉代灾异文化的主流之间的微妙差异——对于皇帝和多数官僚而言，重要的不是解释灾异，而是避免灾异，至少是预知灾异，如果一种理论永远只能在事后做出解释，它在根本上是不符合汉代君臣对于灾异学的预期的。夏侯始昌、夏侯胜以预知而著名，但他们所传的《洪范》五行学师法却并未沿着这条道路发展，而是回到与董仲舒、刘向等大体相同的儒学立场，关注灾异的咎由分析，可见《五行传》这一文本对于《洪范》五行学的发展仍起到主导性的影响。从上举谷永、孔光、李寻、鲍宣等人的实际用例来看，西汉中后期士人使用《五行传》的主要方式都是解释既有灾异，仅有的两处具有预测性的占验，一处是刘向、谷永对"建始元年正月，白气出于营室"的占验，二人根据异象出现的时间推知其应将在"皇极"，又根据营室主后宫，推知此天象意味着将有"后

[①] 《汉书》卷八八《儒林传》，第 3600～3602 页。

妾无能怀任保全者",是"继嗣之微,贱人将起"之象。这里《五行传》主要被用来建构起异象发生的时间与其所应对象之间的关系,但最终将灾应明确为"怀任"者,仍需借助于"营室主后宫"的星占学知识。另一个例子则是李寻在论及"鼓妖"时所言"不出期年,其人皆自蒙咎",这种"不出某年"的说法是占书中常见的术语,李寻这里称"不出期年",显然有意强调《洪范》五行学同样具有占测未知的能力,但这一说法在《五行传》中并不能找到依据,看来不过是深悉数术的李寻泛泛而言的占测之辞,其奏议的重点仍在于归咎公卿,策免大臣。因此,这两个例子虽然含有预测的成分,但恰恰显示出《五行传》在预测未知方面的知识是不完备的。汉代灾异学推崇对于未知灾异的占测,谷永、李寻等身当其境,自然不能不受其风气的影响,但从他们的奏议来看,《洪范》五行学显然更多被用来追究咎责,陈述时弊,反映出逐渐成熟的《洪范》五行学师法已经成为一种典型的儒学灾异论,像夏侯胜那样用传文预测未知的做法在西汉中后期已经越来越少见。

不过,师法与其所据传文之间也存在着重要的差异。《五行传》开篇有一句常为汉儒引用的论断:

若六沴作见,若不共御,六伐既侵,六极其下。①

关于句中"共御"二字,刘向言"文不改行循正,共御厥罚,而作非礼,以重其过"②,刘歆言"人君能修政,共御厥罚"③,显然将其理解为抵御之意。郑玄注以为"共,读曰恭。禦,止也",知其所据本作"禦",《汉书》引用此句作"御",师古注大抵因循郑注,同时补充异解:"共,读曰恭。御,读曰禦。言恭己以禦灾也。一说御,治也,恭

---

① 朱熹著、黄榦编:《仪礼经传通解正续编》,第 2255 页上栏 a。"伐",《汉书》引作"罚"。
② 《汉书》卷二七下之上《五行志》,第 1468 页。
③ 《汉书》卷二七下之下《五行志》,第 1479 页。

第五章 《洪范》五行学师法及其经学形态的建立

治其事也。"①"言敬而修德以禦灾"②无论作"禦"还是"御",无论理解为"防备"还是"治理",郑注与师古注都强调人君应通过修己改政等政治手段来销灾避祸,这一点向无异议。至陈侃理乃据俞樾对《左传·昭公十二年》"共禦王事"句的训诂③,指出"共御"当作"供奉献御"解,也就是指《五行传》后文所言"御貌于乔松"等一系列"六沴之礼"。此说于传文有内证可据,很好地纠正了郑注、师古注基于儒家政治立场所做的阐发,揭示出《五行传》对灾异祈禳之术的高度关注。事实上,《五行传》已经建立起一种自足的"谴告—灾应"体系。"六沴"是具有警示性的前兆,"六伐""六极"才是具有惩戒性的灾祸,而勾连"六沴"与"六伐"的关键就是具有数术色彩的"共御"之术。陈侃理已经指出:"《洪范五行传》反映了天人关系思想中更为古老的逻辑:与天神沟通必须借助特定的祭祀仪式,用直接的好处取悦神灵。"④根据传文,一旦出现"六沴",则纯靠德政已经不足以扭转局面,必须辅以相关的祈禳之术,才能变祸为福。

然而,师法对"六沴"与"六伐""六极"之间关系进行了重构,并由此形成了对于"共御"之法的全新理解。前文已言,当夏侯胜据"厥罚常阴"推知将有"下人伐上"时,他是以"六伐"作为"六沴"的预兆,这与《五行传》的文本几乎完全相悖。这一点到了谷永、孔光所言师法中就显得更为突出。成帝建始三年(前29)冬十二月同日日食、地震后谷永奏对:

> 臣闻灾异,皇天所以谴告人君过失,犹严父之明诫。畏惧敬改,则祸销福降;忽然简易,则咎罚不除。经曰:"飨用五福,畏用六极。"传曰:"六沴作见,若不共御,六罚既侵,六极其

---

① 《汉书》卷二七中之下《五行志》师古注,第1411页。
② 《汉书》卷八五《谷永杜邺传》师古注,第3450页。
③ 陈侃理:《儒学、数术与政治:灾异的政治文化史》,第81页。
④ 陈侃理:《儒学、数术与政治:灾异的政治文化史》,第80页。

下。"今三年之间,灾异锋起,小大毕具,所行不享上帝,上帝不豫,炳然甚著。不求之身,无所改正,疏举广谋,又不用其言,是循不享之迹,无谢过之实也,天责愈深。此五者,王事之纲纪。南面之急务,唯陛下留神。①

谷永明确征引传文"若不共御"之辞,但在具体阐述君主对待灾异的态度时则仅言"畏惧敬改",并不提及祈禳,至于对三年之间灾异屡见的现象进行分析时,他又从"所行不享上帝,上帝不豫"着眼,批评成帝"不求之身,无所改正,疏举广谋,又不用其言",这些显然都是对"不共御"的具体阐释,但其所论皆就戒惧、改政等人事而言,与《五行传》极言"御"祀的风格完全不合。又如孔光奏对:

会元寿元年正月朔日有蚀之,后十余日傅太后崩。是月,征光诣公车,问日蚀事。光对曰:"臣闻日者众阳之宗,人君之表,至尊之象。君德衰微,阴道盛强,侵蔽阳明,则日蚀应之。《书》曰'羞用五事','建用皇极'。如貌、言、视、听、思失,大中之道不立,则咎征荐臻,六极屡降。皇之不极,是为大中不立,其《传》曰'时则有日月乱行',谓朓、侧匿,甚则薄蚀是也。又曰'六沴之作,岁之朝曰三朝,其应至重'。乃正月辛丑朔,日有蚀之,变见三朝之会。上天聪明,苟无其事,变不虚生。《书》曰'惟先假王正厥事',言异变之来,起事有不正也。臣闻师曰,天左与王者,故灾异数见,以谴告之,欲其改更。若不畏惧,有以塞除,而轻忽简诬,则凶罚加焉,其至可必。《诗》曰:'敬之敬之,天惟显思,命不易哉!'又曰:'畏天之威,于时保之。'皆谓不惧者凶,惧之则吉也。……《书》曰'天既付命正厥德',言正德以顺天也。又曰'天棐谌辞',言有诚道,天辅之

---

① 《汉书》卷八五《谷永杜邺传》,第3450页。

第五章 《洪范》五行学师法及其经学形态的建立

也。明承顺天道在于崇德博施,加精致诚,孳孳而已。俗之祈禳小数,终无益于应天塞异,销祸兴福,较然甚明,无可疑惑。"①

这里孔光言"如貌、言、视、听、思失,大中之道不立,则咎征荐臻,六极屡降",所谓"咎征",即《洪范》经文所言"曰狂,恒雨若"等六者,亦即《五行传》所言"六伐",在孔光所言师法中,"六事"之失将直接导致"六伐"和"六极",而在传文中具有关键性地位的"共御"实际上被架空了。细读奏议,我们发现其实孔光也提到了"共御"之法,"天左与王者,故灾异数见,以谴告之,欲其改更。若不畏惧,有以塞除,而轻忽简诬,则凶罚加焉,其至可必",这几句所言"灾异",显然是具有警示性的预兆,而所谓"凶罚",则是具有惩戒性的灾祸,因此,"若不畏惧,有以塞除"显然正是对应传文中的"若不共御",只是孔光认为合理的"塞除"之法应是"明承顺天道在于崇德博施,加精至诚,孳孳而已",特别强调"俗之祈禳小数,终无益于应天塞异,销祸兴福,较然甚明,无可疑惑"。显然,这与《五行传》所言"共御"之法已完全不同。作为大夏侯《尚书》学弟子,孔光在奏议中言称"师曰",显示其所说应代表《洪范》五行学师法的基本观点,而这一说法既不同于《五行传》,也与夏侯胜据"六极"推测"六沴"的做法有所不同,显示即便是以"师法"形态传承的《洪范》五行学,其内部也存在前后期的变化。事实上,清儒常称西汉经学重师法,"师之所传,弟之所受,一字毋敢出入"②,但近年来有关西汉经学史的研究正不断显示,这种说法显然是过于简单化了。如果"师法"自确立后就不能更易一字,则《汉书·儒林传》中各家师法不断孳生出的"某家之学"又该如何解释呢?作为一种经学体系,师徒之间

---

① 《汉书》卷八一《匡张孔马传》,第 3359～3360 页。
② 皮锡瑞:《经学历史》,第 26 页。

传承固然有其稳定性,但随着时代更易,无论是政治局势的变化,还是知识结构的发展,都必然推动师法要义的变化,也正是因为存在这种变化,今文学章句才出现不断膨胀的现象,也才出现徐防等人反对更易师法的建议。《洪范》五行学虽然只是西汉今文师法中影响较小的一种,但也颇能体现西汉师法演变的实际形态。

值得注意的是,孔光所谓"俗之祈禳小数",表面看似乎是指民间流行的不经之道,但系统梳理两汉朝廷御灾措施,可见汉代诸帝普遍重视以祈禳之术应对灾异。元帝初元三年(前46),面对"阴阳错谬,风雨不时"的现状,元帝诏令"丞相御史举天下明阴阳灾异者各三人"①,所谓"阴阳灾异",恐怕更多指的是以阴阳数术禳除灾异的方士异人,从公孙臣、新垣平到夏贺良,方士在汉代宫廷中始终扮演着重要的角色。特别有趣的是,当钟离意向汉明帝奏言商汤以"六事自责"应对灾异时,明帝在诏报中强调的,却仍是其"分布祷请,窥候风云,北祈明堂,南设雩场"诸事②。这一君臣之间"错位"的对话非常具有代表性,深刻揭示出汉儒试图建立的灾异学理论与作为汉人普遍知识的灾异学观念之间的根本差异。这种差异在西汉时期已经暴露出来,而在东汉时期得到了进一步彰显,并最终将《洪范》五行学挤压到汉代政治和学术的边缘。由此可见,《五行传》本身所言祈禳之术才是一种更加符合世情的灾异学观念,《洪范》五行学师法对《五行传》的更改非但不是顺应汉代社会普遍的知识结构,反而是与当时的"常识"刻意求异、背道而驰的,其有意回避数术、归本德政的儒学倾向可以说是非常鲜明的了。在通常的经学史论述中,两汉之际今文学常常被冠以"数术化"的笼统叙述,但至少从《洪范》五行学的形态来看,谷永、孔光所论虽然是

---

① 《汉书》卷九《元帝纪》,第284页。
② 《后汉书》卷四一《第五钟离宋寒列传》,第1408页。

最具有神秘倾向的灾异之事，但他们却恰恰有意反对以神秘化的方式应对灾异，主张回归"崇德博施"，这也再次提示我们，两汉今文学的发展演变是一个非常复杂的过程，类似"数术化"这样的笼统判断恐怕无益于我们真正认识汉代经学史的本来面貌。

  总之，从体例和功能的角度来说，《五行传》属于"外传"①；而从传播方式的角度来说，则大、小夏侯与欧阳《尚书》师法属于皮锡瑞所谓"正传"，夏侯始昌所传《洪范》五行学师法则属于其所谓"别传"。这种"别传"之学所传承的往往是"外传"，与经文之间保持着若即若离的联系，通常更切近时用，宽泛一点说，两汉之际逐渐兴起的纬学事实上也可以纳入这一视域中加以理解。由于这类知识常常具有一定的神秘色彩，因此东汉时期又被好事者称为"内学"，以示秘传。但作为师法的《洪范》五行学似乎更强调其作为圣人之道的儒学身份，有意淡化其数术色彩。我们知道，刘歆《七略》将具有儒学背景的《易》注与具有数术背景的《易》说分别归入"六艺略"和"数术略"，而在处理"五行"学著作时，刘歆同样将刘向、许商的《五行传记》列入"六艺略"，而将其他五行学著作列入"数术略"。此外，尹敏是东汉初期反对图谶之学的代表性人物，但他对于《洪范》五行学却极为推崇，凡此皆可见夏侯始昌所传《洪范》五行学师法重"道"轻"数"的立场，确实得到了汉代士人的体认。经过谷永、孔光、李寻等人的发挥，到西汉中后期，《五行传》已成为与京氏《易》学、《春秋》公羊学鼎足而三的儒学灾异理论，获得了一定的政治影响力；至于其学理层面的进一步的拓展，则有待于旨在融会"六艺"之学的硕学通儒刘向、歆父子的出现。

---

  ① 关于"外传"的体例特征及其功能，可参常森《论汉代〈诗经〉著述之内外传体》，《国学研究》第 30 卷（2012），第 149~160 页。

第六章　刘向《洪范五行传论》与经学灾异论体系的建构

在汉代《洪范》五行学的发展过程中，刘向无疑是值得重点关注的一位。他在历史上曾长期被误认为《洪范五行传》的编纂者，而其所著《洪范五行传论》最早将《五行传》与《春秋》灾异学体系结合起来，又在一定程度上援用《易》理，使得《易》学、《春秋》学与《洪范》五行学这西汉经学三大灾异理论初步实现了勾连；同时，刘向精于阴阳、月令、历算、天文之学，这使得其所撰《传论》在知识体系上更为复杂，显示出集西汉灾异说之大成的宏阔气象。至于《传论》"推迹行事，连传祸福，著其占验，比类相从"的编辑方式[①]，则经由《汉书·五行志》而成为历代正史《五行志》编纂的基本体例。因此，无论是对于汉代经学史、知识史，抑或史学史的研究，刘向及其《传论》都是不可绕过的话题。近代以来，梁启超、田中麻纱巳、池田秀三、坂本具償、汪高鑫、齋木哲郎、徐兴无、黄启书、张书豪、平

[①] 《汉书》卷三六《楚元王传》，第 1950 页。

第六章　刘向《洪范五行传论》与经学灾异论体系的建构

澤步、丁四新、陈侃理、任蜜林等学者均对这一问题有所讨论[①],在刘向灾异学的理论依据、说解风格、政治立场及其与董仲舒、刘歆等灾异说之异同等问题上形成了诸多共识。

不过,由于刘向《传论》早已亡佚,故目前学界研究此书的主要依据是《汉书·五行志》,后者所引《五行传》为刘向所据本,其灾异行事说解亦大量征引刘向之说,这给人一种印象,似乎《汉书·五行志》的体例即沿袭自刘向《传论》,不少学者亦据此对刘向《传论》的灾异学体系加以考述[②];但通过上编对中古文献所见刘向《传论》佚文的全面考辑可知,不仅刘向《传论》与《汉书·五行志》在体例、结构上存在诸多差异,班固在钞录刘向灾异说解时也存在不同程

[①] 梁启超:《阴阳五行说之来历》,《东方杂志》第20卷第10号(1923),第79页;田中麻紗巳:《劉向の災異説について——前漢災異思想の一面》,《集刊東洋学》第24号(1970),第29～41页;池田秀三:《劉向の學問と思想》,《東方學報》第50辑(1978),第109～190页;坂本具償:《「漢書」五行志の災異説——董仲舒説と劉向説の資料分析》,《日本中国学会報》第40期(1988),第47～60页;汪高鑫:《刘向灾异论旨趣探微——兼论刘向、刘歆灾异论旨趣的不同及其成因》,《安徽大学学报》2003年第2期,第104～110页;齋木哲郎:《秦漢儒教の研究》,东京:汲古书院2004年版,第805～817页;徐兴无:《刘向评传(刘歆评传)》,南京:南京大学出版社2005年版,第283～305页;黄启书:《试论刘向灾异学说之转变》,《台大中文学报》第26期(2007),第119～152页;《试论刘向、刘歆〈洪范五行传论〉之异同》,《台大中文学报》第27期(2007),第123～166页;《〈汉书·五行志〉之创制及其相关问题》,《台大中文学报》第40期(2013.3),第145～196页;张书豪:《〈汉书·五行志〉所见刘向灾异论》,《先秦两汉学术》第10期(2008),第81～104页;《试探刘向灾异论著的转变》,《国文学报》第57期(2015.6),第1～28页;平澤步:《「漢書」五行志と劉向「洪範五行伝論」》,《中国哲学研究》第25号(2011.3),第1～65页;丁四新:《刘向、刘歆父子的五行灾异说和新德运观》,《湖南师范大学学报》2013年第6期,第107～112页;陈侃理:《儒学、数术与政治:灾异的政治文化史》,第117～125页;任蜜林:《刘向〈洪范〉五行说新论》,《社会科学研究》2020年第6期,第148～153页。

[②] 如黄启书指出:"今本《五行志》应是建筑于刘向《洪范五行传论》之基础上增益、修订而来。"(黄启书:《〈汉书·五行志〉之创制及其相关问题》,《台大中文学报》第40期(2013.3),第161页)张书豪认为"其后班固作《五行志》,其涉及《洪范》者,即据刘向《五行传记》所分章节为蓝本",并据此展开对刘向《传论》的研究。(张书豪《〈汉书·五行志〉所见刘向灾异论》,《先秦两汉学术》第10期(2008),第87页)陈侃理亦认为刘向《传论》的"基本结构和主要内容为《汉书·五行志》所沿袭",《汉书·五行志》序文、"经曰""传曰""说曰"等体例亦当时承袭自刘向《传论》,故"据《汉书·五行志》考察刘向的灾异说是可行的"(陈侃理:《儒学、数术与政治:灾异的政治文化史》,第119页)。

度的改笔。因此，仅据《汉书·五行志》所见刘向灾异说探讨其《传论》，在材料层面存在较大疏漏，在体例层面更存在误判的可能。刘向《传论》自明清以来出现了几种辑本，但这些辑本对于中古文献的利用不够充分，不仅存在一定的漏辑，而且它们的主要旨趣均在搜罗佚文，对于《传论》的结构、体例则未加关注，而后者恰恰是把握刘向《传论》思想体系的关键。因此，对中古文献所见刘向《传论》佚文进行系统辑佚，并尝试恢复其体例，是研究刘向《传论》的基本前提。有鉴于此，本章将以此为基础，结合前文对《五行传》灾异思想、夏侯始昌所传师法等西汉中前期《洪范》五行学发展的分析，试图更全面、深入地了解刘向《传论》的占验体系与学理体系，从而对这部论著的学术史价值有更为真切的把握。

一、刘向《洪范》五行学的系统性问题

由于《五行传》已初步建立起一套占验体系，唯其背后的学理依据则未见展开，故刘向对于灾异行事的分类、定性和说解在多大程度上遵循《五行传》的占验体系，就表现为其《洪范》五行学的系统性问题；至于刘向能否在汉儒以"六艺"之学为中心，同时兼涉若干数术学说的知识体系内为《五行传》的占验体系找到足够的理据，便成为评价其学理性水平的标准。此二者之间存在互动关系，这里先讨论系统性问题。由于这一问题还关乎西汉中后期经学风气演变等更大的论题，故自上世纪六十年代镰田正加以揭示以来，长期受到学者关注。

镰田正通过比对《汉书·五行志》所载向、歆父子异说[1]，特别

---

[1] 镰田正：《左传の成立と其の展开》第二编第一章第三节《刘歆の春秋灾异说》，东京：大修馆书店1963年版，第416～435页。

第六章　刘向《洪范五行传论》与经学灾异论体系的建构

是对刘歆日食分野说的分析,认为与刘歆相比,刘向灾异说解与传文关系疏远,具有"主观""恣意"的特点。板野长八则通过比较向、歆父子对于火灾、大水、多麋、有蜮、有蜚等灾异行事的不同说解,认为刘向在勾连人事与灾异时缺乏清晰的"法则性",显得"恣意"①。陈侃理基本赞同二氏之说②,认为刘向对于灾异行事的定性存在重合、混乱之处,在说解灾异时"注意力不在紧扣传文",较刘歆更多呈现出"实用主义"的色彩;不过,田中麻纱巳以董仲舒为比较对象③,认为刘向灾异学受《五行传》内在结构的制约,其系统性、"机械论"色彩较董氏已有所增强④;而黄启书则认为,即使是与刘歆相比,"二人诠释灾异时,的确多依《五行传》说,故不宜说刘歆有一定法则,而刘向便恣意采择"⑤。

　　学者对于刘向《洪范》五行学之系统性的看法虽存在差异,然若究其研究方法和文献依据,则无不依托于《汉书·五行志》;然而,就这一问题的研究而言,阻碍学者形成可靠认识的最大迷障正是《汉书·五行志》本身。首先,由于班固在志文编纂中完全打破了刘向《传论》对于灾异行事的分类方法,而以刘歆分类法为基本体例,这必然导致刘向"比类相从"的编纂体例无法在《五行志》中得到充分体现。以"貌之不恭—常雨之罚"为例,在刘向《传论》中,其下包括木冰、大水、大雨雪、未当雨雪而雨雪、大雨雹、陨霜杀菽

---

①　[日]板野長八:《儒教成立史の研究》,东京:岩波书店1995年版,第314~316页。
②　陈侃理:《儒学、数术与政治:灾异的政治文化史》,第122~124页。此外,王继训同样认为刘向"不擅长理论思维,他的兴趣在于将现成的阴阳五行理论进一步工具化,然后运用到现实政治斗争中去"(王继训:《刘向阴阳五行学说初探》,《孔子研究》2002年第1期,第92页)。
③　田中麻纱巳:《刘向の灾异说について》,第34页。
④　关于董仲舒的"机械论"宇宙观及与其"目的论"宇宙观之间的矛盾,可参冯友兰:《中国哲学简史》,赵复三译,北京:三联书店2009年版,第218~219页。
⑤　黄启书:《试论刘向、刘歆〈洪范五行传论〉之异同》,《台大中文学报》第27期(2007.12),第156~157页。

等多种灾异,而在《汉书·五行志》中,根据刘歆分类法,"木冰"被归于"木不曲直"条,"大水"被归于"水不润下"条,"大雨雪"以下四种被归于"听之不聪—常寒之罚",刘向《洪范》五行学的系统性无疑受到湮没。其次,刘向《传论》的内部结构是"《洪范五行传》—传文说解—灾异行事说解",其中传文说解的部分至关重要,是勾连传文与灾异行事的桥梁。要判断刘向灾异行事说解与《五行传》之间的相关性,首先必须判断这些行事说解与相应传文说解之间的契合度。目前,学者多视《汉书·五行志》"说曰"部分为刘向对传文的说解,但通过与他书所见《传论》佚文的比读,可知"说曰"虽颇取材于刘向《传论》,但班固对《五行传》的看法与刘向存在重要差异,其改笔之处实多,故据"说曰"讨论刘向灾异说解的风格,自然难免误判。总之,只有恢复刘向《传论》的编纂体例,排除《汉书·五行志》的体例干扰,同时在中古文献中全面勾稽刘向解《传》之文,庶可对其《洪范》五行学的系统性作出合理评估。

客观而言,作为一种占验体系,《五行传》涉及的灾异种类和咎由虽然丰富,但存在内在结构不平衡的问题。简言之,其"六沴"部分所列妖祥非常丰富,几乎可以关联到汉人观念中的所有灾异,但引发"六沴"的咎由——貌、言、视、听、思心和皇极却多就君臣之日常操行而言,与现实政治中的复杂人事关系可关涉者相对有限;相反地,其"五行"部分所言咎由涉及国家政治的多个方面,但木不曲直、火不炎上、土无稼穑、金不从革、水不润下五者所涉灾异类型却非常单一。对于这种不平衡,有两种方案可以解决:一种是将"六沴"与"五行"两部分加以对应,以此抵消二者之间的不平衡。《春秋繁露·五行五事》和《续汉书·五行志》等即采用这一方法,其优势在于不必对传文做过多溢出的阐释,但弊端在于将完全打破《五行传》的自身体系,对文本进行重构;另一方案则是通过对于传文的开放性阐释,扩大"六沴"咎由在政治、人事上的关涉度,从而扩

第六章 刘向《洪范五行传论》与经学灾异论体系的建构

充《五行传》"推迹行事"的阐释力。这种方法的优势在于从文本层面上保留了《五行传》的原貌,而风险则是对于具体传文的阐释将远远超过其字面所指,易招致增字解经、任意妄说的批评。刘向《传论》选择基于《五行传》文本加以阐释,这一体例决定了如果他希望对《五行传》内部的失衡有所改善,只能采用后一种方案。

从佚文来看,刘向正是通过对《五行传》的开放性阐释而构建起一套宏大、系统而又灵活的占验体系,针对"六沴"咎由过于单一的问题,刘向也将其阐释的重心放在这部分。以"貌之不恭"条为例,根据传文,包括常雨、恶极、服妖、龟孽、鸡祸、下体生上之疴、青眚、青祥在内的各种妖祥均归咎于人君"貌之不恭,是谓不肃,厥咎狂",从灾异说解的实践来看,无疑过于狭隘。刘向对传文做出开放性阐释:

> 失威仪之制,怠慢骄恣,谓之狂,则不肃矣。下不敬,则上无威。天下既不敬,又肆其骄恣,肆之则不从。夫不敬其君,不从其政,则阴气胜,故曰厥罚常雨。①

"貌"原指容貌、行止,刘向释为"威仪之制",就其本义而略加拓展,尚在常规训诂的范围之内。其后传文言"是谓不肃",此句主语承前省略,显然应指前貌不恭之君,但刘向增字为训,将"不肃"的主体置换为"下",以"下不敬"将传文所言咎由从人君转向君臣之间的互动关系——由于君主"怠慢骄恣",故大臣不敬其君,上遂失威仪;上既不能获敬于天下,遂更欲以骄恣崇其威,故人臣更不愿从其政,由此导致阴阳关系的失衡,诸妖祥就此显现。这样,经过一系列推演,"貌之不恭"条的核心咎由就从君主个人的失仪扩充至"怠慢骄恣""下不敬""不从其政"等有关君臣失序的大问题。基于

---

① 《南齐书》卷一九《五行志》引"貌传",第412页。

这样的阐释，刘向在说解灾异时不断指向君臣关系的失衡，以显示其说解完全遵循《五行传》。以"大水"诸事为例：

> 桓公元年"秋，大水"。董仲舒、刘向以为桓弑兄隐公，民臣痛隐而贱桓。后宋督弑其君，诸侯会，将讨之，桓受宋赂而归，又背宋。诸侯由是伐鲁，仍交兵结雠，伏尸流血，百姓愈怨，故十三年夏复大水。
>
> 严（庄）公七年"秋，大水，亡麦苗"。董仲舒、刘向以为严母文姜与兄齐襄公淫，共杀桓公，严释父雠，复取齐女，未入，先与之淫，一年再出，会于道逆乱，臣下贱之之应也。
>
> 十一年"秋，宋大水"……刘向以为时宋愍公骄慢，睹灾不改，明年与其臣宋万博戏，妇人在侧，矜而骂万，万杀公之应。
>
> 二十四年，"大水"……刘向以为哀姜初入，公使大夫宗妇见，用币，又淫于二叔，公弗能禁。臣下贱之，故是岁、明年仍大水。
>
> 宣公十年"秋，大水，饥"……刘向以为宣公杀子赤而立，子赤，齐出也，故惧，以济西田赂齐。邾子貜且亦齐出也，而宣比与邾交兵。臣下惧齐之威，创邾之祸，皆贱公行而非其正也。
>
> 成公五年"秋，大水"。董仲舒、刘向以为，时成幼弱，政在大夫，前此一年再用师，明年复城郓以强私家，仲孙蔑、叔孙侨如颛会宋、晋，阴胜阳。①

表面上看，刘向对"大水"所涉咎由的认定或为宫闱之乱，或为伐国弑君，或为大夫颛政，不仅与"貌之不恭"的关系悬远，甚至自身亦显散乱、随意，但如果注意到说解中反复出现的"民臣痛隐而贱桓""臣下贱之""贱公行"等措辞，就可以意识到刘向正是通过这些措

---

① 《汉书》卷二七上《五行志》，第1343～1345页。

第六章 刘向《洪范五行传论》与经学灾异论体系的建构

辞来使其灾异说解与传文说解中"不敬其君"的咎由形成呼应,从而至少在形式上将这些灾异说解统摄于《洪范》五行学的系统之中。为了强化这种系统性,他还从整体上对"大水"的咎由做出判断,"大水者,皆君臣治失而阴气稽积盛强,生水雨之灾也"①,这里的"君臣治失"显然正是由其"下不敬""上无威"的传文说解推演而来。

这种通过对传文加以阐释,扩充其咎由所涉范围,进而在说解灾异行事时据其论说的做法在刘向《传论》中非常普遍,例如在"言之不从"条,其传文说解云:

> 人君过差无度,刑法不一,敛从其重,或有师旅炕阳之节,若动众劳民,是言不从。人君既失众,政令不从,孤阳持治,下畏君之重刑,阳气胜则旱象至。故曰厥罚常阳也。②

与"貌之不恭"一样,"言不从"本指向人君,但刘向将其定位为民众对人君的一种反应,并进一步反推其原因,于是就有了"人君过差无度,刑法不一,敛从其重,或有师旅炕阳之节,若动众劳民"等一系列分析,原本指向单一的"言"再次被扩充为关乎君臣关系的"人君既失众,政令不从",在论及言不从所致的"介虫之孽"时,他进一步强化这些措辞:

> 刑罚暴虐,取利于下;贪饕无厌,以兴师动众;取邑治城,而失众心,则虫为害矣。③

基于这些阐述,刘向在说解"言之不从"所致灾异时便不断使用"亢阳""劳百姓""劳民""兴役""赋敛""兴师""失众""暴虐""暴逆"等措辞,一方面显示其行事说解与传文之间的相关性,另一方面也增

---

① 《魏书》卷一一二上《灵征志》引《洪范论》,第3160页。
② 《南齐书》卷一九《五行志》引"言传",第423页。
③ 《魏书》卷一一二上《灵征志》引《洪范论》,第3179页。

加了每种灾异类型内不同行事之间的共通性,实现其"比类相从"的编纂意图。

即使是"五行"部分,刘向有时也在阐释中对传文所列咎由加以扩充。例如"火不炎上",传文所列咎由为"弃法律,逐功臣,杀太子,以妾为妻"①,非常具体,而刘向通过进一步追溯这些咎由自身的成因,将"火失其性"的原因扩充为"夫不明之君,惑于谗口,白黑杂揉,代相是非,众邪并进"②,也就是人君不辨贞奸,以致谗邪擅权。在相关行事的说解中,刘向也不断使用"听谗""谗口""谗贼""邪臣""邪说""淫行""不正""不能诛""不用圣人"等措辞③,以显示其灾异说解虽未必与传文直接相关,但皆符合传文的"深层"内涵。

有时,刘向似乎意识到其传文说解不足以反映灾异所涉人事的复杂性,会采取一些迂曲的"弥缝"之术,例如在解释昭公二十五年"夏,有鸜鹆来巢"时:

> 刘向以为……鸜鹆,夷狄穴藏之禽,来至中国,不穴而巢,阴居阳位,象季氏将逐昭公,去宫室而居外野也。鸜鹆白羽,旱之祥也;穴居而好水,黑色为主,急之应也。天戒若曰:既失众,不可急暴;急暴,阴将持节阳以逐尔,去宫室而居外野矣。昭不寤,而举兵围季氏,为季氏所败,出奔于齐,遂死于外野。④

由于刘向所据本《五行传》并无"毛虫之孽"和"羽虫之孽",故刘向对于毛虫、羽虫之异的判定均取其毛羽之色为据,如"鼷鼠""麋"

---

① 《汉书》卷二七上《五行志》引《传》,第1320页。
② 《隋书》卷二二《五行志》引《洪范五行传》,第690页。
③ 《汉书》卷二七上《五行志》,第1321~1336页。
④ 《汉书》卷二七中之下《五行志》,第1414~1415页,整理本标点作"黑色,为主急之应也",刘向意谓鸜鹆虽有白羽,然毛色多黑,故言"黑色为主","急之应"与前文"旱之祥"相对,故知整理本标点有误。

第六章 刘向《洪范五行传论》与经学灾异论体系的建构

"鹈鹕""鸲"定为"青祥","白颈鸟"定为"白祥","黑颈鸟"定为"黑祥","雉"定为"赤祥",无一例外。此处既言"鸜鹆白羽",则依例应定为"言之不从—白祥"。由于"言之不从"会导致常阳之罚,即大旱,故刘向言"旱之祥也",实际上正是基于其"白祥"的属性。根据刘向《传论》,"阳气胜则旱象至"①,整个"言之不从"部分的灾异都与人君亢阳持政有关,故其对"鸜鹆来巢"的说解照理也应从鲁昭公之"亢阳失众"着眼,但这显然不足以反映其时鲁国三家秉政,昭公即将见逐的特定史实。为了维持灾异说解的系统性,同时全面反映史实,刘向只好将鸜鹆的灾异属性加以丰富,认为其具有"穴居而好水"的习性,同时毛色以黑为主,故以此异兼属"黑祥",并由此引入"听之不聪,是谓不谋,厥咎急"的阐释向度,将其归咎于昭公在"失众"之外又兼"急暴"失谋。一鸟而兼属二祥,这在《传论》中仅此一见,确实略显迂曲,但也体现出刘向对其灾异说解之系统性的尽力维护。

通过对传文的开放性阐释,刘向大大扩充了《五行传》的阐释向度,从而在形式上遵循《五行传》自身体系的同时,又获得了灵活的阐释空间。对于一种占术来说,系统性和灵活性是一对矛盾而又必须共生的要素,系统性可以在形式上彰显占术的合理性,而灵活性则在实践中为占验者留下足够的空间,使其可以左右逢源,理想的占术就是要在这两者之间取得平衡。刘向借助《五行传》建立起系统性,又借助其开放性阐释获得了灵活性,可以说在这方面取得了难得的平衡。当然,这种平衡只是整体上的,在若干细节处,刘向《传论》仍难以避免疏漏,具体来说表现为四点:

第一,就系统性本身而言,刘向通过对"六沴"咎由的阐释解决了"六沴"和"五行"两部分咎由与灾异分布失衡的问题,却也带来

---

① 《南齐书》卷一九《五行志》引"言传",第423页。

了"六沴"与"五行"咎由有所重合的新问题。例如,刘向在说解"貌之不恭"时,将其扩充为"失威仪之制"①,而在"木不曲直"部分,基于"五行"部分的内在体系,刘向同样将"人君失威仪"列为咎由②,如此,"木不曲直"和"貌之不恭"的咎由便有所重合。同样,在论及"常阳"之罚时,刘向列出"兴师动众,劳人过度,以起城邑,不顾百姓"等咎由③,而传文在"金不从革"条所言咎由正是"好战攻,轻百姓,饰城郭,侵边境"④,二者显然存在重复。在《五行传》中,各咎由与效验之间原本存在清晰的一一对应关系,但由于刘向放大了"六沴"部分的咎由,使得传文内部的对应关系遭到破坏,反而在一定程度上影响了刘向《传论》的系统性。

　　第二,为了满足系统性的要求,刘向在说解灾异时或有刻意牵合传文,致失于迂曲,所言有于文献无征者。刘向在阐释传文时虽多增字为训,但其对灾异行事之咎由、效验的描述却大多都可以从《春秋》三《传》、《国语》《史记》等文献中找到依据,鲜少妄说;不过,无论《洪范》五行学的系统性如何精巧,终究是人为建构出来的,也只能通过人为、刻意的牵合才能得到维护,故刘向说解的迂曲之弊便在所难免。例如其说《左传·僖公三十二年》"柩有声如牛"事,认为"近鼓妖也。丧,凶事;声如牛,怒象也。将有急怒之谋,以生兵革之祸"⑤。这里以牛鸣为"怒"声的说法在经传中并无依据,实际上是刘向为了呼应"听之不聪—鼓妖"条传文"是谓不谋,厥咎急",试图以"怒"引出"急怒之谋"的牵合之辞。又如上引昭公二十五年"鸜鹆来巢"事,不仅一鸟兼属二祥于全书体例不合,而且《穀

---

① 《南齐书》卷一九《五行志》引"貌传",第412页。
② 《南齐书》卷一九《五行志》引"木传",第411页。
③ 《隋书》卷二二《五行志》引《洪范五行传》,第705页。
④ 《汉书》卷二七上《五行志》引传文,第1338页。
⑤ 《汉书》卷二七中之下《五行志》,第1428页。

第六章　刘向《洪范五行传论》与经学灾异论体系的建构

梁传》称"鹳鹆穴者而曰巢"①,《公羊传》称其"宜穴"②,至刘向则称其"穴居而好水",此"好水"之说既于经典无据,与"穴居"之间也无必然联系,似乎就是为了牵合"黑祥"之传文而更加推演者。

第三,偶有灾异行事说解与其《洪范》五行学体系相扞格者。例如,刘向将宣公十五年"冬,蝝生"③和隐公五年、庄公六年"秋,螟"均定为蠃虫之孽④,在说解中则称此三事为"贪利之应""贪利应""乱先王制而为贪利",可是,在其对"视之不明—蠃虫之孽"的理论说解中从未言及"贪利",倒是在"言之不从—介虫之孽"条言"螽"灾之咎由时颇言"取利于下;贪饕无厌"⑤"贪利伤人,则蝗虫损稼"⑥,显然,刘向是将蝝、螟、螽视为同类灾异进行说解。此说并非无据,《穀梁传》以螟、螽皆为"虫灾"⑦,可见从穀梁学立场看,螟、螽确可归为一类,是以刘向在元帝年间所上封事中即言"蝝、螽、螟蝥午并起"⑧,当时刘向已习穀梁学而尚未见《五行传》,故据《穀梁传》为说;可是在《传论》中,刘向既将"螽"定为介虫之孽⑨,又将"螟""蝝"定为蠃虫之孽,这就要求它们应有不同的咎由,如今二孽同说,显然不符合其对于系统性的追求。

第四,不必讳言,《传论》中仍有部分灾异说解无法与传文及其说解形成关联者,镰田正、板野长八对刘向的批评虽失于偏颇,但

---

① 《春秋穀梁传注疏》卷一八,《十三经注疏》,第5300页上栏b。
② 《春秋公羊传注疏》卷二四,《十三经注疏》,第5058页上栏b。
③ 《汉书》卷二七中之下《五行志》,第1434页。
④ 《汉书》卷二七下之上《五行志》,第1445~1446页。
⑤ 《魏书》卷一一二上《灵征志》引《洪范论》,第3179页。
⑥ 《后汉书》卷四《孝和孝殇帝纪》李贤注引《洪范五行传》,第182页。
⑦ 《春秋穀梁传注疏》卷二,《十三经注疏》,第5141页下栏b;卷八,第5203页下栏b。
⑧ 《汉书》卷三六《楚元王传》,第1937页。
⑨ 刘向《传论》言:"介虫,有甲,能蜚扬之类,阳气所生,于《春秋》为'螽',今谓之蝗。"(〔唐〕欧阳询《艺文类聚》卷一〇〇《灾异部》引《洪范五行传》,上海:上海古籍出版社1982年版,第1729页)

并非无据。例如,刘向在说解成公七年"鼷鼠食郊牛角"时[1],将其定为青祥、牛祸,认为是"不敬而僭霸之所致",这里的"不敬"显然对应"貌之不恭"的说解"下不敬"[2],而"僭霸"则对应"思心之不睿"的说解"其过在瞀乱失纪"[3],显示出系统性。可是,在说解定公十五年和哀公元年的另外两次"鼷鼠食郊牛"时,刘向却从定、哀不能任用孔子着手,感叹圣人不得其时,其说虽非无理,但终究与传文或其说解无以呼应。又如板野氏曾经举出的,对于庄公十七年"冬,多麋"[4],刘向定为青祥,但说解则言:"麋之为言迷也,盖牝兽之淫者也。是时,严(庄)公将取齐之淫女,其象先见。天戒若曰:勿取齐女,淫而迷国",取"麋""迷"同音为说,与传文毫无关联。此外,在说解《左传·文公十六年》"有蛇自泉宫出"时[5],刘向虽将其定为蛇孽,但说解却转而援据《诗》言"维虺维蛇,女子之祥",认为"蛇入国,国将有女忧也"。这类说解在《传论》中虽属少数,但就这些个案而言,确实可称"恣意"。

基于成帝时期外戚擅权的政治局势,刘向《传论》无疑具有明确的现实政治指向;不过,从《传论》佚文来看,刘向并非随意说解灾异行事以影射时政,相反地,他基于《五行传》建立起一套既具系统性又具灵活性的占验体系,再依托这一体系来实现其对于现实政治的批判。这种做法既增加了其批判的理论性和系统性,在当时的政治形势下,也不失为一种明智的自我保护之举。从最终成效来看,尽管这一体系存在重叠、迂曲、疏漏之弊,但其整体上的系统性,尤其是刘向对于这种系统性的关注与维护仍值得肯定。

---

[1] 《汉书》卷二七中之上《五行志》,第1372～1373页。
[2] 《南齐书》卷一九《五行志》引"貌传",第412页。
[3] 《南齐书》卷一九《五行志》引"思心传",第418页。
[4] 《汉书》卷二七中之上《五行志》,第1396页。
[5] 《汉书》卷二七下之上《五行志》,第1468页。

二、《洪范》五行学学理体系的重建

在宋元以后士人的普遍观念中,《五行传》所言占验体系形同臆说①,自无学理性可言,但在战国秦汉时期的知识人看来,情况则大不相同。作为著录于《汉书·艺文志·六艺略》的灾异学著作,其与《汉书·艺文志·数术略》所载大量五行学著作之间究竟存在何种差异? 这背后涉及秦汉知识史研究中的一系列问题:司马迁一方面讥讽所谓"家占物怪"之术"不法"②,一方面却笃信天占、风角、望气"最近天人之符"③;张衡一方面批评图谶等"不占之书"为"后人皮傅"之言,一方面又亟称"圣人明审律历以定吉凶,重之以卜筮,杂之以九宫"④。这些在后世看来"五十步笑百步"的论述正反映了知识史发展的常态——知识演进的过程会不断调整合理与不合理之间的边界。只有在现有知识体系中得到解释,这种知识才能得到认可;反之,若不能为现有知识体系所容纳,则会被视为悖谬。在多数情况下,知识演进的过程都是隐微、曲折而反复的。

作为至西汉中前期才逐渐成形的新兴知识,儒学灾异论所面临的挑战来自儒学内、外两方面。就儒学内部而言,"不语怪力乱神"的传统申之在前,"仲舒下吏,夏侯囚执,眭孟诛戮,李寻流放"的下场昭昭在目⑤,诚如班固所言:"此学者之大戒也!"要将基于数术传统的灾异占说引入儒学,并借此影响时政,无论是在学理层

---

① 可参(宋)王安石《洪范传》,《临川先生文集》卷六五,上海:中华书局上海编辑所1959年版,第685~697页;苏轼《御试制科策》,《苏轼文集》,第296~297页;(宋)晁说之《洪范小传》,《嵩山文集》卷一一,收入《四部丛刊续编》,上海:商务印书馆1934年版。
② 《史记》卷二七《天官书》,第1593页。
③ 《史记》卷二七《天官书》,第1603页。
④ 《后汉书》卷五九《张衡列传》,第1911~1912页。
⑤ 《汉书》卷七五《眭两夏侯京翼李传》,第3195页。

面,还是在政治层面,持论者都面临巨大的压力。从社会影响来看,善说灾异的孟、京、高氏《易》学、《洪范》五行学、翼奉"五际""六情"说、董仲舒《春秋》学等不过是五经诸多师法中的几种,有的更是只在少数师弟间别传;而更尴尬的是,所有灾异论的师法渊源都不清晰①。在看重师法的西汉儒学传统中,这些来源不明的学说自然会受到质疑。帝师张禹曾对成帝说:"灾变之异深远难见,故圣人罕言命,不语怪神。性与天道,自子赣之属不得闻,何况浅见鄙儒之所言!"②可见尽管宣、元、成诸帝屡就灾变下罪己诏,但灾异论在儒者内部仍存在争议。要想成为精微要妙的"天道"之学而非"泥于小数"的"小数家"之说③,灾异论不仅要在实践层面得到一定程度的应验④,更要在学理层面"考信于六艺"⑤,显示出其与经义之间的深刻关联。至于在儒学之外,灾异谴告说从未得到黄老"自

---

① 如孟喜自称其"得《易》家候阴阳灾变书,诈言师田生且死时枕喜膝,独传喜"(《汉书》卷八八《儒林传》,第3599页),然同门梁丘贺等以为不实;京房"受《易》梁人焦延寿。延寿云尝从孟喜问《易》。会喜死,房以为延寿《易》即孟氏学,但孟氏弟子'翟牧、白生不肯,皆曰非也'"(《汉书》卷八八《儒林传》,第3601页)。高相"专说阴阳灾异,自言出于丁将军","自言"二字显示其亦未得到公认。(《汉书》卷八八《儒林传》,第3602页)夏侯始昌所推《洪范五行传》的文本来源和师说来源均不明确,故不在大夏侯《尚书》师法中广泛传授,只在"所贤弟子"间流传。翼奉虽称其"五际""六情"说闻于师言,但此说不见于与之同师的萧望之、匡衡等其他齐诗弟子,而王临"称诏欲从奉学其术",但"奉不肯与言",且上封事,称其术"唯奉能用,学者莫能行"(《汉书》卷七五《眭两夏侯京翼李传》,第3167~3170页)。《齐诗》时为官学,传习广泛,翼奉无得秘之,可见王临欲学、以及翼奉所好之"律历阴阳之占"并非齐诗师法所固有,当另有别传。至于董仲舒治公羊学而"始推阴阳"(《汉书》卷二七上《五行志》,第1317页),可见其灾异论也非公羊师法所固有。

② 《汉书》卷八一《匡张孔马传》,第3351页。

③ 《汉书》卷三〇《艺文志》,第1735、1769页。司马迁根据《春秋》记"异",认为孔子之学本含"天道",只是不以言传人:"是以孔子论六经,纪异而说不书。至天道命,不传;传其人,不待告;告非其人,虽言不著。"(《史记》卷二七《天官书》,第1594页)

④ 例如董仲舒推阴阳以求雨、止雨,据说"行之一国,未尝不得所欲"(《汉书》卷五六《董仲舒传》,第2524页);夏侯始昌"先言柏梁台灾日"(《汉书》卷七五《眭两夏侯京翼李传》,第3154页);夏侯胜据《五行传》逆知霍光之变(《汉书》卷七五《眭两夏侯京翼李传》,第3155页);京房"言灾异,未尝不中"(《汉书》卷七五《眭两夏侯京翼李传》,第3164页)。

⑤ 《史记》卷六一《伯夷列传》,第2567页。

第六章 刘向《洪范五行传论》与经学灾异论体系的建构

然"论者的认可,盐铁会议中颇持商、韩法家立场的"大夫"亦称"水旱,天之所为,饥穰,阴阳之运也,非人力"①。总此看来,有关灾异与人事之相关性的争议在汉廷中始终存在,这些都需要儒学灾异论者做出回应。

以《洪范》五行学而言,西汉中前期儒生已经注意对传文的学理依据加以论证,这从刘向《传论》所引"一曰"中可以看出。例如,关于"常风"与"常阴"的发生机制,"一曰,阴阳相薄,偏气阳多为风,其甚也常风。阴气多者,阴而不雨,其甚也常阴"②,就是借助汉人普遍认可的阴阳学说来加以论述。至于"一曰"对于"六祸"发生机制的分析,更极具系统性而令人印象深刻。可惜,由于许商《五行传记》早已散佚,夏侯始昌所传师法在这方面的成就如何,已无法评估。至于刘向《传论》,就佚文看来,在依托《五行传》建立起独具特性的占验体系后,他还希望将这一体系背后的学理依据充分加以揭示。在此过程中,他援取《春秋》学和《易》学经说,又将阴阳、五行、月令等更广泛的知识加以融会,反映出强烈的理论兴趣和开放的知识视野。

管见所及,田中麻纱巳最早注意到《汉书·五行志》中刘向灾异说所据理论的问题③,并将其概括为以《五行传》为主,辅以象数《易》、阴阳(气)说以及天的理论。此后,伊藤计、坂本具偿、黄启书等先后对田中氏有所补正,而近年来张书豪再次梳理这一论题,认为刘向灾异说的"诠说理据"除《五行传》和董仲舒谴告说以外,尚有"融合三《传》义例""兼举西汉《易》说""运用星占分野""反映当

---

① 王利器校注:《盐铁论校注(定本)》卷六《水旱》,北京:中华书局1992年版,第428页。
② 《南齐书》卷一九《五行志》引"思心传",第419页。
③ 田中麻纱巳:《刘向の灾异说について——前汉灾异思想の一面》,《集刊东洋学》第24号(1970),第29～34页。

时科学"四点①,具有"所主非一,往往有兼采众说"的特点。可以说,诸家对刘向灾异说所涉理论的考察已十分完备,但不必讳言,自田中氏以来,学者关注的重点在于辨识刘向《传论》究竟攟入了哪些灾异理论,但这些理论究竟是以何种方式进入刘向《传论》?他们与《洪范》五行学的适应性如何?是否真的可以帮助刘向构建起一套更为系统的儒学灾异论?关于这些问题的讨论尚不多见。事实上,《易》学、《春秋》学、阴阳说、星占术等各有其知识体系与背景,并不是简单地可以拿来就用的机械零件,刘向要援取这些理论构建一个具有集大成性质的儒学灾异论,不仅要在整体上赋予《五行传》以新的学理架构,而且要在传文的理论阐释、对灾异行事的具体说解中不断加以落实、维护,是一项极富挑战性的工作。而从这个意义上看,对于刘向《洪范》五行学学理体系的讨论,不仅有助于了解刘向经学的特点,亦有助于了解西汉经学内部不同学风之间的差异,以及传统经传与数术知识之间的互动关系,是一个值得探讨的经学史个案。

不妨先交代结论:就佚文来看,刘向以《五行传》为基础,融合战国以来的《易》说、月令说、阴阳说、《春秋》灾异谴告说以及天文、星占、历算之学,全面论述了其《洪范》五行学占验体系的合理性。有关阴阳说的部分涉及的问题较多,下一节将有专门论述,这里先讨论其他几方面。

第一,基于《五行传》自身的学理构建。《五行传》"六沴"部分包括事、咎、罚、极、妖、孽、祸、痾、眚、祥、沴十一个部分,其中事、咎、罚、极主要依据《洪范》,其学理性可谓"不证自明",至于其后诸项,则缺少直接的经学依据。刘向《传论》首先用渐变说解释其内

---

① 张书豪:《〈汉书·五行志〉所见刘向灾异论》,《先秦两汉学术》第 10 期(2008),第 90~101 页。

第六章 刘向《洪范五行传论》与经学灾异论体系的建构

部关系:"妖者,败胎也,少小之类,言其事之尚微也。至孽,则牙孽也。至乎祸,则著矣。"① 至于"眚""祥",则认为"气所生,所谓眚也","气所致,所谓祥也"②,以"眚"为本地所生,"祥"为由域外招致者。关于金沴木、木沴金、水沴火、火沴水和金木水火沴土诸说,刘向则用"冲气相通"说加以解释③。所谓"冲气",即相对之气。《五行传》取五行相生之序,又以土为五行之主,故其五行方位应如下图:

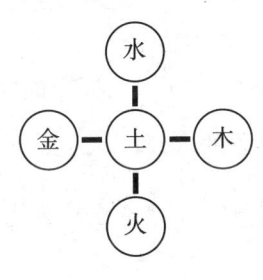

图 6-1

此时,木与金、水与火处于对冲的位置,而土居于中央,四行皆有可能冲犯。所谓"冲气相通",就是各行基于其方位上对冲、相通的关系,一旦自有所失,则对冲之气就可能来犯,形成《五行传》中五行相沴的结果。这些说法虽然并无经典依据,也未必出于夏侯始昌所传师法,但皆本于《五行传》文本,在对文本加以阐述的同时,也使得《五行传》在形式上显得更为精密合理。

至于"六沴"所言具体灾异的发生机制,刘向充分借助传文自身所言咎由来进行阐述,例如"貌之不恭—服妖",刘向根据"厥咎狂",认为"风俗狂慢,变节易度,则为轻剽奇怪之服,故曰时则有服妖"④。又如"视之不明—草妖",刘向基于"厥咎舒",知是人君舒缓

---

① 《后汉书》志第十三《五行一》刘昭注引《洪范传》,第 3267 页。
② 《汉书》卷二七中之下《五行志》,第 1414 页。
③ 《南齐书》卷一九《五行志》引"貌传",第 416 页。
④ 《南齐书》卷《五行志》引"貌传",第 415 页。

失秉所致,故认为"犯上者不诛,则草犯霜而不死,或杀不以时,事在杀生失柄,故曰草妖也"①。同时,刘向较多采用"气类相感"说来实现灾异与咎由之间的勾连。例如"言之不从—犬祸":

> 犬祸者,西方也,以口守,言之类也。言气毁则犬伤疾矣,故曰犬伤祸也。②

"听之不聪—鼓妖":

> 不聪之象见,则妖生于耳,以类相动,故曰有鼓妖也。③

"皇之不极—常阴之罚":

> 天者,正万物之始,王者,正万事之始,失中则害天气,类相动也。④

"皇之不极—龙孽":

> 龙,兽之难害者也。天之类,君之象。天气害,君道伤,则龙亦害。⑤

这里刘向反复提到"某之类""类相动"的说法,类似的表述还有"某之象""某象"⑥,显然是依据西汉时期广泛流行的物类相动说⑦。

---

① 《南齐书》卷一九《五行志》引《传》,第 417 页。
② 瞿昙悉达:《开元占经》卷《羊犬豕占》,标点不尽从。
③ 《南齐书》卷一九《五行志》引"听传",第 427 页。
④ 《南齐书》卷一九《五行志》引《传》,第 427 页。
⑤ 《隋书》卷二三志第十八《五行下》引《洪范五行传》,第 739 页。
⑥ 如"雨雹,君臣之象也"(《南齐书》卷一九《五行志》引《传》,第 414 页)、"角,兵象,在上,君威也"(《汉书》卷二七中之上《五行志》,第 1372 页)。
⑦ 如《礼记·乐记》论乐以"类"动物:"凡奸声感人而逆气应之,逆气成象而淫乐兴焉。正声感人而顺气应之,顺气成象而和乐兴焉。倡和有应,回邪曲直,各归其分,而万物之理各以类相动也。"(《礼记正义》卷三八《乐记》,《十三经注疏》,第 3329 页上栏 b)《淮南子·天文》则云:"物类相动,本标相应,故阳燧见日则燃而为火,方诸见月则津而为水。"(何宁:《淮南子集释》卷三《天文》,第 172 页)《春秋繁露》则有《同类相副》篇专论万物以"类"相感(苏舆:《春秋繁露义证》卷一三《同类相动》,第 357~361 页)。

第六章 刘向《洪范五行传论》与经学灾异论体系的建构

这些阐述本于传文,旨在将其内在机理加以揭示,呈现传文的合理性。从阐释学的角度来说,这是最经济的一种阐释方案;不过,这要求传文自身具有完备的结构性,也要求阐释者能充分把握传文的内在结构,并在立场上对其完全认同。一旦上述条件不能同时满足,或是出于弥缝之意,或是无意误读,阐释者就会越出文本,通过寻求外部知识资源来完成其阐释。《五行传》的文本来源本就驳杂多元,而刘向以非师法弟子的身份介入阐释,其与传文之间也难免存在隔阂,这些都使得其阐释不大可能停留在文本内部,必然要援取外部知识,在此过程中,他对于传文学理性的要求越高,其阐释与传文之间的距离就会越远。

第二,以乾坤、四正卦与"六事"相配,赋予"六沴"说以结构上的合理性,间以卦气说解释"不时"之事。学者普遍注意到刘向《传论》对《易》学的援用,但在具体《易》说层面则有歧见。田中麻纱巳、池田秀三、张涛、郑万耕指出刘向据孟、京象数《易》说灾异,但黄启书认为刘向所用仅为孟喜六日七分说,"主旨并不为象数易",张书豪亦认为刘向所用卦气说与京房无关。[①] 解决这一分歧的基础是确定刘向《传论》援据《易》说的佚文。首先,《汉书·五行志》《南齐书·五行志》《魏书·灵征志》中有明确称引自刘向《传论》的《易》说,是讨论这一问题最可信赖的资料。其次,《五行大义·论五事》对于"五事"的论述虽未明确称引刘向《传论》,但其内容与中古文献所见《传论》佚文大量相合,而该书卷一《辨体性》论"五行"

---

① 田中麻纱巳:《刘向の灾异说について——前汉灾异思想の一面》,《集刊东洋学》第24号(1970),第31页;池田秀三:《劉向の學問と思想》,《东方学报》第50辑(1978),第141页;张涛:《略论刘向刘歆父子的易学思想与成就》,《文献》1998年第2期,第83页;黄启书:《试论刘向、刘歆〈洪范五行传论〉之异同》,第156页;郑万耕:《刘向、刘歆父子的易说》,《周易研究》2004年第2期,第9~11页;张书豪:《〈汉书·五行志〉所见刘向灾异论》,《先秦两汉学术》第10期(2008),第93~95页。

之性时,以"《洪范传》曰"明确征引刘向《传论》①,可知《五行大义》在编纂时确曾援据向书,《论五事》的这段材料可以成为讨论本问题的参照。至于《汉书·五行志》"说曰"中以四正卦说解木、金、水、火四时相沴之事,以及援据《易》卦说解"六祸"的内容,郑万耕、张书豪均视为刘向之说,但其文或完全不见于中古文献对刘向《传论》的引述,或虽与诸书引文相仿佛,但逻辑则大相径庭,结合对《汉书·五行志》"说曰"编纂方式的整体考察,这些内容应为班固在刘向说基础上敷演而成②,故本书暂不将其纳入考察范围之中。

刘向少习《易》,校书中秘时又遍览诸家《易》本及经说③,这为其援据《易》说提供了知识储备。从佚文来看,刘向《传论》援据《易》说首先表现为以"六事"与震、兑、离、坎、坤、乾六卦相配,从而赋予"六沴"以结构上的合理性。事实上,《五行传》虽以"五行"命名,但无论是传文开篇所言大禹"洪祀六沴"之事,还是"六沴司月"的占验体系,抑或其"共御"之法,都基于"六沴"说展开,故后者实为传文之核心框架。然而,"六沴"及其所依托的"六事"在《洪范》经文中并无依据,实际上是将"五事"与"皇极"人为嫁接的结果,因此,如何理解"六事"作为一个整体结构的合理性,就成为传文阐释者必须面对的问题。《五行大义·论五事》载录了对《洪范》"五事"灾异的系统论述,其基本框架是以"五事"与《易》卦相匹配:

  于《易》貌为震,震为木,木可观也。

  言者,于《易》之道曰兑,兑曰口,言之象。

  视者,南方,目之象。……于《易》为离,离为火为目。

---

① 中村璋八:《五行大義校註(増訂版)》卷一,第14页。
② 可参本书第三章第三节的相关论述。
③ 黄启书认为"无论由《五行志》或《儒林传》皆看不出刘向有习京氏易之处"(黄启书:《试论刘向、刘歆〈洪范五行传论〉之异同》,第156页),但《汉书·艺文志》颜师古注在解释"京氏段嘉"十二篇"时明确指出"嘉即京房所从受《易》者也,见《儒林传》及刘向《别录》"(卷三〇《艺文志》,第1704页),足证刘向曾见京氏《易》说。

第六章　刘向《洪范五行传论》与经学灾异论体系的建构

听者在耳,耳者,于《易》坎也。

思者,心为五事之主,犹土体为五行主也。于《易》为坤。①

这里以兑配"言",又见于《南齐书·五行志》所引刘向《传论》②；以离配"视",又见于《汉书·五行志》所引刘向对于雉雊的说解③；以坤配"思心",又见于《魏书·灵征志》所引《传论》对牛祸的论述④；可见《五行大义》以此三"事"与《易》卦相配应出于刘向《传论》。至于以坎配"听",虽无《传论》佚文可证,但又见于《汉书·五行志》"说曰"对于"豕祸"的论述⑤；唯以震配"貌"之说仅此一见,无法考定为刘向《传论》佚文。此外,在《南齐书·五行志》所引《传论》对于"皇之不极——马祸"的论述中,有"《易》曰'乾为马'"之说⑥,可知刘向又以乾与"皇极"相配。

不过,无论《五行大义》以震配"貌"、以坎配"听"之说是否为《传论》佚文,从结构上看,刘向既以兑为西方而配"言",以离为南方而配"视",则其将震、兑、离、坎四正卦与貌、言、视、听四事相配的思路已经非常清楚了。就"六事"内部而言,传文于貌、言、视、听四事各以金木、水火互沴为说,至于"思心"则言"金木水火沴土",这显然是将貌、言、视、听视为平行之四事,而以"思心"加以统摄。至于"皇极",则传文不言五行相沴,而径言"日月乱行,星辰逆行",显然以其超凌五行而独配天,故"六事"的内部结构应是以"皇极"为至尊,而以"思心"所统摄之五行为辅翼。这一结构自有其合理性,唯一的缺憾是无法获得《洪范》本文的支持,而刘向似乎正有意弥补这一缺憾,其方法则是在更大的经学体系内为传文寻找理据。

---

① 中村璋八:《五行大義校註(增訂版)》卷三,第120~123页。
② 《南齐书》卷一九《五行志》引"言传",第423页。
③ 《汉书》卷二七中之下《五行志》,第1411页。
④ 《魏书》卷一一二上《灵征志上》,第3176页。
⑤ 《汉书》卷二七中之下《五行志》,第1421页。
⑥ 《南齐书》卷一九《五行志》引《传》,第428页。

在战国以来的《易》说中,震、兑、离、坎分主四方,坤主地而统摄之,乾则居天而为至尊,这一结构恰好与"六事"相似,不仅有助于理解"六事"的内部关系,更在形式上为"六沴"说提供了经学依据,故刘向借以说《传》,的确不失巧妙。以五行与《易》卦相配的做法目前始见于清华简《筮法》篇①,但其以离配水,以坎配火,与刘向不同。至京氏《易》乃系统建立起五行与八卦之间的对应关系②,刘向此说是否受到京氏《易》的启发,就不得而知了。

当然,此说亦非无可商之处。首先,在言、听、视、思心和皇极部分,五事与五行的相关性均可直接援据《说卦》,但在貌传部分,刘向以震为木,然而"木"与"貌"之间有何关联,实际上并无经说为据,所谓"木可观也"只是牵合弥缝之说,故这段文字不见于刘向《传论》佚文,不能排除是刘向有意阙笔,而为《五行大义》所增补者。此外,刘向虽将"六事"与"六卦"相配,但在论述中并未完全遵循,例如在阐述"思心之不容—华孽"的发生机制时,刘向据《说卦》《巽》为木,为风之说③,将"恒风"之罚与作为"华孽"的"木复华"加以勾连,但"思心"所配既为坤卦,而此处又援据巽卦,多少嫌于突兀。

刘向援据《易》说的另一类型是采用卦气说,其中用于理论说解者见于上举"华孽"条:

> 刘向以为于《易》巽为风为木,卦在三月四月,继阳而治,主木之华实。风气盛,至秋冬木复华,故有华孽。④

刘向所言"华孽"并非一般花木变异,而是专指"秋冬木复华",具有时令上的特殊意义,但风于四时皆有,"风气盛"如何仅导致秋冬之

---

① 清华大学出土文献研究与保护中心编、李学勤主编:《清华大学藏战国竹简(肆)》,上海:中西书局2013年版,第111页。
② 可参朱伯崑《易学哲学史·第一卷》,北京:华夏出版社1995年版,第137~139页。
③ 《周易正义》卷九《说卦》,《十三经注疏》,第198页下栏b。
④ 《汉书》卷二七下之上《五行志》,第1441~1442页。

第六章　刘向《洪范五行传论》与经学灾异论体系的建构

异,仅据《说卦》"巽为风"显然无法解释,故刘向乃援引八卦卦气说①,以巽主三月四月,将这里的"风"限定为春夏之风。根据《淮南子·时则》"六合"说②,某月阴阳失节,其所致灾异将在六个月之后显现,刘向虽未必援据《淮南子》,但其原理大抵与此相仿,故三四月"风气盛",其异则见于秋冬③。就对"华孽"的具体阐释而言,刘向援《易》为说,不失为神来之笔;但就系统性层面而言,此说于"六沴"中仅此一见,显然有所欠缺,以致于刘向本人对此说的印象似乎也不是很深,在说解惠帝二年"天雨血于宜阳"事时,他竟然将同年的"桃李华"与"冬雷"一同定为"常奥(燠)"④,似乎完全忘记了他在"华孽"部分对于"秋冬木复华"的创造性阐释。

在说解灾异行事时,刘向也偶用卦气说,例如定公元年"十月,陨霜杀菽"事:

> 刘向以为周十月,今八月也。消卦为《观》,阴气未至君位而杀,诛罚不由君出,在臣下之象也。是时季氏逐昭公,公死于外,定公得立,故天见灾以视公也。⑤

此事《公羊传》认为:"此灾菽也,曷为以异书?异大乎灾也。"⑥董仲

---

① 此说以震主二月,巽主三月、四月,离主五月,坤主六月、七月,兑主八月,乾主九月、十月,坎主十一月,艮主十二月、正月,亦见于《乾凿度》:"巽者阴始顺阳者也,阳始壮于东南方,故位在四月。"(〔清〕赵在翰编《七纬》,北京:中华书局2012年版,第32页)刘大钧认为此说与《说卦》"帝出乎震,齐乎巽,相见乎离,致役乎坤,说言乎兑,战乎乾,劳乎坎,成言乎艮"一脉相承(刘大钧:《"卦气"溯源》,《中国社会科学》2000年第5期,第127页),或为战国以来之旧说。

② 可参何宁《淮南子集释》卷五《时则》,第437页。

③ 事实上,《易》学中确有关于"秋华"的说解,见于宣帝元康中魏相所上奏议:"春兴兑治则饥,秋兴震治则华,冬兴离治则泄,夏兴坎治则雹。"(《汉书》卷七四《魏相丙吉传》,第3139页)根据魏相的四正卦说,震主东方,春,知此以秋华为秋行春政之所致,与《管子·四时》中"秋行春政则荣"的说法相合(黎翔凤:《管子校注》卷一四《四时》,第851页),显然是模拟月令文献中"违时施政"的灾异学原理而定。刘向未用此说。

④ 《汉书》卷二七中之下《五行志》,第1420页。

⑤ 《汉书》卷二七中之下《五行志》,第1426页。

⑥ 《春秋公羊传注疏》卷二五,《十三经注疏》,第5074页上栏a。

舒据此以为"菽,草之强者,天戒若曰:加诛于强臣"①,以菽为草,故杀之不为害,天欲诛季氏,故杀菽以为劝诫。至于《穀梁传》则认为《春秋》"未可以杀而杀,举重;可杀而不杀,举轻。其曰菽,举重也"②。通过"陨霜杀菽"和"陨霜不杀草"两种书法的差异,穀梁家指出"草""菽"异类,"菽"当为豆,而凡书"杀"与"不杀"者,所指皆为物候失序,故"杀菽"事的关键在于"不时"。基于此,刘向乃援据十二辟卦说,以八月于消卦为《观》,四阴居下,二阳居上,阴未至六五君位,故不应行诛罚之事,今于此时"杀菽",是权柄失而在下之象,遂以季氏之事为说。借助卦气说,刘向巧妙地论述了"陨霜杀菽"的阴阳学原理,并将其与人事加以勾连。类似用法又见僖公三十三年十二月"陨霜不杀草"、惠帝七年五月丁卯"日有食之,几尽"的说解中③,而在论及隐公九年三月"大雨,震电"事时,刘向提出:"于《易》,雷以二月出,其卦曰《豫》,言万物随雷出地,皆逸豫也。以八月入,其卦曰《归妹》,言雷复归。"④所据显然也是一种卦气理论,惠栋认为系孟喜"六十卦用事之月"说⑤。

总之,刘向援用卦气说的语境多与"不时"之事有关,通过卦气说对十二月阴阳属性的描述,刘向揭示了这些悖时违天的灾异背后阴阳关系的失序,由此推导人事咎由。事实上,《五行传》本有"六沴司月"的时间框架,但在佚文中从未见刘向援用,这大概是因为此说常常不能与灾异发生的具体时间相对应,例如上举"陨霜""大雨"诸事,刘向均归咎于"貌之不恭",据"六沴司月"说,"二月三

---

① 《汉书》卷二七中之下《五行志》,第1426页。
② 《春秋穀梁传注疏》卷一九,《十三经注疏》,第5308页上栏a~b。
③ 关于惠帝七年五月日食,刘向认为"五月微阴始起而犯至阳,其占重"(《汉书》卷二七中之下《五行志》,第1409页),这里显然是用十二消息卦,以五月于消卦为《姤》,一阴居下而五阳在上,故有所谓"微阴始起而犯至阳"(卷二七下之下《五行志》,第1500页)。
④ 《汉书》卷二七中之上《五行志》,第1364页。
⑤ (清)惠栋:《易汉学》卷二《孟长卿易下》,北京:中华书局2007年版,第541、546页。

第六章　刘向《洪范五行传论》与经学灾异论体系的建构

月,维貌是司",则其事应在二月、三月,但实际上,上举诸事或在十月,或在十二月,或在三月,皆与传文不合,故刘向实难援据。换言之,由于传文"六沴司月"的结构与"六沴作见"的具体灾异之间原本就缺乏内在联系,故在实际说解灾异时也就缺乏可操作性。刘向弃用本《传》而援取他说,确有其不得已之处。

此外,刘向在"木"行部分以《观》卦卦象论述"木"行与"威仪"的相关性:"《易经》地上之木为《观》,故木于人,威仪容貌也。"[①]"火"行部分虽未明言《易》卦,但"火者南方,阳光为明也。人君向南,盖取象也"之说实系化用《说卦》[②]。这些用例虽不具系统性,但亦可见出刘向《洪范》五行学对于《易》学之借重。

第三,以具有数术背景的月令说统摄"五行"失性部分。《五行传》是以《洪范》与战国秦汉五行、时令文献嫁接而成的产物,一方面,无论是"五行"部分所言咎由,还是"六沴"部分的妖孽祸痾,传文都大量取材于具有数术背景的五行、时令文献;另一方面,传文又自具体系,尤其是越出了传统月令说普遍秉持的"四时—五行"体系,更强调"德"而非"时"在国家政治中的重要性,显示其在援取数术知识的同时仍归本儒学的立场。不过,依"时"施政的观念在汉代始终影响巨大[③],其与儒家顺时而动的观念在形式上亦颇相合,故刘向《传论》在论述"五行"灾异的发生机制时,再次将这些知识援入,《五行传》由此重新回到战国以来五行、时令文献的知识谱系之中。

---

① 《南齐书》卷一九《五行志》引"木传",第411页。
② 《说卦》:"离也者,明也,万物皆相见,南方之卦也。圣人南面而听天下,向明而治,盖取诸此也。"(《周易正义》卷九,阮元校刻《十三经注疏》,第197页上栏 a)
③ 可参王利华《〈月令〉中的自然节律与社会节奏》,《中国社会科学》2014年第2期,第185~203页。

表 6-1

《五行传》	五行之性	政事	顺行施政	逆行施政	灾异
田猎不宿、饮食不享、出入不节、夺民农时及有奸谋,则木不曲直。	东方,《易经》地上之木为《观》。①	故木于人,威仪容貌也。	古者圣王垂则,天子穆穆,诸侯皇皇。登舆则有鸾和之节,降车则有佩玉之度,田狩则有三驱之制,饮食则有享献之礼。无事不出境。此容貌动作之得节,所以顺木气也。	如人君失威仪,逆木行,田猎驰骋,不反宫室,饮食沈湎,不顾礼制,出入无度,多发繇役,以夺民时,作为奸诈,以夺民财,则木失其性矣。	盖以工匠之为轮矢者多伤败,故曰木不曲直。
	木者,春,生气之始。	农之本也。	无夺农时,使民岁不过三日,行什一之税,无贪欲之谋,则木气从。		
弃法律,逐功臣,杀太子,以妾为妻,则火不炎上。	火者南方,阳光为明也。	人君向南,盖取象也。	昔者圣帝明王,负扆摄袂,南面而听断天下。揽海内之雄俊,积之于朝,以续聪明,推邪佞之伪臣,投之于野,以通壅塞,以顺火气。	夫不明之君,惑于逸口,白黑杂揉,代相是非,众邪并进,人君疑惑。弃法律,间骨肉,杀太子,逐功臣,以孽代宗,则火失其性。	上灾宗庙,下灾府榭,内燠本朝,外燠阙观,虽兴师众,不能救也。

---

① 表中刘向《传论》佚文均引自《南齐书》卷一九《五行志》,第 411～426 页;《隋书》卷二二《五行志》,第 688～693 页。

第六章 刘向《洪范五行传论》与经学灾异论体系的建构

续表

《五行传》	五行之性	政事	顺行施政	逆行施政	灾异
治宫室，饰台榭，内淫乱，犯亲戚，侮父兄，则稼穑不成。	土者中央，为内事。	宫室台榭、夫妇亲属也。	古者，自天子至于士，宫室寝居，大小有差，高卑异等，骨肉有恩。故明王贤君，修宫室之制，谨夫妇之别，加亲戚之恩，敬父兄之礼，则中气和。	人君肆心纵意，大为宫室，高为台榭，雕文刻镂，以疲人力，淫泆无别，妻妾过度，犯亲戚，侮父兄，中气乱，则稼穑不成。	
好战攻，轻百姓，饰城郭，侵边境，则金不从革。	金者西方，万物既成，杀气之始也。	其于王事，兵戎战伐之道也。	古之王者，兴师动众，建立旗鼓，以诛残贼，禁暴虐，安天下，杀伐必应义，以顺金气。	如人君乐侵陵，好攻战，贪城邑之赂，以轻百姓之命，人皆不安，外内骚动，则金不从革。	盖冶铸不化，冰滞固坚，故曰金不从革。
简宗庙，不祷祠，废祭祀，逆天时，则水不润下。	水者，北方之藏气，至阴也。①	宗庙者，祭祀之象也。	故天子亲耕以供粢盛，王后亲蚕以供祭服，敬之至也。发号施令，十二月咸得其气，则水气顺。	如人君简宗庙，不祷祀，逆天时，则水不润下。	雾水暴出，百川逆溢，坏乡邑，溺人民，及淫雨伤稼穑，是为水不润下。

---

① 此处中华书局修订本标点作："水者，北方之藏，气至阴也。"(《隋书》卷二二志第十七《五行上》，第692页)案《隋书·五行志》引述刘向《传论》"金不从革"条，言"金者西方，万物既成，杀气之始也"，《南齐书·五行志》引刘向《传论》"木不曲直"条，言"木者，春，生气之始"，知此"生气""杀气""藏气"皆为五行、月令学术语，不应点断。郑玄注《洪范五行传》"听之不聪—厥罚寒"即言"听曰水，水主冬，冬气藏，藏气失故常寒也"(《后汉书》志第十五《五行三》刘昭注引"郑玄曰"，第3306页)。《后汉书》载顺帝永建四年春二月戊戌诏，亦言"以民人山凿石，发泄藏气，敕有司检察所当禁绝"(《后汉书》卷六《孝顺孝冲孝质帝纪》，第256页)，可证"藏气"为汉人说五行之常用语，故此处不从中华书局修订本标点。

从佚文来看，刘向对"五行"之失的阐述有很强的系统性，各行大抵均包括五个部分：第一，对五行之性的解释，通过将五行与五方相对应，显示此"五行"不再是《洪范》经文中的物质性实体，而具有抽象的意义；第二，各行所主政事；第三，顺行施政之休征，这部分多用"古之王者"或"古者""昔之圣者"等领起，显示出法古的色彩，又以"顺某气""某气从"等作结，回归到五行学结构中；第四，逆行施政之咎征，多用"如人君"领起，最后以五行失性作结；第五，"五行"灾异的具体形态。刘向《传论》的佚文虽然不完整，《南齐书·五行志》和《隋书·五行志》的引文也存在一定差异，但从上表来看，这五部分逻辑清晰，结构完整，各行相应部分的句式也有相似性，应构成《传论》"五行"部分理论阐述的基本结构。就与传文的关系而言，只有第四部分是依据传文加以阐发，足见刘向《传论》并不止于对传文的训诂、疏通，而是要通过系统阐述，揭示传文诸咎由的致灾原理，由此呈现《五行传》占验体系的系统性与学理性。

正是基于这一目的，刘向《传论》重新援纳了"四时—五行"体系，试图以此强化"五行"部分的系统性色彩。在木、金、水三行，刘向明确称其为"生气""杀气"和"藏气"，显然是要借助月令说来解释传文所言咎由。这一思路也在三行施政顺、逆的论述中得到贯彻，例如，木行部分接着便谈到"无夺农时"的重要性，金行部分整个围绕"兵戎战伐"之事加以论述，水行部分则主要围绕"宗庙""祭祀"之事论说。传文所列咎由也大多得以落实。

不过，如前文所言，《五行传》虽脱胎于时令文献，但已自具独立性，后者无法为《五行传》提供全部的学理依据。因此，刘向不得不在其整饬的形式之下引入其他的阐释方案。首先，《传论》对五行之性的揭示显然分为两种类型，在火、土两行，刘向并未援用月令说。火本应为长养之气，按照月令说，其所主之时当"出轻系"，行宽省之政，但传文却在这部分强调不可"弃法律"，显然与月令说

第六章 刘向《洪范五行传论》与经学灾异论体系的建构

不合。刘向因此暂时放弃月令说，将所有论述都围绕"明"这一火的物质性特点展开，将各种咎由都归结为"不明""疑惑"所致。这一说法在火行内虽然可以说通，但与"五行"部分强调其抽象属性的整体阐释方向并不一致。至于土行部分，则通过其方位上居中的特点，推演出其主"内事"，由此将传文所言列宫室、台榭、夫妇、亲属诸事加以勾连，这虽然是就其抽象属性而论，但与月令说中或"王四时"，或主季夏而助长养的"土"德也并无关联。可见，火、土两行不言月令既不是佚文缺失，也不是刘向无意脱漏或省文，而是他意识到《五行传》虽有时令文献的背景，但其自身结构已经与月令说表现出一定的差异，无法再据其系统地加以论述。

其次，就木行内部而言，刘向也引入了不同的解释策略。由于传文中与农事关系密切的只有"夺民农时"一句，其他几条与农事的关系则相对疏远，为此，刘向在采用月令说的同时又援据《易》说，以"地上之木为《观》"，将木行所主政事关联至"威仪容貌"。此后，在论述人君施政休、咎时，刘向始终围绕"威仪"展开，由此将传文中"田猎不宿、饮食不享、出入不节"三条统摄起来。至于"及有奸谋"句，刘向更增字为训，以为"作为奸诈以夺民财"，将其与"多发繇役以夺民时"勾连起来。这样，木行所列五条咎由都获得了各自的学理依据。

尽管刘向对于"五行"失性部分的学理构建看起来并不完美，但其据"四时—五行"体系阐释《五行传》的做法却深契两汉士人的主流知识，故在东汉时期得到广泛的传播；不过，刘向的这些说解是否真的就是传文的学理依据呢？《五行传》的作者是否真的基于《易》说而在木行部分论及威仪容貌之事？传文所言"奸谋"是否一定旨在"夺民财"而已？火行所言诸事，又是否真的可以统摄于"明"这一概念之下？这些实际上已经无法得到证实。问题的关键是，对于传文来说，这些学理依据真的那么重要吗？事实上，传文的知识来源本就非常驳杂，其最大的价值正在于它在如此庞杂的知识背景下建立的独特体系，无论这一体系是否完备、合理，这都是传文的独特面貌。对于刘向而言，他一方面试图将其塑造为完备、合理、权威的占验体系，一方面似乎又意识到传文只是依附于《洪范》的一部经传而已，自身并不具备权威性，因此，为了彰显传文的合理性，刘向只能从传文的每句话、每段论述着手，一一论述其合理性。换言之，他必须先搁置传文的系统性，甚至搁置传文的自身结构，转而借助其他在当时更具权威性的知识来论述传文具体文本的合理性。吊诡的是，传文自身体系本就是独特的，它作为一个整体不可能从其他任何知识体系中得到验证，因此，当传文中具体文本的合理性得到确认后，《五行传》作为一个整体却显得驳杂而充满龃龉了。刘向的本意在于展现传文的系统性和学理性，但最终却不得不呈现出传文内在逻辑的破碎与割裂，读者不仅难以再认同传文的系统性，甚至连传文本身要表达的大义也变得模糊不清了。夏侯胜在批评夏侯建"从五经诸儒问与《尚书》相出入者，牵引以次章句，具文饰说"的学风时①，曾提出"章句小儒，破碎大道"一说，刘向《传论》对"五行"部分的学理阐述多有"牵引"《传》外之说者，其最终形态也多少因"破碎"而确实对"大道"有所遮蔽，可见夏侯胜所批评的这种经学风气在西汉中后期确实存在，而对于其经学史意义的思考，结语部分将有进一步论述。

第四，对董仲舒《春秋》灾异学说的汲取与改造。黄启书指出，刘向在编撰《传论》之前所上奏议中论及《春秋》灾异均受到董仲舒的影响②。至于刘向作《传论》时对于董氏灾异说的态度，则学者有不同看法。伊藤計认为刘向曾将己说附入董仲舒《灾异之记》中，

---

① 《汉书》卷七五《眭两夏侯京翼李传》，第3159页。
② 黄启书：《试论刘向、刘歆〈洪范五行传论〉之异同》，《台大中文学报》，第27期（2007），第134页。

第六章 刘向《洪范五行传论》与经学灾异论体系的建构

形成一部"《(董仲舒刘向)灾异之记》",后者正是班固编撰《汉书·五行志》的基础①。张书豪赞同此说,并认为刘向先补撰《灾异之记》,后以此为基础改编为《洪范五行传论》②。黄启书则认为刘向据《五行传》而对董氏灾异说加以改造,表现为"扩大采择史事范围""灾异项目亦不限《春秋》经文所述"和"灾异诠释原则多以《洪范五行传》为主"。在对于《春秋》灾异的说解中,"刘向纵有因袭董仲舒之处,但因其《春秋》学说及灾异理论的歧异,仍存在着相当的差距"③。我们在讨论《汉书·五行志》的编纂体例时已指出,《五行志》中常有董仲舒、刘向二说并举之例,但对照他书所见刘向《传论》佚文,可知这种并举应为班固纂史时所为,刘向《传论》也许参考,甚至征引过董氏《灾异之记》,但他并未将己见直接附于董书之后,伊藤氏之说恐难成立。

不过,刘向《传论》在学理层面确实深受董氏灾异说影响。《五行传》所述妖祥的性质、分类、形成机制、禳救之术等与《春秋》灾异学本联系甚微,但经过刘向《传论》的整合,《洪范》五行学与《春秋》学在灾异论层面却取得了重要的联系,并深刻影响了此后儒家灾异学的发展。据统计,《汉书·五行志》载刘向《春秋》灾异说共100条,其中以"董仲舒、刘向以为"领起说解者共31条,在刘向说解之下记载"董仲舒指略同"者共8条,"指略如董仲舒""它如仲舒"者各1条,"诸虫略皆从董仲舒说云"涉及6条,"诸震略皆从董仲舒说"涉及5条,合计52条,考虑到董仲舒本不习《五行传》,而董、刘《春秋》学又各循公、穀之说,则这一比例已相当可观,足见刘向对董氏灾异说之借重。

---

① 伊藤計:《董仲舒の災異説:高廟園災對とによう上奏文を中心にして》,《集刊東洋学》第41号,仙台:东北大学中国文史哲研究会1979年版,第17~18页。
② 张书豪:《试探刘向灾异论著的转变》,《国文学报》第57期(2015.6),第5~22页。
③ 黄启书:《试论刘向、刘歆〈洪范五行传论〉之异同》,第138~141页。

刘向《传论》对于董仲舒《春秋》灾异学的借鉴具体体现在哪些方面呢？究其要者大抵有二：其一曰"灾异"说，其二曰"阴阳"说。关于后者，下节将有专门论述，这里先讨论第一点，即试图以《春秋》"灾异"谴告说勾连《五行传》"六沴"说。

"灾异"一词在广义上可指各种自然灾害和异象，但作为狭义的专名，则是由《春秋》公羊学发展出的一种特定的解经理论。《公羊传·定公元年》"异大乎灾也"①，可见"灾""异"在《公羊传》中已经是具备特定内涵和外延的专名，而董仲舒则将"灾异"的差异及其功能做了更明确的阐释，见于《春秋繁露·必仁且智》：

> 其大略之类，天地之物有不常之变者，谓之异，小者谓之灾。灾常先至而异乃随之。灾者，天之谴也；异者，天之威也。谴之而不知，乃畏之以威。《诗》云"畏天之威"，殆此谓也。凡灾异之本，尽生于国家之失。国家之失乃始萌芽，而天出灾害以谴告之；谴告之而不知变，乃见怪异以惊骇之，惊骇之尚不知畏恐，其殃咎乃至。②

类似说法亦见于《汉书·董仲舒传》所载"天人三策"③，董氏提出一种"灾异—殃咎"的递进式结构，即在各种妖祥灾祸中，一部分具有警示意义，另一部分则是警示失效后的实质性惩罚，而这一观念在《五行传》中同样有所体现。《五行传》在开篇部分提出"六沴作见"之说："若六沴作见，若是共御，五福乃降，用章于下；若六沴作见，若不共御，六伐既侵，六极其下。"④显然，这里的"六沴"是警

---

① 《春秋公羊传注疏》卷二五，《十三经注疏》，第2335页中栏b。
② 苏舆：《春秋繁露义证》卷八《必仁且智》，第259页。
③ 《汉书·董仲舒传》载董氏对策："国家将有失道之败，而天乃先出灾害以谴告之，不知自省，又出怪异以警惧之，尚不知变，而伤败乃至。以此见天心之仁爱人君而欲止其乱也。"（《汉书》卷五六《董仲舒传》，第2498页）
④ 朱熹著、黄榦编：《仪礼经传通解正续编》，第2255页上栏a。

第六章 刘向《洪范五行传论》与经学灾异论体系的建构

示性征兆,而"六伐"和"六极"则是实质式惩罚。此说不仅在开篇部分明确揭示,而且在整个"六事"和"共御"部分都得到系统的落实,可以说是《五行传》的核心框架。刘向在说解"景帝中六年,梁孝王田北山,有献牛,足上出背上"一事时,即基于这一框架展开论说:

> 刘向以为近牛祸。先是孝王骄奢,起苑方三百里,宫馆阁道相连三十余里。纳于邪臣羊胜之计,欲求为汉嗣,刺杀议臣爰盎,事发,负斧归死。既退归国,犹有恨心,内则思虑霿乱,外则土功过制,故牛祸作。足而出于背,下奸上之象也。犹不能自解,发疾暴死,又凶短之极也。①

刘向认为梁孝王以骄奢而引起"牛祸",但孝王"犹不能自解",最终导致暴死。这里的"牛祸"属于"六沴作见",具有警示性,而"凶短之极"则属于"六极",是最终惩罚。这种递进式的妖祥机制与董仲舒的"灾异—殃咎"说如出一辙,应当是西汉君臣普遍熟悉的一种灾异说解方式。因此,刘向《传论》似乎有意将《五行传》的"六沴作见"说与《春秋》"灾异"谴告说加以勾连,使后者成为支撑"六沴作见"说的学理依据。在说解《书序》"高宗祭成汤,有蜚雉登鼎耳而雊"一事时,他即以"六沴作见"与《春秋》之"异"加以勾连:

> 刘向以为雉雊鸣者雄也,以赤色为主。于《易》,《离》为雉,雉,南方,近赤祥也。……野木生朝,野鸟入庙,**败亡之异**也。武丁恐骇,谋于忠贤,修德而正事,内举傅说,授以国政,外伐鬼方,以安诸夏,故能攘木、鸟之妖,致百年之寿,所谓"六

---

① 《汉书》卷二七下之上《五行志》,第1448页。

浸作见,若是共御,五福乃降,用章于下"者也。①

在分析"常阳"的灾异属性时,刘向也据《春秋》"灾异"说而将其定性为"灾":

> 旱,所谓常阳,不谓常阳而谓旱者,以为灾也。旱之为言干,万物伤而干,不得水也。君持亢阳之节,暴虐于下,兴师旅,勤众劳民,以起城邑,臣下悲怨,而心不从,故阳气盛而失度,故旱灾应也。②

---

① 《汉书》卷二七中之上《五行志》,第1411页。这段材料在《汉书·五行志》中被系于"刘歆以为"之下,似为刘歆之说,赵祯《洪范政鉴》即割取"野木生朝"以下数语为刘歆之说(赵祯:《宋钞本洪范政鉴》卷四上,北京:书目文献出版社1992年影印本),但陈乔枞《今文尚书经说考》引述此段,则将"刘歆以为"至"是继嗣将易也"数句略过(〔清〕陈乔枞:《今文尚书经说考》卷七,收入《续修四库全书》第49册,上海:上海古籍出版社1995年影印本,第2叶b~第3叶a),而以前后之文均为刘向之说。今案陈乔枞之说实可信,理由有三:其一,此段以"又曰"引起,在整个《五行志》中仅一见,显然承上文"《书序》曰"而作,可知这两段材料原本当为一整章。此段前、后所列诸条材料均为草妖,而此段所言雉雊事,刘向定为赤祥,刘歆定为羽虫之孽,均非草妖,可知班固未将此事视为独立类目,而是将其与"《书序》曰"所言"桑穀共生"事合为一条。这也才可以解释,何以在"高宗祭成汤"部分后半论述中又提到"野木生朝",甚至在整段最后引述"一曰,金沴木,曰木不曲直"之说,也显然是指"桑穀共生"事而非"雉登鼎耳而雊"事。既然这两段材料本为一事,而结合上文,对于"桑穀共生"事,只有刘向有说解,刘歆并无说解,可知将《书序》中高宗两次妖异合为一事加以论述者,既非刘歆,也非班固,只能是最初论述这一问题的刘向。刘向既然将这两件妖异合为一事,显然是有意从整体上对高宗朝面对灾异的态度有所论述,故在指出"雉登鼎耳而雊"的灾异属性后,刘向应当还有进一步的说解,而且其说解必然要包括"野木生朝"事。其二,从刘歆对"雉登鼎耳而雊"的说解来看,他认为此事预兆"继嗣将易",显然指的是孝己放逐之事,而自"野木生朝"以下所论,均为高宗能见异而自省,虽有中兴之功,与刘歆所言毫无关联,可知这些论述不可能出自刘歆。而刘向在"桑穀共生"事下的说解中已将其视为"国将危亡"之异,而"野木生朝,野鸟入庙,败亡之异"之说正与此相合,可知"野木生朝"以下相关论述与刘向对整个高宗朝妖异的认识完全相合,应视为一体。其三,"野木生朝"以下论述中的关键概念"败亡之异",又见于刘向对于哀公元年"正月,鼷鼠食郊牛"事的说解:"哀公年少,不亲见昭公之事,故见败亡之异。"至于"败亡"一词的使用,更多见于《传论》之中。综合以上三点,自"刘歆以为"至"继嗣将易也"当为班固补缀刘歆对"蜚雉登鼎耳而雊"的说解,其下"一曰,鼎三足"至"败宗庙之祀"当与前文"近赤祥也"相连,系刘向《传论》存录异说,此说与前文"桑穀共生"下所引"一曰"均以"小人"居上为说,或系出自一人。自"野木生朝"而下则为刘向对高宗朝两次妖异的整体说解。

② 欧阳询:《艺文类聚》卷一〇〇《灾异部》引《洪范五行传》,第1723页。

第六章　刘向《洪范五行传论》与经学灾异论体系的建构

不过,刘向《传论》对于灾、异的界定与董仲舒并不相同。《公羊传·文公二年》在论及"不雨"与"大旱"辞例之别时指出"大旱之日短而云灾,故以灾书。此不雨之日长而无灾,故以异书"[1],以是否产生实际灾害来区别灾、异;又言"异大乎灾",则此"大"显然是就重要性而言。至于董仲舒则根据程度高下区分灾、异,以小者为灾而先发,大者为异而后见。元帝时期翼奉所上奏议则提到另一种《春秋》灾异说:"今异至不应,灾将随之。其法大水,极阴生阳,反为大旱,甚则有火灾,《春秋》宋伯姬是矣。"[2]其以异先于灾,又视"大旱"为异,似乎并不考虑是否实有所害,与《公羊传》及董说均有所不同。刘向《传论》佚文有两条论及灾、异之别:

> 定公元年"十月,陨霜杀菽"。刘向以为……是时季氏逐昭公,公死于外,定公得立,故天见灾以视公也。釐公二年"十月,陨霜不杀草",为嗣君微,失秉事之象也。其后卒在臣下,则灾为之生矣。异故言草,灾故言菽,重杀谷。[3]

> 凡有所害谓之灾,无所害而异于常谓之异,故灾为已至,异为方来。[4]

就第一条而言,同为陨霜,僖公二年书"不杀草",定公元年则书"杀菽",刘向认为菽为谷,"不杀草"无害,故为异,杀谷则害成,故为灾,这就是第二条所言以是否"有所害"来区分灾、异。同时,僖公二年时嗣君微,故先示之以"异";其后朝政"卒在臣下",至昭公甚至见逐而客死异国,故再示之以"灾"[5],看起来,刘向不仅认为"异"与"灾"存在递进关系,而且二者分别见于人事之变的前后,这

---

[1] 《春秋公羊传注疏》卷一三,《十三经注疏》,第4922页上栏b。
[2] 《汉书》卷七五《眭两夏侯京翼李传》,第3174页。
[3] 《汉书》卷二七中之下《五行志》,第1426页。
[4] 李昉等撰:《太平御览》卷八七四《咎征部一》引《洪范五行传》,第3876页下栏b。
[5] 《汉书》卷二七中之下《五行志》,第1426页。

就是第二条所言以"异"预示未来之事，而以"灾"呼应前事，由此建构起"异—事—灾"的三段式灾异体系。刘向《传论》还有"危乱端见，则天地之异生"的说法①，也强调"异"表见祸"端"的先发性。与董说相比，刘向的结构更为复杂，其"异"相当于董氏所言"灾异"和《五行传》的"六沴"，是先兆性预警；其"灾"则相当于董氏所言"殃咎"和《五行传》的"六伐""六极"，是实质性惩罚，故其前例中以"大旱"为"灾"，正符合传文以"常阳"为"六伐"的结构设定。

刘向还根据其《春秋》灾异说对《公羊传》《穀梁传》未明确定性的妖祥加以判定，如"鼷鼠食郊牛"，刘向以其于《五行传》为青祥、牛祸，于《春秋》则以无害而定为"败亡之异"②，至说成公七年正月事例时，即以为"至成公时，三家始颛政，鲁将从此衰。天愍周公之德，痛其将有败亡之祸，故于郊祭而见戒云"，将其视为先兆。有时他还根据自己的标准修正《公羊传》的灾异定性，例如上举定公元年"陨霜杀菽"事，《公羊传》认为"灾菽也，以异书，异大乎灾也"，以重"异"而改"灾"为"异"，刘向则一依其有所害而定为"灾"。有趣的是，东汉《春秋》公羊学的主流说法正与刘向说相合，不仅《白虎通》引《春秋潜谭巴》之言曰："灾之为言伤也，随事而诛。异之为言怪也，先发感动之也。"③而且何休注言："异者，非常可怪，先事而至者。"④"灾者，有害于人物，随事而至者。"⑤几乎完全承袭刘向之说。

总之，刘向《传论》将董仲舒灾异谴告说加以改造后援入其对于《五行传》的说解，既扩充了《五行传》的阐释向度，又为"六沴作

---

① 《南齐书》卷《五行志》引"貌传"，第 416 页。
② 《汉书》卷二七中之上《五行志》，第 1372～1373 页。
③ 陈立：《白虎通疏证》卷六《灾变》，第 268 页。
④ 《春秋公羊传注疏》卷二，《十三经注疏》，第 4783 页下栏 b。
⑤ 《春秋公羊传注疏》卷三，《十三经注疏》，第 4793 页下栏 a。

第六章 刘向《洪范五行传论》与经学灾异论体系的建构

见"说找到了经学上的依据,如上文对"陨霜杀菽""陨霜不杀草""鼷鼠食郊牛"的说解,就是《洪范》五行学与《春秋》灾异学完美融合的例证。只是这类例证在《传论》中似乎并不多见,反倒是兼用"六沴"说和《春秋》"灾异"说给刘向《传论》带来的混乱不乏其例。具体分为两类,首先是《春秋》灾异说与《五行传》"六沴—六伐六极"结构之间的矛盾,例如"常风"在《五行传》中属于"六伐",本应是"若不共御"后的实质性惩罚,但刘向在说解汉文帝二年"淮南王都寿春大风毁民室"事时,认为此事属"异",故从《春秋》学角度视其为先兆性谴告,认为淮南王"见异不寤,后迁于蜀,道死雍"[①]。其次是因为《春秋》灾异体例而割裂《五行传》"六沴""六伐"类目。例如,在"常阳"条下,刘向亦据《春秋》学分出"大旱""不雨"两类,前者为"灾",后者为"异",同属"常阳"却一为灾,一为异,二者之间显然存在扞格,而在说解相关行事时,刘向追述前事,将此类妖祥全部视为实质性惩罚,这虽然遵循了《五行传》的体例,但却与其《春秋》灾异说形成矛盾。又如,在"常雨"条下,刘向根据《春秋》学分出"大雨雪"和"大水"等几类,并根据其《春秋》学原则以前者"失节,故谓之异",后者"皆君臣治失而阴气稽积盛强,生水雨之灾也",二者灾异属性再次出现割裂,至说解庄公十一年"秋,宋大水"时,刘向认为"时宋愍公骄慢,睹灾不改。明年与其臣宋万博戏,妇人在侧,矜而骂万,万杀公之应",将作为"常雨"和"灾"的"大水"视为先兆性预警,而以宋万弑君为最终惩罚,这既不合《五行传》文意,也不合刘向自己所定《春秋》灾异的内涵,反而与董仲舒以"灾"为谴告的体例颇相合。由此看来,刘向致力于构建一个统摄《春秋》学与《洪范》五行学的儒学灾异论体系,也在理论上实现了这一架构,可是一旦进入具体的灾异类目,两种灾异体系之间的深层矛

[①] 《汉书》卷二七下之上《五行志》,第1444页。

盾便凸显出来,而刘向对此并未有效加以解决。这也是刘向《传论》过于追求学理体系建构,反致内部扞格割裂的一例。

第五,战国以来星占术的汲取与改造。作为中国古代最重要的占术之一,星占源远流长,战国时期甘德、石申各自所撰《星经》对先秦星占术加以总结,至《史记·天官书》则构建了大一统观念下的星占体系。在汉人的知识观念中,星占与律历推步关系密切,而后者足可验证,故向为士人所重,被视为精微邃密的天人之学。《汉书·楚元王传》载刘向"昼诵书传,夜观星宿,或不寐达旦"[1],可知其对星历之学素有研究;不过,这一知识向为专门之学,司马迁所列"昔之传天数者",自史佚、苌弘至入汉以后的唐都、王朔、魏鲜等,无一具儒家背景,可证星历之术本非儒士所习。董仲舒所论虽多关天人,但其所谓"天"亦多就阴阳二气之流行入手,并不涉及具体的天文知识。至刘向则不同,他"总六历,列是非,作《五纪论》"[2],以《洪范》"九畴"之一"五纪"统摄天文、星历之学,在改变了天文、星历学知识属性的同时,也改变了经学自身的知识结构。此后,刘歆又"作《三统历》及《谱》以说《春秋》"[3],进一步强化了天文、星历知识与六艺之学的内在联系。这一过程因应汉代经学扩充自身知识体系的需求而发生,是传统经传与数术知识早期互动的典型个案。

《传论》同样体现了刘向将星占学知识融入经学体系的尝试。《五行传》"皇之不极"部分有"时则有日月乱行、星辰逆行",本身已经涉及星占知识,传文亦有"日晦而月见谓之朓,王侯其舒"之说[4],就月行迟速而论其咎;不过,"日月乱行、星辰逆行"的说法过于笼

---

[1]《汉书》卷三六《楚元王传》,第1963页。
[2]《汉书》卷二一上《律历志》,第979页。
[3]《汉书》卷二一上《律历志》,第979页。
[4]《后汉书》卷四六《吴延史卢赵列传》,第2117页。

第六章 刘向《洪范五行传论》与经学灾异论体系的建构

统,而月行迟速之说亦仅限于月异之一种,故刘向《传论》多引他说。如"日有食之""恒星不见""星陨如雨""星孛"等《春秋》异象,刘向多援取《穀梁传》或董仲舒说而略加更易。至于天裂、天变色、日变色、日瑱、日晕、日月并出、月背瑱、月变色、月犯列星、五星盈缩失行相犯等异象,刘向则援据甘、石《星经》等加以说解[1],而其中最值得注意的是对"五星占"学理体系的建构。为便于讨论,不妨先将其表见如下:

表 6-2

五星	五行	五常	五事	咎由	灾异
岁星		于五常为仁,恩德孝慈	于五事为貌,威仪举动	仁亏貌失,逆春令	则岁星为灾,虽主福德,见恶逆则怒,为殃更重
太白	西方,金精也	于五常为义,举动得宜	于五事为言,号令民从	义亏言失,逆秋令	则太白为变动,为兵,为杀
荧惑		于五常为礼,辨上下之节	于五事为视,明察善恶之事也	逆夏令	则荧惑为旱灾,为饥,为疾,为乱,为死丧,为贼,为妖言,大怪也

---

[1] 如《汉书·五行志》所载刘向对昭公十七年"冬,有星孛于大辰"、文公十四年"七月,有星孛入于北斗"二事的说解(《汉书》卷二七下之下《五行志》,第1511、1513页),又如《开元占经》载:"刘向《洪范传》曰:汉惠帝二年,天开东北……《星经》亦云:'或则天裂,或则地动,皆气有余,阳不足也。'地动,阴有余,天裂,阳不足,皆下盛强将害君之变也,其后有吕氏之乱。"(瞿昙悉达:《开元占经》卷三《天占》,第26页)

五星	五行	五常	五事	咎由	灾异
辰星	北方,水精也	于五常为智,扬擢贪道	于五事为听,不惑是非	智亏听失,逆冬令	则辰星为变怪,为水灾,为四时不和
填星		于五常为信,言行不二	于五事为思心,宽容受谏	若五常、五事皆失	填星为变动,为土功,为女主,为山崩,为地动

这段论述主要见于《开元占经》[①],其中有关辰星的论述亦部分见于《文选》李善注所引《洪范五行传》[②],有关荧惑的异象,又有"汉宣帝本始四年,荧惑入舆鬼、天质""汉宣帝本始元年,荧惑守房"两条灾异行事见于《开元占经》[③],应可信为刘向《传论》佚文,只是这部分内容与开篇、共御等部分一样,为《汉书·五行志》所未取。关于五星的次序,从佚文中已无从判断,此处姑取"五事"之次为序。从上表来看,基于五星与五行之间的对应关系,刘向的理论架构可分为三个部分:其一是五星与"五常"的对应关系;其二是五星与"五事"的对应关系;其三是五星变异的咎由及其灾异。就第二部分而言,《五行传》在论述月行迟速时,以"仄慝则侯王其肃,朓则侯王其舒"[④],这里的"肃"和"舒"显然来自"貌之不恭"和"视之不明"二事,可见"皇之不极"虽与五事并列,但其咎由实需从"五事"中分别寻找,是"五事"变乱极端化的结果,故刘向将属于"星辰逆行"的

[①] 瞿昙悉达:《开元占经》卷二三《岁星占一》,第 223 页;卷三〇《荧惑占一》,第 293 页;卷三八《填星占一》,第 399 页;卷四五《太白占一》,第 451 页;卷五三《辰星占一》,第 531 页。

[②] 萧统编:《文选》卷二二《车驾幸京口侍游蒜山作一首》李善注,第 1052 页。

[③] 瞿昙悉达:《开元占经》卷三一《荧惑占二》,第 316 页。

[④] 《汉书》卷二七下之下《五行志》,第 1506 页。

第六章　刘向《洪范五行传论》与经学灾异论体系的建构

五星异与"五事"加以对接,虽然不是直接取材于传文,但也不能说完全无据。至于第三部分所言灾异,则多见于战国以来星占学说,系刘向援取以方便其五星占实际推度;而第一部分的建构,则颇有其自出机杼之处。

事实上,以"五星"各有主司的观念广见于战国以来的各种星占术中,如石申以岁星主仁、义、德,以荧惑主礼,以填星主德,以太白主杀[①],马王堆帛书《五星占》则以金星主"占其国兵",以火星"主司失乐",以水星"主正四时"[②],大抵均以战国数术中影响广泛的"刑德"说为基础,以岁星、荧惑、填星主德,而以金星、辰星主刑,同时兼取时令文献中的四时宜忌杂凑而成。这些说法在《史记·天官书》中多有存录,而司马迁更将这一观念系统化,故以岁星主义、荧惑主礼、填星主德、太白主杀、辰星主刑,五星主司明确,仍以刑德说为其学理基础。至刘向《传论》,则在司马迁的基础上进一步将其儒学化,五星所司完全变为儒家"五常",这至少在形式上摆脱了刑德说的数术色彩,使得星占术更为密切地融入六艺之学的知识体系中。

其实,越出星占术视域,以五行对应五种德性的尝试在战国已经出现,一般认为代表思孟五行说的郭店简《五行》篇论仁、义、礼、知、圣,大概就是将儒家德目与五行相对应的产物[③],只是其具体对应方式已难知晓。如果将目前所知西汉以来五行德性说加以排比,可以看到刘向《传论》在其中具有一定的过渡性意义:

---

① 瞿昙悉达:《开元占经》卷二三《岁星占一》,第223页;卷三〇《荧惑占一》,第293页;卷三八《填星占一》,第399页;卷四五《太白占一》,第451页。
② 裘锡圭主编:《长沙马王堆汉墓简帛集成》(肆),第230页。
③ 庞朴:《马王堆帛书解开了思孟五行说之谜——帛书〈老子〉甲本卷后古佚书之一的初步研究》,《文物》1977年第10期,第67~69页。

表 6-3

五行	银雀山汉简《五令》	《史记·天官书》	《五行相生》	《盐铁论·论灾》引董生说	翼奉《五性》	刘向《传论》	《周易乾凿度》、孝经纬、诗纬、郑玄	《钟律书》《太玄》《春秋元命苞》《乐纬动声仪》《白虎通》
木	德	义	仁	仁	仁	仁	仁	仁
火	义	礼	知	德	礼	礼	礼	礼
土	惠	德	信		信	信	知	信
金	威	杀	义	义	义	义	义	义
水	罚	刑	礼	礼	智	知	信	知

从上表来看，银雀山汉简《五令》与《天官书》均以阴阳刑德说为背景，木、火阳而主德义，金、水阴而主刑杀。董仲舒《五行相生》乃以"五常"对应五行，始将五行德性说纳入儒学范畴；不过，董仲舒所言义、礼实有特定内涵，他以"司徒尚义……执权而伐"[①]，"司寇尚礼……据法听讼"，义、礼均体现为诛伐之事，可见仍未脱阴阳刑德说的影响，这也与《春秋繁露》以儒家"重德轻刑"说改造传统"刑德二分"说的思路相一致。翼奉在其"五性"说中同样以"五常"为配："五行在人为性……性者，仁、义、礼、智、信也。"[②]至于具体对应方式，则木、土、金三行与董仲舒一致[③]，惟水、火二行互换。由于

---

① 苏舆：《春秋繁露义证》卷一三《五行相生》，第 365 页。
② 中村璋八：《五行大義校註（增訂版）》卷四《论情性》，第 154 页。
③ 《汉书》卷七五《眭两夏侯京翼李传》晋灼注："翼氏《五性》：肝性静，静行仁，甲己主之；心性躁，躁行礼，丙辛主之；脾性力，力行信，戊癸主之；肺性坚，坚行义，乙庚主之；肾性智，智行敬，丁壬主之也。"（《汉书》卷七五《眭两夏侯京翼李传》，第 3171 页）今案，据《五行大义·论情性》引翼奉说，其以"五性"为仁、义、礼、智、信，则准翼奉《五性》论述方式，晋灼注"肾性智，智行敬"二句宜作"肾性敬，敬行智"，故翼奉说以"智"对应"水"。

第六章　刘向《洪范五行传论》与经学灾异论体系的建构

翼奉整体上以"五性"为"阳","六情"为"阴","五性"皆正而"六情"招邪,这就完全摆脱了阴阳刑德说对"五行"德性说的影响。刘向之说与翼奉完全相同,未知是否受其影响,而此说不仅为刘歆《钟律书》所继承,而且也见于《太玄》《春秋元命苞》《乐纬动声仪》《白虎通》等两汉文献,逐渐成为一种广受认可的儒学知识。

回到刘向五星占的整体架构。通过上述三部分的嫁接,刘向再次构建起一套系统性的占验体系,从而丰富了其《洪范》五行学的学理依据;不过,与前文所论一样,这一体系同样无法避免其因嫁接而出现内在龃龉、割裂的问题。略言之或有两点:第一,系统内部存在重复。例如,根据五星与五事的对应关系,岁星主貌,故与"威仪举动"相关,但根据五星与五常的对应关系,荧惑主礼,"辨上下之节",则此"威仪"与"上下之节"究竟有何差异,实在难以把握。刘向在"貌之不恭"的论述中即言"失威仪之制,怠慢骄恣,谓之狂","上失节而狂,下怠慢而不敬,上下失道"①,可见二者实为一事,岁星、荧惑之所主存在重复。第二,是作为咎由的五常、五事与灾异之间缺乏有机联系,有些对应显得混乱。例如,根据五星与五事的对应关系,太白主"言",但在灾异系统中,太白所致变动与"言"毫无关联,反倒是荧惑所致灾异中有"妖言"一条。出现这些混乱的原因,就是五事、五常、灾异本各有其知识背景和文本来源,刘向径行牵合,难免有所扞格。

不妨想象一下,如果《洪范五行传》本文、月令说、四正卦说、卦气说、阴阳说、《春秋》灾异说和星占说各自都具有不同的色彩,则刘向建构的《洪范》五行学学理体系该是何等的五彩斑斓、令人炫目。这些来源各异的知识与学说,经过刘向的精心编缀,都与《洪范五行传》发生了不同程度的联系,从各个角度支撑起刘向《洪范》

---

① 《南齐书》卷一九《五行志》引"貌传",第412、415页。

五行学的理论大厦。尽管其内部存在各种各样的疏漏、错置、重复,有些阐述也显得迂曲、突兀,但刘向强烈的理论兴趣、广阔的知识视野、细腻的理论洞见与极富想象力的阐释能力仍令人印象深刻。这与他在《说苑》《新序》《列女传》等著作中呈现出的书写风格具有一致性,即充分利用其广泛占有各种知识的优势,借助于一种特定的文本结构,将多源、异质、碎片化的知识建构为一个新的有机整体。班固在描述刘向的写作风格时称"刘向司籍,辩章旧闻"[①],刘向所依托的虽多为"旧闻",但经其整合之后,实际上已经成为独具个性的新说了。

三、援阴阳以说君臣大义

如果要对刘向《洪范》五行学驳杂的学理体系加以提炼,那么"阴阳"说可谓贯穿其中的一条主线。据《晋书·江逌传》所载《传论》佚文,刘向以"阳曰神,阴曰灵"解释传文"共御"六沴的祝辞,"若尔神灵洪祀六沴是合,无差无倾,无有不正"[②],从整体上将主宰六沴的"神灵"定性为"阴阳"。郭店简《太一生水》言:"四时者,阴阳之所生。阴阳者,神明之所生也。神明者,天地之所生也。天地者,太一之所生也。"[③]可见以"阴阳"对应"神明"的观念自战国中后期以来已有传播,《大戴礼记·曾子天圆》则明确提出"阳之精气曰神,阴之精气曰灵"[④],足见刘向所言有据。不过《五行传》开篇言"洪祀六沴用咎"之由,称"知不畏而神之怒",言"共御"六沴之休

---

① 《汉书》卷一〇〇上《叙传》,第4231页。
② 《晋书》卷八三《江逌传》,第2174页;陈寿祺:《尚书大传》卷三,《四部丛刊初编》景清刻左海文集本。
③ 荆门市博物馆编:《郭店楚墓竹简》,北京:文物出版社1998年版,第125页。
④ (清)孔广森:《大戴礼记补注》卷五《曾子天圆》,北京:中华书局2013年版,第110页。

第六章 刘向《洪范五行传论》与经学灾异论体系的建构

征,亦言"神则不怒",可见传文并未刻意区分"神""灵",大抵单字称"神",双言则称"神灵"。刘向以"阳""阴"分释"神""灵",坐实"神灵"之所指,显然意在强调"阴阳"在其《洪范》五行学体系中的关键性地位,是有意为之的一种学理建构。

受《汉书·五行志》以董仲舒"始推阴阳,为儒者宗"之说的影响[①],学者多视刘向阴阳灾异说为董仲舒影响所致,此说大抵不误;但也应注意到,"阴阳"观念在汉人论及天象、物候、人事时被广泛使用,其基本内涵得到经师与百家、天命论者和自然论者的普遍认可。《五行传》产生于战国以来阴阳、五行学说普遍融合的思潮中[②],传文所见五行之次、六沴司月之次,以及五行之咎由等,都与基于阴阳学说的"四时—五行"体系关系密切;只是《五行传》通篇未使用阴阳、刑德等概念,而其灾应体系也有不少越出"四时—五行"框架者,可以说是受阴阳说影响但又自成体系的一部儒学灾异论。在此背景下,刘向有志于系统阐述《五行传》所言灾异的生成机制,显示其合理性,自然不会忽视"阴阳"这一具有广泛接受度的知识资源[③]。因此,尽管有关刘向"阴阳"说的讨论必须在董仲舒"始推阴阳"的背景下展开,但其说更关乎汉代经学史中早期经传与数术知识之间的互动关系,对其学术史意义的认识也应置于这一视域加以展开。

尽管刘向在对《五行传》"五行"部分的阐释中援纳了基于阴阳说的"四时—五行"体系,而但从《传论》佚文来看,其对于阴阳说的

---

① 《汉书》卷二七上《五行志》,第1317页。关于刘向阴阳灾异说与董仲舒之关系,可参徐复观《两汉思想史(三)》,北京:九州出版社2014年版,第105页。

② 关于战国以来阴阳、五行学说的融合,可参庞朴《阴阳五行探源》,《中国社会科学》1984年第3期,第75~98页。

③ 在刘向之前,汉儒已有用阴阳说阐释《五行传》者,如刘向《传论》所载"一曰"在解释"常风"时即称"阴阳相薄偏气,阳多为风,其甚也常风"(《南齐书》卷一九《五行志》引"思心传",第419页)。

明确援用则主要见于传文"六沴"部分。不妨将其中涉及理论阐述的佚文表见如下：

表 6-4

咎由	灾异	刘向《传论》说解
貌之不恭	常雨	夫不敬其君，不从其政，则**阴气胜**，故曰厥罚常雨。(《南齐书·五行志》引"貌传") 大水者，皆君臣治失而**阴气稸积盛强**，生水雨之灾也。(《魏书·灵征志》引《洪范论》) 《春秋》之大雨雪，犹庶征之恒雨也，然尤甚焉。夫雨，**阴**也，雪又**阴**也，大雪者，**阴之稸积盛甚**也。(《魏书·灵征志》引《洪范论》) 雨雹，君臣之象也。阳之气专为雹，阴之气专为霰，**阳专而阴胁之**，阴盛而阳薄之，雹者，**阴薄阳之象**也。霰者，阳胁阴之符也。《春秋》不书霰者，犹月蚀也。(《南齐书·五行志》引《传》)
言之不从	总论	《易》之道，西方曰兑，为口，人君过差无度，刑法不一，敛从其重，或有师旅，**炕阳**之节，若动众劳民，是言不从。(《南齐书·五行志》引"言传")
	常阳	人君既失众，政令不从，**孤阳持治**，下畏君之重刑，**阳气胜**则旱象至。故曰厥罚常阳也。(《南齐书·五行志》引"言传")
	介虫之孽	介虫，有甲，能蜚扬之类，**阳气所生**，于《春秋》为螽，今谓之蝗，皆其类也。旱气动，象至矣，故曰有介虫之孽也。(《艺文类聚》引《洪范五行传》)
	犬祸	犬祸者，**亢阳**失众之应也。(《隋书·五行志》引《洪范五行传》)

第六章 刘向《洪范五行传论》与经学灾异论体系的建构

续表

咎由	灾异	刘向《传论》说解
视之不明	常燠	故天冬雷,以见**阳不禁闭**,以涉危害,舒奥迫近之变也。(《汉书·五行志》引刘向曰) 雷于天地为长子,以其首长万物,与之出入,故雷出万物出,雷入万物入。夫雷者,人君之象,入则除害,出则兴利。雷之微气以正月出,其有声者以二月出,以八月入,其余微者以九月入,冬三月雷无出者,若是**阳不闭阴**,则出涉危难而害万物也。(《南齐书·五行志》引《传》)
	赤眚	血者,**阴之精**,伤害之象,僵尸之类也。(《隋书·五行志》引刘向曰)
听之不聪	常寒/鱼孽	**极阴气动**,故有鱼孽。鱼孽者,常寒罚之符也。(《南齐书·五行志》引《传》)
	鼓妖	**雷,阳也**,云,阴也。有云然后有雷,有臣然后有君也。雷托于云,君托于臣,阴阳之合也。故无云而雷,示君独处,无臣民也。(《魏书·灵征志》引《洪范论》)
	火沴水	火沴水也。法严刑酷,伤水性也,五行变节,**阴阳相干**,气色缪乱,皆败乱之象也。(《隋书·五行志》引《洪范五行传》)
思心之不睿	常风	风于阳则为阴,于阴则为阳,大臣之象,**专恣而气盛**,故罚常风。(《五行大义》引《南齐书·五行志》)
	脂夜之妖	昼而晦冥若夜者,**阴侵阳**,臣将侵君之象也。(《隋书·五行志》引《洪范五行传》)
	金木水火沴土	**地阴类**,大臣之象,阴静而不当动,动者,臣下强盛,将动而为害之应也。(《魏书·灵征志》引《洪范论》)

续表

咎由	灾异	刘向《传论》说解
皇之不极	常阴/龙蛇之孽	龙,鳞虫也,生于水;云,亦水之象,**阴气盛**,故其象至也。人君下悖人伦,上乱天道,必有篡杀之祸。(《魏书·灵征志》引《洪范论》) 蛇龙,**阴类**也。(《后汉书·杨震列传》李贤注引《洪范五行传》)
	日月乱行	人君失序,享国不明,臣下务乱,**群阴蔽阳**,则日月薄蚀,汶暗暗昧,若蚀从中起,背璃纵横,则乱交争,兵革并行。(《开元占经》引《洪范传》) 日蚀必以朔,非朔为薄蚀,**阴盛侵阳**,其君凶,不出三年。日蚀皆蚀合朔,不当蚀晦,蚀晦者,**阳行迟,阴行疾**,君舒臣骄之异也。(《开元占经》引《洪范传》)

从上表来看,刘向在阐释"六沴"相关灾异时大量援用阴阳说,其中尤以"六罚"部分最为系统,如果将其中"五事"的部分提炼出来,其系统性更为清晰:

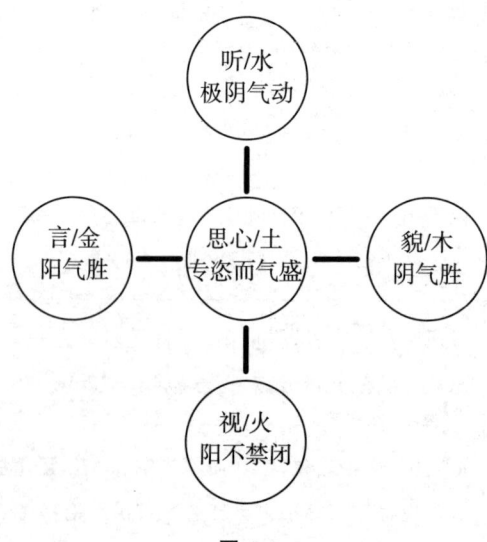

听/水
极阴气动

言/金
阳气胜

思心/土
专恣而气盛

貌/木
阴气胜

视/火
阳不禁闭

图 6-2

第六章 刘向《洪范五行传论》与经学灾异论体系的建构

刘向在论及雷异时指出,"阳用事百八十三日而终,阴用事亦百八十三日而终"①,可知其阴阳灾异说的基础正是战国以来流行的"四时—五行"体系。按照木主少阳、火主太阳、金主少阴、水主太阴、土王四时的基本框架,刘向认为,五事之失导致五行所主阴阳之气的失衡,遂引致相关灾应。至于阴阳失衡的具体表现则有两种类型,木、金、土三行为阴阳二气并存,故关注二气之强弱关系,木主少阳,应阳长而阴消,若阴反胜阳,则致灾异;反之金行亦然。土行应得阴阳二气之中,故任意一气之"专恣"均会致灾,刘向在这部分特别指出"风于阳则为阴,于阴则为阳",显然有意强调土行宜守阴阳之中。火行盛阳主事而阴伏于下,水行盛阴主事而阳伏于下,二气各得其所,故关注其自身状态的稳定,所谓"阳不禁闭""极阴气动"②,皆就二气自身失性而言。这样,刘向至少在形式上成功地将阴阳学说与《洪范》五行灾异论结合起来,"阴阳"失序成为解释"六沴"发生机制的主要途径。在说解具体灾异行事时,刘向也基于这一体系,如僖公十年"冬,大雨雪",刘向认为属"貌之不恭—常雨",咎由为"僖公立妾为夫人,阴居阳位,阴气盛也"③,桓公五年"大雩",刘向认为属"言之不从—常阳",以其时桓公"有亢阳之意以御臣下"④。阴阳说成为刘向《洪范》五行学的理论基础。

至于刘向阴阳说的学理内涵和现实指向,田中麻纱巳指出,与董仲舒更具自然论色彩的理论相比,刘向更关涉人事⑤。这一判断整体上是准确的,但稍嫌笼统,通过对刘向《传论》佚文的全面考

---

① 《魏书》卷一一二上《灵征志》引《洪范论》,第3167页。
② 《汉书》卷二七中之上《五行志》,第1364页。"阳不禁闭",或言"阳不闭阴",皆指阳不闭藏于盛阴。当盛阴主事之时,阳宜闭藏地下以"孕毓根核,保藏蛰虫",若以此时泄露,则为盛阴所伤,且将连累万物。
③ 《汉书》卷二七中之下《五行志》,第1423页。
④ 欧阳询:《艺文类聚》卷一〇〇《灾异部》引《洪范五行传》,第1723页。
⑤ 田中麻纱巳:《刘向の灾异说について——前汉灾异思想の一面》,《集刊东洋学》第24号(1970),第32页。

辑,可以更细致地辨清其阴阳说与董仲舒之间的差异。此外,《五行传》虽受阴阳说之影响,但毕竟自成体系,其占验体系自具独立性,刘向欲以"阴阳"统摄其《洪范》五行学,必然会面临传统阴阳说与《五行传》文本之间的矛盾,刘向如何处理这些问题,同样值得关注。以下即先论刘向阴阳灾异说的特点,盖有三点可举。

第一,就本体论而言,刘向所论"阴阳"仍基于"气"的物质形态,但其将"阴阳"进一步抽象为"五行"所具之属性,则与董仲舒等不同。刘向对"阴阳"本质的论述散见于其对各种灾异生成机制的描述中,如以大雪为"阴之稽积盛甚也"[①],以血为"阴之精"[②],以日为"群阳之精"[③],将各种自然物象均视为阴阳二气之所化生。在论及蚀晦时,刘向又称"阳行迟,阴行疾"[④],凡此皆显示其所论"阴阳"与《春秋繁露》中《阴阳位》《阴阳终始》《阴阳义》《如天之为》《天地阴阳》诸篇一样,首先是具有物质性的实体。

值得关注的是刘向如何处理"阴阳"与"五行"之间的关系。"阴阳"与"五行"本是两种相对独立的宇宙生成理论,自战国中后期二者被联系起来后,如何在同一理论体系中处理二者之关系乃成为重要的论题。在时令文献中,"阴阳"被视为宇宙元气初分的产物,而"五行"则作为五种介质,通过与阴阳的不同匹配而形成四时,此说见于《礼记·礼运》《礼记·月令》《管子·四时》,并为董仲舒所承袭。《阴阳终始》篇言"至春,少阳东出就木,与之俱生"[⑤],阴阳动而五行静,二者相"就",遂造成寒暑节气的变化。《天辨在人》篇更明确强调"阴阳"与"五行"是分具不同属性的两类物质:"阴虽

[①] 《魏书》卷一一二上《灵征志》引《洪范论》,第3163页。
[②] 《隋书》卷二三志第十八《五行下》引"刘向曰",第720页。
[③] 瞿昙悉达:《开元占经》卷五《日占一》,第48页。
[④] 瞿昙悉达:《开元占经》卷九《日占五》,第91页。
[⑤] 苏舆:《春秋繁露义证》卷一二《阴阳终始》,第340页。

第六章　刘向《洪范五行传论》与经学灾异论体系的建构

与水并气而合冬,其实不同,故水独有丧而阴不与焉。"①不过,徐复观注意到此说的结构性缺陷②,如果说"阴阳"是宇宙元气初生之物,则"五行"或在于宇宙之外,或即属于宇宙之中。若为前者,则宇宙之外复有物,这不符合董仲舒"天道无二"的一元论宇宙观;若为后者,则"五行"既为宇宙所化生,则亦当为阴阳交合之物,不当外在于阴阳,但董氏明称"五行"非"阴阳",则其缘何而生?这样追问下去,董氏以"五行"外在于"阴阳"而同归诸"天"的理论体系就显出其扞格之处了。

从《传论》佚文看来,刘向并未明确论及"阴阳""五行"之关系,但整合其散见说解可知,与董仲舒强调"阴阳""五行"异质,并采用"因""就"等词汇来描述二者之关系不同,刘向采用"某者,某也"的叙述方式,径以"阴阳"来描述、定义"五行",此说凡三见:

> 水者,北方之藏气,至阴也。③
> 木者少阳,贵臣卿大夫象也。④
> 刘向以为阳失在阴者,谓火气来煎枯水,故川竭也。⑤

刘向以水为"至阴",则金当为"少阴",以木为"少阳",则火当为"至阳",至于被称为"中气"的"土气"则应理解为阴阳二气之中和,由此,五行之气也就等同于阴阳之气,"五行"失性的本质也就成为阴阳之气的盛衰变化。这一表述见于其对"渭水赤"的说解:

> 火沴水也,法严刑酷,伤水性也。五行变节,阴阳相干,气

---

① 苏舆:《春秋繁露义证》卷一一《天辨在人》,第335页。
② 徐复观:《两汉思想史(二)》,第357页。
③ 《隋书》卷二二志第十七《五行上》,第692页,标点未尽从。
④ 《汉书》卷二七上《五行志》,第1319页,又见于《隋书》卷二二志第十七《五行上》引《洪范五行传》,第698页。
⑤ 《汉书》卷二七下之上《五行志》,第1451页。

色缪乱。皆败乱之象也。①

五行互沴造成"五行变节",而其本质则是"阴阳相干",换言之,"五行"为表为果,"阴阳"为里为因,《繁露》中异质性的"五行"与"阴阳"至此似乎同质化了,董仲舒理论中气体不纯的缺陷似乎也得到了弥补。

不过,刘向所谓"少阳""至阴"的具体内涵为何,仍值得讨论。在董仲舒理论中,少阳、太阳、少阴、太阴被用来描述四时更替中阴阳二气的不同状态,四者不可能并存于同一时空;但在刘向理论中,少阳、太阴被用以描述五行的不同性质,而五行不仅可以并存于同一时空,在《五行传》中还存在互沴的关系,故照此逻辑,少阳、太阳、少阴、太阴应可并时而存。在上文所引"川竭"事中刘向用以描述"火气来煎枯水"的"阳失在阴",准确来说就是"至阳失在至阴","至阳"与"至阴"这两种在董仲舒理论中绝不可能并存的状态在刘向理论中却发生正面冲突。显然,刘向虽然袭用董仲舒"少阳""至阴"等概念,但这些概念中的"阴""阳"显然再无法被视为实体之"气",只能被理解为抽象化的属性。这样看来,与其说刘向解决了"阴阳"与"五行"在实体层面的关系问题,不如说他通过将"阴阳"抽象化的方式将这一问题悬置了。在后来的思想史演进中,刘向这一略显模糊的论述方式得到了不少学者的认可,《白虎通·五行》《五行大义》等都采用了类似的表述方式②。

第二,基于"阴阳"抽象化的趋势,与秦汉诸家多以"阴阳"论"刑德"不同,刘向"阴阳"说基本与"刑德"无涉,而是从"阴阳相干"的角度讨论"尊卑"之间的互动关系。按照战国以来普遍流行的阴

---

① 《隋书》卷二二志第十八《五行下》引《洪范五行传》,第726页。
② 陈立:《白虎通疏证》卷四《五行》,第169~170页;中村璋八:《五行大義校註(增訂版)》卷一,第14页。

第六章 刘向《洪范五行传论》与经学灾异论体系的建构

阳观念,阴阳各主半岁,阳主则施德,阴主则正刑,悖之则生祸。故无论是《管子·四时》《曹氏阴阳》等阴阳、时令文献[①],还是《十六经》《淮南子·天文》等黄老文献,乃至《鲁邦大旱》《大戴礼记·四代》等儒学文献,战国秦汉士人在论及寒暑失次等灾异时多归咎于"刑德"之失"时"。至于董仲舒,虽然不再严格强调应"时"施政[②],但其"阳尊阴卑"的理论指向仍为"刑德"关系,"阴,刑气也;阳,德气也"[③],"阳气暖而阴气寒,阳气予而阴气夺,阳气仁而阴气戾,阳气宽而阴气急,阳气爱而阴气恶,阳气生而阴气杀"[④]。将阴气理解为具有严酷、乖戾、怨怒、肃杀气质的"刑气",反之则为"德气"。在《汉书·五行志》所载董仲舒15条《春秋》阴阳灾异说中,其所推之"阴阳"亦与"刑德"关系甚密,例如庄公十一年"秋,宋大水"、襄公二十四年"秋大水",董仲舒认为此前战争频仍,故"百姓愁怨,阴气盛"[⑤],将刑政所致之"愁怨"视为阴气之源;又如桓公十五年"春,亡冰"、庄公二十四年"大水"、二十八年"冬,大亡麦禾",董仲舒认为过在夫人"不正""淫乱"而致阴失节[⑥],将女子淫佚视为"阴气"逆乱

---

① 《管子·四时》:"阴阳者,天地之大理也。四时者,阴阳之大径也。刑德者,四时之合也。刑德合于时则生福,诡则生祸。"(黎翔凤《管子校注》卷一四《四时》,第838页)《曹氏阴阳》:"诸蛰虫皆阴分,刑也。""诸刺伤害人者亦阴而刑也。"(银雀山汉墓竹简整理小组编:《银雀山汉墓竹简(贰)》,第204、205页)《淮南子·天文》:"日冬至则斗北中绳,阴气极,阳气萌。故曰冬至为德。日夏至则斗南中绳,阳气极,阴气萌。故曰夏至为刑。"(何宁:《淮南子集释》卷三《天文》,第208页)《鲁邦大旱》:"孔子答曰:'邦大旱,毋乃失诸刑与德乎?'"(马承源主编:《上海博物馆藏战国楚竹书(二)》,第204页)《大戴礼记·四代》:"阳曰德,阴曰刑。"(孔广森:《大戴礼记补注》卷九《四代》,第175页)

② 《春秋繁露·如天之为》:"天非以春生人,以秋杀人也。当生者曰生,当死者曰死,非杀物之义待四时也。而人之所治也,安取久留当行之理,而必待四时也。"(苏舆:《春秋繁露义证》卷一七《如天之为》,第464~465页)可参末永高康《董仲舒阴阳刑德说について》,《中国思想史研究》卷15(1992),第59~88页。

③ 苏舆:《春秋繁露义证》卷一一《王道通三》,第331页。

④ 苏舆:《春秋繁露义证》卷一一《阳尊阴卑》,第327页。

⑤ 《汉书》卷二七上《五行志》,第1343、1345页。

⑥ 《汉书》卷二七中之下《五行志》,第1407页;卷二七上《五行志》,第1339、1344页。

之由。事实上，董仲舒既以"刑德"说"阴阳"，以为"恶之属尽为阴，善之属尽为阳"[①]，同时又试图回避以"时"施政的传统刑德灾异说，所以理论上说，可能导致灾异的只能是作为刑气的"阴"，而不可能是作为德气的"阳"。在《汉书·五行志》所见董仲舒15条阴阳灾异说中，有12条归咎于阴气之失，其中尤可关注的是对火灾的解释。在一般的灾异学说中，火对应阳气，火灾势必要归咎于阳气之失，但按照董氏阴阳说，阳皆为善，故颇难将其视为咎由。为此，董仲舒引入了所谓"极阴生阳"的阐释机制。《春秋繁露·循天之道》言："阳气起于北方，至南方而盛，盛极而合乎阴。阴气起乎中夏，至中冬而盛，盛极而合乎阳。"[②]可见，在董氏气论中，阴阳二气存在盛极而对转的自然机制，而在论及襄公三十年"宋灾"时，董氏即指出，"伯姬幽居守节三十余年，又忧伤国家之患祸，积阴生阳，故火生灾也"，在论昭公九年"陈火"时，又指出楚灭陈后，"陈臣子尤毒恨甚，极阴生阳，故致火灾"[③]，借助物极而反的机制将两次火灾归咎于阴气之失，此说兼顾董氏阴阳说的自然属性和政治指向，虽略显迂曲，倒也不失巧妙，而其中所言"忧伤""毒恨"之气显然仍是就刑德层面而言的。

当然，董仲舒也以"阴阳"论尊卑，如《春秋繁露·阳尊阴卑》篇提出："诸在上者皆为其下阳，诸在下者皆为其上阴。"[④]是以在论及昭公四年"正月，大雨雪"时，董仲舒认为"季孙宿任政，阴气盛也"[⑤]。此外，董氏还以性别区分阴阳，故同样是荒淫，夫人之淫被视为"阴失节"，但"宋、卫、陈、郑之君皆荒淫于乐"则被视为"阳失

---

① 苏舆：《春秋繁露义证》卷一一《阳尊阴卑》，第327页。
② 苏舆：《春秋繁露义证》卷一六《循天之道》，第445页。
③ 《汉书》卷二七上《五行志》，第1326、1327页。
④ 苏舆：《春秋繁露义证》卷一一，第336页。
⑤ 《汉书》卷二七中之下《五行志》，第1423页。

第六章　刘向《洪范五行传论》与经学灾异论体系的建构

节"①。只是这些论说相对零散,就整体而言,"刑德"关系无疑是其阴阳说的核心指向,尤其典型的是成公元年"二月,无冰"事,董仲舒认为其时"方有宣公之丧,君臣无悲哀之心,而炕阳,作丘甲"②,这里"炕阳"的主体同时包括鲁国君臣,由于他们在居丧期间未能顺阴德而"悲哀",故致"炕阳",这种阴阳关系的失调显然只有在刑德说框架内才能得以理解。

然而,在刘向《传论》佚文中,其所言"阴阳"几乎无一例外地指向尊卑关系而非刑德之异。在成公十六年"六月甲午晦"事中,刘向明确指出"阴为阳,臣制君也"③。在昭公二十五年"夏,夷狄穴藏之禽,来至中国"和僖公十年"冬,大雨雪"二事中,刘向提出了"阴居阳位"的说法④,这显然也只有在君臣关系而非刑德关系的意义上才能得以理解。就上举董仲舒所用的"亢阳"一词而言,刘向《传论》也颇见使用,但所指均专就君臣关系而言,如其释"常阳",以为"君持亢阳之节"⑤,说桓公五年"大雩",以为"有亢阳之意,以御臣下"⑥,说宣公七年"秋,大旱",以为"时公兴师而与齐伐莱,夫伐国,亢阳"⑦,足见其"亢阳"之说纵然来自董仲舒,但政治指向已经从刑德关系完全转向君臣尊卑了。

第三,基于"阴阳"政治指向的差异,与董仲舒强调"阳尊阴卑""任阳不任阴"不同⑧,刘向在理论上主张阴阳合而成岁,各有分职,但在论述中又援用《春秋》"尊尊"之义,亟论阴盛之祸。在实体层面,董、刘均认可阴阳二气各主半岁之说,但为了论证重德轻刑的

---

① 《汉书》卷二七上《五行志》,第1329页。
② 《汉书》卷二七中之下《五行志》,第1407页。
③ 《汉书》卷二七下之上《五行志》,第1445页。
④ 《汉书》卷二七中之下《五行志》,第1414、1423页。
⑤ 《隋书》卷二二《五行志》引《洪范五行传》,第705页。
⑥ 欧阳询:《艺文类聚》卷一〇〇《灾异部》引《洪范五行传》,第1723页。
⑦ 李昉等:《太平御览》卷三五《时序部二十》引《洪范五行传》,第167页下栏b。
⑧ 苏舆:《春秋繁露义证》卷一一《阳尊阴卑》,第323页;《阴阳位》,第338页。

政治主张,董仲舒强调"阳出实入实,阴出虚入虚"①,以为阳实主岁而成物,阴不过虚应其位而已。至于刘向,其在论及"无云而雷"的生成机制时指出:

> 雷,阳也,云,阴也。有云然后有雷,有臣然后有君也。雷托于云,君托于臣,阴阳之合也。故无云而雷,示君独处,无臣民也。②

阴、阳"合"而成物,不可偏失,当阳主之时,阴不可扰之,阴主之时,阳亦不可扰之,故其论雹、霰的生成机制:

> 雨雹,君臣之象也。阳之气专为雹,阴之气专为霰。……雹者,阴薄阳之象也。霰者,阳胁阴之符也。③

就人事而言,君臣应各尽其职,若大臣专擅君权则雨雹,若人君擅扰臣民则为霰。此外,在阐述"常阳""犬祸"时,刘向归咎于人君"孤阳持治"而致"臣下不附"④;在论及"冬雷"时,又指出盛阴主事之时,"若是阳不闭阴,则出涉危难而害万物也"⑤。凡此均反映出刘向在理论上强调阴阳各尽其职而非阳尊阴卑的基本立场。在这方面,刘向阴阳说反较董仲舒更具自然论色彩,与战国以来普遍流行的阴阳刑德说也更为接近。

不过,刘向在有关雹、霰之论的末尾指出:"《春秋》不书霰者,犹月蚀也。"他注意到,尽管雹、霰均为异象,但《春秋》书雹而不书霰;同样,日者群阳之精,月者群阴之精,二者之蚀均为异象,但《春秋》书日蚀而不书月蚀。刘向认为,《穀梁传》三次特申"尊尊"之义,要拨乱反正,唯有重建尊卑分明的等级制度,故凡"阴胁阳"者,

---

① 苏舆:《春秋繁露义证》卷一一《阴阳位》,第338页。
② 《魏书》卷一一二上《灵征志》引《洪范论》,第3167页。
③ 《南齐书》卷一九《五行志》引《传》,第414页。
④ 《南齐书》卷一九《五行志》引"言传",第423页;《隋书》卷二二《五行志》引《五行传》,第712页。
⑤ 《南齐书》卷一九《五行志》引《传》,第413页。

第六章　刘向《洪范五行传论》与经学灾异论体系的建构

《春秋》皆书以彰其恶，至于"阳薄阴"者，则为尊者讳而不书，这一辞例反映了《春秋》"尊尊"之义。事实上，今本《春秋》三《传》以及《春秋繁露》等早期经传均未提及这一书例，故此说未必有据，不过，它的确反映出刘向编纂《传论》的现实动机。元、成以来，汉政的主要危机同样是君权的暗弱和诸外家势力的崛起，正是有鉴于"外戚贵盛，凤兄弟用事之咎"[①]，刘向乃编纂《传论》，意图激励成帝重振乾纲。因此，尽管在理论上强调阴阳各守其位，但在实际说解中，刘向仍有意强调阴胜之弊。在论及僖公三十三年"十二月，陨霜不杀草"时，刘向援据卦气说，认为"于《易》，五为天位，君位，九月阴气至五，通于天位，其卦为《剥》，剥落万物，始大杀矣"[②]，肯定了九月"陨霜杀草"的合理性和必要性，但他进一步指出，"明阴从阳命，臣受君令而后杀也"。卦气说受到传统阴阳刑德说的影响，阴爻主杀本是其题中应有之义，但在刘向看来，纵然《剥》卦中阴爻已处君位，但仍需强调"阴从阳命"，将最终杀伐之权归诸"阳"，此中深意，同样只有在西汉后期特殊的政局中才能得以理解。

为了贯彻"尊尊"的政治诉求，刘向在灾异行事定性中也有意强化阴胜阳之弊。《春秋》有"大雨雪"之异，其中"雨"本为动词，"大雨雪"实即"大雪"，对应《五行传》，宜定为"常寒"之罚，但刘向将"雨"视为名词，以"雨雪"为"雪杂雨"[③]，将其定为"常雨"之罚[④]；《春秋》又有"陨霜杀菽"，为秋寒所致，与雨毫无关联，但刘向亦定其为"常雨"；至于"常寒"部分，刘向却称《春秋》无其应。这些灾异定性方式无疑显得怪异，故刘歆、班固、郑玄乃至后世《五行志》

[①]《汉书》卷三六《楚元王传》，第1950页。
[②]《汉书》卷二七中之下《五行志》，第1409页。中华本标点作"九月阴气至，五通于天位"，误。
[③]《汉书》卷二七中之上《五行志》，第1364页。
[④]《汉书》卷二七中之下《五行志》，第1422页。

均不从其说,改以二者为"常寒"。事实上,回到刘向《洪范》五行学的自身体系,可以发现,其以"常雨"为"阴气胜"所致,至于"常寒",则根据传文"厥咎急,厥罚恒寒"之言,以为人君施政急暴所致。基于此,刘向认为"周之末世舒缓微弱,政在臣下,奥(燠)暖而已",根本不可能出现"常寒",后者只会见于秦政,故"籍秦以为验"。总之,刘向刻意将"大雨雪""陨霜杀菽",乃至"大雨雹""大水"等均定为"常雨",正是为了充分证成其"周失之舒,秦失之急,故周衰亡寒岁,秦灭亡奥(燠)年"的历史概括,从而激励成帝不可失之舒急,尤其是不可过于暗弱,失于"舒缓"。

最后,关于刘向阴阳说与《五行传》文本之间的适应性问题,徐复观在论董仲舒阴阳说时已指出:"阴阳五行的观念,一经形成后,其自身便成为一种客观性的法式。"[①]阴阳、五行本就是相对独立的两种知识体系,更何况《五行传》在"五行""五事"的基础上更衍生出"六沴"体系,故刘向试图以"阴阳"统摄"六沴"生成机制,必然面临两种体系之间的扞格。管见所及,至少存在两方面的问题。

其一,《五行传》的灾异体系本非完全基于"阴阳"说而建立,故一旦刘向欲以"阴阳"统摄传文所言灾异,必然面临削足适履的理论困境。例如,根据传文,"视之不明—常燠"的咎由为"厥咎舒",故刘向凡说"常燠",均以人君政教舒缓,不能有效把握权柄为说,在其阴阳理论中应属"阴胁阳";然而从"常燠"的物候形态来说,主要指秋冬季节的温度高于平均值,表现为"无冰""冬雷"等,按照《管子·四时》等传统阴阳刑德说,就是"阴"主事之时"阳薄阴"所致。同一灾异,若据传文,则失在阴胜;若据传统阴阳说,则归咎阳胜,二者之间显然无法贯通。从《传论》佚文来看,刘向在解释"冬雷"的自然属性时,选择依据传统阴阳说,以"阳不闭阴"加以说解:

---

① 徐复观:《两汉思想史》(二),第357页。

第六章　刘向《洪范五行传论》与经学灾异论体系的建构

《传》曰：雷于天地为长子，以其首长万物，与之出入，故雷出万物出，雷入万物入。夫雷者，人君之象，入则除害，出则兴利，雷之微气以正月出，其有声者以二月出，以八月入，其余微者以九月入，冬三月雷无出者，若是阳不闭阴，则出涉危难而害万物也。[1]

雷为阳气，故"冬雷"的原因自然就是"阳不闭阴"，然而，在《传论》所依托的"四时—五行"体系中，"视"对应火行，为盛阳所主，阳气自应宣泄，实无"禁闭"之理，故此在说解惠帝二年"时又冬雷，桃李华"时，刘向又转而援据传文："常奥（燠）之罚也。是时政舒缓，诸吕用事……"[2]将"冬雷"归因于阴胜阳之害，前后异词，自相矛盾。

又如上举"听之不聪—常寒"，《传论》称："极阴气动，故有鱼孽。鱼孽者，常寒罚之符也。"以"常寒"为阴气过盛所致，按照刘向阴阳说的政治指向，应当理解为大臣擅权而君主暗弱；可是，"常寒"在《五行传》中对应的咎由是"厥咎急"，应该是人君"亢阳"急暴所致，二者之间再次出现矛盾。

其二，即使在理论阐释中保持圆融，《传论》在说解具体灾异时又有对同一事类的阴阳定性与其理论阐释不合者。关于"皇之不极—龙蛇之孽"，刘向在理论部分以龙为鳞虫而生于水，故定为"阴类"；但在说解惠帝二年正月癸酉旦"有两龙见于兰陵廷东里温陵井中"事时，却以龙为阳："龙，阳类，贵象也。上则在天，下则在地，不当见庶人邑里室家井中，幽深之象也。"[3]类似说法又见于其对"秦文公大猎"事的说解中：

秦文公大猎，有龙出逐文公，公射得之。龙逐人，非所当

---

[1] 《南齐书》卷一九《五行志》引《传》，第413页。
[2] 《汉书》卷二七中之下《五行志》，第1420页。
[3] 《隋书》卷二三《五行志》引《洪范五行传》，第667页。

也,射而得之,非所当射得也。射为射妖,龙为龙孽,皆瞽乱之君所致也。龙者天之象,阳之表,超乎众也。射,兵革之祸也。龙伤获,为擒灭之患,是国且有兵,将擒获也。文公感悟,改行自新,因居汧之阴,子孙繁昌。①

何以会出现这种矛盾呢？从佚文来看,刘向《传论》以"孽"为某类异物之作祟,故作"孽"之物的阴阳属性应与"六沴"致灾的阴阳关系相合,如"言之不从"以亢阳而致灾,则"介虫"亦被视为"阳气所生","听之不聪"以阴盛而致灾,则"鱼孽"亦被视为"极阴气动"之所生。对"皇之不极"而言,既以群阴蔽阳而致灾,则只要将"龙蛇"同样视为作祟之异物,其属性就应为阴类。从《传论》佚文来看,刘向在说解《左传》"鲁庄公时有内蛇与外蛇斗郑南门中"与"文公十六年夏,有蛇自泉宫出"两次"蛇孽"时,均视蛇为不祥异物,但在"龙孽"的部分,其态度却有所不同。在说解"史记夏后氏之衰,有二龙止于夏廷"与《左传》昭公十九年"龙斗于郑时门之外洧渊"时,他仍视龙为异象,但在上举汉惠帝、秦文公二事中,刘向虽然同样将其定为"龙孽",但其龙或困于井中,或伤而见擒,实际是将龙本身视为"贵象",而以其受厄为异。因此,在"皇之不极"以阴胜而致灾的整体立意下,刘向在这两事的说解中很自然地以龙为阳类,而以阴气害阳为说。就灾异行事本身的说解来看,这两处说解并无不妥,但其与"龙蛇之孽"的理论阐释却形成了矛盾,事实上更悖离了刘向对"孽"这一灾异类属的整体定性。究其原因,即在于从刘向《洪范》五行学自身体系来看,"龙蛇"既为作"孽"之主体,则龙困、龙伤本身非但不是灾异,反倒是销灾之瑞了;但在汉人的普遍观念中,龙困、龙伤又不可能不是灾异,刘向尝试牵合传文与汉人的一般知

---

① 瞿昙悉达:《开元占经》卷一二〇《龙鱼虫蛇占》引《洪范五行传》,第1137页,标点未尽从。

识，难免出现这样的疏漏。事实上，传文所言"龙蛇之孽"本是模糊之辞，龙见、龙斗、龙困、龙伤均可包含其中，但一旦刘向将"六孽"系统地阴阳化，明确赋予它们某种致灾机制，龙见与龙伤这两种完全相反的状态就不可能被同时视为灾异而加以系统地说解了。

总之，通过对"阴阳"说以及基于此而形成的"四时—五行"体系的援借，刘向将《五行传》的核心立意从对君主个人德行的全面约束转移为君臣权力关系的合理分配。这一工作虽然难称完美，但刘向对于传文学理体系的整体把握，以及对若干文本细节的关注仍值得肯定。在刘向的理论体系中，阴阳各有分职，故人臣不可妄擅君权，君主也应尊重大臣执事之权以及百姓利益；不过，西汉后期政局的核心问题在于王纲不振，权柄下移，故刘向在说解中复援《春秋》"尊尊"之义，强化"阴气胜"的政治危害，反映出鲜明的现实指向。

四、《洪范》五行学体系中的《春秋》三传

关于刘向《春秋》学的师学背景，《汉书·楚元王传》和《儒林传》均载其以故谏大夫受《穀梁》学[①]，此说影响颇大，廖平《穀梁古义疏》即将《说苑》《列女传》及《汉书·五行志》所见刘向《春秋》说解均视为"穀梁古义"而予以辑录；不过，早于《汉书》的桓谭《新论》称"刘子政、子骏、子骏兄弟子伯玉，俱是通人，尤珍重《左氏》"[②]，可知刘向亦习《左传》。章太炎《鏠子政左氏说》遂据桓说而考得"《说苑》《新序》《列女传》中所举《左氏》事义六七十条"[③]，其中虽不无牵

---

① 《汉书》卷三六《楚元王传》，第1929页；卷八八《儒林传》，第3618页。
② （汉）桓谭撰、朱谦之校辑：《新辑本桓谭新论》卷九《正经篇》，北京：中华书局2009年版，第39页。
③ 章太炎：《鏠子政左氏说》，《续修四库全书》第128册，上海：上海古籍出版社1995年影印浙江图书馆刊《章氏丛书》本，第540页下栏a～b。

强者①,但已足证刘向学贯左、穀。此外,题名徐彦的《春秋公羊传疏》引郑玄《六艺论》,以"治公羊者"有"安乐弟子阴丰、刘向、王彦"②,此说未知何据,但唐晏《两汉三国学案》据《说苑》所引《春秋》说,考知其"多同于《公羊》,其用《穀梁》者无几"③,认为这固然可能是东汉以后经师删削《穀梁传》所致,但在师法分派中仍将刘向同时列入"穀梁派"和"公羊颜氏派"。钱穆《刘向歆父子年谱》则据《汉书·楚元王传》所载刘向奏疏,同样考知其兼用公羊义④,故刘向兼治三《传》说渐成定论。20世纪六七十年代,镰田正、池田秀三、野间文史先后撰文,利用包括《汉书·五行志》在内的资料,进一步廓清了刘向《春秋》学的特点⑤:其一,解经以《穀梁传》为宗;其二,说灾异常用董仲舒《春秋》公羊说;其三,颇用《左传》史事。凡此已成为学界认识刘向《春秋》学的基本立场。

　　不过,关于《汉书·五行志》能否作为刘向《春秋》学的研究资料,学者也有不同看法。章太炎《镏子政左氏说》遍举向书所见《左传》说,唯不取《汉书·五行志》,即"以其专详灾异,故亦不道"。陈侃理在解释刘向《春秋》学杂取三《传》的现象时,也认为"《洪范五行传论》本意不在解释《春秋》,《春秋》经文和《公》《穀》《左氏》传文在其中都只取其作为灾异行事的史料意义"⑥。的确,《传论》毕竟是一部《洪范》五行学论著,其所见《春秋》灾异说解自然要与纯粹

---

　　① 可参张沛林《追寻平实精微——汉唐春秋穀梁学论稿》,福州:福建教育出版社2019年版,第83～84页。
　　② 《春秋公羊经传解诂序》疏,《十三经注疏》,第4759页下栏 a。
　　③ 唐晏:《两汉三国学案》卷四《春秋》,北京:中华书局1986年版,第402、411页。
　　④ 钱穆:《刘向歆父子年谱》,《两汉经学今古文平议》,第38页。
　　⑤ 镰田正:《左傳の成立と其の展開》第二编第一章第二节《劉向父子に于ける春秋學の推移》,东京:大修馆书店1963年版,第401～414页;池田秀三:《劉向の學問と思想》,《東方学报》第50辑(1978),第109～190页;野间文史:《刘向春秋说考》,《哲学》第31辑(1979),第57～70页。
　　⑥ 陈侃理:《儒学、数术与政治:灾异的政治文化史》,第120页。

第六章　刘向《洪范五行传论》与经学灾异论体系的建构

的《春秋》传说加以区别，但前文亦已指出，刘向援取《春秋》"灾异"说以阐释《五行传》"六沴"说，又取《春秋》"尊尊"之义以申其阴阳灾异说，可见《春秋》学已经深入参与了刘向《洪范》五行学的学理体系构建，而《春秋》学复杂的传本、训诂、辞例等问题也势必影响到刘向对具体灾异行事的说解。因此，刘向《春秋》学的基本特点虽已廓清，但刘向如何运用三《传》以构建其《洪范》五行学体系，仍是未能充分厘清的问题，以下即从经本、训诂、辞例、史事、灾异论等角度分别加以讨论。

首先，在经本和训诂层面，刘向《传论》严守穀梁师法。从《汉书·五行志》对董仲舒、刘向、刘歆三人《春秋》说解的征引来看，董仲舒用公羊家经本，刘歆用《左传》所引经文，刘向则全依穀梁家经本。例如襄公九年宋国火灾，《公羊传》载："春，宋火。曷为或言灾，或言火？大者曰灾，小者曰火。然则内何以不言火？内不言火者甚之也。"[①]《穀梁传》载："春，宋灾。外灾不志。此其志何也？故宋也。"[②]知公羊经本作"宋火"，穀梁经本作"宋灾"。《汉书·五行志》引刘向《传论》作"宋灾"[③]，知其用穀梁经本。又如僖公十年，《公羊传》言"冬，大雨雹"，《穀梁传》作"大雨雪"，而《汉书·五行志》引刘向《传论》亦作"大雨雪"[④]，可知刘向于公、穀异文处皆据穀

[①]　《春秋公羊传注疏》卷一九，第5002页上栏b～下栏a。
[②]　《春秋穀梁传注疏》卷一五，第5270页下栏a。
[③]　《汉书》卷二七上《五行志》，第1324页。
[④]　关于此处"大雨雪"，刘知几《史通》曾据以批评《汉书·五行志》体例失次："其述庶征之恒寒也，先云'釐公十年，冬，大雨雹'。随载刘向之占。次云'《公羊》经曰：大雨雹'，续书董生之解。案公羊所说，与上奚殊，而再列其辞，俱云'大雨雹'而已。"（浦起龙通释：《史通通释》卷一九《外篇　汉书五行志错误》，第504页）然钱大昕已指出，此以刘知几所据本《汉书》误作"冬，大雨雹"，故有此误判，南、北监本《汉书》均作"冬，大雨雪"（〔清〕钱大昕：《潜研堂文集》卷一二，陈文和主编《嘉定钱大昕全集（增订本）》第九册，南京：凤凰出版社2016年版，第192页），知班志体例之精。

梁经本①。

　　至于经文训诂，刘向亦尊穀梁说。池田秀三、黄启书、张书豪、陈侃理在分析刘向灾异论的《春秋》学背景时均举出其兼用公羊、穀梁经说的若干例证②，如果将这些经说细分为训诂和辞例两类，可以发现，在训诂层面，凡公、穀异说，如"西宫""晦""齐大灾""御廪"等处，则刘向一依穀梁说，唯在辞例层面于公、穀有所依违。严守训诂而于辞例则多有活用，这或许也反映出刘向对于"师法"的理解。

　　其次，在辞例层面，刘向守穀梁说而补缀以公羊，偶见违穀梁而遵公羊者，亦有于三《传》皆无据而自成其说者。刘向于公、穀辞例有别时，仍以穀梁说为宗，如以《春秋》"言朔不言日，食二日""不言日，不言朔，夜食"，以"陨霜杀菽"为"重杀谷"等③，皆据《穀梁传》。至穀梁无说者，则颇据公羊辞例。池田秀三举昭公九年"陈火"事为例④，以刘向"皆外事""《春秋》不与蛮夷灭中国"数语为《公羊传》之说，但庄公十一年"宋大水"，《穀梁传》以为"外灾不书，此何以书？王者之后也"⑤，知其亦有内外例。至于书"陈火"之义，《穀梁传》以为"闵陈而存之也"，其于昭公八年、昭公十三年更两次明言"不与楚灭"，知穀梁自有此例，不必转引公羊。比较典型的例子是成公五年夏"梁山崩"，刘向以为"梁山在晋地，自晋始而及天

---

　　① 关于《汉书·五行志》僖公七年"四月辛卯夜，恒星不见"事，《公羊传》作"夜"，《穀梁传》作"昔"，然《汉书·五行志》此处并言"董仲舒、刘向以为"，其所引经文或据董氏《灾异之记》，至于刘向此处所用经本则难以考知。《汉书》卷二七下之下《五行志》，第1508页
　　② 池田秀三：《劉向の學問と思想》，《東方學報》第50辑（1978），第127页；黄启书：《试论刘向、刘歆〈洪范五行传论〉之异同》，《台大中文学报》第27期（2007），第140页；张书豪：《〈汉书·五行志〉所见刘向灾异论》，《先秦两汉学术》第10期（2008），第91页；陈侃理：《儒学、数术与政治：灾异的政治文化史》，第120~122页。
　　③ 《汉书》卷二七下之下《五行志》，第1482、1483页；卷二七中之下，第1426页。
　　④ 池田秀三：《劉向の學問と思想》，《東方學報》第50辑（1978），第129页。
　　⑤ 《春秋穀梁传注疏》卷五，《十三经注疏》，第5172页上栏a；卷一七，第5289上栏a、第5292上栏a。

第六章　刘向《洪范五行传论》与经学灾异论体系的建构

下也"①,所谓"及天下"之说不见于《穀梁传》,而《公羊传》则言:"外异不书,此何以书?为天下记异也。"②知刘向于穀梁无说处颇据公羊辞例为说。

值得注意的是,刘向不满足于机械援引公、穀传文,更据二《传》辞例加以推演,所及或有二《传》所未揭者,甚至有将公、穀二家辞例加以融会而成新说者。典型者如僖公十五年"五月,日有食之",刘向认为:

> 刘向以为象晋文公将行伯道,后遂伐卫,执曹伯,败楚城濮,再会诸侯,召天王而朝之,此其效也。日食者臣之恶也,夜食者掩其罪也,以为上亡明王,桓、文能行伯道,攘夷狄,安中国,虽不正犹可,盖《春秋》实与而文不与之义也。③

池田秀三已注意到"实与而文不与"之例出自《公羊传》④,但在公羊学中,这条辞例仅用于贬称"人"、贬称"师"例,与日食无涉。至于"夜食"之说,本为《穀梁传》辞例⑤,然穀梁仅以其标示日食时间,并未赋予其大义。刘向将两家辞例加以融合,以为齐桓、晋文虽违"尊尊"之道,然情势所逼,不得不然,故天以"食"微显其恶,复以"夜"为之掩。末句"盖"字显示刘向此说并无师法可据,但其丰富了《春秋》学的阐释向度,就其《洪范》五行学所关注的君臣关系而言,亦呈现了其内在的复杂性,不失为匠心独运之说。

至于径违穀梁辞例而转依公羊者,管见所及仅见于"不雨"事。《穀梁传》以"不雨"之书例见人君之勤怠:僖公朝凡一时"不雨"即

---

① 《汉书》卷二七下之上《五行志》,第1456页。
② 《春秋公羊传注疏》卷一七,《十三经注疏》,第4975页下栏b。
③ 《汉书》卷二七下之下《五行志》,第1486页。
④ 《春秋公羊传注疏》卷一一,《十三经注疏》,第4894页上栏b。
⑤ 《春秋穀梁传注疏》卷五,《十三经注疏》,第5174页上栏a。

著于史，说明僖公"闵雨"、"有志乎民"①，值得褒扬；至文公朝则数时"不雨"乃书，说明文公"不忧雨"、"无志乎民也"②。《公羊传》则认为"不雨"与"旱"同类，只是"旱"对农事有实际影响，属于"灾"，而"不雨"则未致庄稼歉收，属于"异"③。至于刘向，其以"不雨"与"旱""大雩"同列为"常阳"，以为"不伤二谷，谓之不雨"④，在说解僖公朝"不雨"时也全无奖善之意，反以其为僖公"炕阳之应"，显然是悖穀梁而径取公羊说。

刘向《传论》所言辞例又有不见于三《传》者，主要是四处"不书"例："不书月食""不书霾""小燠不书"和"不书华"。《公羊传》《穀梁传》均有"不书"之例，或以常事而不书⑤，或以显恶，或以赦小过，或以异内外，但刘向所言的四条"不书"例皆不见于今本三《传》。其中，"不书月食"与"不书霾"已见于前论，是在阴阳互胜的两类灾异中仅书"阴胜阳"者⑥，体现了刘向《洪范》五行学"尊尊"的现实政治指向。至于另外两处，均见于"视之不明"部分，一为"常燠"的理论阐述，一为"草妖"的行事说解：

> 刘向以为《春秋》"亡冰"也。小奥（燠）不书，无冰然后书，

---

① 《春秋穀梁传注疏》卷七，《十三经注疏》，第5192页上栏a。
② 《春秋穀梁传注疏》卷一〇，《十三经注疏》，第5219页下栏a。
③ 《春秋公羊传注疏》卷一三，《十三经注疏》，第4922页上栏a～b。
④ 《汉书》卷二七中之上《五行志》，第1385、1389页。
⑤ 常事者，如《公羊传·隐公三年》"天子记崩不记葬"（卷二，《十三经注疏》，第4784页上栏b）；显恶者，如《公羊传·隐公十一年》《穀梁传·隐公十一年》"君弑，贼不讨，不书葬"（《春秋公羊传注疏》卷三，《十三经注疏》，第4799页上栏a；《春秋穀梁传注疏》卷二，《十三经注疏》，第5146页上栏a）；赦小过者，如《公羊传·庄公七年》"一灾不书"（卷六，《十三经注疏》，第4838页下栏b）；异内外者，如《公羊传·隐公十年》"于外大恶书，小恶不书"（卷三，《十三经注疏》，第4798页上栏a），《穀梁传·庄公四年》"外夫人不卒"（卷五，《十三经注疏》，第5167页下栏a）。
⑥ 《春秋公羊传注疏》卷九，《十三经注疏》，第4871页下栏a；《春秋穀梁传注疏》卷一三，第5284页下栏b。

第六章　刘向《洪范五行传论》与经学灾异论体系的建构

举其大者也。①

僖公三十三年"十二月,李梅实"。刘向以为周十二月,今十月也,李梅当剥落,今反华实,近草妖也。先华而后实,不书华,举重者也。②

根据《五行传》"视之不明"条"厥咎舒,厥罚恒燠"之言,刘向以"常燠"为人君舒缓之罚,其形态则包括无冰、秋冬木复华、冬雷等。基于刘向"周失之舒"的整体判断,《春秋》本应多见"常燠"之罚,但事实上,《春秋》"时燠"仅见于桓公十四年、成公元年、襄公二十八年三次"无冰",其余因"时燠"导致的异象则均未见书,故刘向以"小燠不书"为说。所谓"小燠",即秋冬木复华、冬雷等,与"无冰"相比,刘向认为这些异象程度较轻,故《春秋》赦小过而仅"举其大者"。至于"不书华",此处之"华"即属"小燠",故以"举重"而"不书华"本质上仍是"小燠不书",二者可归并为一例。《穀梁传》以"举重"而"不书"者凡三见③,所涉为陨霜事、伐国事,刘向显然据其加以推演。通过这一辞例,刘向有效解决了其"周失之舒"的《洪范》五行学判断与《春秋》学"时燠"事稀见之间的矛盾。换言之,包括"不书震""不书月食"在内,这三种"不书"在形式上虽为《春秋》辞例,但其功能则是完全服务于刘向《洪范》五行学的,也只有在后者的体系中才能得以理解。

第三,在史事层面,刘向论《春秋》灾异,于三《传》皆有所取,亦有于三《传》皆无可征者。如定公二年"两观灾",刘向以其"奢僭过度",说仅见于《公羊传·昭公二十五年》子家驹之言;哀公三年"桓

---

① 《汉书》卷二七中之下《五行志》,第1406页。
② 《汉书》卷二七中之下《五行志》,第1412页。
③ 分别见于僖公三十三年"陨霜不杀草"、襄公十二年"伐国不言围邑"、定公元年"陨霜杀菽"事(《春秋穀梁传注疏》卷九,《十三经注疏》,第5216页下栏a;卷一五,第5272页下栏b;卷一九,第5308页上栏b)。

宫、僖宫灾"，孔子之言仅见于《左传》①；至于《春秋》不载而专引《左氏传》的灾异更有10条见存。值得注意的是，刘向《传论》在说解《春秋》灾异时有意牵合《五行传》文，所言史事细节有于三《传》并诸书皆无征者。例如桓公五年"大雩"，刘向认为：

> 先是，公弑君而立，有自危之心，而下有悲怨之气，外结大国，娶于齐，以为夫人。后比二年，天子使大夫来聘。桓上得天子意，凭大国之心，则有亢阳之意以御臣下，兴州丘之役以劳百姓，则臣下离心而不从，故应是而秋大旱。②

这里弑君、外结大国、娶于齐、天子使大夫来聘、兴役诸事均见于《春秋》，然其所言桓公自危之心、亢阳之意，以及臣下怨怼之气、离心不从之事，则于史无征。考刘向于"常阳"之咎有言，"君持亢阳之节，兴师动众，劳人过度，以起城邑，不顾百姓，臣下悲怨。然而心不能从"③，对比来看，此恐为刘向为牵合《五行传》而敷演之辞。类似的还有昭公十八年"五月壬午，宋、卫、陈、郑灾"，刘向认为：

> 宋、陈，王者之后，卫、郑，周同姓也。时周景王老，刘子、单子事王子猛，尹氏、召伯、毛伯事王子朝。子朝，楚之出也。及宋、卫、陈、郑亦皆外附于楚，亡尊周室之心。后三年，景王崩，王室乱，故天灾四国。天戒若曰：不救周，反从楚，废世子，立不正，以害王室，明同罪也。④

关于周室公卿分事王子猛、王子朝，见于昭公二十二年、二十六年《春秋》经文，至于"及宋、卫、陈、郑亦皆外附于楚"，则与《春秋》及三《传》所言情势不合。《春秋·昭公十三年》："秋，公会刘

---

① 《汉书》卷二七下之上《五行志》，第1456页；卷二七上《五行志》，第1329、1330页。
② 欧阳询：《艺文类聚》卷一〇〇《灾异部》引《洪范五行传》，第1723页。
③ 《隋书》卷二二志第十七《五行上》引《洪范五行传》，第705页。
④ 《汉书》卷二七上《五行志》，第1329页。

第六章 刘向《洪范五行传论》与经学灾异论体系的建构

子、晋侯、齐侯、宋公、卫侯、郑伯、曹伯、莒子、邾子、滕子、薛伯、杞伯、小邾子于平丘。八月甲戌,同盟于平丘。"①平丘之盟再次确认了晋国的霸主地位,在盟会前,卫人言于叔向曰,"诸侯事晋,未敢携贰"②;昭公十六年二月,晋卿韩起聘于郑,子产言于子大叔曰,"吾非偷晋而有二心,将终事之"③;昭公十八年,楚左尹言于楚平王曰:"晋、郑方睦。"④总此来看,除昭公十三年楚平王复封陈、蔡,故陈时附于楚外,其余三国在此时皆附于晋,而《左传·昭公十九年》载楚少师费无极之言:"晋之伯也,迩于诸夏,而楚辟陋,故弗能与争。"⑤可见此时晋国的霸权不仅为宋、卫、郑所拥戴,事实上也得到楚国的承认,故刘向四国"皆外附于楚"之说,实与《春秋》及三《传》均不相合。这一现象再次显示,与辞例一样,刘向《传论》所言春秋史事的去取也是基于其《洪范》五行学体系的,不可径视为其《春秋》学说,更不能径视为穀梁家经说。

第四,在灾异论层面,刘向《传论》对董仲舒《春秋》灾异说虽多有采获,但多归本于《五行传》。如上举昭公九年"陈火",刘向在论述中虽然言及《春秋》辞例,然举其咎由,则归于"陈侯弟招杀陈太子偃师",所据正是《五行传》"杀世子……则火不炎上"之言。这一点学者所论既夥,不再赘言⑥。

总之,刘向《传论》于《春秋》经本、训诂皆守穀梁师法,于辞例则融会公、穀而时加推演,于史事则出入三《传》,偶见敷演虚应之

---

① 《春秋穀梁传注疏》卷一七,《十三经注疏》,第5291页下栏b。
② 《春秋左传正义》卷四六,《十三经注疏》,第4498页上栏a。
③ 《春秋左传正义》卷四七,《十三经注疏》,第4515页下栏a。
④ 《春秋左传正义》卷四八,《十三经注疏》,第4531页下栏b。
⑤ 《春秋左传正义》卷四六,《十三经注疏》,第4532页下栏b。
⑥ 田中麻纱巳:《刘向の灾异说について——前汉灾异思想の一面》,《集刊东洋学》第24号(1970),第29~30页;坂本具償:《「漢書」五行志の災異説——董仲舒説と劉向説の資料分析》,《日本中國學會報》第40期(1988),第51~52页;黄启书:《试论刘向灾异学说之转变》,《台大中文学报》第26期(2007),第142~147页。

辞,而这些最终都统摄于其《洪范》五行学体系之中。在这个意义上,无论穀梁学、公羊学,还是左氏学,对于一部《洪范》五行学论著而言都属于"他经"之说,这使得刘向可以暂时超越其穀梁学师法传人的立场,于三《传》之间从容周旋,甚至当传统《春秋》学说无法为其提供足够支持时,他还可以提出新的"辞例""史事"以为弥缝。汉儒说经,一经有一经之体例,虽可互相发明,却不可轻易混同,如果忽视了《汉书·五行志》的《洪范》五行学背景,径以其所存佚文为向、歆父子之《春秋》学说解①,完全从《春秋》学的立场来加以评骘,则不仅难以真正认识刘向《洪范》五行学的经学史意义,对其《春秋》学的认识也会有失偏颇。

五、"六艺"知识体系的重构

扬雄《法言·渊骞》言:"菑异,董相、夏侯胜、京房。"②三人分别代表了《春秋》灾异论、《洪范》五行学和《易》学卦气说,显示出汉人对儒家灾异论体系的基本认识,而刘向立足于《洪范五行传》,左右采获《春秋》灾异论和《易》学卦气说,颇具集大成的意味。当然,各经自有体例,兼有师法之异,至于战国以来出现的各种具有数术背景的灾异说,涉及月令、阴阳、刑德、星占等多个知识传统,它们之间既有互通,又各存异说,要将如此驳杂多元的经说、灾异论以"传论"这种"副文本"的形式融为一体,其难度可想而知,文本中出现割裂、矛盾等现象实在所难免。加上《传论》于晚唐五代之际逐渐亡佚,仅以引文的形态见于各种汉唐文献之中,而诸家称引的体例

---

① 廖平所撰《穀梁古义疏》即将刘向《传论》中的各种灾异说解均辑为《春秋》穀梁家经说,如《隐公三年》"春,王二月,己巳,日有食之"句下所引"刘子"之说(廖平《穀梁古义疏》卷一,北京:中华书局2012年版,第24页),即出自《汉书·五行志》。
② 汪荣宝:《法言义疏》,北京:中华书局1987年版,第450页。

第六章 刘向《洪范五行传论》与经学灾异论体系的建构

不一、引用时对原文的忠实度宽严不一，这些因素结合在一起，使得今日所见刘向《传论》的形态显得斑驳迷离。本章在论述中已经尽可能对群书所见佚文进行比勘，择取相对可信者，但这一工作显然不可能完全可靠，本章所有论断事实上都受到材料有限性、可信度的限制；不过，通过大量材料的积累，仍可对刘向《洪范》五行学的基本形态及其在汉代经学史、知识史上的意义做出一些基本判断，以下略作总结。

第一，刘向依托于《五行传》，通过转移、扩充传文的语义指向，改变了传文原有的灾应说，重建了一套更符合其学术理念和政治诉求的占验体系，并在此基础上对各种灾异行事的成因做出解释。如果仅将刘向对灾异行事的说解与传文本身加以比照，二者之间常显得关联甚微；但若将刘向对于传文的重新阐释置于其间，则《传论》内部仍显示出较强的系统性。刘向还致力于呈现《五行传》占验体系的合理性，他以传文为基础，援引《易》学、《春秋》学经传以及月令、阴阳、星占等数术知识，为《五行传》建构起宏大的学理体系。尽管其占验体系与学理体系仍存在若干疏漏，但这一努力方向仍值得关注。

第二，刘向《传论》进一步提升了汉代《洪范》五行学的儒学色彩。《五行传》虽依托《洪范》经文，但无论其开篇所言大禹"洪祀六沴"之事，还是其占术、"共御"之术的设计，都具有鲜明的数术色彩。夏侯始昌所传师法通过对"共御"之道的儒学化阐释，已经淡化了传文的数术色彩，但无论是夏侯胜据《传》预测昌邑王遭废事，还是其仅在少数师弟间传承的师授方式，都显示出早期《洪范》五行学仍具有相当的数术色彩和"秘密知识"的性质。随着刘向《传论》的编纂与传播，《洪范》五行学的性质发生了重要变化。他以《周易》乾坤、四正卦与"六事"相配，赋予"六沴"以结构上的合理性；又以《春秋》"灾异"谴告说阐述"六沴作见"的生成机制，使"六沴"这一数术概念彻底融入传统经传的知识体系中。在援纳阴阳、星占等数术知识时，刘向也在一些细节上对其加以儒学化改造。凡此均显示刘向试图突破传统经传与数术知识的边界，以"六艺"为中心重建汉儒知识体系的雄心。这一趋势在刘歆《洪范五行传论》和《汉书·五行志》中得到进一步强化，特别是后者的编纂使得《洪范》五行学彻底由一种"秘密知识"转变为儒家经传体系、乃至士人公共知识体系的组成部分。作为《汉书·五行志》的基础，刘向《传论》在汉代《洪范》五行学不断儒学化的进程中具有标志性意义。当然，在提升《五行传》"六沴"部分儒学色彩的同时，刘向对于其"五行"失性部分的阐释却未能充分揭示出传文试图摆脱传统时令说的儒学化尝试，而是将其重新纳入战国以来影响巨大的阴阳刑德说传统中，显示出数术本身作为汉人公共知识的一部分，同样具有巨大的影响力。

第三，刘向《传论》体现出贯通六艺、杂取师法的解经风格，在西汉经学史上具有一定的代表性。汉代经学始终存在两种解经风格之间的争论，夏侯建"从五经诸儒问与《尚书》相出入者，牵引以次章句"[1]，由此引起夏侯胜"破碎大道"的批评；刘歆批评所谓"博学者""不思多闻阙疑之义，而务碎义逃难，便辞巧说，破坏形体"[2]；

---

[1] 《汉书》卷七五《眭两夏侯京翼李传》，第3159页。
[2] 《汉书》卷三〇《艺文志》，第1723页。关于刘歆对于"博学者"的批评，又见于《汉书·楚元王传》所载歆《移让太常博士书》："往者缀学之士不思废绝之阙，苟因陋就寡，分文析字，烦言碎辞，学者罢老且不能究其一艺。信口说而背传记，是末师而非往古……"（《汉书》卷三六《楚元王传》，第1970页）"缀学"之说见于《大戴礼记·小辨》："子曰：'唯社稷之主，实知忠信。若丘也，缀学之徒，安知忠信。'"（孔广森：《大戴礼记补注》卷一一《小辨》，第207页）孔子以"缀学"自称，显然有自谦之意，而刘歆以此指太常博士，可知其所言"博学者""缀学之士"皆指务连缀章句、张大其说而不思阙疑之意，实有讥刺之意。对于"博学"的类似用法亦见于《荀子·大略》："多知而无亲，博学而无方，好多而无定者，君子不与。"（王先谦：《荀子集解》卷一九《大略》，第509页）《管子·戒》："博学而不自反，必有邪。"（黎翔凤：《管子校注》卷一〇《戒》，第510页）与《汉书·儒林传》"古之儒者，博学虖'六艺'之文"（《汉书》卷八八《儒林传》，第3589页）等句中表示褒义的常规用法有别。

第六章 刘向《洪范五行传论》与经学灾异论体系的建构

何休则批评公羊学先师"倍经任意,反传违戾""援引他经""以无为有"①。从刘向《传论》看来,为了给每条传文确立学理依据,刘向大量援引他经,甚至不惜增字解"传"、自定《春秋》辞例、牵合史事,看起来正是夏侯胜等人所批评的那种解经风尚的代表。对于夏侯建、刘向等"博学者"来说,"六艺"囊括万理而为一体,故在整个经传体系内互相援纳,乃至调动全部的知识资源以辅翼解经,似乎都是理所当然;不过,这一方法的理论前提是"六艺"的确包罗万象且内部体系严整有序,但正如刘歆所言,"后世经传既已乖离","六艺"及其阐释体系的构成本就驳杂多元,脱胎于晚周儒学、又经历秦火的"六艺"更无法真正囊括全部的知识,即使是《五行传》这样的小型文本,也融合了《洪范》经文、五行相生说、月令禁忌以及汉儒大一统政治理论等多种观念,具有相当的异质性。因此,一旦突破文本自身的边界,过度援取外部知识,就很难避免阐释体系的驳杂、迂曲甚至矛盾、割裂。刘向在处理"冬雷""桃李华""龙孽"等问题时出现的前后矛盾,根本原因正在于《五行传》自身的异质性特征事实上无法满足其对于《洪范》五行学系统性、学理性的高度追求。更重要的是,尽管刘向的本意是为了彰显《五行传》的系统性,但在这种解经思路下,传文被切割为大量零散、独立的阐释单元,从属于不同的阐释体系,传文自身结构的独特性和整体性事实上也就被消解了。穷究微旨而大义不彰,故难免招致"破碎""碎义""破坏形体"的批评。

值得注意的是,夏侯建在反驳夏侯胜的批评时,曾指出后者"不能应敌";刘歆则认为这些经师巧词辩说的目的在于"逃难",即逃脱问难;何休也指出导致公羊先师倍经妄说的原因在于"其势虽问,不得不广"。凡此均显示,这种崇尚博取的解经风格与汉人辩

---

① 何休:《春秋公羊经传解诂序》,第 4759 页下栏 b~4760 页上栏 a。

经问难之风的兴盛有关。刘向《传论》虽非问难之作，但旨在全面阐述《五行传》的合理性，其用意和书写方式与"应敌"者非常相似。为了应敌守注，所以援纳他经之说以为倚助，对于传注中可能存在的疏漏更要尽力弥缝回护，每一处细节都不肯放过。在此过程中，尽管所有的阐释最初都旨在为原始文本提供更多的支持，但随着阐释体系的不断扩大，它最终会逐渐脱离原始文本，成为笼罩在其外围的"金钟罩"。这个"金钟罩"在一定情况下的确可以抵挡来自各方的问难，但它横亘于读者与原始文本之间，事实上也难免成为阻挡读者进入原始文本的障碍。这不仅成为夏侯建、刘向等章句经师难以逃脱的悖论，在后来中古义疏学的发展中也同样有所体现。

第七章 《左传》、历数与刘歆《洪范》五行说

与刘向《洪范五行传论》集儒学灾异论之大成的意图相比，刘歆《洪范五行传论》对于《五行传》的阐释和运用显然更为克制，加之其对《春秋》日食的程式化说解，对于研究者来说，向、歆父子《洪范》五行学的风格差异似乎一目了然：刘向繁复、驳杂、牵强，刘歆则简练、精纯、平实。20世纪60年代以来，鎌田正、渡会显、板野長八、馬場惠理子、陈侃理等先后以"科学化""学理性""系统性""法则性""实证性""规范化"等概念描述刘歆灾异说的特点[①]，并将其与刘向灾异说的"主观性""恣意性""咒术性""实用主义"加以对比，揭示出刘歆解经风格的重要面向。不过，通过对刘向《传论》佚文的全面考辑和分析，我们已呈现出刘向在系统性和学理性方面

---

① [日]鎌田正：《左傳の成立と其の展開》，东京：大修馆书店1963年版，第435页；[日]板野長八《儒教成立史の研究》，东京：岩波书店1995年版，第323～328页；[日]渡会显《刘歆の灾异思想について》，《大正大学大学院研究论集》卷7(1983)，第147～149页；[日]馬場惠理子《劉歆の災異解釈に關する一考察》，《古代文化》卷59:3(2007)，第137页；陈侃理《儒学、数术与政治：灾异的政治文化史》，第125～132页。

做出的努力与成就;在此背景下反观刘歆《传论》,尤其是考查其如何处理《左传》所载时人灾异说与其自身经学、数术观念之间的扞格,颇可见出刘歆《洪范》五行说内在的复杂性。应当说,在《洪范》五行说的系统化、学理化方面,向、歆各有着力之处,但父子二人对于理想知识形态及其呈现方式的追求颇有不同,这是造成二者解经风格差异的重要原因。

一、别本《洪范五行传》的择用与论证

《汉书·五行志》叙论言,"向子歆治《左氏传》,其《春秋》意亦已乖矣;言《五行传》,又颇不同"①,又言夏侯始昌所传《五行传》"与刘向同,唯刘歆《传》独异",可知刘歆《洪范》五行学的首要特点即在于其所据版本的独特性。从《汉书·五行志》与《五行传》郑玄注的描述来看,刘歆所据"别本"与许商、刘向所据"通行本"的差异主要体现在两方面:其一是"六沴"诸妖、孽、祸、痾的设置及其对应关系,刘歆本与《吕氏春秋·十二纪》《礼记·月令》等秦汉月令说相契合,大抵更易为汉人理解。其二是"六沴"与十二月之间的对应关系,刘歆本同样更接近月令说。因此,小林信明提出,刘歆所据本是其本人依据月令说对《五行传》加以改造的产物②。不过,细绎《汉书·五行志》,刘歆与其所据本《五行传》之间的关系恐怕仍难以遽定。在"思心之不容"部分对传文"时则有脂夜之妖,时则有华孽"两句的说解中,班固先后援引两种"一曰",其中后一"一曰"的引文范围值得探讨:

---

① 《汉书》卷二七上《五行志》,第1317页。
② [日]小林信明:《中國上代陰陽五行思想の研究》,东京:日本雄弁会讲谈社1951年版,第65页。

第七章 《左传》、历数与刘歆《洪范》五行说

在人腹中,肥而包裹心者脂也,心区霾则冥晦,故有脂夜之妖。一曰,有脂物而夜为妖,若脂水夜污人衣,淫之象也。一曰,夜妖者,云风并起而杳冥,故与常风同象也。温而风则生螟、螣,有裸虫之孽。刘向以为于《易》"巽"为风为木,卦在三月四月,继阳而治,主木之华实。风气盛,至秋冬木复华,故有华孽。……刘歆"思心"《传》曰"时则有裸虫之孽",谓螟、螣之属也。①

从说解次序来看,自"在人腹中"至"故与常风同象也"均围绕"脂夜之妖"展开,自"刘向以为"至"故有华孽"则解释"华孽",至通行本传文解释完毕后,再举刘歆本异文并加以说解,这完全符合《五行志》"说曰"部分的基本体例。问题在于"温而风"以下专论"裸虫之孽"的两句,按全志体例,这两句应在刘歆本异文之后,如今厕于"脂夜之妖"与"华孽"二说之间,只能判定其与前文"故与常风同象也"句为一体,均属后一"一曰"之文,故为班固征引时一并抄录。从内容上看,"温而风"两句认为"裸虫之孽"为风所生,强调其与"脂夜之妖""常风"的相关性,亦可证其与前文应连读。由于只有在刘歆所据别本中,常风之罚、脂夜之妖和裸虫之孽才同属"思心之不睿",可知后一"一曰"所据者正为别本《五行传》。

由此看来,在班固所引诸家说解中,至少还有一种与刘歆所据传文版本一致。《五行志》称"唯刘歆《传》独异",应是就许商、刘向、刘歆三人而言,非指刘歆所据为举世孤本。从逻辑上说,此"一曰"当然可能是刘歆《传论》问世后据其重加演绎者,但歆书成于西汉末年,距《汉书》编纂不过数十年,在通行本《五行传》传承有绪,且有夏侯始昌所传师法辅翼的前提下,刘歆本要想迅速获得认可并形成另一套阐释体系,可能性似乎不大;版本的分化更可能发生

---

① 《汉书》卷二七下之上《五行志》,第1441~1442页,标点未尽从。

在《五行传》传习未广的早期流传过程中。这也就可以解释陈侃理提出的一个有趣的问题:刘歆本与时令文献关系密切,但他从不据月令说解传文——此本既非刘歆改作,其作为阐释者自可另辟蹊径,并非有意掩盖其改作的知识来源。

无论上述论证能否成立,从《汉书·五行志》所载刘歆对于传文的解释来看,几乎全都意在论证其所据别本的可靠性,有些更是直接针对异文展开,带有强烈的"理校"色彩。

首先,关于"六沴",通行本与别本存在结构性差异,因此成为刘歆说解的重点。在对于鳞虫、毛虫、羽虫的阐释中,刘歆通过星象与方位之间的对应关系加以论证:

> 说以为于天文东方辰为龙星,故为鳞虫。①
> 说以为于天文西方参为虎星,故为毛虫。②
> 说以为于天文南方喙为鸟星,故为羽虫。③

仰韶文化西水坡龙虎蚌图已经采用龙、虎形象分别指代星象,又由于古人早已利用星象来确定方位,故星象自然也兼有方位的信息。《考工记》言旗制:"龙旗九斿,以象大火也。鸟旟七斿,以象鹑火也。熊旗六斿,以象伐也。龟蛇四斿,以象营室也。"④以大火(房、心、尾)、鹑火(柳)、伐(参)⑤、营室(室)四组亮度较高的星宿代表四方,并以诸星分布所象龙、鸟、熊、龟蛇之形作为军旗图案。至于《礼记·曲礼》所言旗制则是"前朱鸟而后玄武,左青龙而右白虎"⑥。同样以天象四宫指代四方。"玄武"一般认为就是龟蛇之

---

① 《汉书》卷二七中之上《五行志》,第1354页。
② 《汉书》卷二七中之上《五行志》,第1377页。
③ 《汉书》卷二七中之下《五行志》,第1406页。
④ 《周礼注疏》卷四〇《辀人》,《十三经注疏》,第1977页上栏b~下栏b。
⑤ 伐为参宿中间斜排的三颗小星,《春秋公羊传·昭公十七年》:"伐为大辰。"(卷二三《昭公十七年》,《十三经注疏》,第5048页上栏a)
⑥ 《礼记正义》卷三《曲礼上》,《十三经注疏》,第2705页下栏b。

第七章 《左传》、历数与刘歆《洪范》五行说

象,而"白虎"则一般认为是西方七宿中参宿的星象。不过,《史记·天官书》《汉书·天文志》所言四宫则为苍龙、朱雀、咸池和玄武,"咸池"为日浴之处,并非星象,显示汉人对四宫的描述尚有多种角度。刘歆则基于貌、言、视"三事"与木(东方)、金(西方)、火(南方)之间的对应关系,以"辰""参""咮"三组星宿的方位和星象建立起"三事"与鳞、毛、羽三虫之间的关联。他在论及昭公十七年冬星孛时言,"大辰,房、心、尾也"①,知其所谓"辰"即大火,属东方七宿,龙象,故谓"东方辰为龙星"。《史记·天官书》"参为白虎",属西方七宿,故谓"西方参为虎星"。《尔雅·释天》"咮谓之柳",《毛传》:"咮,喙也。"《史记·天官书》:"柳为鸟注,主木草。"《汉书·天文志》作"柳为鸟喙"②,知"喙"即柳宿,亦即鹑火,属南方七宿,故谓"南方喙为鸟星"。整体上看,刘歆说与《考工记》比较接近,只是于西天改从汉人流行的参为"虎星"说。

不过,这一思路并未贯穿整个"六沴"的说解。在"听之不聪"条举出刘歆所据本异文"介虫之孽"后,《五行志》未载刘歆说解,据其体例,知歆于此应无说。"听"对应水行,于星象为北天营室,据前引《考工记》,为龟蛇之象,但蛇为鳞虫,龟为介虫,若刘歆于此援据天文,只能弃蛇而专言龟象;但《左传·襄公二十八年》梓慎论及北天星象却弃龟而专言蛇象:"岁在星纪而淫于玄枵,以有时灾,阴不堪阳,蛇乘龙。龙,宋郑之星也,宋郑必饥。"③杜注言:"蛇,玄武之宿,虚、危之星。龙,岁星。"可知梓慎以北天虚、危为蛇星。对刘歆来说,如果以龟星定位北天,就势必要与其推崇的《左传》立异;

---

① 《汉书》卷二七下之下《五行志》,第 1514 页。此说见于《尔雅·释天》,《十三经注疏》,第 5675 页上栏 a。
② 《史记》卷二七《天官书》,第 1553、1549 页;《尔雅注疏》卷六《释天》,《十三经注疏》,第 5675 页上栏 a;《汉书》卷二六《天文志》,第 1277 页。
③ 《春秋左传正义》卷三八《襄公二十八年》,《十三经注疏》,第 4338 页下栏 b~4339 页下栏 a。

若用梓慎蛇孽之说,又无法落实《五行传》"介虫之孽"的生成机制,两难之间,刘歆选择了沉默。这一方面显示出《左传》在刘歆《洪范》五行学阐释中潜藏的重要意义,另一方面则显示刘歆对其阐释的系统性并无刻意追求,而后者正是刘向极力追求的,这是造成刘歆《洪范》五行说较刘向更显平实的重要原因。

至于"思心"条"嬴虫之孽",刘歆以为"庶征皆以虫为孽,思心,嬴虫孽也"①,认为诸孽均以"虫"为象,通行本"华孽"之说不伦,应作"嬴虫之孽"。这里刘歆同样未引天文、方位说,与刘向《传论》对传文内在系统性的高度关注相比,刘歆再次表现出节制、阙疑的阐释风格。

其次,关于"六祸",通行本与别本在"貌之不恭"和"视之不明"两部分存异。在解释"貌之不恭—羊祸"时,刘歆援用《易》象,"于《易》,兑为羊,木为金所病,故致羊祸"②,兑于"四正说"为金,"貌之不恭"为"金沴木"所致,故痾咎在兑,《说卦》"兑为羊"③,故致羊祸。这一论述方式可能受到刘向《传论》的影响。至于对"视之不明—鸡祸"的说解,刘歆认为"视之不明"既然导致"羽虫之孽",则"祸亦从羽,故为鸡"④,这一论述基于妖、孽、祸、痾之间的共生关系,与其对羊祸的论述逻辑已经迥然不同。在班固看来,刘歆既然在"貌之不恭"部分以《易》象说羊祸,则这一逻辑在"视之不明"部分应同样有效,故据《说卦》"巽为鸡"之说认为刘歆"说非是"⑤。事实上,刘歆原本就不认为《五行传》所言诸妖、孽、祸、痾的阐释需要

---

① 《汉书》卷二七中之下《五行志》,第 1412 页,标点未尽从。
② 《汉书》卷二七中之上《五行志》,第 1354 页。
③ 《周易正义》卷九《说卦》,《十三经注疏》,第 198 页上栏 a。
④ 《汉书》卷二七中之下《五行志》,第 1406 页。
⑤ 《周易正义》卷九《说卦》,《十三经注疏》,第 198 页上栏 a;《汉书》卷二七中之下《五行志》,第 1406 页。此处中华书局点校本标点有误,可参拙文:《中华书局版〈汉书·五行志〉点校献疑》,《中国典籍与文化》2013 年第 2 期,第 79 页。

第七章 《左传》、历数与刘歆《洪范》五行说

遵循同一理论体系,而是各从其便,选择不同的理据来论述传文。这再次显示出刘向、班固与刘歆对于文本系统性、合理性问题的不同认知。

第三,关于"六痾",通行本与别本在"貌之不恭"和"皇之不极"两部分存异。《汉书·五行志》载录刘歆说解"皇之不极"之言:"刘歆'皇极传'曰有'下体生上之痾'。说以为'下人伐上',天诛已成,不得复为痾云。"[①]这显然是针对通行本"下人伐上之痾"的异文而言。"下人伐上"之说在汉代儒学语境中始终受到质疑,夏侯胜认为"伐"应作"代"[②],郑玄所见《五行传》版本中即有作"代"者。"代""伐"在写本中经常互讹,但夏侯胜之所以特别强调"伐"应作"代",显然是意识到"伐"在晚周儒学中已成为天子专权的象征。《论语》载孔子言,"天下有道,则礼乐征伐自天子出"[③],《孟子》论《春秋》则言"征者,上伐下也。敌国不相征也"[④],故当齐宣王以"武王伐纣"质诸孟子时,孟子以"闻诛一夫纣矣,未闻弑君"规避了武王"以下伐上"的道德风险[⑤]。夏侯胜主张"伐"应作"代",显然意在维系天子对于征伐之权的垄断。刘歆则注意到"痾"于《五行传》属"六沴",而"六沴作见"是神灵对于人君失政的初步警告,是否出现进一步"罚""极",取决于君主是否"共御"得当。在刘歆看来,"下人伐上"意味着天命转移,君统终绝,已然是终极惩罚,也就不存在是否"共御",乃至"罚""极"的可能性了;因此,"下人伐上之痾"与《五行传》"六沴—六罚六极"的递进式灾异结构相矛盾,而"下体生上之痾"与鼻痾、口舌之痾、目痾等同为身体异象,显然更为合理。

---

① 《汉书》卷二七下之上《五行志》,第1459页。
② 《后汉书》志第十七《五行五》刘昭注,第3342页。
③ 程树德:《论语集释》卷三三《季氏》,第1141页。
④ 焦循:《孟子正义》卷二八《尽心下》,第954页。
⑤ 焦循:《孟子正义》卷五《梁惠王下》,第145页。

刘歆说基于其对"伐"高度儒学化的理解,其实"下人伐上"未必是易命鼎革之事,也可以指一般的民变或政变,汉儒还有"天地之性人为贵,凡人为变,皆属皇极下人伐上之疴"的看法①,这就是将"下人伐上"作更宽泛的理解了。

表面上看,向、歆父子均援用天文、《易》象等外部知识说解《五行传》,但与刘向旨在协调异说,建构系统性的儒学灾异论不同,刘歆更关注其所据别本的可靠性,故相关说解均以《五行传》文本为旨归,由此造成二者《五行传》传文阐释风格的显著差异。

二、向、歆《春秋》《左传》灾异说异同

除了《五行传》版本及其说解存异以外,向、歆父子对灾异事例的取材、分类与咎由分析也多见差异。刘向"集合上古以来历春秋六国至秦汉符瑞灾异之记"②,不仅关注史籍所见灾异记述,对当世灾异亦有分析,具有鲜明的政治指向;而从《汉书·五行志》的载录来看,刘歆所言灾异事例均限于《春秋》《左传》《书序》等经传,对秦汉以来灾异不措一辞,似乎有意与现实政治保持距离。

具体到《春秋》《左传》灾异事例的说解,首先要明确刘歆《传论》佚文的认定范围。除了以"刘歆以为"引述其《传论》外,《汉书·五行志》还有两类引述方式值得注意。其一是"左氏说曰",两见于《春秋》灾异:一是文公十三年"大室屋坏",下引"左氏说曰"③;二是隐公三年二月己巳"日有食之",下引"左氏刘歆以为"④。从前例来看,"说曰"虽托名"左氏",但其所引却非《左传》之文,应理解

---

① 《汉书》卷二七下之上《五行志》,第1471页。
② 《汉书》卷三六《楚元王传》,第1950页。
③ 《汉书》卷二七中之上《五行志》,第1375页。
④ 《汉书》卷二七下之下《五行志》,第1479页。

第七章 《左传》、历数与刘歆《洪范》五行说

为治《左氏》者的说解,而结合后例可以判定,此处治《左氏》者正是刘歆,"左氏说曰"应出自其《传论》。

另一类引述见于《左传》灾异事例的载录中。《汉书·五行志》引述《左传》的体例大致可分为三类。第一类是概述《左传》所载灾异,然后以"刘向以为"引述其灾异定性与说解[1],应是对刘向《传论》的整体抄录。第二类是摘录《左传》所载灾异,径加定性、说解,时亦无,皆不言所据,可能是班固所撰。第三类则是摘录《左传》,再以"说曰"或"刘歆以为"加以说解。与第一类相比,第三类的特点在于引用《左传》原文,尤其对时人分析咎由、效验之语均完整引述。这一类型中的"说曰"虽同样未言其据,但其内容则既有对《左传》的说解,又涉及《洪范》五行学定性,如《左传·昭公六年》"六月丙戌,郑灾","说曰"据《左传》所载士文伯说论证"火见"与"郑灾"之关联,又据《五行传》认定其为"弃法律之占",显然出自刘歆《洪范五行传论》。"说曰"与"刘歆以为"这两种引述方式在分布上存在明显侧重,前半部分多用"说曰",仅"石言于晋"条由于并举向、歆二说,故以"刘歆以为"标示;至篇末"思心之不睿""皇之不极"两部分则全用"刘歆以为"[2]。看起来,"说曰"应为刘歆《传论》说解灾

---

[1] 例如"白祥"条"石言于晋"、"服妖"条"郑子臧好聚鹬冠"、"鸡祸"条"周景王时大夫宾起见雄鸡自断其尾"、"赤眚"条"宋有生女子赤而毛"、"鼓妖"条"枢有声如牛"、"豕祸"条"齐襄公田于贝丘"、"心腹之痾"条"周景王将铸无射钟"、"龙蛇之孽"条"龙斗于郑时门之外洧渊""鲁严公时有内蛇与外蛇斗郑南门中""有蛇自泉宫出"等。(《汉书》卷二七上《五行志》,第1340页;卷二七中之上《五行志》,第1366、1369页;卷二七中之下《五行志》,第1419、1428、1436页;卷二七下之上《五行志》,第1448、1466、1467页)

[2] 昭公十七年"六月甲戌朔,日有食之"条:"董仲舒以为……刘歆以为鲁、赵分。《左氏传》平子曰……说曰……刘歆以为,六月二日,鲁、赵分。"(《汉书》卷二七下之下《五行志》,第1495~1496页)此处先后出现"刘歆以为""《左氏传》……说曰""刘歆以为"三次引述,且两处"刘歆以为"所言重复,显然存在疏漏。参昭公二十四年"五月乙未朔,日有食之"体例,似当先以"刘歆以为"记述食日、分野,再引《左氏传》及刘歆说解。《左氏传》既接于"刘歆以为"之后,出处已明,不必再标示刘歆之名,故其后说解遂袭用刘歆《传论》"说曰"之辞。至于后一处"刘歆以为"当系重出之误,或以前文"刘歆以为"下脱去"六月二日"四字,后人校补,复衍入正文,亦未可知。

异事例的自有体例,故班固载录歆说,初亦照录此语;但他在编纂中发现刘向亦颇举《左传》灾异,若仅言"说曰",则难以区分向、歆之说,故在"石言于晋"条始言"刘歆以为",至"思心"条乃径以此为常例。由于班固对前文"说曰"未加回改,导致全志体例不一。

比较向、歆对于《左传》的引述,会发现二者兴趣明显不同。《春秋》仅记灾异而不言咎由,《公羊传》《榖梁传》虽区别灾、异,但亦鲜言咎由。《左传》则不同,它大量载录卜偃、士文伯、梓慎、申繻、裨灶等春秋卜史对于灾变咎由、效验的分析;因此,一旦将《左传》灾异纳入《洪范五行传论》,就必然产生《左传》所载时人灾异说与《五行传》灾异体系的整合问题。从存世佚文来看,刘向对《左传》所载史事的灾异学价值做了充分发掘①,将它们分别归入"六沴""六罚""六极"等《洪范》五行灾异体系中,但他主要关注灾异事件本身,对时人占验、论说则据己意加以去取。在"郑子臧好聚鹬冠""柩有声如牛"等事例中,《左传》明载君子、卜偃之说,但刘向均未措意,仍据《五行传》说其咎由。至于"周景王将铸无射钟"和"有蛇自泉宫出"事则参考伶州鸠、申繻之说,但仍归结为鼓妖、龙蛇之孽等《五行传》所言妖祥。

刘歆则不同,他处理《左传》灾异事例的方式大抵有三种:

第一种,《左传》载有时人灾异说解,刘歆一般先加以阐述,再据《五行传》为说,典型者如:

> 《左氏传》昭公六年"六月丙戌,郑灾"。是春三月,郑人铸刑书。士文伯曰:"火见,郑其火乎?火未出而作火以铸刑器,

---

① 例如将"郑子臧好聚鹬冠"定为服妖,"雄鸡自断其尾"定为鸡祸,"宋有生女子赤而毛"定为赤眚,"柩有声如牛"定为鼓妖,"齐襄公田于贝丘,见豕"定为豕祸,"周景王将铸无射钟"定为心腹之痾,凶短之极,"龙斗于郑时门之外洧渊"定为龙孽,"内蛇与外蛇斗郑南门中""有蛇自泉宫出"定为蛇孽。《汉书》卷二七中之上《五行志》,第1366、1369页;卷二七中之下《五行志》,第1419~1420、1428、1436页;卷二七下之上《五行志》,第1448、1466、1467、1468页)

第七章 《左传》、历数与刘歆《洪范》五行说

臧争辟焉。火而象之,不火何为?"说曰:火星出于周五月,而郑以三月作火铸鼎,刻刑辟书,以为民约,是为刑器争辟。故火星出,与五行之火争明为灾,其象然也,又弃法律之占也。不书于经,时不告鲁也。①

士文伯认为郑人逆时作火铸刑器,势必与大火星相冲,故在"火见"时将有火灾。刘歆"说曰"先解释士文伯之言;继而以"又弃法律之占"将"郑灾"纳入《五行传》灾异体系中。由于"铸刑书"与"弃法律"之间存在明显的相关性,因此士文伯之说与刘歆《洪范》五行说达成完美契合。当然,多数情况下《左传》灾异说与《洪范》五行说并不相匹,例如:

《左氏传》曰:昭公八年"春,石言于晋"。晋平公问于师旷,对曰:"石不能言,神或冯焉。作事不时,怨讟动于民,则有非言之物而言。今宫室崇侈,民力雕尽,怨讟并兴,莫信其性,石之言不亦宜乎!"于是晋侯方筑虒祁之宫。叔向曰:"君子之言,信而有征。"刘歆以为金、石同类,是为金不从革,失其性也。②

师旷将"石言"归咎于晋侯崇侈宫室,这与《五行传》"稼穑不成"条所列咎"治宫室,饰台榭"非常相似③,但"石言"显然无法被定性为"稼穑不成",故两说难以牵合。刘歆最终基于"金、石同类"的理由将"石言"定为"金不从革",后者咎由是"好战攻,轻百姓,饰城郭,侵边境",与师旷所言皆无关联,故刘歆亦止于定性而已,并未强行牵合二说。

第二种,对于《左传》不视为灾异,或未加说解的《春秋》史事,

---

① 《汉书》卷二七上《五行志》,第1327页。
② 《汉书》卷二七上《五行志》,第1340页。
③ 《汉书》卷二七上《五行志》,第1338页。

刘歆一般援据《左传》以解经,再据《五行传》说其咎由,如僖公十六年"正月,六鹢退飞,过宋都":

> 《左氏传》曰"风也"。刘歆以为风发于它所,至宋而高,鹢高飞而逢之,则退。经以见者为文,故记退飞;传以实应著,言风,常风之罚也。象宋襄公区霿自用,不容臣下,逆司马子鱼之谏,而与强楚争盟,后六年为楚所执,应六鹢之数云。①

《公羊传》以六鹢退飞为异象,《左传》则从自然角度做出解释,认为是强风所致,并通过周内史"阴阳之事,非吉凶所生"之言彻底否认其神秘色彩②。刘歆在解释六鹢退飞时援据《左传》,否认退飞本身的灾异属性,显示出对《左传》的尊崇;但他转而从强风的角度将此事定为"思心之不容—常风之罚",并认为咎在宋襄公刚愎自用,拒谏争强,其"不容臣下"之言显然意在呼应《五行传》"不容"之辞,可知此处刘歆虽用《左传》经说,但在判定灾异性质时则转而遵从《五行传》之说。

又如昭公二十五年"七月上辛大雩,季辛又雩",《公羊传》以为"又雩者非雩也,聚众以逐季氏也"③,以一月无再雩之礼判定"又雩"为讳笔,所指应为昭公逐季氏之事。《左传》认为"书再雩,旱甚也",以再雩为实有之事。刘歆在说解中援据《左传》"旱甚"之说,并据此将其定为"言之不从—常阳之罚",再据《五行传》说其咎由:

> 旱甚也。刘歆以为时后氏与季氏有隙。又季氏之族有淫妻为逸,使季平子与族人相恶,皆共谮平子。子家驹谏曰:"逸

---

① 《汉书》卷二七下之上《五行志》,第1442~1443页。
② 《春秋左传正义》卷一四《僖公十六年》,《十三经注疏》,第3925页上栏b。
③ 《春秋公羊传注疏》卷二四《昭公二十五年》,《十三经注疏》,第5058页下栏a。

第七章 《左传》、历数与刘歆《洪范》五行说

人以君徼幸,不可。"昭公遂伐季氏,为所败,出犇齐。①

在《五行传》体系中,向、歆均以"常阳之罚"与人君"炕阳失众"有关②,刘歆强调昭公不能度德量力,据信谗言而妄逐季氏,终受其祸,显然有意将其归入"炕阳"之行。在这类事例中,刘歆在遵从《左传》经说的同时,又将其纳入《五行传》灾异体系中,实现了二者之间的巧妙绾合。类似例子还见于昭公二十四年八月"大雩"的说解中③。

第三类情况,刘歆完全围绕《左传》时人灾异说展开论述,几乎不涉及《五行传》。例如襄公九年"春,宋灾":

> 《左氏传》曰,宋灾,乐喜为司城,先使火所未至彻小屋,涂大屋,陈畚挶,具绠缶,备水器,畜水潦,积土涂,缮守备,表火道,储正徒。郊保之民,使奔火所。又儆众官,各慎其职。晋侯闻之,问士弱曰:"宋灾,于是乎知有天道,何故?"对曰:"古之火正,或食于心,或食于咮,以出入火。是故咮为鹑火,心为大火。陶唐氏之火正阏伯,居商丘,祀大火,而火纪时焉。相土因之,故商主大火。商人阅其祸败之衅必始于火,是以知有天道。"公曰:"可必乎?"对曰:"在道。国乱亡象,不可知也。"
>
> 说曰:"古之火正",谓火官也,掌祭火星,行火政。季春昏,心星出东方,而咮、七星、鸟首正在南方,则用火;季秋,星入,则止火,以顺天时,救民疾。帝喾则有祝融,尧时有阏伯,民赖其德,死则以为火祖,配祭火星,故曰"或食于心,或食于咮也"。相土,商祖契之曾孙,代阏伯后主火星。宋,其后也,世司其占,故先知火灾。贤君见变,能修道以除凶;乱君亡象,

---

① 《汉书》卷二七中之上《五行志》,第1388页。
② 《汉书·五行志》:"昭公三年'八月,大雩'。刘歆以为昭公即位年十九矣,犹有童心,居丧不哀,炕阳失众。"(《汉书》卷二七中之上,第1388页)
③ 《汉书》卷二七中之上《五行志》,第1388页。

天不谴告,故不可必也。①

从对"古之火正,或食于心,或食于咮"的逐句解释,到论述商人何以"知有天道",以及灾异谴告之"不可必","说曰"所言与《左传》士弱奏对一一对应。尽管这些材料被编入《传论》"火不炎上"部分,但与《洪范》五行学其实毫无关联,类似情况还见于僖公二十九年"秋,大雨雹"、昭公十七年"六月甲戌朔,日有食之"、文公十四年"七月,有星孛入于北斗"、昭公十七年"冬,有星孛于大辰"诸事说解中②。换言之,尽管刘歆《传论》对灾异事例的分类、编排均依托于《五行传》灾异学框架,但《左传》时人灾异说在其阐释体系中显然具有重要意义。当《左传》未载时人论说时,刘歆会据《五行传》论其咎由;但只要《左传》存录时人灾异说,刘歆大多会对其加以阐释,有时甚至完全绕过《五行传》而径论时人灾异说。这与刘向主要关注《左传》灾异史事的态度可谓大相径庭。

除了对《左传》的关注点不同外,学者普遍注意到③,向、歆父子在说解《春秋》灾异时也存在系统性差异,具体而言可分为两个层面,其一是《春秋》学层面。向、歆父子均博涉三《传》,刘向为穀梁师法弟子,但兼用公羊义例与《左传》史事;刘歆虽援据《左传》经说与灾异论,但也采用"谴告"这类源自董氏公羊学的术语④。不过,二者《春秋》学立场的差异还是对其灾变阐述方式产生了重要影

---

① 《汉书》卷二七上《五行志》,第 1324~1325 页,标点未尽从。
② 《汉书》卷二七中之下《五行志》,第 1427 页;卷二七下之下《五行志》,第 1496、1511、1514 页。
③ 汪高鑫:《刘向灾异论旨趣探微——兼论刘向、刘歆灾异论旨趣的不同及其成因》,《安徽大学学报》2003 年第 2 期,第 104~110 页;黄启书:《试论刘向、刘歆〈洪范五行传论〉之异同》,《台大中文学报》第 27 期(2007),第 123~166 页;陈侃理:《儒学、数术与政治:灾异的政治文化史》,第 125~132 页。
④ 分别见于襄公九年"春,宋灾"条《左氏传》"说曰"和僖公十五年九月"己卯晦,震夷伯之庙"条"刘歆以为"。《汉书》卷二七上《五行志》,第 1325 页;卷二七下之上《五行志》,第 1445 页。

第七章 《左传》、历数与刘歆《洪范》五行说

响。在整体架构上,刘向据《公羊传》,有意区分"灾""异";而刘歆则据《左传》,通以"灾"称之①。至于具体事例,如"晦",《穀梁传》以为"冥",故刘向定为脂夜之妖;《左传》无说,故刘歆以为即"晦朔"之"晦",不涉灾变。"雨螽",《穀梁传》认为螽飞弥天,上下相连,言灾甚也;刘歆则据公羊说,以为螽死而坠地。"螟",《穀梁传》以为"螽非灾",故刘向认为是"螟始生";《左传》无说,刘歆认为是"蝝蠹之有翼者,食谷为灾"。"有蜮""有蜚",《穀梁传》以为"一有一亡曰有",据杨士勋《穀梁疏》引"旧解":"一有,南越所生是也。一亡,鲁国无是也。"故刘向认为蜮、蜚均非中国所有,系南越之物;《左传》无此例,故刘歆以蜚为"负蠜",也就是臭虫;以蜮"盛暑所生,非自越来也"②。反之,僖公十六年"六鹢退蜚",《穀梁传》无说,刘向据其毛色而定为青祥;《左传》以为"风也"③,故刘歆定为常风之罚。凡此均由于《春秋》学立场的不同而致歧说。

其二则是《洪范》五行学层面,究其原因又可分为三类。第一类是所据《五行传》版本不同,例如刘向所据本"六孽"中没有"毛虫之孽"和"羽虫之孽",故除了"六祸"中涉及的鸡、犬、羊、豕、牛、马以外,其鸟兽之异多据毛色而分入五眚、五祥;至于刘歆所据本则专列毛虫、羽虫二孽,其鸟兽之异自然派入二孽中。第二类是取象

---

① 例如在论及"共御"之法时,刘歆认为:"人君能修政,共御厥罚,则灾消而福至;不能,则灾息而祸生。故经书灾而不记其故,盖吉凶亡常,随行而成祸福也。"(《汉书》卷二七下之上《五行志》,第1479页)《左传·昭公二十一年》梓慎言日食:"二至二分,日有食之,不为灾。日月之行也,分,同道也;至,相过也。其他月则为灾,阳不克也,故常为水。"(《春秋左传正义》卷五〇《昭公二十一年》,《十三经注疏》,第4557页上栏a~下栏a)以日食亦为灾。

② 《春秋穀梁传注疏》卷八《僖公十五年》,第5203页下栏b;卷一二《宣公十六年》,第5242页下栏b;卷一〇《文公三年》,第5220页下栏a;卷一八《昭公二十五年》,第5300页上栏a;卷五《庄公十八年》,第5174页下栏a;《汉书》卷二七中之下《五行志》,第1431~1432、1433~1434页。

③ 《春秋左传正义》卷一四《僖公十六年》,第3925页上栏a;《汉书》卷二七下之上《五行志》,第1442页;卷二七下之下《五行志》,第1519页。

角度不同,如"雨,木冰",刘向据"雨"而定为常雨之罚,刘歆则据"木"而定为"木不曲直"[1];又如"雊鹆",据崔豹《古今注》,又名尸鸠,今俗名八哥,体黑而间有白羽,刘向据白羽、黑色定为白、黑祥,刘歆则独据体色而定为黑祥[2];再如石异,刘向据其色定为白祥,刘歆则据其材用而定为"金不从革"[3]。第三类则是刘歆有意与其父立异,如大雨雪、未当雨雪而雨雪、大雨雹、陨霜杀菽,刘向基于其"人君急则暑进疾而寒,舒则暑退迟而燠"的整体判断[4],认为春秋公卿擅权伐上,诸侯暗弱舒缓,不可能出现恒寒,遂将上述诸事定为恒雨,并归咎于臣下犯上而导致的阴胜阳。这在人事上虽然符合春秋史事,但雨、雪、雹、霜的形成机制显然不同,将其强行归为一类,多少显得牵强。刘歆不再顾及宏观的天人原则,甚至不再探求灾异背后的人事咎由,只是根据上述诸事的自然属性将其定为"恒寒"。又如"不雨",刘向据公羊说将其与"大雩""旱"均定为"恒阳"[5];但自夏侯胜以来即以"久阴不雨"为"恒阴",影响颇大[6],故刘歆亦从汉儒习说,以"不雨"为"恒阴"。不过,《左传·僖公三年》

---

[1] 《汉书》卷二七上《五行志》,第1319页。
[2] (晋)崔豹:《古今注》卷中《鸟兽》,《四部丛刊三编》影宋本,第7叶a;《汉书》卷二七中之下《五行志》,第1414页。
[3] 《汉书》卷二七上《五行志》,第1340页。
[4] 《汉书》卷二七中之上《五行志》,第1422页。
[5] 《春秋公羊传·文公二年》:"自十有二月不雨,至于秋七月。何以书?记异也。大旱以灾书,此亦旱也,曷为以异书?大旱之日短而云灾,故以灾书;此不雨之日长而无灾,故以异书也。"《春秋公羊传注疏》卷一三《文公二年》,《十三经注疏》,第4922页上栏a~b)
[6] 《汉书·夏侯胜传》:"会昭帝崩,昌邑王嗣立,数出。胜当乘舆前谏曰:'天久阴而不雨,臣下有谋上者,陛下出欲何之?'王怒,谓胜为祅言,缚以属吏。吏白大将军霍光,光不举法。是时,光与车骑将军张安世谋欲废昌邑王。光让安世以泄语,安世实不言。乃召问胜,胜对言:'在《洪范传》曰"皇之不极,厥罚常阴,时则下人有伐上者",恶察察言,故云臣下有谋。'"(《汉书》卷七五《眭两夏侯京翼李传》,第3155页)《汉书·杨恽传》载恽言:"正月以来,天阴不雨,此《春秋》所记,夏侯君所言。"(《汉书》卷六六《公孙刘田王杨蔡陈郑传》,第2891页)明确将夏侯胜"久阴不雨"之说与《春秋》"不雨"相勾连。《汉书·五行志》释"皇极之常阴",亦言"一曰,久阴不雨是也"。可见此说影响广泛。

论"不雨"书例:"不曰旱,不为灾也"①,知《左传》实与公羊同说,亦以"不雨"为旱,刘歆改从习说,实与《左传》略相抵牾,这在其《传论》中颇为罕见。

总之,向、歆父子均据《五行传》说解《春秋》《左传》灾异,但相较而言,刘向建构的《洪范》五行学占验体系极为庞大,其关涉灾异与人事的自由度也相对较高,加之明确的现实政治指向,故相关咎由的指向往往取决于刘向的主观倾向与阐释技巧,而非灾异学体系本身。刘歆对《五行传》的说解多本传文,鲜少推演,故一般只在传文自身范围内勾连人事;在部分事例中,他仅据《五行传》确定灾异属性,至多从自然层面略加说明,不务求人事咎由,由此显示出"科学化""规范化"的趋向。不过,刘歆高度关注《左传》所载时人灾异说,后者成为《五行传》之外《传论》又一重要的理论资源;在对这部分灾异学说的利用中,刘歆表现出颇为不同的阐释风格,显示出自身经学体系的复杂性,对此下文将做进一步讨论。

三、《左传》与历数知识的绾合与冲突

与《传论》整体上节制、阙疑的风格相比,刘歆对《左传》所载时人灾异说展开了细密说解,反映出不同寻常的阐释热情,也赋予其《传论》浓厚的左氏学色彩。通过对《左传》灾异说的引证展现其《春秋》学较之公、穀二家的优越性,似乎也成为刘歆《传论》不言而喻的重要旨趣。不过,春秋卜、史占测各有所据,即便在《左传》内部也颇存抵牾,要将这些异说加以整合,并融入《五行传》的阐释体

---

① 《春秋左传正义》卷一二,《十三经注疏》,第3889页下栏b。

系中，着实并非易事，而"历数"则成为刘歆试图解决这一难题的法门①。

《左传·成公十三年》载刘康公言："民受天地之中以生，所谓命也，是以有动作礼义威仪之则以定命也。"②以"天地之中"对应"动作礼义威仪之则"，显然是周人天命观念下常见的道德化叙述，但刘歆独辟蹊径，从历数的角度做出解释：

> 故列十二公二百四十二年之事，以阴阳之中制其礼。故春为阳中，万物以生；秋为阴中，万物以成。是以事举其中，礼取其和，历数以闰正天地之中，以作事厚生，皆所以定命也。③

刘歆认为"天地之中"即"阴阳之中"，具体而言则是春、秋二分；至于得此"阴阳之中"的方法则是正历数而得天时，据天时而作人事，也就是《左传·文公元年》所言先王"在时"之道："履端于始，序则不愆；举正于中，民则不惑；归余于终，事则不悖。"④《七略·数术略》小序对历数在吉凶占验中的作用推崇备至："故圣王必正历数，以定三统服色之制，又以探知五星日月之会。凶厄之患，吉隆之喜，其术皆出焉。"⑤《三统历谱》则将推历视为《春秋》的核心书例："夫历《春秋》者，天时也，列人事而因以天时。"⑥历数由此成为刘歆《春秋》学沟通天人的关键。至于因《洪范》"五事"失序而造成的五行失性、五星变作等灾祸，刘歆同样从历数层面做出解释："貌、言、

---

① 关于刘歆《左传》学与历数之关系，以邸积意和馬場惠理子的研究最为细致。邸积意：《〈世经〉三统术与刘歆〈春秋〉学》，《汉学研究》第 27 卷第 3 期（2009 年），第 1～31 页；馬場惠理子：《劉歆の災異解釈に關する一考察》，第 131～140 页；亦可参看苏东《史学、历学与〈易〉学：刘歆〈春秋〉学的知识体系与方法》，《中国文化研究》，2017 年冬之卷，第 94～99 页。
② 《春秋左传正义》卷二七，《十三经注疏》，第 4149 页下栏 b。
③ 《汉书》卷二一上《律历志》，第 979 页。
④ 《春秋左传正义》卷一八，《十三经注疏》，第 3987 页上栏 a。
⑤ 《汉书》卷三〇《艺文志》，第 1767 页。
⑥ 《汉书》卷二一上《律历志》，第 984、979 页。

第七章 《左传》、历数与刘歆《洪范》五行说

视、听、思心失,而五行之序乱,五星之变作,皆出于律历之数而分为一者也。其法亦起五德终始,推其极则无不至。"[①]由于历数是因天时而作人事的基础,故一切妖祥均可借助历数探微索隐。以历数为桥梁,刘歆在《春秋》学与《洪范》五行学之间建立起内在联系,《左传》丰富的历数记述由此成为其《传论》说解《春秋》灾异的重要知识资源。

《论语·尧曰》载尧命舜之言"天之历数在尔躬"[②],《尚书·洪范》"五纪"之五亦为"历数"[③],知"历数"本为商周宫廷中重要的知识领域。《史记·十二诸侯年表》论及早期《春秋》学,有"历人取其年月,数家隆于神运"之说,《史记·历书》言制闰之术,亦引《左传·文公三年》之言,知治《春秋》者本亦有历数一脉。张苍治《左传》而"历谱五德"[④],则显示出早期左氏学与历数知识的关联。不过,在战国以来注重"微言大义"的公羊、穀梁学影响下,《春秋》学长期以辞例、义法之学为大宗;历数则被视为独立于儒家士人知识体系的"数度"之学。司马迁所述春秋、战国"传天数者"几乎无一具有儒学背景,而董仲舒建构的《春秋》学天人体系也并未包含历数的成分。至刘歆"作三统历及谱以说《春秋》"[⑤],历数才被纳入儒家《春秋》学知识体系中。《左传》多载春秋卜史天数占验之事,例如文公十四年七月"星孛入于北斗",周史服认为"不出七年,宋、齐、晋之君皆将死乱"[⑥],昭公三十二年史墨推吴越争霸,认为"不及四十年,越其有吴乎"[⑦]。这些若合符契的占验成为刘歆《春秋》学

---

① 《汉书》卷三〇《艺文志》,第 1769 页。
② 程树德:《论语集释》卷三九《尧曰》,第 1345 页。
③ 《尚书正义》卷一二,《十三经注疏》,第 401 页下栏 a。
④ 《史记》卷一四《十二诸侯年表》,第 643 页。
⑤ 《汉书》卷二一上《律历志》,第 979 页。
⑥ 《春秋左传正义》卷一九下,《十三经注疏》,第 4024 页下栏 a。
⑦ 《春秋左传正义》卷五三,《十三经注疏》,第 4619 页下栏 b。

的重要倚助,其《传论》对此大量引述,并对其占测原理加以论证,如上举星孛事,他认为"斗七星,故曰不出七年"①,以北斗七星解释史服"七年"之说。较复杂的事例见于昭公九年(前533)夏四月"陈灾":

> 《左氏》经曰:"陈灾。"《传》曰:"郑裨灶曰:'五年,陈将复封,封五十二年而遂亡。'子产问其故,对曰:'陈,水属也。火,水妃也,而楚所相也。今火出而火陈,逐楚而建陈也。妃以五成,故曰五年。岁五及鹑火,而后陈卒亡,楚克有之,天之道也。'"
>
> 说曰:颛顼以水王,陈其族也。今兹岁在星纪,后五年在大梁。大梁,昴也。金为水宗,得其宗而昌,故曰"五年陈将复封"。楚之先为火正,故曰"楚所相也"。天以一生水,地以二生火,天以三生木,地以四生金,天以五生土。五位皆以五而合,而阴阳易位,故曰"妃以五成"。然则水之大数六,火七,木八,金九,土十。故水以天一为火二牡,木以天三为土十牡,土以天五为水六牡,火以天七为金四牡,金以天九为木八牡。阳奇为牡,阴耦为妃。故曰"水,火之牡也""火,水妃也"。于《易》,坎为水,为中男,离为火,为中女,盖取诸此也。自大梁四岁而及鹑火,四周四十八岁,凡五及鹑火,五十二年而陈卒亡。火盛水衰,故曰"天之道也"。哀公十七年七月己卯,楚灭陈。②

陈复封于昭公十三年(前529),正是其发生火灾后五年;亡于哀公十七年(前478),亦合"五十二年"之数,裨灶之占如此精准,自然引起刘歆注意。"说曰"中五处"故曰"皆指向裨灶占辞,足见刘歆的目的就是要从学理层面进一步证成这一占验结果的合理

---

① 《汉书》卷二七下之下《五行志》,第1512页。
② 《汉书》卷二七上《五行志》,第1327~1328页。

第七章 《左传》、历数与刘歆《洪范》五行说

性。当然,细究裨灶与刘歆的占测依据,似有殊途同归之处。裨灶认为陈、楚分主水、火,今楚灭陈,而后者于大火星现时遭遇天火,基于火为水妃的妃匹关系,知此火实助陈逐楚;据《洪范》五行之数,火二历五而得水一为妃,故当五岁而复封陈;又据《左传·昭公八年》史赵言①,陈为颛顼之后,后者亡年岁在鹑火,故时人有陈亡亦当鹑火之说,裨灶遂据此判定当以岁星五及鹑火之年而陈亡。刘歆则据五行相生说,以陈主水而为金所生,故得金乃昌,推《春秋》历,知此年岁在星纪,后五年在大梁,于二十八宿为西方昴,属金,故五年而复封陈;又据火为水妃之说,以火盛则阴胜,故鹑火之年陈必凶,兼以"五位皆以五而合",则五及鹑火之岁卒亡。比较两说,裨灶据"火为水妃"推定陈复封之年,其五行关系类同夫妇,而刘歆所据为五行相生说,其五行关系类同父子;裨灶所谓"妃以五成"基于水、火两行的生数之差,不具有普遍性,而刘歆"五位皆以五而合"则源自《周易·系辞》,"天数五,地数五,五位相得而各有合"②,是五行生、成转换的基本常数;裨灶据颛顼亡年推知陈亡岁在鹑火,而刘歆则据水、火阴阳关系的倒置推知陈亡之年,刘歆"说曰"形式上虽为《左传》说解,但其占测逻辑显然已与裨灶大有出入。

在整个论说中,刘歆对裨灶"火为水妃"说的论证最为详细。我们知道,在战国以来流行的"四时—五行"观念影响下,汉儒逐渐形成以木主少阳而配少阴之金,火主太阳而配太阴之水的观念③,刘歆《钟律书》即持此说④。此外,前举《系辞》又有天数一、三、五、七、九与地数二、四、六、八、十相配之说,郑玄《易》注将其与《洪范》

---

① 《春秋左传正义》卷四四,《十三经注疏》,第 4458 页上栏 b~下栏 a。
② 《周易正义》卷七《系辞上》,《十三经注疏》,第 166 页上栏 b。
③ 苏舆:《春秋繁露义证》卷一一《天辨在人》,第 335 页。
④ 《汉书》卷二一上《律历志》,第 971 页。

五行之次结合起来,以五行有生数、成数之别,各分阴阳,合而成化①,其对应关系可表见如下:

表 7-1

《洪范》"五行"	五行生数	五行成数
一曰水	天一(阳)	地六(阴)
二曰火	地二(阴)	天七(阳)
三曰木	天三(阳)	地八(阴)
四曰金	地四(阴)	天九(阳)
五曰土	天五(阳)	地十(阴)

刘歆所言"五位皆以五而合,而阴阳易位"与这一对应关系完全吻合,类似说法亦见于扬雄《太玄》和韩康伯《系辞》注②,可见其影响广泛。不过,与上述诸说不同,裨灶以火为"水妃",《左传·昭公十七年》载梓慎言则称"水,火之牡也"③,可知春秋时期存在一种以水为阳,火为阴,且视为妃匹的五行说。结合裨灶所言火历五而配水的循环关系,此说似源于《洪范》五行生数,即以水一为阳而配火二之阴,以木三为阳而配金四之阴。这一对应关系在结构上与乾、坤六子说颇类,故服虔注《左传》即援据《说卦》:"火,离也;水,坎也。《易》卦离为中女,坎为中男,故火为水妃。"④只是离坎各为子、女,虽阴阳相异,但实为兄妹,与裨灶所持妃匹义终有不同,故刘歆亦引

---

① 郑玄《易》注言:"天地之气各有五,五行之次一曰水,天数也,二曰火,地数也,三曰木,天数也,四曰金,地数也,五曰土,天数也。此五者阴无匹,阳无耦,故又合之,地六为天一匹也,天七为地二耦也,地八为天三匹也,天九为地四耦也,地十为天五匹也。二五阴阳各有合,然后气相得,施化行也。"(《春秋左传正义》卷四五,《十三经注疏》,第4468页上栏a~b)韩康伯《系辞》注则言:"天地之数各五,五数相配,以合成金、木、水、火、土。"与郑玄相类。
② (汉)扬雄撰、(宋)司马光集注:《太玄集注》卷八《玄数》,北京:中华书局1998年版,第195~199页;《周易正义》卷七《系辞上》,《十三经注疏》,第166页上栏b~下栏a。
③ 《春秋左传正义》卷四八,《十三经注疏》,第4527页上栏a。
④ 《春秋左传正义》卷四五,《十三经注疏》,第4467页下栏b。

第七章　《左传》、历数与刘歆《洪范》五行说

《说卦》而言"盖取此也",显然有所保留。刘歆之说以《系辞》天、地之数为基础,融合《洪范》五行之次与五行相胜说,构建出一套独特的五行妃匹体系,不妨图示如下:

图 7-1

在表示相胜关系的内圈箭头两端,箭尾所指为厌胜者,阳而为牡,用天数;箭头所指为所不胜者,阴而为妃,用地数,由此形成"水以天一为火二牡"等五种妃匹关系①。早期数术文献中确有以相胜关系比拟男女之道者②,刘歆将其嵌入五行说,不仅可以阐释《左传》"火为水妃"说,而且其"火盛水衰"的灾异生成机制也符合他关注阴阳尊卑关系的一贯立场;只是基于天地之数的水一火二、木三土十等显然难以符合"妃以五成"的数值设定,可谓百密一疏。整体来看,刘歆不避牵合,极力论证禆灶所推天数,但终究未能完全契合禆灶占测的内在逻辑,足见春秋占术失传既久,即便是刘歆这

---

①《春秋左传正义·昭公九年》引"阴阳之书"亦有一种五行配合说:"甲乙木也,丙丁火也,戊己土也,庚辛金也,壬癸水也。木克土,土克水,水克火,火克金,金克木。木畏金,以乙为庚妃也;金畏火,以辛为丙妃也;火畏水,以丁为壬妃也;水畏土,以癸为戊妃也;土畏木,以己为甲妃也。"(卷四五,《十三经注疏》,第 4467 页下栏 b)此说与刘歆说均基于五行相胜说论其妃匹,唯刘歆又将《系辞》天数、地数与《洪范》五行之次融入,故二者妃匹关系有所不同。

② 如丹波康赖《医心方》引古房中书:"夫女之胜男,犹水之灭火。"(李零:《中国方术考》,北京:东方出版社 2001 年版,第 501 页)《春秋左传正义·昭公十七年》引"阴阳之书":"有五行嫁娶之法,火畏水,故以丁为壬妃,是水为火之雄。"(卷四八,《十三经注疏》,第 4527 页上栏 a)

样精于历数的士人也难以尽得其妙。与《公羊传》《穀梁传》基本围绕《春秋》书例展开不同，《左传》以事解经，其中所涉天文、地理、族姓、礼俗、制度、历谱、占筮、名物等知识极其庞杂，其中相当一部分早已失传，还有一部分虽有传承，却不在儒家士人传统知识体系之中。刘歆要将《左传》纳入《春秋》学经传体系中，就必须扩充"六艺"之学的知识体系，而其要务之一就是将这些"凌杂米盐"的早期占验学理化、规范化①，使之成为儒生能够理解和接受的系统性知识。

不过，《左传》自身的文本构成特点与刘歆的系统化追求之间存在天然分歧。《左传》文献来源多样，支离驳杂，虽偶有"君子曰""仲尼曰"表达褒贬，但就其主体而言基本再现了春秋贵族的政治、社会生活，包括他们在大量问题上的分歧与争议。这成就了《左传》珍贵的史料价值和富艳的文章学价值，却也限制了它作为"经传"的纯一性。即以灾异而言，不仅各家占测方法不同，即便在灾异是否关涉人事这一基础问题上也有不同看法。这既不利于刘歆对《左传》经学价值的提炼，也难以满足《传论》作为一部系统性论著的体例要求。因此，刘歆势必要对《左传》涉及灾异的内容加以统筹、改造，就《汉书·五行志》所见佚文来看，其处理方式可分为三类：

第一种是弃《左传》而转据他书。如僖公十四年"秋八月辛卯，沙鹿崩"，《左传》此年明载卜偃预言："期年将有大咎，几亡国。"②次年秦晋韩之战，晋侯见获，正合卜偃之言。"期年"是先秦天占中常见的推度时限，但在刘歆看来似乎缺乏历数层面的依据，故其转据《国语》阳伯父之说重新确定效验：

---

① 《史记》卷二七《天官书》，第1595页。
② 《春秋左传正义》卷一三，《十三经注疏》，第3913页下栏b。

第七章 《左传》、历数与刘歆《洪范》五行说

伯阳甫所谓"国必依山川,山崩川竭,亡之征也;不过十年,数之纪也"。至二十四年,晋怀公杀于高梁。①

"不过十年,数之纪也"提供了一个有据可循的历数原则,刘歆弃《左传》而用《国语》,体现出他对占测学理依据的关注。这种处理方式避免了与《左传》的直接冲突,但客观上也削弱了《左传》的历数价值,故仅此一见。

第二种是整合包括《左传》在内各经传中的历数知识,再据其推演天数。如庄公七年"四月辛卯夜,恒星不见,夜中星陨如雨"②,《左传》仅言天象的具体形态:"恒星不见,夜明也;星陨如雨,与雨偕也。"未载任何占验,但《左传》多载时人据岁次分野推度吉凶之事,如襄公二十八年春"无冰",梓慎言:"今兹宋、郑其饥乎!岁在星纪,而淫于玄枵。"③昭公八年史赵言:"陈,颛顼之族也,岁在鹑火,是以卒灭。"④昭公十年"有星出于婺女",裨灶言:"晋君将死。今兹岁在颛顼之虚,姜氏、任氏实守其地。居其维首,而有妖星焉,告邑姜也。邑姜,晋之妣也。"⑤刘歆遂根据这些事件中所言岁次分野说将此事归咎于鲁庄失政:

刘歆以为……《洪范》曰:"庶民惟星。"《易》曰:"雷雨作,解。"是岁岁在玄枵,齐分野也。夜中而星陨,象庶民中离上也。雨以解过施,复从上下,象齐桓行伯,复兴周室也。周四月,夏二月也,日在降娄,鲁分野也。先是,卫侯朔奔齐,卫公子黔牟立,齐帅诸侯伐之,天子使使救卫。鲁公子溺专政,会齐以犯王命,严弗能止,卒从而伐卫,逐天王所立。不义至甚,

---

① 《汉书》卷二七下之上《五行志》,第1455页。
② 《春秋左传正义》卷八,《十三经注疏》,第3831页下栏 b。
③ 《春秋左传正义》卷三八,《十三经注疏》,第4338页下栏 b。
④ 《春秋左传正义》卷四四,《十三经注疏》,第4458页上栏 b~下栏 a。
⑤ 《春秋左传正义》卷四五,《十三经注疏》,第4470页上栏 a~b。

而自以为功。民去其上，政繇下作，尤著，故星陨于鲁，天事常象也。①

由于刘歆已掌握岁星超辰法，这使得他有可能通过推历重建历史天象，据此说解灾异。在此例中，董仲舒、刘向均视日食为天下之异，其效验可指向任意诸侯国，故径将其定为齐桓公"起而救存"之象。刘歆则据梓慎、裨灶等人灾异说，以岁次分野定其效验：由于此年岁次玄枵，为齐分野，故以星陨为齐桓称霸之象；又以此月日次降娄，为鲁分野，故将咎由指向鲁庄公。《左传》虽未见据日次推吉凶之例，但昭公七年载士文伯之言，明以天占所据"六物"为"岁、时、日、月、星、辰"②，班固称刘歆《左氏》学"引传文以解经，转相发明"③，或许就包括这类在《左传》内部贯通勾连、整合异说的事例。事实上，"星陨于鲁"已足够将此事指向鲁国，但刘歆仍辗转据日次分野将鲁国定为效验，同样显示出他对推历占测学理性、系统性的关注。

有时，《左传》所载时人说否认自然物象与人事吉凶之间的关联，这就给刘歆提出更大的挑战，如成公五年"夏，梁山崩"：

> 刘歆以为，梁山，晋望也；崩，阤崩也。古者三代命祀，祭不越望，吉凶祸福，不是过也。国主山川，山崩川竭，亡之征也，美恶周必复。是岁，岁在鹑火，至十七年复在鹑火，栾书、中行偃杀厉公而立悼公。④

《左传》于此事载重人之论："山有朽壤而崩，可若何？国主山川，故山崩川竭，君为之不举，降服，乘缦，彻乐，出次，祝币，史辞，以礼

---

① 《汉书》卷二七下之下《五行志》，第1509页。
② 《春秋左传正义》卷四四，《十三经注疏》，第4454页下栏b。
③ 《汉书》卷三六《楚元王传》，第1967页。
④ 《汉书》卷二七下之上《五行志》，第1456页。

第七章 《左传》、历数与刘歆《洪范》五行说　299

焉。其如此而已,虽伯宗若之何?"①重人将山崩归因于山体自然朽坏,主张以礼应对,与《穀梁传》"高者有崩道"之说颇类。刘歆不满此说,他希望像禆灶一样明确交待山崩的咎由、效验及其天数,是以采撷群书,对"梁山崩"重加说解:"梁山,晋望也"取自《尔雅·释山》②;"三代命祀……不是过也"取自《左传·哀公六年》楚昭王语③;"山崩川竭,亡之征也"取自前引《国语·周语》伯阳父语④;"美恶周必复"取自《左传·昭公十一年》子产语⑤,除"国主山川"出自《左传》此事重人之语,其他均援引别传。进一步分析这些引文,会发现刘歆精巧而隐微的剪裁手法。他援取《尔雅》、楚昭王语与重人"国主山川"之言,一方面强调山崩昭示吉凶的灾异属性,又将其效验限定在晋国范围内,从而与《公羊传》"为天下记异"说区别开来⑥。继而,他以阳伯父"山崩川竭,亡之征也"之言缀于其后,指出"山崩"关乎亡国。不过,阳伯父在论及效验时间时称:"若国亡,不过十年,数之纪也。"认为效验必在十年之内,但据《左传》,十年内晋国并无亡国之祸,只有时隔十二年后厉公被弑一事可视为效验,于是刘歆乃弃伯阳父之说而改据昭公十一年子产之说,以十二年作为效验天数。由此看来,究竟是选择伯阳父"不过十年",还是子产"美恶周必复",完全取决于刘歆所定效验的年份。这种阐释方式显然有失取巧、牵合;不过,刘歆所据楚昭王、子产之言均不出《左传》,故仍可视为"转相发明"之例。事实上,通过比事推例建构经传系统性的做法在公羊、穀梁学中非常普遍,刘歆并未违背汉儒常用的解经方法。只是考虑到刘歆对西汉章句学"不思多闻阙疑

---

① 《春秋左传正义》卷二六,《十三经注疏》,第4129页上栏b。
② 《尔雅注疏》卷七《释山》,《十三经注疏》,第5695页下栏a。
③ 《春秋左传正义》卷五八,《十三经注疏》,第4695页上栏b～下栏a。
④ 徐元诰:《国语集解(修订本)》,第27页。
⑤ 《春秋左传正义》卷四五,《十三经注疏》,第4474页上栏b。
⑥ 《春秋公羊传注疏》卷一七,《十三经注疏》,第4975页下栏b。

之义""便辞巧说"的激烈批评①,看来面对自己推重的经传,子骏亦难以免俗,所谓门户之弊正在于此。

第三种,在极端情况下,为了建构《左传》系统性的灾异学立场,刘歆在引用其文时不惜加以删改,其例见于僖公十六年"正月戊申朔,陨石于宋,五。是月,六鹢退飞过宋都"事。《左传》于此年载周内史叔兴言:

> 陨石于宋五,陨星也。六鹢退飞过宋都,风也。周内史叔兴聘于宋,宋襄公问焉,曰:"是何祥也?吉凶焉在?"对曰:"今兹鲁多大丧,明年齐有乱,君将得诸侯而不终。"退而告人曰:"君失问。是阴阳之事,非吉凶所生也。吉凶由人,吾不敢逆君故也。"②

与前引"梁山崩"事中重人一样,叔兴认为"吉凶由人",反对妄推阴阳,但为了不拂逆襄公之问,他根据其他信息预言鲁、齐、宋将各有凶祸。刘歆认可叔兴的预言,但不认同他以陨石诸事"非吉凶所生"的说法,故先援引《左传》,再详细论证两种异象与三国凶祸的相关性:

> 《左氏传》曰:陨石,星也;鹢退飞,风也。宋襄公以问周内史叔兴曰:"是何祥也?吉凶何在?"对曰:"今兹鲁多大丧,明年齐有乱,君将得诸侯而不终。"退而告人曰:"是阴阳之事,非吉凶之所生也。吉凶繇人,吾不敢逆君故也。"是岁,鲁公子季友、鄫季姬、公孙兹皆卒。明年齐威死,适庶乱。宋襄公伐齐行伯,卒为楚所败。

> 刘歆以为,是岁岁在寿星,其冲降娄,降娄,鲁分野也,故

---

① 《汉书》卷三〇《艺文志》,第1723页。
② 《春秋左传正义》卷一四,《十三经注疏》,第3924页下栏b~3925页下栏a。

第七章 《左传》、历数与刘歆《洪范》五行说

为鲁多大丧。正月，日在星纪，厌在玄枵。玄枵，齐分野也。石，山物；齐，大岳后。五石象齐桓卒而五公子作乱，故为明年齐有乱。庶民惟星，陨于宋，象宋襄将得诸侯之众，而治五公子之乱。星陨而鹢退飞，故为"得诸侯而不终"。六鹢象后六年伯业始退，执于盂也。民反德为乱，乱则妖灾生，言吉凶繇人，然后阴阳冲、厌受其咎。齐、鲁之灾非君所致，故曰"吾不敢逆君故也"。①

这里刘歆再次运用岁次、日次分野说，但与《左传》诸事均据岁星自身行次判定吉凶不同，刘歆提出"阴阳冲、厌受其咎"的说法。具体而言，此年岁在寿星，据刘歆分野说，当应在郑，即便考虑到此月日次星纪，其分野亦在越，与鲁、齐、宋无一相合。为此，刘歆引入"冲厌受咎"说，以岁次寿星而对冲降娄，故以降娄之分野——鲁为灾应；日次星纪而厌胜玄枵，故以玄枵之分野——齐为灾应。对冲、厌胜固然是五行、阴阳灾异说中常用的理论②，但《左传》所载岁次分野从未使用这类说法，刘歆在其他灾异说解中也从未使用此说，独用于此，显然意在牵合《左传》叔兴预言，同时尽力维护其占测方法的系统性。

不过，此事的戏剧性在于，作为一位"成功"的预言者，叔兴却在"退而告人"之语中完全否认了其预言与星陨、退飞之间的相关性，并将自己虚辞敷衍襄公的实情和盘托出，这给刘歆的历数说解带来巨大压力。为此，他援引《左传·宣公十五年》伯宗之言，"天反时为灾，地反物为妖，民反德为乱，乱则妖、灾生"③，强调人之"吉凶"为"阴阳冲、厌"之咎由；又曲解叔兴之言，将其理解为并非由阴

---

① 《汉书》卷二七下之下《五行志》，第 1519 页。
② 关于"对冲"，可参《淮南子·天文》论岁星占："岁星之所居，五谷丰昌。其对为冲，岁乃有殃。"（何宁：《淮南子集释》卷三《天文训》，第 274 页）
③ 《春秋左传正义》卷二四《宣公十五年》，《十三经注疏》，第 4097 页下栏 b。

阳失次导致吉凶,而是相反,由人事吉凶导致阴阳失次,叔兴反对天人感应的话就此被纳入天人感应论体系中。至于叔兴暗示其奏对不过敷衍之词的"吾不敢逆君故也",则被解释为叔兴不敢触怒宋公,故先言鲁、齐之灾,以示天异并非均归咎于宋君。这些解释完全改变了《左传》原意,不仅叔兴的奏对成了真正的占辞,而且宋襄公之问也不再显得有失身份。尤其值得注意的是,今本《左传》叔兴退而告人之语首先称"君失问"①,明确表达对襄公之问的否定,但《汉书·五行志》所载《左氏传》却不见此三字,刘歆说解中也没有一句话可视为对"君失问"的解释,可知《汉书·五行志》所载《左传》确无"君失问"句。《五行志》所载《左传》源自刘歆《传论》,考虑到刘歆对叔兴退而告人之语的整体曲解,以及他对叔兴奏对的灾异学分析,我们认为,刘歆为了坐实星陨、退飞的灾异学属性,在征引《左传》时有意略去"君失问"三字,避免对襄公之问的直接否定。在这一事例中,刘歆大段征引《左传》,极力呈现叔兴预言的历数依据,显然意在推重《左传》;但为了弥合叔兴否认天人相感之言,他又不得不曲意强说,甚至删改传文,不仅违背了其反对"碎义逃难,便辞巧说,破坏形体"的一贯主张②,最终也伤害了《左传》。这一自相矛盾的做法充分体现出刘歆在《左传》文本的权威性与思想的系统性之间进退两难、顾此失彼的困境。

　　刘歆《传论》为了维护《左传》而"便辞巧说"的事例还体现在其对列国五行属性的认定上。例如,陈为虞舜之后,若据刘歆《三统历谱》所定伏羲以来五德终始,宜为土德;但前引《左传》载裨灶之说以陈为"水属",刘歆《传论》乃据《帝系》"颛顼生穷蝉,五世而生瞽叟,瞽叟生帝舜"之说③,以陈远绍颛顼而为"水属";不过,《左

---

① 《春秋左传正义》卷一四《僖公十六年》,《十三经注疏》,第3925页上栏b。
② 《汉书》卷三〇《艺文志》,第1723页。
③ 《汉书》卷二一下《律历志》,第1013页。

传·昭公十七年》梓慎又认为"陈,大皞之虚",与宋、郑同为"火房"[①],对此,刘歆又以五行相生说加以论证,指出太昊伏羲木德,五行木生火,故陈承太昊之墟而当火德[②]。不过,对于同属"火房"的祝融之墟郑国,《传论》却未依五行相生说,而是径以祝融主火而定其为火德。《左传》所载时人灾异说各有所据,刘歆若于《左传》注中随文为释,自无可厚非;但他据《左传》提炼出"历数"这一灾异学义例,又试图在《传论》中呈现推历占测之术的学理性、系统性,不仅据其重新推度《春秋》灾异,还要将《左传》中占法各异,甚至本无占验的事例全部纳入这一系统中,此时《左传》史源的多样性与刘歆的系统性追求之间必然出现矛盾,虽然他左右逢源,仍难以真正弥合二者之间的矛盾。

四、日食食日、分野说平议

刘歆《传论》的另一个重点是对于《春秋》日食的说解。《五行传》将日食归咎于"皇之不极",同时通过"六沴司月"说将日食灾应分别指向后王、公卿与庶民,相关用例可见于李寻、谷永、孔光、王嘉等汉儒奏议之中;不过,刘向《传论》并未采用"六沴司月"说,而是以君臣关系倒置所导致的"阴侵阳"作为咎由。至于刘歆《传论》,其日食说解最大的特色就是对食日与分野的系统考定与程式化表达。对食日和分野的关注均可见于《左传》,其中关于食日最系统的论述见于昭公七年十一月晋大夫士文伯之言,日食的发生时间被视为咎由判定的基本依据:

晋侯谓伯瑕曰:"吾所问日食,从矣。可常乎?"对曰:"不

---

① 《春秋左传正义》卷四八《昭公十七年》,《十三经注疏》,第4527页上栏a。
② 《汉书》卷二七下之下《五行志》,第1514页。

可。六物不同，民心不壹，事序不类，官职不则，同始异终，胡可常也?"……公曰："何谓六物？"对曰："岁、时、日、月、星、辰是谓也。"公曰："多语寡人辰而莫同，何谓辰？"对曰："日月之会是谓辰，故以配日。"①

至于日食分野说，则见于同年四月士文伯之言：

> 晋侯问于士文伯曰："谁将当日食？"对曰："鲁、卫恶之，卫大鲁小。"公曰："何故？"对曰："去卫地，如鲁地，于是有灾，其卫君乎？鲁将上卿。"是岁，八月卫襄公卒，十一月鲁季孙宿卒。②

刘歆《传论》在昭公七年"四月甲辰朔，日有食之"事下先后引用这两段传文，并明确称"此推日食之占、循变复之要也"③，食日和分野遂成为其日食说解的基本关注点，这也可以视为其《左传》学"转相发明"的例证之一。在推历的过程中，刘歆注意到《春秋》《左传》的食日记述存在错误，需要加以校订；事实上，《左传》已经提出这一问题，见于哀公十二年"冬十二月，螽"事下孔子言：

> 季孙问诸仲尼，仲尼曰：丘闻之，火伏而后蛰者毕，今火犹西流，司历过也。④

基于此说，刘歆指出：

> 周衰，天子不班朔，鲁历不正，置闰不得其月，月大小不得其度。史记日食，或言朔而实非朔，或不言朔而实朔，或脱不书朔与日，皆官失之也。⑤

---

① 《春秋左传正义》卷四四，《十三经注疏》，第 4454 页上栏 b～下栏 b。
② 《春秋左传正义》卷四四，《十三经注疏》，第 4449 页上栏 a～b。
③ 《汉书》卷二七下之下《五行志》，第 1494 页。
④ 《春秋左传正义》卷五九，《十三经注疏》，第 4715 页上栏 a。
⑤ 《汉书》卷二七下之下《五行志》，第 1479 页。

第七章 《左传》、历数与刘歆《洪范》五行说

既然《左传》明称鲁历多有舛误,则依据更精密的历术重新校核《春秋》《左传》历日自然就具备了相当的合法性;换言之,尽管刘歆对食日的校订表面上否定了《左传》的部分记述,但由于这一问题本就为《左传》所揭示,故相关校订反而彰显出《左传》的客观性,这无疑有助于刘歆抛开对《左传》权威性的顾虑,完全基于其历数知识完成相关校核工作。不过,如果仔细分析刘歆历术和分野说的知识来源,这一看似纯粹的技术性工作背后还是存在一些隐微的人为因素,以下分三点讨论。

首先,关于分野说,《左传》《国语》中公卿大夫虽多有论及,但相关描述并不系统。从《史记正义》所引《星经》、银雀山汉简《占书》佚文来看[1],尽管具体分野存在差异,但战国秦汉时期已经存在系统的分野说,其基本结构也趋于稳定。将《淮南子·天文》《史记·天官书》以及《汉书·地理志》所录刘向说三种西汉主要分野说加以比照,可以看到其中最重要的变化就是从传统的十二分野说向十三分野说的演变:

表 7-2

《淮南子·天文》	《史记·天官书》	《汉书·地理志》所录刘向说
虚、危,齐	虚、危,青州	齐地,虚、危之分野也。
斗、牵牛、须女,吴越[2]	牵牛、婺女,扬州	粤地,牵牛、婺女之分野也。
	斗,江湖	吴地,斗分野也。

---

[1] 《史记》卷二七《天官书》正义,第 1597 页;《银雀山汉墓竹简(贰)》,第 242 页。
[2] 此条原作"斗、牵牛越,须女吴",刘文典注云:"王引之云:诸书无言斗但主越,须女但主吴者。'斗、牵牛越,须女吴'当作'斗、牵牛、须女吴、越'。《开元占经·分野略例》曰:'《淮南子》曰:斗,吴、越也。'(斗下脱'牵牛、须女'四字)高诱注《吕氏春秋》曰:'斗,吴也。牵牛,越也。'"(以上《开元占经》)然则《吕氏春秋》注分言吴、越,而淮南则合言之也。盖分野之说,郑、魏、赵并列(战国时多谓韩为郑),则在三家分晋之后,其时吴地已为越有,故但可合言吴、越,若分言某星主越,某星主吴,则当时岂有吴国乎?后人以吴、越二国不应同分野,故移越字于斗牵牛下,而不知其不可分也。"(《淮南鸿烈集解》卷三《天文训》,北京:中华书局 2013 年版,第 122 页)今据刘注校改。

续表

《淮南子·天文》	《史记·天官书》	《汉书·地理志》所录刘向说
尾、箕，燕	尾、箕，幽州	燕地，尾、箕分野也。自危四度至斗六度，谓之析木之次，燕之分也。
氐、房、心，宋	房、心，豫州	宋地，房、心之分野也。
角、亢，郑	角、亢、氐，兖州	韩地，角、亢、氐之分野也。陈、郑之国，与韩同星分焉。自东井六度至亢六度，谓之寿星之次，郑之分野，与韩同分。
翼、轸，楚	翼、轸，荆州	楚地，翼、轸之分野也。
柳、七星、张，周	柳、七星、张，三河	周地，柳、七星、张之分野也。
东井、舆鬼，秦	东井、舆鬼，雍州	秦地，于天官东井、舆鬼之分野也。自井十度至柳三度，谓之鹑首之次，秦之分也。
胃、昴、毕，魏	觜觿、参，益州	魏地，觜觿、参之分野也。
觜觿、参，赵	昴、毕，冀州	赵地，昴、毕之分野。
奎、娄，鲁	奎、娄、胃，徐州	鲁地，奎、娄之分野也。
营室、东壁，卫	营室至东壁，并州	卫地，营室、东壁之分野也。

  分野作为一种空间体系，原本可以根据需要任意切分，但由于日食只出现于朔日，其对应的日食点只有十二个，因此，用于日食的分野体系必须与十二月相对应，只能分为十二部分，故《史记·天官书》言："二十八舍主十二州，斗秉兼之，所从来久矣。"①不过，汉武帝元封五年（前106）置十三部刺史，由此出现了适应现实区划制度的十三分野说。司马迁虽以十二分野说为古制，但其言汉世分野则用十三分野，其中包含十三部中的十一州，至于朔方、交

---

① 《史记》卷二七《天官书》，第1597页。

第七章 《左传》、历数与刘歆《洪范》五行说

趾二部则易之以天下之中的"三河"与遍及天下的"江湖",应当是受到分野说自身传统的影响。长期以来,分野说只以"中国"对应二十八宿,故朔方与交趾虽已纳入汉朝治域,但在占术中则未得与禹域同列①。司马迁所言三河、十一州之分野与《淮南子·天文》基本相同,可知这些说法大抵延续战国分野说的基本形态,唯以"斗"对应"江湖"不见于先秦文献,应是为迎合十三分野说割裂"斗、牵牛、须女"而成。《汉书·地理志》所载刘向十三分野说在结构上受到《天官书》的影响,唯其表述则首标东周列国国名,再于国名下列出西汉郡国。显然,这里东周列国只是用以指称地理方位、显示其说渊源有自的"故国",并不指向实际历史时期,故尽管其将亡于公元前473年的吴国与公元前403年始分立的韩、赵、魏并列,但就体例而言亦无不妥。

日食分野说显然适应于晚周诸侯争霸的政治形势,随着大一统皇权的建立,在"天无二日,土无二王"的观念下,太阳被视为皇权至尊的象征,故秦人统一六国之后即以日、岁星、荧惑、填星主中国,以月、太白、辰星主"胡、貉、月氏诸衣旃裘引弓之民"②,不再据分野说日食。这一传统也延续到汉初,高后七年(前181)正月己丑,日食营室九度,据分野当应在卫地,但高后认为"此为我也"③。《五行传》将日食归于"皇之不极",同样寓有大一统之意,故无论谷永、孔光等《洪范》五行学师法弟子,还是别自名家的刘向,在据《五行传》推说日食时均不取分野说④。董仲舒说《春秋》日食曾间用分

---

① 《周礼·保章氏》:"以星土辨九州之地,所封封域皆有分星,以观妖祥。"(《周礼注疏》卷二六,《十三经注疏》,第1769页上栏 a)相关讨论可参邱嘉靖"普天之下":传统天文分野说中的世界图景与政治涵义》,《中国史研究》2007年第3期,第176~181页。
② 《史记》卷二七《天官书》,第1598页。
③ 《史记》卷九《吕太后本纪》,第507页。
④ 刘向使用分野说的唯一例证见于"河平元年四月己亥晦,日有食之,不尽如钩,在东井六度"。刘向在奏对中提到:"东井,京师地,且既,其占恐害继嗣。"(《汉书》卷二七下之下《五行志》,第1504页)东井于分野在秦,于汉则为京师之地,故有此说。

野说,如庄公十八年三月日食,董仲舒以为"宿在东壁,鲁象也"①;襄公二十一年十月庚辰朔日食,董氏以为"宿在轸、角,楚,大国象也"②;昭公十七年六月甲戌朔日食,董氏以为"宿在毕,晋国象也"③,二十四年五月乙未朔,董氏以为"宿在胃,鲁象也"④;定公十五年八月庚辰朔,董氏以为"宿在柳,周室大坏"⑤。不过,董仲舒并未关注所有日食的日次所在,即便关注日次,也不一定采用分野说,例如庄公二十五年六月辛未朔日食,董仲舒以为"宿在毕,主边兵,夷狄象也。后狄灭邢、卫"⑥,其说即与昭公十七年六月者不同;又如庄公二十六年十二月日食,董仲舒以为"宿在心,心为明堂,文武之道废,中国不绝若线之象也"⑦,昭公二十二年十二月、三十一年十二月日食,董仲舒均以为"宿在心,天子之象也"⑧。显然也未据分野说。总之,适应于大一统的政治现实以及由此带来的对于日、月阴阳属性的强调,汉儒日食说的关注点大多集中于阴阳、君臣、刑德、华夷等二元关系的失衡,传统的分野说已逐渐淡化。

刘歆《传论》则据《左传》士文伯之言提出"日所躔而有变,则分野之国失政者受之"⑨,并系统重建了《春秋》日食分野体系,这再次体现出《左传》对于刘歆《传论》的巨大影响,也再次彰显出刘歆对于历数知识规范性、系统性的追求:

---

① 《汉书》卷二七下之下《五行志》,第1483页。
② 《汉书》卷二七下之下《五行志》,第1491页。
③ 《汉书》卷二七下之下《五行志》,第1495页。
④ 《汉书》卷二七下之下《五行志》,第1497页。
⑤ 《汉书》卷二七下之下《五行志》,第1499页。
⑥ 《汉书》卷二七下之下《五行志》,第1484页。
⑦ 《汉书》卷二七下之下《五行志》,第1484页。
⑧ 《汉书》卷二七下之下《五行志》,第1498页。
⑨ 《汉书》卷二七下之下《五行志》,第1479页。

表 7-3

日次	周正月份	斗建	分野	日食分野
星纪	正月	子	越	燕、越分
玄枵	二月	丑	齐	越、齐分
娵訾	三月	寅	卫	齐、卫分
降娄	四月	卯	鲁	卫、鲁分
大梁	五月	辰	赵	鲁、赵分
实沈	六月	巳	晋	赵、晋分
鹑首	七月	午	秦	晋、秦分
鹑火	八月	未	周	秦、周分
鹑尾	九月	申	楚	周、楚分
寿星	十月	酉	郑	楚、郑分
大火	十一月	戌	宋	（郑、宋分）
析木	十二月	亥	燕	宋、燕分

由于刘歆《传论》所说为《春秋》日食，故自然只取十二分野，而其对应关系则基本继承战国旧说，主要变化有二，一是以每次日食兼涉分野相邻的两国，这显然是受到《左传》士文伯"鲁、卫恶之，卫大鲁小"之说的影响；二是以"晋"代"魏"，其依据则见于前引《左传·昭公十五年》景王之言"唐叔受之，以处参虚"，二者均基于《左传》而做出调整。不过，即便不考虑《五行传》以"日月乱行"对应"皇之不极"的整体考虑，仅就《春秋》学视域而言，刘歆分野体系也存在明显疏漏。首先，战国以来流行的十二分野说均并列三晋，这是基于三家分晋的战国史实而言，但刘歆说《春秋》灾异，其时三家尚未分立，实不宜为之别置分野。刘歆虽然改"魏"为"晋"，以"郑"代"韩"，但仍遗留赵国，以至在分野中出现"鲁、赵分""赵、晋分"等说法，在《春秋》占验中根本无法得以落实。第二，对照《春秋》，刘歆分野说中又缺少春秋后期一度争霸的吴国。由于勾践灭吴，故

战国十二分野说中吴、越多合为一分野;但春秋时期吴、越为敌国,《左传·昭公三十二年》载史墨言"越得岁而吴伐之"①,看来在春秋岁星分野说中,吴、越似各有分野,今刘歆循战国分野说而仅言越国,遂导致吴国无法进入其日食分野体系中。《左传》对于昭公三十一年十二月的日食说解正与吴、楚之战有关:

> 十二月辛亥朔,日有食之。是夜也,赵简子梦童子裸而转以歌。旦,占诸史墨,曰:"吾梦如是,今而日食,何也?"对曰:"六年及此月也,吴其入郢乎!终亦弗克。入郢必以庚辰,日月在辰尾。庚午之日,日始有谪。火胜金,故弗克。"②

刘向《传论》将此事效验指向"吴败楚入郢,昭王走出"③,应是据《左传》史墨之占为说。如前文所见,刘歆对《左传》中天时占验之事一向关注,但此处他除了程式化的一句"宋、燕分"以外再无任何说解,未知是否即因为其分野体系中并无吴国,故难以为说。事实上,《左传》所载时人分野说本难以尽知其据,各家分野说亦未必相同,所以大概根本就不存在一套可以适用于整部《左传》的分野体系。刘歆为了显示其灾异说的系统性而建构出一套《春秋》分野体系,反而使得他无法真正面对《左传》复杂多样的占验传统。

其次,分野体系确定后,刘歆根据其重新校订的鲁历历日逐一校订《春秋》《左传》日食分野,相关对应关系亦见于表7-3,其中有两类值得注意。一类是庄公十八年"三月"和宣公十七年"六月癸卯"两次日食,据刘歆校订,两事均发生于三月晦,因此在判定分野时视同四月朔而定为"鲁、卫分"。另一类是昭公七年"四月甲辰朔"和昭公十五年"六月丁巳朔"的两次日食。关于前一条,刘歆校

---

① 《春秋左传正义》卷五三,《十三经注疏》,第4619页下栏b~4620页上栏a。
② 《春秋左传正义》卷五三,《十三经注疏》,第4618页下栏b~4619页上栏a。
③ 《汉书》卷二七下之下《五行志》,第1498页。

第七章 《左传》、历数与刘歆《洪范》五行说

订为"二月",则据其分野说,应为"齐、越分",但刘歆却定为"鲁、卫分",究其原因,应是刘歆分野说的经学依据本就来自前引《左传·昭公七年》士文伯关于此次日食的占辞,刘歆在其说解中也完整引述士文伯占辞,但后者所用分野说显然与刘歆不同,《左传》所载时人灾异说的多元化与刘歆对于历数知识的系统化追求之间再次出现矛盾,于是他一方面保留"二月"的历算结果,但在配置分野时则弃己说而改从《左传》。在《左传》与历数之间,这次刘歆选择了《左传》。关于后一条,刘歆校订为"三月",据其分野说应为"齐、卫分",但今本《汉书》亦作"鲁、卫分",由于此条恰好接于昭公七年四月条之后,未知是否涉上文而误。

第三,刘歆对多数日食并无具体说解,但他基于对《五行传》所言月异理论的独特理解,通过数据统计从整体上赋予《春秋》食日特定的政治内涵,这一点反为董仲舒、刘向所未及。关于月异,《五行传》有"晦而月见西方谓之朓,朔而月见东方谓之仄慝,仄慝则侯王其肃,朓则侯王其舒"的论述[1],刘向以为"舒"即"舒缓","肃"即"肃急",侯王舒缓不任事则大臣专擅,故日行迟而月行疾,遂有月朓;侯王肃急则大臣恐惧,故日行疾而月行迟,遂有仄慝。刘向对"舒"字的训释亦见于其"视之不明"条对"厥咎舒"的解释,是战国秦汉文献对"舒""肃"的常见理解。至于对日月行度失次的描述则基于传统阴阳说,即日为阳精,月为阴精,若阳不足,则阴将陵乘之,若阳过盛,则阴将不自胜,故日行疾、缓将分别导致月行缓、疾,二者存在此消彼长的竞争关系。此说契合《传》意,也符合汉儒的普遍知识观念,故影响较大。蔡邕《释诲》言"元首宽则望舒朓,侯王肃则月侧匿"[2],郑玄《五行传》注言"君政缓,日行徐,月行疾,臣

---

[1] 《汉书》卷二七下之下《五行志》,第1506页。中华本将此四句误置于京房《易传》引文中,今不从其标点。

[2] 《后汉书》卷六〇下《蔡邕列传》,第1987页。

放恣也""君政急,则日行疾,月行徐,臣逡巡不进"①,均从刘向之说。

不过,历家在推历实践中逐步建立起日、月联动相关的宇宙观念。刘歆《三统历谱》言,"是为月法之实。如日法得一,则一月之日数也"②,以月法除日法所得为每月日数,这就意味着日、月的周天运行速度是亦步亦趋的正比例关系,若日法发生增减,月法势必也要随之增减,不可能出现刘向所言反比例变化的情况。基于这一历数知识,刘歆自然无法接受刘向之说,需要对月行疾、缓的成因重新做出解释。只是《五行传》所持的本就是刘向所言日月、阴阳观念,为了兼顾《五行传》的权威性与历数知识的合理性,刘歆只好采用更为迂曲的阐释技巧:

> 刘歆以为舒者侯王展意颛事,臣下促急,故月行疾也。肃者王侯缩朒不任事,臣下弛纵,故月行迟也。当春秋时,侯王率多缩朒不任事,故食二日仄慝者十八,食晦日朓者一,此其效也。③

刘歆虽然认同朓为月行疾、仄慝为月行迟的结论,但对于其形成原理及人事咎由的看法却与刘向完全相反。他训"舒"为"展",进而将"侯王其舒"解为君主恣意专擅,故臣下亦促急难安,不遑启处,如同日行疾而月行亦疾;又以"肃""缩"同音互训,将"侯王其肃"理解为人君畏缩不欲任事,故臣下亦弛缓放纵,轻慢职事,如同日行缓而月行亦缓。从训诂学层面看,这些训释显然过于牵合,但其背后却是刘歆试图将新兴历数知识融入《洪范》五行学的努力。

回到《五行传》,既然月行失次是由日行失次所致,则一旦发生

---

① 李昉等撰:《太平御览》卷四《天部四》,第21页上栏a。
② 《汉书》卷二一上《律历志》,第983页。
③ 《汉书》卷二七下之下《五行志》,第1506页。

第七章 《左传》、历数与刘歆《洪范》五行说

日食,月朓与仄慝就必然会伴生食日不正的现象,故刘向说解最后提出"不舒不急,以正失之者,食朔日",将月异与食日问题加以关联。只是刘向并未指出朓与仄慝分别对应于何种食日不正,若据其原理推演,朓由日行缓所致,应致食二日,仄慝由日行疾所致,应致食晦。据《穀梁传》辞例,《春秋》食晦七次,食二日一次,是"君肃急"之失远远超过"君舒缓",这显然不符合刘向《传论》意在抑制权臣的基本立场,其仅言"食朔日"而不言食日不正,或与此有关。刘歆则不同,他将这一月异理论全面运用到《春秋》日食的分析中。据其原理,朓为月行疾所致,故食晦;仄慝由日行缓所致,故食二日。基于此,刘歆对其所定《春秋》食日进行全面统计,得出"食二日仄慝者十八,食晦日朓者一"的数据;又据其所释《五行传》,提出春秋"侯王率多缩朒不任事"的咎由。就灾异论的内在学理性而言,刘歆此说非常合理;其基于数据分析得出结论的论述方式也较董、向的个案分析更显客观。不过,如果从政治层面看,刘向基于阴阳说建构君臣关系,本质上指向君臣权力的制衡,这对于西汉后期大臣擅权、君权暗弱的政治现实而言显然具有针对性。刘歆则强调君臣施政风格的一致性,实际上回避了西汉后期宫廷政治的主要矛盾,与《春秋》自身所呈现的政治局势也存在较大出入,恐怕难以为时人所接受。刘歆关于日月运行的知识本较刘向更为"先进",但这不仅使其在解释《五行传》时必须采取更为迂曲的方式,客观上也削弱了《洪范》五行学干预现实政治的有效性,有悖于儒学灾异论针砭时弊的理论出发点。刘歆的做法自无可厚非,但其最终成效却并不理想,再次显示出传统儒家经传在融会异质性知识时面临的困难。

从以上三点来看,刘歆《传论》对于《春秋》日食的说解在形式上颇显客观,但无论是对于《左传》所载日食分野说的迁就,还是对《五行传》月异理论的迂曲解释,都隐含着微妙的阐述意图,显示出

刘歆在试图调和传统经传与历数知识时面临的艰难抉择。

五、两面性的刘歆及其困境

刘歆《洪范》五行学具有两面性，一面是节制、阙疑，另一面却是牵合、弥缝，反映出其经学风格的复杂性。从《洪范》五行学的视角看，刘向旨在建立集大成的儒学灾异论体系，对《五行传》的阐释具有明显的扩张性和现实政治考量；刘歆则更强调回归传文本身，其阐释大多围绕其所据别本的可靠性展开，对灾异事例的定性也更注重传文与灾异自然属性的契合，在关涉人事方面表现得极为克制。《汉书·五行志》等史志虽以通行本《五行传》为框架，但对灾异事例的分类却多从刘歆《传论》，显示后者在合理性、系统性方面的胜处得到史家认可，也赢得当代研究者"科学性""规范化"等积极评价。

不过，在对《左传》所载时人灾异说的利用中，刘歆却表现出另一种阐释风格。他从《左传》中提炼出"历数"这一义例，赋予其沟通天人、统摄群经的独特地位；同时极力发掘《左传》中与天数推定相关的论述，试图建构起系统性的历数知识，并"转相发明"，据以说解各种《春秋》灾异。只是《左传》自身的文献来源极为驳杂，所载各家之说实多龃龉；为了维护《左传》灾异学立场与历数知识的系统性，刘歆或绕开《左传》而转据他书，或依己意择取、缀合《左传》等诸书之说，甚至不惜删略传文。作为西汉章句学最重要的批判者，刘歆一向反对曲意牵合、过求甚解的阐释风格，但面对《左传》，他却未能逃脱重蹈覆辙的命运。这一现象揭示出汉代经学的某种困境：受到传习、书写方式的限制，传自战国的经传大多简略，在知识构成上也相对驳杂，不仅在系统性层面有所缺失，更难以满足各家师法竞相问难的学术环境。在经目制度的现实压力下，为

第七章 《左传》、历数与刘歆《洪范》五行说

了维护师法地位,汉儒几乎不得不放弃"信以传信,疑以传疑"的古老传统,转而调动各种阐释方法和知识资源来弥合早期经传的阙漏舛错,最终导致"倍经任意,反传违戾"的恶果①。尽管汉儒亦深知章句繁冗、迂曲之弊,不断加以简省,但这种学术趋向却始终难以遏制。从经典化的角度思考,在战国诸子学与秦始皇"挟书律"的先后冲击下,先秦经籍支离散乱,经书权威性的建立很大程度上依托于"师法"及其背后的"圣人"之意,经籍本身反有在鱼之"筌"的意味。只有随着时间的积淀,经籍逐步建立起独立的权威性,才有可能开启一种以"经"而非"圣人"为中心的语文学解释路径,刘歆所倡古文经学正是这种新解释路径的先行者。他不仅揭示出章句学的诸多弊端,还试图从史书传统重新阐述《春秋》的经典性,并赋予《左传》新的经传价值②;但随着对《左传》的推崇本身成为一项事业,刘歆也不可避免地为了"应敌""逃难"而落入"碎义""便辞"的窠臼。

从知识史的角度看,历数本是商周史臣必备的知识素养,故"其文则史"的《春秋》天然就与历数关系密切;但直至刘歆推毂《左传》的经传价值,裨灶、梓慎、士文伯等人所持春秋占术才随之成为"六艺"知识体系的一部分。就这一点而言,向、歆父子的两部《传论》具有相似性,都是希望通过援纳新兴知识来重建"六艺"知识体系,使后者始终在整个知识体系中居于核心地位。只是刘向融会的主要是董仲舒、司马迁以来广为汉儒接受的阴阳、月令、天文学说,知识领域比较庞杂,阐释空间相对较大;而刘歆援入的则是更为精确、单一的历数知识,阐释空间比较小,加之他还试图在此过程中呈现《左传》的权威性,这就给其说解带来较多的限制与干扰。

---

① 何休:《春秋公羊经传解诂序》,第4759页。
② 可参程苏东《史学、历学与〈易〉学:刘歆〈春秋〉学的知识体系与方法》,《中国文化研究》,2017年冬之卷,第90~94页。

刘歆既希望通过历数知识来彰显《左传》的独特价值,又希望用《左传》证成其历数知识的精确性,除了循环论证的风险外,亦难免顾此失彼。在天数、分野、日食等程式化的论述形式下,隐藏着刘歆对于知识的系统化追求与其古文经学立场之间的深刻矛盾,究其本质则是日新的知识与古老的经籍之间难以弥合的内在分歧,更是"经学"作为一种兼具古典性与时效性的独特知识形态难以逃脱的魔咒。

第八章 《汉书·五行志》与汉儒天人学的经学化

随着许商、刘向、刘歆三部《五行传》论记的先后问世,《洪范》五行学已然跻身西汉最发达的几种儒学灾异理论,尤其是向、歆父子将《春秋》灾异事例全面纳入《五行传》阐释体系中,更凸显出后者广泛的解释力;而《汉书·五行志》的编纂,则进一步从理论上明确了以《易》学、《洪范》五行学与《春秋》学为核心的儒学灾异论在整个"六艺"之学中的核心地位,一种以天人学为中心的经学体系由此建立起来。关于该志编纂的政治史、思想史背景,以及班固"宗经以撰史"的编纂思路,学术界已有充分讨论①。从方法上看,现有研究多关注汉代灾异文化、东汉明帝朝政治等外部因素对《五行志》编纂的影响,而基于《五行志》的体例结构、书写策略等文本

---

① 可参向燕南《论匡正汉主是班固撰述〈汉书·五行志〉的政治目的》,《河北师范大学学报》2000年第1期,第22~24页;游自勇《论班固创立〈汉书·五行志〉的意图》,《中国史研究》2007年第4期,第34~44页;苏德昌《〈汉书·五行志〉研究》,第48~57、60~68页;黄启书《〈汉书·五行志〉之创制及其相关问题》,《台大中文学报》第40期(2013.3),第184~189页;陈侃理《儒学、数术与政治:灾异的政治文化史》,第132~133页。

层面问题展开的研究尚未多见。这也许与汉代《洪范》五行学相关文献的基础研究尚不充分有关,学者多据《汉书·五行志》所见《五行传》及刘向、刘歆《洪范五行传论》佚文来讨论班固修志的体例、方法,认为《五行志》袭用刘向《传论》之体例,班固的工作不过是协同异说、完善细目、增补时事和补缀《京氏易传》而已。但事实上,班固创立了"五行志"这一史体,重构了汉代天人学的知识体系,并且完全改变了《五行传》的文本结构,在传文阐释、灾异行事择取等方面也多有个性化处理;因此,从文本生成方式的角度对《五行志》展开研究,对我们全面认识班固的经学、史学思想,乃至整个汉代天人学的发展演变将提供有益的补充。

一、为何是"五行志"?

一般认为,《汉书·五行志》专载灾异,汉人素重灾异,不仅诏令、奏疏大量涉及灾异事件,而且发展出类型多样的灾异学知识,故班固专设一志记述西汉灾异及相关论说,既是对西汉政治文化的如实反映,也符合东汉前期宫廷政治和士人知识兴趣的关注点。不过,班固既没有像一般灾异学论著那样,将该志命名为"灾异志"[①];也没有据其所载灾异论的共同理论基础,称之为"阴阳志",而是独取"五行"为其名,尽管其志文所录董仲舒、眭孟、京房等人的灾异论与"五行"说并无关联。换言之,"五行志"的命名方式并不能全面反映西汉灾异论的真实形态,它只有在班固选择以《五行传》为文本基础的情况下才具有一定的合理性。那么,在众多的灾

---

① 如董仲舒《灾异之记》《灾异孟氏京房》《务成子灾异应》《十二典灾异应》《钟律灾异》,同出于班固的《白虎通》以《灾变》名篇,东汉应劭、董巴、谯周等所撰者亦题名《建武以来灾异》。《史记》卷一二一《儒林列传》,第 3772 页;《汉书》卷三〇《艺文志》,第 1703、1768 页;陈立:《白虎通疏证》卷六《灾变》,第 267 页;《后汉书》志第十三《五行一》,第 3265 页)

第八章 《汉书·五行志》与汉儒天人学的经学化

异理论中,班固何以对《洪范》五行学青睐有加呢?

不妨梳理一下班固编纂《汉书》时可以利用的知识和文本。考虑到《汉书》的经学背景,班固可资利用的儒学灾异论体系至少有五种,分别是京氏《易》学、《洪范》五行学、齐诗翼氏学、《春秋》董氏学和谶纬,其中谶纬主要出现于哀平之际,显然无法作为叙述西汉灾异学的基本体系。翼奉之说不见于《汉书·艺文志》,未知是否书于竹帛,且其学秘以为宝①,流传有限,也不适合用来编纂整个西汉的灾异论。至于京氏《易》,有《灾异孟氏京房》《京氏易传》,《春秋》则有董氏《灾异之记》,无论是理论体系,还是文本结构,都可以作为班固编纂志书的基础。即便是从影响力的层面来说,二者也都不逊于《洪范》五行学。由此看来,班固以《五行传》统摄灾异知识,既非理所当然,也非别无选择。进一步说,即便在汉代《洪范》五行学内部,夏侯始昌所传师法流传有序,且有弟子许商撰成《五行传记》,无论是影响力,还是占验的实践性,均超过刘向、刘歆父子的《洪范五行传论》,但却是后者最终成为《五行志》的编纂基础,其背后的原因更值得思考。

从《汉书》体例来看,除马续所编《天文志》以外,班固所撰九志均力求依经立意②。《礼乐志》《艺文志》自不必说,其他如《律历志》引《虞书》开篇③;《刑法志》以《尚书》"天讨有罪"彰显王道政治中刑法的必要性;《食货志》得名于《洪范》;《郊祀志》亦首引"《洪范》八政,三曰祀";《地理志》先引《尧典》《禹贡》;《沟洫志》则先引《夏

---

① 《汉书·翼奉传》载王临称诏欲从奉学其术,奉不肯与言,上封事称"以律知人情,王者之秘道也,愚臣诚不敢以语邪人",又称其术"露之则不神,独行则自然矣,唯奉能用之,学者莫能行"(《汉书》卷七五《眭两夏侯京翼李传》,第 3167~3170 页)。
② 可参李士彪、隋长虹《论经学对〈汉书〉义例的影响》,《山东大学学报》2002 年第 1 期,第 37~40 页。
③ 《汉书》卷二一上《律历志》,第 955 页;卷二三《刑法志》,第 1079 页;卷二四上《食货志》,第 1117 页;卷二五上《郊祀志》,第 1189 页;卷二九《沟洫志》,第 1675 页。

书》。这样看来,诸志多具《尚书》背景,尤与《洪范》篇关系密切①,颇见出明帝君臣试图借助《汉书》的编纂使汉史绍续三代、"旁贯五经"的用意②。在此背景之下,作为载录灾异知识的志文,班固取《五行传》为基本框架,并据《洪范》"五行"为之定名,无疑最契合"十志"的整体设计。

至于向、歆父子《洪范五行传论》对班固最大的吸引,应在于他们对古今灾异行事的系统载录和说解。《汉书》虽为断代史,但其"十志"却呈现出系统建构各领域知识体系的雄心。《律历志》梳理自太昊至秦二世的历法演变;《礼乐志》载录黄帝以来古乐;《刑法志》梳理黄帝以来的兵刑变化;《食货志》梳理神农以来制土处民之术;《地理志》梳理黄帝以来封建、州制沿革。感叹于"仲尼没而微言绝,七十子丧而大义乖",班固不仅关注作为历史之一环的西汉,更要本于"六艺",在"道"的层面重建一套囊括古今的知识体系,实现其"纬六经,缀道纲,总百氏"的撰述理想③。对于律历、阴阳、五行、兵刑、水利这些在传统儒学看来均属"术""小道"甚至"外道"的知识,随着儒学成为知识权威性、合理性之最高来源,只有将它们纳入"六艺"之学的体系中,才可能为它们分门立志,使之与礼乐、艺文等传统儒学知识分庭抗礼。因此,《五行志》的编纂虽不乏反思汉政或匡正时主的现实考量,但其关注的显然不仅仅是西汉一朝的灾异事件或学说,而是要建立起一整套适合于古往今来全部灾异知识的合理结构,并将其纳入"六艺"之学的宏观体系之中。唯此,对于汉代灾异事件的列举和分析才能获得意义,而刘向《洪范五行传论》不仅建立了系统的占验体系和阐释体系,更"集合上

---

① 可参陈君《政治文化视野中〈汉书〉文本的形成》,《文学遗产》2017年第5期,第32~34页。
② 《汉书》卷一〇〇下《叙传下》,第4235页。
③ 《汉书》卷一〇〇下《叙传下》,第4271页。

第八章 《汉书·五行志》与汉儒天人学的经学化

古以来历春秋六国至秦汉符瑞灾异之记"①,对古今灾异行事进行了有效的说解。无论是知识结构,还是历史实践,都完全符合班固的要求。因此,本于刘向《传论》编纂《五行志》成为班固整理灾异知识的最佳选择。作为西汉后期官方学术的代表,刘向、歆父子的核心工作在于"辨章学术,考镜源流",重建以"六艺"为核心而又会通天人、囊括古今的庞大知识体系。班固在志书编纂中大量借重向、歆父子的论著,显非偶然。

二、天人学体系的重建

尽管《五行志》专录灾变,但开篇却对"天人之道"做出了系统论述,这自然让我们想到同样旨在究"天人之际"的《史记·天官书》。事实上,《汉书·律历志》《郊祀志》《天文志》均论及"天人之道",但从《史记》到《汉书》,天人之学的主体从《天官书》转移至《五行志》,这背后涉及汉人知识观念的重大转变,值得注意。

周人敬天而重"天命",至于"知天命"的具体方法,除了"天视自我民视,天听自我民听"的道德论述②,实践中主要依靠"大宝龟"等各类占术③。至孔子,则罕言"天道","不语怪力乱神",但从"天何言哉""唯天为大,唯尧则之""畏天命"等零星论述来看,"天"在其思想体系中主要作为抽象意义的权威而存在,故其所谓"知天命",核心在于敬天命而畏之,并不在于如何探知天命。子夏所闻

---

① 《汉书》卷三六《楚元王传》,第1950页。
② 焦循:《孟子正义》卷一九《万章上》,第646页。
③ 《尚书正义》卷一三《大诰》,《十三经注疏》,第420页下栏a。

"死生有命，富贵在天"①，孟子所谓"天也，非人之所能为也"②，郭店简《穷达以时》所谓"有天有人，天人有分。察天人之分，而知所行矣"，"天"成为被悬置的存而不论的客体，君子之道仍在于"敬而无失""顺受其正"③。至荀子终于发展出"明于天人之分""唯圣人为不求知天"的极端立场④。一言以蔽之，"道不远人"⑤，即便要知天，也应通过一种自省的方式来达成，此孟子所谓"尽其心者，知其性也。知其性，则知天也""知己所以知人，知人所以知命"⑥。不过，郭店简《语丛一》提出"《易》所以会天道、人道也"⑦，马王堆帛书《要》引孔子语"故《易》又天道焉""又地道焉""又人道焉"⑧，以《周易》探知天心、会通天人，尽管这在本质上仍可归结为以占知天，但其将会通天人纳入儒家知识体系之内，仍显示出《易》学在天人关系方面的独特论述。至于儒家之外，老子主张"法天"⑨，庄子被斥为"蔽于天"⑩，墨子倡言"天志"⑪，邹衍以"谈天"显名⑫，《史记·天

---

① 程树德：《论语集释》卷九《公冶长上》，第318页；卷一四《述而下》，第480页；卷三五《阳货下》，第1227页；卷一六《泰伯下》，第549页；卷三三《季氏》，第1156页；卷二四《颜渊上》，第830页。
② 焦循：《孟子正义》卷一九《万章上》，第649页。
③ 荆门市博物馆编《郭店楚墓竹简》，第145页。
④ 《天论》进一步论述到，"不为而成，不求而得，夫是之谓天职"（王先谦：《荀子集解》卷一一《天论》，第308～309页），这与孟子"莫之为而为者，天也。莫之致而至者，命也"（焦循：《孟子正义》卷一九《万章上》，第649页）的论述非常接近。
⑤ 《礼记正义》卷五二《中庸》，《十三经注疏》，第3531页上栏a。
⑥ 焦循：《孟子正义》卷二六《尽心上》，第877页。
⑦ 荆门市博物馆编：《郭店楚墓竹简》，第194页。
⑧ 裘锡圭主编：《长沙马王堆汉墓简帛集成》（叁），第112页。类似说法亦见于《周易·说卦》："立天之道曰阴与阳，立地之道曰柔与刚，立人之道曰仁与义。兼三才而两之，故《易》六画而成卦。"（《周易正义》卷九《说卦》，《十三经注疏》，第196页上栏b）可知为战国儒家《易》学的普遍观点。
⑨ 楼宇烈：《老子道德经注校释》，北京：中华书局2008年版，第64页。
⑩ 王先谦：《荀子集解》卷一五《解蔽》，第393页。
⑪ 孙诒让：《墨子间诂》卷七《天志》，第189页。
⑫ 《史记》卷七四《孟子荀卿列传》，第2838页。

第八章 《汉书·五行志》与汉儒天人学的经学化

官书》更列出多位"传天数者"①。《庄子·天下》将知识分为"明而在数度者""在于《诗》《书》《礼》《乐》者"和"数散于天下而设于中国者",认为仅前者"以天为宗",堪明天道,而治此术者"旧法、世传之史尚多有之"。可见在战国士人的普遍观念中,天人之学并非儒者所擅,儒学知识也不包括知天的数度之学。类似看法也见于司马谈《论六家要旨》,他以阴阳家所治为"天道之大经"②,而以儒家所长为"列君臣父子之礼,序夫妇长幼之别"等人伦之事。

在此背景下,董仲舒一反传统儒学主流,将沟通天人作为其学术体系的核心。基于其《春秋》学背景,董仲舒认为沟通天人的关键在《春秋》:"臣谨案《春秋》之中,视前世已行之事,以观天人相与之际,甚可畏也。"③这看起来似乎与战国以来《春秋》"会古今之事""以道名分"的说法存在差异④,但细究董氏天人学,其纲领固在《春秋》"以天之端正王之政"⑤,主体则是通过《春秋》所书"邦家之过,兼灾异之变"以求天端⑥,但"求其端于天"的具体方法,则是"明阳阴入出、实虚之处""辨五行之本末顺逆、小大广狭"⑦。《春秋繁露》中《天辨在人》《阴阳终始》《阴阳义》《天道无二》《基义》《循天之道》《天地之行》《威德所生》《如天之为》《天地阴阳》诸篇亟论阴阳变化、天人之道,洋洋万言而无一字关涉"六艺",足见董氏天人学虽以《春秋》为纲领,但其方法实在《春秋》乃至儒学知识之外,这也成

---

① 《史记》卷二七《天官书》,第1594页。
② 《史记》卷一三〇《太史公自序》,第3967页。
③ 《汉书》卷五六《董仲舒传》,第2498页。
④ 荆门市博物馆编:《郭店楚墓竹简》,第195页;郭庆藩:《庄子集释》卷一〇下《天下》,第1067页。
⑤ 苏舆:《春秋繁露义证》卷三《玉英》,第70页。
⑥ 《汉书》卷五六《董仲舒传》,第2515页。
⑦ 苏舆:《春秋繁露义证》卷一七《天地阴阳》,第467页,标点未尽从。

为他受后儒诟病的主要原因①。不过,董氏天人理论在汉代影响广泛,"推阴阳"也成为汉儒窥知天心的常见路径,如《齐诗》弟子匡衡虽然称"审六艺之指,则天人之理可得而和"②,但论及"天人之际"精祲相荡之关键,仍以为"阴阳之理各应其感"。

　　与董仲舒同时代的司马迁同样志在"究天人之际"③,相关论述主要见于《史记·天官书》。在系统梳理了上古以来"天数"之学后,司马迁认为:"夫常星之变希见,而三光之占亟用。日月晕适,云风,此天之客气,其发见亦有大运。然其与政事俯仰,最近天人之符。"④基于其"天官"的身份,司马迁认为最切近的知天之法就是仰观天象,明察"天数"。在此过程中,儒家经典的价值主要在于提供可信的史料,至于探知天心的秘钥,则经文完全无见。司马迁对此做出巧妙的解释:"孔子论六经,纪异而说不书。至天道、命,不传;传其人,不待告;告非其人,虽言不著。"⑤在推尊圣道的同时,将天人学的实际传承落实为重、黎以来的"为天数者"⑥,而作为"重、黎之后","世主天官"的司马氏父子自然也就成为西汉天人学当仁不让的传人⑦。

　　此后,对西汉天人学架构做出重要调整的是刘歆,他在《三统历谱》中提出"《易》与《春秋》,天人之道也"⑧。此说初看不过拾战

---

①　柳宗元《贞符》称董仲舒"言类淫巫瞽史,诳乱后代"(《新唐书》卷一六八《柳宗元传》,第5136页);罗隐有诗《董仲舒》:"灾变儒生不合闻,漫将刀笔指乾坤。偶然留得阴阳术,闭却南门又北门。"(〔唐〕罗隐:《董仲舒》,雍文华校辑《罗隐集》,北京:中华书局1983年版,第132页)
②　《汉书》卷八一《匡张孔马传》,第3337页。
③　《汉书》卷六二《司马迁传》,第2735页。
④　《史记》卷二七《天官书》,第1603页。
⑤　《史记》卷二七《天官书》,1598页。
⑥　《史记》卷二七《天官书》,1594页。
⑦　《史记》卷一三〇《太史公自序》,第3999页。
⑧　《汉书》卷二一上《律历志上》,第981页。具体论述可参程苏东《史学、历学与〈易〉学:刘歆〈春秋〉学的知识体系与方法》,《中国文化研究》,2017年冬之卷,第94~101页。

第八章 《汉书·五行志》与汉儒天人学的经学化

国《易》学与董氏《春秋》学之牙慧,但从《汉书·律历志》所载刘歆论述可知,他以"天时"为指向,以"历数"为方法建立起一套极具个性的天人学体系。所谓"夫历《春秋》者,天时也,列人事而因以天时",刘歆认为《春秋》的核心义例在于"天时"与"人事"之间的对应关系,而判断这种对应关系正当与否的标准则是历数之学,也就是对于晦朔、二分、二至等标志性时日的颁定和记载是否准确。他又引《周易·革卦》彖辞和象辞,认为圣人"顺乎天而应乎人"的核心方法亦在"治历"以"明时"。这样,通过"天时"和"历数",刘歆不仅将《周易》和《春秋》两部经典重新加以整合,而且将其上升至"天人之道"的高度。由此,在战国《易》学以卦象知天、董仲舒以阴阳知天、司马迁以天数知天的路径之外,刘歆又建立起以历数知天的认知路径。与阴阳、天数一样,历数本为"畴人子弟"之学,不属于传统儒学的知识体系,故刘歆《七略》虽然强调历谱为"圣人知命之术,非天下之至才,其孰与焉"[①],但仍将其与五行、天文并列于《数术略》,将其排除在"六艺"之学的核心知识体系之外。

不过,与董、马相比,刘歆天人学的最大特色在于他极其强调历数学与经学之间的同构关系,其历算的每个参数、每个步骤都援引《周易》《春秋》为据,由此将儒家经典纳入究知"天人之道"的知识体系之中。可见随着目录学的发展,学者对于知识体系的系统性、合理性问题更加自觉了;而随着儒学的官学化,天人之学再也不可能仅作为一种纯粹的技术性知识而独立存在,儒家经典势必要成为天人学构建中不可或缺的组成部分。值得注意的是,刘歆虽然以《易》与《春秋》论"天人之道",但在论及"五行与三统相错"这一论题时,他又将《洪范》纳入其理论体系中:

> 太极运三辰五星于上,而元气转三统五行于下。其于人,

---

① 《汉书》卷三〇《艺文志》,第 1767 页。

皇极统三德五事。①

这里"上"指天,"下"指"地",合"人"为三。就其对应关系而言,"皇极"对应《易》之"太极"与《春秋》之"元","三德"对应三辰、三统,"五事"对应"五星""五行",这就将《洪范》与《易》和《春秋》也同构化了。如果考虑到《洪范》之"五纪"明称"五曰历数",则《洪范》完全可以跻身其所谓"天人之道"的知识体系之中。类似说法正见于《汉书·五行志》所引刘歆说:

> 刘歆以为虙羲氏继天而王,受《河图》,则而画之,八卦是也;禹治洪水,赐《雒书》,法而陈之,《洪范》是也。……以为《河图》《雒书》相为经纬,八卦、九章相为表里。②

《尚书·顾命》称"大玉、夷玉、天球、河图,在东序"③,知周人实有"河图",但最初只是宫廷中的一种常规礼器。至孔子感叹"凤鸟不至,河不出图"④,以凤鸟、河图并举,知其时河图已成为传说中的神物而具有祥瑞的性质。《周易·系辞》称"河出图,洛出书,圣人则之",指出"图""书"对于圣人具有启发性的意义,但仍未将其与八卦相联系,反而明称伏羲"仰则观象于天,俯则观法于地,观鸟兽之文与地之宜,近取诸身,远取诸物,于是始作八卦",强调圣人对于经典的原创性⑤。至《论语》孔安国注,乃径以"八卦"训"河图",由此形成"伏羲则图画卦"之说,刘歆此说亦当本于此。至于"洛书",本是在"河图"神秘化以后产生的配伍之说,《淮南子·俶真》称许

---

① 《汉书》卷二一上《律历志上》,第985页。
② 《汉书》卷二七上《五行志上》,第1315~1316页。
③ 《尚书正义》卷一八《顾命》,《十三经注疏》,第508页下栏a。
④ 程树德:《论语集释》卷一七《子罕上》,第588页。
⑤ 《周易正义》卷七《系辞上》,《十三经注疏》,第170页上栏b;卷七《系辞下》,第179页下栏b。

第八章 《汉书·五行志》与汉儒天人学的经学化

由之世"洛出丹书,河出绿图"①,显然不以其为一书、一图之专名,故仿照河图八卦说而以"洛书"专指《洪范》,或即始于刘歆。考虑到这段论述大概出自刘歆《洪范五行传论》,其目的应是以"洛书"比附《洪范》,从而提升《洪范》五行学的神圣性。这段论述并未提及天时、历数等天人学问题,显然与《三统历谱》的论述逻辑并不相同,但从"继天而王"等叙述可知,其指向的仍然是一种天人知识体系。

与战国以来流行的圣人"作经"说不同,刘歆此说以"天"为文本的制作者,并将这些文本作为圣人撰述经典的直接依据,类似说法在先秦文献中似不多见。《洪范》篇虽自称"天乃赐禹洪范九畴",但此"赐"意在强调圣人与天之间的沟通能力,至于其获赐的具体方式,按照商周时期的普遍观点,仍应以禹的某种神秘体验为媒介,而非直接获睹文本。《多士》描述天帝赐命的过程:"今惟我周王丕灵,承帝事,有命曰:'割殷!'告敕于帝。"②正是在一种神秘体验中感知天命。《皇矣》记述"帝谓文王"的一系列诫勉之辞,大抵也是通过这类方式得以获闻。然而,两汉之际出现的纬书却常常以"天"直接制作文本,如《尚书璇玑钤》以《尚书》为"上天垂文象、布节度书也"③,《春秋演孔图》以"丘作《春秋》,天授《演孔图》"④,甚至载录"天"降著于端门之血书:"趋作法,孔圣没,周姬亡,彗东出,秦政起,胡破术,书记散,孔不绝。"⑤可见,随着谶纬文化兴起,两汉之际的儒生已逐渐接受"天"撰文作书的说法,并将其与"六艺"结合起来。在这样的文本体系中,原本居于至尊的"圣

---

① 何宁:《淮南子集释》卷二《俶真训》,第157页。
② 《尚书正义》卷一六《多士》,《十三经注疏》,第468页上栏a。
③ 欧阳询:《艺文类聚》卷五五《杂文部·经典》,第983页。
④ 李昉等撰:《太平御览》卷六〇六《文部·板》,第2727页上栏b。
⑤ 《春秋公羊传注疏》卷二八,《十三经注疏》,第5112页上栏a。

典"让位于"神文",圣人也由"作者"降格为"述者"①。

在这样的文化背景下,班固再次重构了汉代天人学的知识体系。在引述刘歆说之后,他进一步指出:

> 昔殷道弛,文王演《周易》,周道敝,孔子述《春秋》,则《乾》《坤》之阴阳,效《洪范》之咎征,天人之道粲然著矣。②

理解这段话的关键在于"则《乾》《坤》之阴阳"以下三句的主语。中华书局点校本在"《春秋》"后点句号,似乎将"则《乾》《坤》之阴阳"一句理解为班固自许之辞,但这样一来,班固所则效者只有《周易》和《洪范》,前文所言孔子《春秋》反不在其列,这显然难以说通。游自勇意识到这一问题,他认为中华本于"乾坤"二字加书名号有误,此句中"乾坤"实作"天地"解,故"则乾坤"以下二句分别对应前文两句,即"《周易》则天地之阴阳,《春秋》效《洪范》之咎征"③,张书豪《汉书五行志疏证》以中华本为底本,但"乾坤"二字未加书名号④,未知是否即取游说。"乾坤"确有释为"天地"的用例⑤,但就这段材料而言,在班固所构建的天人学体系中,则画天地者为伏羲,文王是在伏羲八卦的基础上演为《周易》,并非直接则象天地,故称其"则天地"显然不符合志文的内在逻辑。此外,从对句的书写习惯来看,如果将这段材料视为文王与孔子对举,则孔子所"效"为《洪范》,文王所"则"却为天地,二者的神圣性显然存在重要差异,这既不符合汉人的一般认知,也不符合对句的表达习惯。在《洪范》明确为文本的情况下,其对句中的"乾坤"二字也只能被理

---

① 正是在这一语境下,班固在《五行志》叙论中没有采用"孔子作《春秋》"这一普遍说法,而是罕见地使用了"孔子述《春秋》"的叙述方式。
② 《汉书》卷二七上《五行志》,第 1316 页,标点未尽从。
③ 游自勇:《论班固创立〈汉书·五行志〉的意图》,《中国史研究》2007 年第 4 期,第 34 页。
④ 张书豪:《汉书五行志疏证》,台北:台湾学生书局 2017 年版,第 4 页。
⑤ 如《汉书·艺文志》:"故曰'《易》不可见,则乾坤或几乎息矣',言与天地为终始也。"(《汉书》卷三〇《艺文志》,第 1723 页)此处"乾坤"即指天地。

第八章 《汉书·五行志》与汉儒天人学的经学化

解为具体的文本。因此，笔者认为中华本于"乾坤"加书名号不误，但"则《乾》《坤》之阴阳，效《洪范》之咎征"二句应为承前省略主语，故"则"字之前不宜点句号。同时，"则""效"的主语实兼指文王与孔子，是古文中常用的互文句法，孔子所则效者并不仅仅是《洪范》，也包括《乾》《坤》阴阳之道。事实上，也只有基于这种理解，其后文所言董仲舒"推阴阳"以解《春秋》的治经方法才具有充分的合理性。这样，班固所建构的天人学体系就可以表现为下图（图8-1）：

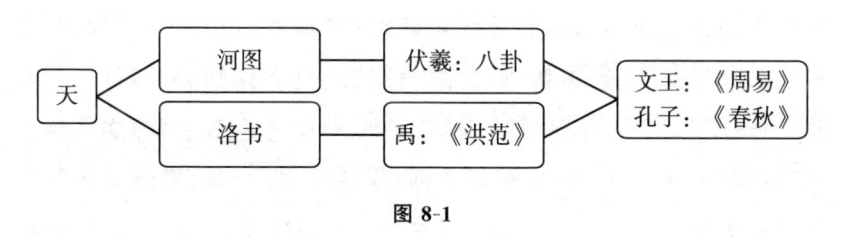

图 8-1

与刘歆尚言大禹"法"洛书而"陈"九章不同，班固径以"初一曰五行"以下"凡此六十五字皆《雒书》本文"，显示在谶纬文化极盛的东汉前期，班固已完全接受圣人则象"天书"的叙述方式。与刘歆在"圣典"之上增加"神文"不同，他进一步将"神文"本身纳入经典之中，由此不仅重塑了传统天人之学的认知方式，也重建了儒家经典体系的内在结构。就天人学而言，既然天不再沉默"不言"[①]，而是以作者的身份将其旨意明白显诸文本，那么，"知天"之道也就不应再如孟子那样"存其心，养其性"，或是像董仲舒的阴阳学、司马迁的天文学、刘歆的历数学那样，借助某种技术性知识来探知天意，而应当是对"神文"及其所衍生的儒学经传的阅读。天人之学从"旧法、世传之史"所掌握的"数度"之学变为经学。就"神文"及其衍生文本的内在结构而言，伏羲、大禹是第一批读者，他们身当

---

① 焦循：《孟子正义》卷一九《万章》，第643页。

治世，故得以亲炙"神文"而"变文为字，变气为《易》"①，将神文转写为人类符号；文王、孔子是第二批读者，他们身当乱世，无以直面神文，但基于先圣所遗八卦、九章，同时契入世衰道微的人事，最终达至"天人之道粲然著矣"的程度。天道恒常而人道兴废，故八卦、《洪范》是常道，而《周易》《春秋》则是变法。至于不具圣性的普通人，则只有通过对于这些圣典的阅读，才可能略窥天人之道。由此，"天"与"人"之间出现了神文、圣典这两种转化性文本，"天"成为"人"无法直接面对的对象。董仲舒、司马迁、刘歆可以直接探求天运、天数、天时，而班固却只能借助圣人典文而知天。可以说，在班固所建立的天人学体系中，尽管在"圣典"之上多了"神文"，但对于一般人而言，"圣典"的地位反而得到进一步凸显，最终成为天人之间无法绕过的独木桥。在"六艺"之学的体系之内，班固构建出了一个更具内核性的"天人学"体系，原本异质性的数术知识被巧妙地纳入经学阐释体系之中。经学内部的知识体系变得更为庞杂，而天人学则占据了经学的内核。

基于这样的认识，有关天人之道的核心论述也就不可能见于《天文志》这类技术性知识中，而必须出现于高度贴近"圣典"的《五行志》之中。这里的"五行"不再是通常意义上与阴阳并举、带有浓厚数术色彩的新兴知识体系，而是与《食货志》《郊祀志》一样，典出《洪范》"初一曰五行"的古老经文。由此，作为则效《洪范》的产物，基于《易》学、《春秋》学的各种灾异理论均获得了见于《五行志》的合理性，而接续孔子圣道的汉人，其天人学体系自然也就应当接续《春秋》学传统而加以推演。因此我们看到，在述及"汉兴"以来的天人学脉络时，班固并未将《洪范》五行学作为其叙述主线，而是完全接续"孔子述《春秋》"的传统：

---

① 邢云路：《古今律历考》卷九《历代一》，明万历刻本。

第八章 《汉书·五行志》与汉儒天人学的经学化

> 汉兴,承秦灭学之后,景、武之世,董仲舒治《公羊春秋》,始推阴阳,为儒者宗。宣、元之后,刘向治《穀梁春秋》,数其祸福,传以《洪范》,与仲舒错。至向子歆治《左氏传》,其《春秋》意亦已乖矣;言《五行传》,又颇不同。是以揽仲舒,别向、歆,传载眭孟、夏侯胜、京房、谷永、李寻之徒所陈行事,讫于王莽,举十二世,以傅《春秋》,著于篇。①

在班固的叙述中,董仲舒、刘向、刘歆三者沟通天人的媒介都是《春秋》,其差异只在于三者所治师法不同,所推阴阳、五行之法不同。至于对汉代《洪范》五行学的介绍,则要到"貌之不恭"条言及《五行传》版本异文时才附带言及。这种叙述方式看起来非常怪异,乃至有学者据此怀疑有关"五行失性"的相关论述并非《五行传》本文,故班固有意将整段序文分作两节②。实际上,如果我们理解了班固的天人学体系,就能理解其何以在叙论中如此突出《春秋》的传统,这不仅与"始推阴阳"的董氏《春秋》学对于汉代儒学灾异论的开创性意义密切相关,更顺应了班固所建构的天人学发展史。基于孔子则效阴阳、《洪范》以述《春秋》的天人学传统,汉人只有采用"推阴阳""传以《洪范》"的方式,才可能真正体会《春秋》"天人之道"的精微之处。这里董仲舒所推的"阴阳"不再是具有浓厚数术色彩的阴阳刑德说,而是《易》学《乾》《坤》之道;刘向的《洪范五行传论》也不再是一部援引《春秋》的《洪范》五行学论著,而是一部援据《洪范》的《春秋》学论著。汉代天人学成为以《春秋》学为主线,以《易》学和《洪范》五行学为辅翼的经学发展史。

由此看来,《五行传》对于班固而言不过是一个结构性的框架,其背后隐含的则是他本于儒家经典探求天人之道的知识取径,以

---

① 《汉书》卷二七上《五行志》,第1317页。
② 张书豪:《汉书五行志疏证》前言,第11~12页。

及绍继孔子、赓续《春秋》的精神旨趣。事实上，无论是志文的体例设计，还是对于传文的征引、阐释，以及对灾异行事的列举、说解，《五行志》都在不同程度上体现出了班固的这一编纂意图，这也成为我们理解《汉书·五行志》书写策略的基本立足点。

三、依经立传：《洪范五行传》的文本重构

作为《汉书·五行志》的基本框架，《五行传》的文本形态是我们理解《五行志》编纂体例的基础。前文已论，《五行传》至少顺次包括开篇、"六事之失""共御之术"和"五行失性"四个部分，其中仅二、四部分见于《汉书·五行志》，且顺序发生颠倒，可见班固虽然选择《五行传》作为志文框架，但对传文结构做了大幅调整。此外，也许有读者怀疑对《五行传》文本的改造始于刘向或刘歆，但《晋书·江逌传》所载东晋哀帝隆和元年（362）江逌奏疏引述刘向《传论》对第三部分自"用赤黍"至"无差无倾"数句的解释[1]，《尚书大传·洪范五行传》郑玄注则载录刘歆所据本《五行传》关于第三部分"六沴司月"的异文，可知刘向、刘歆《传论》均完整阐释传文，《汉书·五行志》称刘向本与夏侯始昌所传师学本相同的说法是准确的[2]，而刘歆本与通行本的"独异"之处也仅在于部分异文，二者的整体结构同样是一致的。对《五行传》文本的剪裁完全出自班固，是其基于志文编纂的整体意图和体例设计而完成的，以下逐一分析。

第一，删去具有浓厚数术色彩的开篇部分。传文开篇交代其占验体系的来源，称舜帝即位元年，令大禹步于上帝，由是获知"六

---

[1] 《晋书》卷八三《江逌传》，第 2174~2175 页。
[2] 《汉书》卷二七中之上《五行志》，第 1353 页。

第八章 《汉书·五行志》与汉儒天人学的经学化

沴作见"及共御诸事,显然是通过神秘化来显示传文的权威性。不过,这些说法不见于《书序》和《洪范》,"洪祀六沴""神之怒"等说法较经文所言"天乃锡禹《洪范》九畴"也显得过于离奇。《汉书·五行志》既然已经将"洛书"作为五行知识的神圣来源,并援引《洪范》经文关于天赐《洪范》的相关本事,自然也就没有必要再援用传文所言本事,故从志文自身结构来说,这一调整是合理的,也有利于志文经学色彩的强化。不过,从汉代《洪范》五行学的自身发展来看,开篇"若六沴作见,若是共御,帝用不差,神则不怒,五福乃降,用章于下。若六沴作见,若不共御,六伐既侵,六极其下"交代了"六沴"的形成机制、应对之术和赏罚机制[①],是《洪范》五行学灾异论的核心,不仅谷永、孔光等师学弟子多有引述,刘向、刘歆也都曾引用此文,相关论说就见于《五行志》本身。因此,开篇部分的删削多少会影响《五行传》结构的完整性及其灾异论的系统性,也会使《五行志》所引刘向、刘歆相关论说显得突兀。

第二,增加"经曰""传曰""说曰"的体例,将《五行传》附于《洪范》相关经文之下,在形式上构造出"经—传—说—事"的文本层级。我们知道,经传别行是汉代经传的普遍书写形态,尤其是对于《五行传》来说,尽管题名"洪范",但传文所言"六沴作见""共御"等核心概念均不见于《洪范》,从汉代经传的基本属性来看,它显然不是旨在解释、论证经文的"内传",而是意在对经文加以阐发、演绎而自具独立性的"外传",与《韩诗外传》《春秋繁露》《京氏易传》等性质相似,故其书写形态无疑是与经文别行。不过,在《五行志》中,班固在叙论部分完整引用了《洪范》自"惟十有三祀"至"彝伦逌叙"的开篇部分。在正文部分,他两次以"经曰"的体例先后引出《洪范》"初一曰五行"和"羞用五事""休征""咎征"两段经文,再以

[①] 朱熹著、黄榦编:《仪礼经传通解正续编》,第2255页上栏a。

"传曰"的形式将《五行传》"五行失性"和"六沴作见"的内容分别附于经文之下。为了实现"依经立传"的文本形态,班固甚至不惜打破传文"六沴"在前、"五行"在后的文本结构,调换了两部分的次序。《五行传》作为"外传"的独立结构完全被消解了。

细究志文所引经、传,其实二者仍未形成严格的对应关系。首先,志文以"经曰"引出"五事""庶征"两畴后再未引用经文,这使得其"皇极"部分在形式上完全游离于全志经、传对应的体例之外,显得突兀。究其原因,大概是因为"庶征"所列休、咎原本仅与"五事"存在对应性,"皇之不极"条"厥咎眊,厥罚恒阴"所言咎、罚根本不见于"庶征",如果依照经文次序,在"五事"之后先引"皇极",再引"庶征",则根本无法建立起"皇极"与"庶征"之间的对应关系,传文背经而自成体系的特点就会暴露出来。反过来,如果在"皇之不极"之前单独引用"皇极"经文,则又违背了其所引"洛书"本文初一曰五行、次二曰羞用五事、次五曰建用皇极、次八曰念用庶征的基本次序。在此两难之间,班固只得自坏体例,让"皇之不极"成为"无经之传"。其次,"传曰"言"五事""皇极"灾变,首言"咎""罚""极",但"经曰"仅引用与"咎""罚"有关的"庶征"休、咎之文,却没有引用"五福六极"部分的"六极"之文,这也使得"传曰"所言诸"极"缺少经文的依据。至于背后的原因,应当是《五行传》虽然援用《洪范》"六极",但其"六极"之次序则与《洪范》本文不同,因此,引用经文同样会暴露出《五行传》背经立说的独立性。

由此可见,基于《五行传》高度的独立性,经、传合书的文本形态并不能真正帮助读者更好地理解经文或传文,班固的真正目的仅在于塑造"依经立传"的文本形态,由此将"经"而非"传"确立为志文的核心框架。这方面最显著的成效在于,《五行传》本已将"五事"与"皇极"整合为"六事"这一整体①,并将其作为传文的核心,但由于班固对传文的删削,加上其"经曰"独引"五事"而不及"皇极",由此造成《五行志》中"五事"之失与"皇之不极"在形式上缺乏足够的相关性,"六沴"这一在《五行传》中反复出现的核心概念以及"六沴作见"这一独特的占验体系在志文中完全湮没不见,《洪范》"五行""五事""皇极"三畴代之成为支撑起《汉书·五行志》的新骨架。

第三,删去第三部分所言"六事"分司十二月以及共御、祷祝诸事。《五行传》以"六事"分司十二月,又以后王、公卿和庶人分司岁、月、日之朝、中、夕,二说多见于谷永、鲍宣、王嘉、孔光、李寻等人的《洪范》五行学占说中,但刘向、刘歆父子似乎从不采用此说。此外,传文还详细记录了对于"六沴作见"的共御之术与祷祝之词,只是无论是刘向、歆父子,还是谷永、孔光等师学弟子,均用以德销祸的儒学立场改造《五行传》"共御"之术,相关传文在汉儒占说中从未见征引。至《汉书·五行忘》则彻底删去这一部分。究其原因,恐怕仍与其缺少经文依据,无法纳入"经曰""传曰"的文本体系有关。

综上,通过"经曰""传曰"的结构,班固强化了《五行传》与《洪范》之间的相关性,在形式上确定了《洪范》在《五行志》中的核心地位。由此,作为"外传"的《五行传》被改造为附于经文的"内传",《洪范》五行学这一具有浓厚数术色彩的新兴知识就此完全被纳入"六艺"经传的体系之内。在这一新的文本结构中,与其说《汉书·五行志》依托的是汉代《洪范》五行学,毋宁说其依托的就是《洪范》经文本身。

---

① 《洪范五行传》"洪祀六沴"之祝词云,"若民有不敬事,则会批之于六沴,六事之机,以县示我"(朱熹著、黄榦编:《仪礼经传通解正续编》,第2259页下栏a~b),《洪范》中的"五事"与"皇极"两畴被传文统合为"六事"。

四、援经解传:"说曰"的阐释风格

关于《汉书·五行志》"说曰"部分的归属问题,学界有官学博士说、夏侯始昌至刘向说、刘向说、刘歆说等不同意见[①],其中官学博士说系忽略《五行传》作为"别传"的性质而致误,已为学界摒弃。平泽步细致考辨了"说曰"与夏侯胜、孔光、刘歆诸人学说的差异,认为"说曰"与此诸说均存在重要差异,结论令人信服[②]。至于刘向说,目前影响较大,但我们在第三章通过对《南齐书·五行传》《隋书·五行志》《魏书·灵征志》《五行大义》等中古文献所见刘向《传论》的辑佚,考知《汉书·五行志》"说曰"虽以刘向说为基础,但经过班固改笔后,与刘向《传论》已有明显差异,故班固不再称引刘向而径言"说曰",实非有意掠美。而基于"说曰"特殊的生成机制,只有将其置于与刘向《传论》的比读之中,才能把握班固说解的特点。

首先,班固说解较刘向更强调贴合传文原意,但在论及灾异生成机制时,则袭用刘向阴阳说,由此一定程度上造成其说解内部逻辑的割裂。比较典型的例子是"貌之不恭,是谓不肃,厥咎狂"句的"肃"字,刘向《传论》认为:

> 失威仪之制,怠慢骄恣,谓之狂,则不肃矣。下不敬,则上无威。天下既不敬,又肆其骄恣,肆之则不从。夫不敬其君,不从其政,则阴气胜,故曰厥罚常雨。[③]

基于《五行传》灾异论的君主指向,其所言"五事""皇极"的主体均

---

① 王鸣盛:《十七史商榷》卷一三《汉书七·五行志所引》,第 142 页;徐建委:《文本革命:刘向、〈汉书·艺文志〉与早期文本研究》,第 327 页。
② [日]平泽步:《『漢書』五行志と劉向『洪範五行伝論』》,东京大学中国哲学研究会编《中国哲学研究》第 25 号(2011.3),第 44 页。
③ 《南齐书》卷一九《五行志》,第 412 页。

第八章 《汉书·五行志》与汉儒天人学的经学化

为人君。"是谓不肃"既然是对前文的解释,这里"不肃"的主体自然也应为人君。刘向《传论》增字为训,将"是谓不肃"的主语变为人臣,从而将"不肃"解释为"下不敬""不敬其君",其《洪范》五行学的主题遂转变为君臣权力之间的互动与制衡,特别是臣下的"不敬""不从"。同时,为了增加《五行传》占验体系的适用性,刘向常有意扩充传文部分概念的语义指向。如"貌"本指容貌,但通过将其解释为"威仪",刘向最终将其扩充为人君"怠慢骄恣",由此在解释庄公十一年"宋大水"、襄公二十四年秋"大水"等灾异时,"宋愍公骄慢""襄慢邻国"也足以成为触发"貌之不恭"的咎由。至《五行志》"说曰":

> 貌之不恭,是谓不肃。肃,敬也。内曰恭,外曰敬。人君行己体貌不恭,怠慢骄蹇,则不能敬万事,失在狂易,故其咎狂也。上嫚下暴,则阴气胜,故其罚常雨也。①

尽管袭用了刘向《传论》"怠慢骄恣""阴气胜"等说法,但班固对于《传论》的改造仍非常明显。"貌"的意义被严格限定为"体貌","怠慢骄蹇"不再是独立的咎由,而是对于"体貌不恭"的具体说明。"不肃"也被解释为人君"不能敬万事",这些解释显然更忠实于传文原意。类似的例子又如"言之不从",刘向解释为"人君既失众,政令不从"②,将"不从"的主体从人君转移至臣民,而班固则以为"上号令不顺民心,虚哗愦乱,则不能治海内"③,仍以"不从"之主体为人君,传文原意得到回归。这些调整显示出班固不仅在形式上塑造出"依经立传,依传立说"的文本层级,在说解传文时也力求贴近传文,避免过度阐释。不过,前例在解释"常雨"之罚时,班固仍

---

① 《汉书》卷二七中之上《五行志》,第1353页。
② 《南齐书》卷一九《五行志》,第423页。
③ 《汉书》卷二七中之上《五行志》,第1376页。

袭用刘向"阴气胜"之说,但《五行传》本身并未采用阴阳理论,以阴阳说解传文的阐释机制只有在刘向《传论》以"阴阳"说"君臣"的阐释体系中才能得到理解,班固在说解传文咎由时既然完全指向人君,在解释灾异生成机制时就不应转而指向代表臣下的"阴气",失去了刘向阴阳灾异论的基础,"说曰"的内在逻辑不免出现割裂。依据这样的说解来阅读其后所引刘向《传论》对于灾异行事的解释,更会感到附会、失序。

其次,班固在说解传文时大量援引经文或孔子之言,塑造出《五行传》与群经之间的密切联系,《五行志》的经学色彩也进一步得到加强。在上举"言之不从"例中,班固不仅对传文做出解释,而且引用孔子之言和《诗经》以为辅翼:

> "言之不从",从,顺也。"是谓不乂",乂,治也。孔子曰:"君子居其室,出其言不善,则千里之外违之,况其迩者乎!"《诗》云:"如蜩如螗,如沸如羹。"①

此处孔子之言见于《周易·系辞上》,从其强调君子"出其言不善"可知,引用者将"言之不从"理解为人君出言不顺,故可以确定引用者为班固而非刘向。其所引用诗句见于《大雅·荡》,这里指"虚言蹲沓,如蜩螗之鸣,汤之沸渭,羹之将孰也"②。引用者显然也是班固。统观全志,除了木、水、貌以外,其他八部分在说解传文咎由时,均引述"五经"或孔子之言,可见引述经文圣言解释传文咎由,是《汉书·五行志》的基本体例。不过,梳理中古文献所见刘向《传论》佚文,可以发现,除了以《易》卦对应"六事""五行",《传论》在说解传文咎由时从不称引经传。这固然可能是中古文献钞录《传论》时加以节略所致,但考虑到《南齐书·五行志》《隋书·五行志》《魏

---

① 《汉书》卷二七中之上《五行志》,第1376页。
② 《汉书》卷二七中之上《五行志》颜师古注,第1377页。

第八章 《汉书·五行志》与汉儒天人学的经学化

书·灵征志》《开元占经》均独立钞录《传论》，且繁简互见，将《传论》与《五行志》之间的系统性差异完全归因于佚文脱漏，恐怕过于简单。事实上，我们在讨论刘向《传论》时已经注意到，在说解"五行"失性时，《传论》一般以追述古圣之事的方式叙述顺施五行的必要性，但在《五行志》相应部分，除袭用《传论》之文外，常多出对于儒家传统经传的引述：

表 8-1

刘向《传论》佚文	《汉书·五行志》
昔者圣帝明王，负扆摄袂，南面而听断天下。揽海内之雄俊，积之于朝，以续聪明，推邪佞之伪臣，投之于野，以通壅塞，以顺火气。①	《书》云："知人则哲，能官人。"故尧、舜举群贤而命之朝，远四佞而放诸野。孔子曰："浸润之谮、肤受之诉不行焉，可谓明矣。"贤佞分别，官人有序，帅由旧章，敬重功勋，殊别适庶，如此则火得其性矣。②
古者，自天子至于士，宫室寝居，大小有差，高卑异等，骨肉有恩。故明王贤君，修宫室之制，谨夫妇之别，加亲戚之恩，敬父兄之礼，则中气和。③	古者天子诸侯，宫庙大小、高卑有制，后夫人媵妾多少、进退有度，九族亲疏、长幼有序。孔子曰："礼，与其奢也，宁俭。"故禹卑宫室，文王刑于寡妻，此圣人之所以昭教化也。如此则土得其性矣。④
古之王者，兴师动众，建立旗鼓，以诛残贼，禁暴虐，安天下，杀伐必应义，以顺金气。⑤	把旄杖钺，誓士众，抗威武，所以征畔逆、止暴乱也。《诗》云："有虔秉钺，如火烈烈。"又曰："载戢干戈，载櫜弓矢。"动静应谊，"说以犯难，民忘其死"。如此则金得其性矣。⑥

---

① 《隋书》卷二二《五行上》，第690页。
② 《汉书》卷二七上《五行志》，第1320页。
③ 《隋书》卷二二《五行上》，第693页。
④ 《汉书》卷二七上《五行志》，第1338页。
⑤ 《隋书》卷二二《五行上》，第689页。
⑥ 《汉书》卷二七上《五行志》，第1339页。

比较上表(表8-1)两侧,刘向《传论》虽为佚文,但均首尾完足,且上下自成体系,如果将《汉书·五行志》所见引述经传之文加入,反而显得重复累赘。因此,我们认为,不是中古文献钞录《传论》时删削了相关引述之文,而是《传论》本就没有系统引述经传的体例,这一书写方式应始于班固。与刘向《传论》相比,对于经传的系统征引显然有助于增加《五行传》与"六艺"经传体系之间的勾连,《五行志》的经学色彩由此得到进一步强化。

五、"《春秋》之占":灾异行事的择取

班固宗经以撰志的编纂意图还体现在他对于灾异行事的择取上。从目前所见刘向《传论》佚文来看,其所录灾异行事大多见于《汉书·五行志》,但在"皇之不极—日月乱行"部分,刘向《传论》所录灾异显然有相当一部分未被《五行志》所取,包括日黑、日晕、日傍有气、日月并出、月行之异等[1];此外,在"皇之不极—星辰逆行"部分,刘向《传论》大量论及五星逆行、合犯、盈缩、犯宿,以及彗星、流星之异[2],我们虽然没有从刘向《传论》佚文中见到有关这些异象的具体行事,但有关异象及其占验的记述却见于《汉书·天文志》,尽管后者为班昭、马续所补,但相关史料的获取对于班固而言应当不是很困难。因此,从材料上说,班固完全可以将这些内容纳入《五行志》之中;而最终这些异象未被班固采录,其原因值得思考。

---

[1] 瞿昙悉达:《开元占经》卷六《日占二》,第59页;卷八《日占四》,第88页;卷七《日占三》,第73页;卷六《日占二》,第68页;卷一三《月占三》,第150页。

[2] 瞿昙悉达:《开元占经》卷二一《五星占四》,第215页;卷二三《岁星占一》,第232页;卷八九《彗星占中》,第898页;卷八六《妖星占中》,第861页;《后汉书》卷四二《光武十王列传》李贤注,第1447页。

第八章 《汉书·五行志》与汉儒天人学的经学化

需要注意的是,《五行志》"日月乱行"和"星辰逆行"的交界部分存在体例上的问题。首先,从刘向《传论》到《汉书·五行志》,灾异行事的编纂始终严格遵循"比类相从"的原则①。在"皇之不极——日月乱行"部分,志文先载春秋、汉世日食,并加以统计,之后即录成帝建始元年"两月重见"事,这就意味着其日异的记录已经结束,其后应转入月异的记述。而在记述月异之后,班固更以"此皆谓日月乱行者也"作为总结,明确表示整个"日月乱行"之事全部载录完毕。但在此后,志文却又转而记述元帝、成帝期间的几次日变色,使得成帝建始元年"两月重见"事夹杂在两类日异之间,而"此皆谓日月乱行者也"句的总结也完全落空。这种记述方式在全志中仅此一见,显然突破了《五行志》自身的体例设计。其次,关于成帝"两月重见"事,其上文为班固对西汉食日分布的统计,下文"晦而月见西方谓之朓"等则为基于这一统计而做出的灾异学分析,二者联系非常紧密,而成帝建始元年"两月重见"事夹在这两段叙述之间,尽管算不上不合体例,但确实非常突兀,中华书局1962年点校本将"晦而月见西方谓之朓"以下四句纳入京房《易传》关于"两月重见"的论述中,未能注意到"朓""仄慝"是与"两月重见"完全无关的两类月异,就是受《五行志》这种反常编纂方式的误导所致。考虑到《汉书·五行志》整体编纂中出现的多处疏漏,有理由怀疑,有关两月重见、日变色的记述并不在《五行志》最初的体例设计之中,是因为某种原因被增补入志文的,因此打破了志文的原有体例与结构。

如果上述假设可信,则《五行志》原本所录的日食、恒星不见、星陨如雨、星孛、陨石五种异象正是《春秋》所载的全部天异,而朓与仄慝虽未明见于《春秋》,但刘歆根据《春秋》日食记述而推定二

---

① 《汉书》卷三六《楚元王传》,第1950页。

异,班固则依据刘歆说而用以"考之汉家",故亦可纳入《春秋》灾异体系之中。即便加上两月并见与日变色,《春秋》灾异在整个《五行志》所录天异类型中仍占据绝对多数。反之,班固未加载录的各种日异、月异以及五星、彗星、流星诸异,尽管完全符合《五行传》"日月乱行,星辰逆行"的定义,但无一见于《春秋》。由此看来,《春秋》很可能是班固采录天异的重要标准。从体例上说,《五行志》和《天文志》均涉及天异记述,班固必须对二者的载录范围有所区分。《汉书·叙传》在述及《五行志》时指出:"《春秋》之占,咎征是举。告往知来,王事之表。"①而在述及《天文志》时则称"三季之后,厥事放纷,举其占应,览故考新"。显然,"《春秋》之占"是《五行志》载录灾异行事的重要标准,而这一点在"皇之不极"部分正得到了体现。凡《春秋》所载天异见于《五行志》,而其他天异则见于《天文志》,这一方面有利于从体例上明确两志的收录范围,另一方面也有助于班固在《五行志》中进一步强化经学色彩,赓续《春秋》传统。不过,由于班固并未明确陈述其编纂意图及体例,这一考虑至晋宋以后似已不为学者所理解。陆机认为其"以日晕、五星之属列《天文志》,薄、蚀、彗、孛之比入《五行》说"的体例为"学者所疑"②;南齐建元二年(480),檀超、江淹在规划国史条例时则径"改日蚀入《天文志》"③,深谙经学的王俭援据《洪范》反对此议,但最终未得诏可;而魏收所撰《魏书·天象志》同样批评班固体例,"以在天诸异咸入《天象》"④,并就此成为正史通例。中古以来渐趋独立的史学意识最终替代了班固以经学为中心的史志编纂意图。

---

① 《汉书》卷一〇〇下《叙传下》,第4243页。
② 《魏书》卷一〇五之一《天象志》,第2333页。
③ 《南齐书》卷五二《文学传》,第983页。
④ 《魏书》卷一〇五之一《天象志》,第2333页。

六、以经驭传：《汉书·五行传》的编纂意图

从《尚书·洪范》到《洪范五行传》再到刘向《洪范五行传论》，每一次阐述都依托于原有文本的框架或部分概念而加以扩充，最终改变原有文本的阐释向度，建立起相对独立的知识体系。类似的文本衍生过程也发生于从《春秋》到《春秋公羊传》再到《楚庄王》《玉杯》《竹林》等董仲舒《春秋》学论著的演变过程中，是一种"外向式"的经学阐释史，在西汉今文学中具有一定的代表性。然而班固显然有志于改变这种阐释机制，他通过"经曰""传曰""说曰"的文本形态，强化了"经"在整个阐释体系中的核心地位，"传"文依附于经文，"说曰"则同样追求贴合"传"文本意，以经驭传，以传驭说，西汉《洪范》五行学"外向式"的扩张过程由此被塑造成一种"内聚式"的文本形态，反映出具有古文经学背景的班固强调依经立说、反对离经妄说的解经立场。

通过《汉书·五行志》，班固构建起一个本于"天"而基于"经"的天人学体系。从后世观念来看，书、表、志属于史书之一体，其目的在于将某类专题性知识加以历时性梳理，从而存史之实。《汉书·五行志》显然不符合这样的期待，故刘知几《史通》专设《汉书五行志错误》和《五行志杂驳》两篇予以批评，但通过对班固《五行志》编纂意图和方式的考查，可以发现，班固之目的本就不仅停留于整理某类知识，更重要的是要将古今各类知识系统化地纳入以"六艺"为核心的经学知识体系之中。尤其是对于律历、刑法、货殖、地理、水利、阴阳、五行等知识而言，它们本各有传统，并非由"六艺"之学衍生而来，但在视经学为知识合法性最高来源甚至唯一来源的时代，史书的编纂者必须将其经学化、系统化，才能在史志中为他们确立合适的位置和形式。《史记》《汉书》中的这类书、表、志显然不宜以后世史体简单视之。

第九章　渐趋驳杂的东汉
《洪范》五行说

　　从现存史料来看,东汉《洪范》五行学的传播表现出两个特点:首先,夏侯始昌所传《洪范》五行学师法渐趋衰落。除活跃于和帝时期的周磐曾在洛阳师授《洪范》五行以外,史料中未见其他东汉士人传习《五行传》师法的记载,时人论及《五行传》也几乎从不称述师说,自西汉武帝以来流传有绪的夏侯始昌师法在东汉中后期终于逐渐湮没。其次,基于《五行传》的灾异论说却始终不绝如缕。据笔者统计,除《汉书·五行志》和郑玄《五行传》注两种系统阐述《五行传》的史志与经传外,东汉士人奏议、论著中涉及《洪范》五行说者至少有 16 条,分别是光武帝朝尹敏奏疏、明帝朝东平宪王刘苍奏疏、章帝朝《白虎通》、王充《论衡》(2 条)、何敞奏疏、安帝朝陈忠奏疏、"五色大鸟"事奏疏、顺帝朝张衡封事、周举奏对、桓帝朝陈蕃等奏疏、灵帝朝杨赐封事、卢植封事、蔡邕两次奏对、献帝朝荀悦《申鉴》,几乎贯穿整个东汉。此外,《春秋繁露·五行五事》以《五行传》为框架,整合时月令文献所见灾异说,据笔者考证,应非董仲

第九章 渐趋驳杂的东汉《洪范》五行说

舒本人所作,大抵也出自东汉士人之手[①]。关于上举士人的学术背景,尹敏习欧阳《尚书》和古文《尚书》,杨赐世习欧阳《尚书》桓荣章句,周举习古文《尚书》,王充、张衡受业太学,蔡邕、卢植曾入东观校读经传,具有鲜明的多样性。凡此均显示《洪范》五行学在东汉始终活跃于宫廷灾异论说和经师、文士的论述中。

一面是师法的凋零,另一面却是朝野士人的持续称引和阐释,究其原因,应与《洪范》五行学从一种仅"教所贤弟子"的"别传"师法转变为依托多种文本公开流传的经传有关[②]。西汉时期,《五行传》文本长期秘藏于夏侯始昌所传师学弟子和宫廷中秘,是一种典型的"秘密知识"。进入东汉,刘向、刘歆各自所撰《洪范五行传论》均有所传播;随着部分传文进入《汉书·五行志》,又有不少士人通过阅读《汉书》而了解了《五行传》;尤其不可忽视的,还有《尚书大传》的结集和传播。关于《尚书大传》的编纂过程,学术界仍存异说[③],但基本可以确认的是,西汉中前期有相当一批类似《五行传》的《尚书》传说以单篇形式流传,刘向校书时将这些经传加以整合,成为《汉书·艺文志》著录的"《传》四十一篇"。至晚到东汉章帝时,这部《尚书》学经传获得《尚书大传》的专名,并开始传播。《白虎通》《汉书》《论衡》《风俗通义》等先后称引此书,《白虎通》在征引《五行传》时称引的正是《尚书大传》,而郑玄《五行传注》也是其《尚书大传注》的一篇。可见,随着《五行传》进入《汉书》《尚书大传》等具有一定流传度的经史文献,它也就不再是"别传"秘学,逐渐成为东汉士人公共知识的一部分。

---

① 可参程苏东《〈春秋繁露〉"五行"诸篇形成过程新证》,《史学月刊》2016年第7期,第27~40页。
② 《汉书》卷二七中之上《五行志》,第1353页。
③ 可参程元敏《尚书学史(上)》,第453~459页。

一、西汉三家《洪范》五行说的流播

尽管传播方式较西汉有重要变化,但就具体经说而言,除郑玄以一己之力再次重建《五行传》的阐释体系之外,东汉《洪范》五行说多本于西汉故说,夏侯始昌所传师法、刘向《传论》、刘歆《传论》均有传播。

首先,在销灾观念上,东汉《洪范》五行说延续西汉传统,强调以德销祸,显示出汉代儒学灾异论的基本立场。《五行传》本有所谓"共御"之术,即通过"洪祀六沴"等一系列斋、祀、祷祝之法来销祸邀福,具有浓厚的数术色彩。不过,无论是夏侯始昌所传师法,还是刘向、歆所撰论著均不取其说,而主张通过君主修德匡政以销祸。作为师法弟子的孔光甚至明确反对"俗之祈禳小数"[①],足见汉儒虽援用数术知识阐说灾异生成机制,但不过意在彰显其论说之合理性,一旦落到实践层面,仍回归儒家慎德、修己、尊尊、亲亲等传统政治理念,力求以"人道"之变触发"天道"感应。不过,随着图谶之学大兴,东汉君臣的知识趣味更趋神秘化,在此背景下,《洪范》五行学仍坚持以德销祸的立场,就显得难能可贵了。光武帝建武二年(26),尹敏在奏疏中引述《五行传》"共御"之论,以为"欲尊六事之体,则貌、言、视、听、思心之用合,六事之揆以致乎太平,而消除轗轲孽害也"[②],完全没有提及传文"洪祀"之术,而奉经文"五事"作为销灾之正道;桓帝时陈蕃等据《五行传》论说灾异,最终也认为"唯善政可以已之"[③]。可见,相较于《五行传》文本自身,西汉各家《洪范》五行说对东汉士人似乎具有更直接的影响。

---

① 《汉书》卷八一《匡张孔马传》,第3360页。
② 《后汉书》志第十三《五行一》,第3268页。
③ 《后汉书》志第十四《五行二》刘昭注引袁山松《后汉书》,第3296页。

第九章　渐趋驳杂的东汉《洪范》五行说　347

其次,刘向《传论》及其以"阴阳"说君臣尊卑的灾异论范式在东汉宫廷颇见传播。除了《汉书·五行志》明确援据刘向说解以外,东汉儒臣奏对中亦可见刘向《传论》的影响。例如安帝中"霖雨积时,河水涌溢",仆射陈忠奏对称:

> 臣闻《洪范》五事,一曰貌,貌以恭,恭作肃,貌伤则狂,而致常雨。《春秋》大水,皆为君上威仪不穆,临莅不严,臣下轻慢,贵幸擅权,阴气盛强,阳不能禁,故为淫雨。……臣愿明主严天元之尊,正乾刚之位,职事巨细,皆任贤能,不宜复令女使干错万机。……若国政一由帝命,王事每决于己,则下不得逼上,臣不得干君,常雨、大水必当霁止,四方众异不能为害。①

刘向《传论》始以《五行传》系统说解《春秋》灾异,其以《春秋》"大水"为"常雨"之罚,以为"大水者,皆君臣治失而阴气稽积盛强,生水雨之灾也"②。从陈忠论述来看,无论是以《五行传》说《春秋》灾异,还是以阴阳盛衰论君臣尊卑,都与刘向《传论》相合,甚至其"阴气盛强"的措辞亦与刘向《传论》完全相合,恐非偶然。值得注意的是,由于《汉书·五行志》用刘歆说,将《春秋》"大水"视为"水不润下",故刘向关于"大水"的说解并未为《汉书·五行志》所录,而陈忠之说与刘向相合,可知其所据者并非《汉书·五行志》,而是刘向《传论》。

又如灵帝熹平元年(172)"青虵见御坐",少府、光禄勋杨赐上封事:

> 夫皇极不建,则有蛇龙之孽。《诗》云:"惟虺惟蛇,女子之祥。"故《春秋》两蛇斗于郑门,昭公殆以女败;康王一朝晏起,

---

① 《后汉书》卷四六《郭陈列传》,第1563页,标点未尽从。
② 《魏书》卷一一二上《灵征志》,第3160页。

《关雎》见几而作。夫女谒行则逸夫昌,逸夫昌则苞苴通,故殷汤以之自戒,终济亢旱之灾。惟陛下思乾刚之道,别内外之宜,崇帝乙之制,受元吉之祉,抑皇甫之权,割艳妻之爱,则蛇变可消,祯祥立应。殷戊、宋景,其事甚明。①

李贤注意到这段论述与刘向《传论》关系密切,故引之作注:

> 初,郑厉公劫相祭仲而篡兄昭公,立为郑君。后雍纠之难,厉公出奔,郑人立昭公。既立,内蛇与外蛇斗郑南门中,内蛇死。是时傅瑕仕于郑,欲内厉公,故内蛇死者,昭公将败,厉公将胜之象也。是时昭公宜布恩施惠,以抚百姓,举贤崇德,以厉群臣,观察左右,以省奸谋,则内变不得生,外谋无由起矣。昭公不觉,果杀于傅瑕,二子死而厉公入,此其效也。《诗》云:"惟虺惟蛇,女子之祥。"郑昭公殆以女子败矣。②

刘向虽将两蛇相斗之事定性为"龙蛇之孽",但《五行传》本身并未将此孽与女祸联系起来,其言昭公"以女子败",所据者实为《小雅·斯干》所言"惟虺惟蛇,女子之祥"。换言之,刘向乃兼取《五行传》和《诗》说而做出占断。至于杨赐所言,无论是举《左传》二蛇相斗事为"龙蛇之孽"的例证,还是援据《诗》文做出"以女败"的断语,在逻辑和措辞上均与刘向《传论》完全相合,恐非偶然。与前例一样,女祸之说不见于《汉书·五行志》,杨赐所据应该也是刘向《传论》。

从宏观层面看,刘向《传论》最突出的特点是以"阴阳"说系统重构《五行传》的学理体系,由此将传文的核心指向从君主个人德行转向君臣权力关系的制衡,而这在东汉朝臣的奏议中同样有所

---

① 《后汉书》卷五四《杨震列传》,第1776页。
② 《后汉书》卷五四《杨震列传》李贤注,第1777页。

第九章　渐趋驳杂的东汉《洪范》五行说

体现。顺帝永和六年（141），周举奏对即以"阳无以制，则上扰下竭"解释"言之不从"的致灾机制①，与刘向《传论》"人君既失众，政令不从，孤阳持治"之说完全相合②；光和二年（179）蔡邕奏对也以"明君臣，正上下，抑阴尊阳，修五事于圣躬，致精虑于共御"作为"皇之不极"的销灾之道③，凡此均以君臣、阴阳关系的变化作为《洪范》灾异论的基础。此外，刘向在说解传文"五行失性"部分时，曾援据月令说，通过五行与五方、四时之间的对应关系来说解五行失性之咎由，而这一思路在东汉奏疏中也有所体现，如明帝永平四年（61）春，东平王刘苍奏疏在论及"木不曲直"的咎由时，即认为其关键在于"失春令"④。东平王、周举、蔡邕之说当然未必直接受到刘向《传论》的影响，但这些论述与向说大抵相合，体现出刘向的阐释取径颇能代表汉儒的知识观念和思维方式，故在东汉仍见响应。

第三，刘歆所据别本《五行传》及其相关论说亦有传播。《汉书·五行志》大量引述刘歆本及其说解，郑玄《五行传》注在"六沴司月"部分论及"五事"次序时也援据刘歆所据本，后者不见于《汉书·五行志》，可知刘歆本至晚到东汉末年仍有流传。《续汉书·五行志》载安帝延光三年（124）二月"戊子，有五色大鸟集济南台，十月，又集新丰"⑤，时人以为"羽虫之孽"；又言章帝末"号凤皇百四十九见"，何敞以为"羽孽"。由于"羽虫之孽"不见于通行本，知此二说均援据刘歆本《五行传》。当然，"羽孽"之说亦为《汉书·五行志》所载，故也不能排除时人是据《汉书·五行志》而择用刘歆说。

---

① 《后汉书》卷六一《左周黄列传》，第2029页。
② 《南齐书》卷一九《五行志》，第423页。
③ 《后汉书》志一八《五行六》刘昭注，第3370页。
④ 《后汉书》卷四二《光武十王列传》，第1434页。
⑤ 《后汉书》志一四《五行二》，第3300页。

二、基于史志阅读的《洪范》五行说

　　基于"五行"这一高度结构性的理论框架,《五行传》及其西汉各家说解均表现出一定的系统性。至于谷永、李寻、孔光等师法弟子在奏对中论及《五行传》,更一一援据师法,显示出一定的稳定性。相较而言,东汉儒臣在利用《五行传》说解灾异时,就多少显得零碎、驳杂,缺乏系统性。究其原因,除了师法不彰,故得任意发挥外,也与东汉中后期儒臣颇据《汉书·五行志》接受《洪范》五行学说的知识获取途径有关。

　　不妨先看卢植的例子。灵帝光和元年(178)"十月丙子晦,日有蚀之",由于食日不正,这次日食引发了较大的政治震动。卢植在所上封事中援据《五行传》论日食之由:

> 臣闻《五行传》:"日晦而月见谓之朓,王侯其舒。"此谓君政舒缓,故日食晦也。《春秋传》曰"天子避位移时",言其相掩不过移时。而间者日食自巳过午,既食之后,云雾晻暧。比年地震,彗孛互见。臣闻汉以火德,化当宽明。近色信谗,忌之甚者,如火畏水故也。案今年之变,皆阳失阴侵,消御灾凶,宜有其道。①

卢植所引传文亦见于《汉书·五行志》,班固不仅载录刘向、刘歆异

---

① 《后汉书》卷六四《吴延史卢赵列传》,第 2117 页。关于"日晦"之"日",《册府元龟》引《后汉书》卢植封事作"曰",从上句读为"臣闻《五行传》曰"([宋]王钦若等编纂,周勋初等校订:《册府元龟(校订本)》卷五二六《谏诤部(四)·规谏第三》,南京:凤凰出版社 2006 年版,第 5977 页);王先谦《汉书补注》引作"臣闻《五行传》曰:日晦而月见谓之朓"。查诸书所引《五行传》,"晦"前均无"日"字,知《册府元龟》引作"曰"者应为《后汉书》原貌,今本《后汉书》乃将"曰"字讹为"日"。

第九章 渐趋驳杂的东汉《洪范》五行说

说,还参考汉事对其加以发挥①。关于"王侯其舒",刘向释为"君舒缓则臣骄慢",与其"视之不明"部分对于"厥咎舒"的说解保持一致;刘歆则以为"舒者侯王展意颛事,臣下促急",与向说完全相反。卢植以"舒缓"解释"舒",又将咎由归结为"阳失阴侵",二者均与刘向说相合。当然,仅据此尚无法判断卢植是否援据刘向《传论》或《汉书·五行志》,关键在于其"日食晦"之说。关于其所引《五行传》之言,全句为"晦而月见西方谓之朓,朔而月见东方谓之仄慝,仄慝则侯王其肃,朓则侯王其舒"。按照月相变化的一般规律,朔日月亮与太阳同升同落,故其光芒为太阳所掩盖,不应见月;晦日虽有月亮,但月相尚微,肉眼多不可见,故古人认为晦、朔日皆不应月见。不过,如果历法先天或后天,就会出现所谓的"朔日""晦日"月见的现象,古人视之为异象,刘向以日、月行度失次为说,郑玄从其说。至于刘歆,又指出这类月异与食日不正之间存在相关性,说见《汉书·五行志》:

> 刘歆以为,舒者侯王展意颛事,臣下促急,故月行疾也。肃者王侯缩朒不任事,臣下弛纵,故月行迟也。当春秋时,侯王率多缩朒不任事,故食二日仄慝者十八,食晦日朓者一,此其效也。②

根据《汉书·五行志》,刘歆以《春秋》所载食二日共十八次,食晦共两次,故所谓"食二日仄慝者十八",即以食二日必有仄慝。食二日,即食日在初二这天,是历法后天一日所致,至于仄慝,亦为历法后天所致,故由食二日的确可以反推出朔日仄慝的月相。至于"食晦日朓者一",查《汉书·五行志》,应在宣公十七年六月癸卯,"刘

---

① 《汉书》卷二七下之下《五行志》,第1506页。中华书局本误将此句视为京房《易传》之文。
② 《汉书》卷二七下之下《五行志下之下》,第1506页。

歆以为三月晦，朓，鲁、卫分"，至于庄公十八年三月日食，则"刘歆以为晦，鲁、卫分"，不言朓，故此处言"食晦日朓者一"，明与食二日必仄慝不同，食晦未必有朓。事实上，食晦即历法先天一日，此时历法中的"晦日"实际上应该是朔日，既然在朔日，就不可能见月，故在历法先天一日的情况下，理论上不可能发生晦日既有日食，又可见月的情况，刘歆以宣公十七年六月癸卯月朓之说未知何据。不过，刘歆毕竟未将"食晦"与"朓"完全对应起来。夏侯始昌师法弟子孔光在奏对中言，"《传》曰'时则有日月乱行'，谓朓、侧匿，甚则薄、蚀是也"①，将朓、仄慝与日食视为不同程度的灾异，显然也不认为二者之间存在必然的对应关系。至《汉书·五行志》，班固以为"考之汉家，食晦朓者三十六，终亡二日仄慝者，歆说信矣"，然查志文所载汉代三十六次食晦，无一处同日发生月朓的记载，可知班固误解刘歆关于月异与食日之间的相互关系，以为食晦者必有朓。服虔《汉书》注袭用班说，即以为"朓，相朓也。日晦食为朓"。但臣瓒注则指出："《志》云晦而月见西方曰朓，以此名之，非日食晦之名也。"强调《五行传》所言"晦"仅指月朓发生于晦日，不可与食晦相混。

由此可见，正是在《汉书·五行志》中出现了将"晦而月见西方谓之朓"视为食晦日的误解，考虑到卢植对"舒"的理解亦见于《汉书·五行志》，而卢植此前曾以议郎校书东观，"补续《汉记》"②，无疑曾获见《汉书》，我们认为，卢植对于《五行传》的理解很可能受到《汉书·五行志》的影响。

曾与卢植一同校书于东观的蔡邕在说解光和元年（178）"雌鸡欲化雄"事时也很可能参照了《汉书·五行志》：

---

① 《汉书》卷八一《匡张孔马传》，第3359页。
② 《后汉书》卷六四《吴延史卢赵列传》，第2117页。

第九章　渐趋驳杂的东汉《洪范》五行说

邕对曰:"貌之不恭,则有鸡祸。宣帝黄龙元年,未央宫雌鸡化为雄,不鸣无距。是岁元帝初即位,立王皇后。至初元元年,丞相史家雌鸡化为雄,冠距鸣将。是岁后父禁为阳平侯,女立为皇后。至哀帝晏驾,后摄政,王莽以后兄子为大司马,由是为乱。臣窃推之:头,元首,人君之象。今鸡一身已变,未至于头,而上知之,是将有其事而不遂成之象也。若应之不精,政无所改,头冠或成,为患兹大。①

宣帝黄龙元年(前 49)和元帝初元元年(前 48)的两次雌鸡化雄事均见于《汉书·五行志》:

宣帝黄龙元年,未央殿辂軨中雌鸡化为雄,毛衣变化而不鸣,不将,无距。元帝初元中,丞相府史家雌鸡伏子,渐化为雄,冠、距、鸣、将。②

蔡邕对两次鸡祸的细节陈述完全不出《汉书·五行志》,显示后者很可能是其所援据者。不过,《五行志》载京房说,以此事祸在"知时"者,刘向说视其为"小臣执事为政之象",祸在石显,二者所关注的都是作为显异主体的"鸡"。蔡邕则关注性别变化这一角度,将其视为外戚篡政之兆。这一分析虽以所谓"鸡祸"说作为基础,但与《五行传》实已毫无关联。可见对于蔡邕来说,《汉书·五行志》只是提供灾异名目和事例的知识汇编而已,并不具有阐释上的权威性,故其说解乃得自出机杼。

类似的情况还见于桓帝延熹八年(165)陈蕃等人奏疏:

是时连月有火灾,诸官宫寺或一日再三发,又夜有讹言,击鼓相惊。陈蕃、刘智矩、刘茂上疏谏曰:古之火,皆君弱臣

---

① 《后汉书》志第十三《五行一》,第 3273～3274 页。
② 《汉书》卷二七中之上《五行志》,第 1370 页。

> 强，极阴之变也，前始春而狱刑惨，故"火不炎上"。前入春节连寒，木冰，暴风折树，又八九州郡并言陨霜杀菽。《春秋》晋执季孙行父，木为之冰。夫气弘则景星见，化错则五星开、日月蚀，灾为已然，异为方来，恐卒有变，必于三朝，唯善政可以已之。①

对照存世战国秦汉文献，以《春秋》成公十六年"木冰"为"晋执季孙行父"所致，不见于《春秋》三传，仅见于《汉书·五行志》所引"一曰"②；至于以火灾为"极阴之变"，亦仅见于《汉书·五行志》所载董仲舒对襄公三十年"宋灾"和昭公九年"陈火"的说解③。总此两点，陈蕃等人很可能是通过《汉书·五行志》而获取这些灾异学知识④。结合《春秋繁露》所载董氏灾异论可知，火性阳，董仲舒以"刑德"说"阴阳"，"阳"为"德"，本不应致灾，故董氏以"极阴生阳"作为火灾的生成机制，其所谓"极阴"即指"忧伤""毒恨"等被称为"刑气"的负面情绪，上举奏议所言"始春而狱刑惨"即可视为这类"刑气"，故陈蕃以"极阴之变"而致火灾，符合董仲舒对于火灾成因的说解。至于所谓"君弱臣强"，显然针对于东汉中后期宫廷政治现实而言，虽然与董仲舒颇以"刑德"说阴阳灾异的思路不完全一致，但考虑到汉儒普遍以阴阳论君臣关系，陈蕃此说亦无妨成立。问题是，基于这些分析，陈蕃最后将火灾定为《五行传》中的"火不炎上"，而我们知道，董仲舒灾异论本于阴阳刑德论而贯彻于《春秋》公羊学辞例中，与《五行传》本毫无关联，以董说置于《洪范》五行学框架之下，实为《汉书·五行志》特殊的编纂体例所致，陈蕃此说似乎是受

---

① 《后汉书》志第十四《五行二》刘昭注引袁山松《后汉书》，第3296页，标点未尽从。
② 《汉书》卷二七上《五行志》，第1319～1320页。
③ 《汉书》卷二七上《五行志》，第1326、1327页。
④ 当然，其"灾为已然，异为方来"之说与刘向《传论》"灾为已至，异为方来"（李昉等撰：《太平御览》卷八七四《咎征部一》引《洪范五行传》，第3876页下栏b）的说法非常接近，而此说并不见于《汉书·五行志》，可知陈蕃等人还有其他的知识来源。

到《汉书·五行志》的影响。事实上，在《五行传》体系中，"火不炎上"的咎由是"弃法律，逐功臣，杀太子，以妾以妻"，凡此非但不是"弱君"之所为，甚至完全可称是"暴君"行径了，故即便是喜用"阴阳"说君臣尊卑的刘向，在"火不炎上"部分亦从不以"君弱臣强"说解灾异事例。陈蕃基于阴阳灾异论分析咎由，却强据《五行传》为其定性，未免显得杂乱失次。

受汉廷书籍管理制度的影响，《汉书》在东汉中后期的传播仍受到一定限制，但部分地位特殊的士人仍有机会得见其书，这当然有助于《洪范》五行学的传播。不过，班固编纂《汉书·五行志》的目的在于总西汉一代儒学灾异论之大成，故其虽以《五行传》为框架，但实囊括《易》学、《春秋》学各家灾异论，于《洪范》五行学内部亦兼收师法、刘向、刘歆等各家异说，如此固有总成之功，但也就难免驳杂、细碎之累。特别是其于每条传文、灾异事例下皆分列董、向、歆诸人说解，在形式上彰显了《五行传》阐释体系的开放性与多样性，但各家灾异论内部的系统性与学理性则多少受到遮蔽。卢植、蔡邕、陈蕃等通过史志阅读来获取《洪范》五行学知识，左右采获，固有便捷之利，但于各家灾异论缺乏系统、深入的理解，相关说解难免落入浮泛。

三、"五行""五事"关系的新构

东汉士人称引《五行传》多以因袭、采择西汉故说为主，其新创主要集中于"五行""五事"对应关系的处理。在《洪范》"九畴"中，"五行"与"五事"之间并未呈现出对应关系，但《五行传》"五事之失"部分每条均以"唯金沴木""唯木沴金"等结尾，显示其"五事"与"五行"之间必然存在互动关系，但无论是人事咎由，还是灾应表现，"五事之失"与"五行失性"在传文中都呈现为独立的两大灾异类型,因此在《汉书·五行志》中,尽管班固根据《洪范》经文调换了"五行失性"与"五事之失"的次序,但仍维持二者相对独立的关系。不过,也有学者尝试突破传文自身结构,进一步强化"五事"与"五行"的对应关系。王充《论衡》在论及"言之不从"所致"诗妖"时,即试图通过"火"行与"言"事之间的对应关系来解释"诗妖"的致灾机制,其说凡三见:

> 天地之气为妖者,太阳之气也。妖与毒同,气中伤人者谓之毒,气变化者谓之妖。……《鸿范》五行二曰火,五事二曰言。言、火同气,故童谣、诗歌为妖言。言出文成,故世有文书之怪。①

> 天下万物,含太阳气而生者,皆有毒螫。……其在人也为小人,故小人之口,为祸天下。小人皆怀毒气,阳地小人,毒尤酷烈,故南越之人,祝誓辄效。谚曰:"众口铄金。"口者,火也。五行二曰火,五事二曰言。言与火直,故云铄金。道口舌之铄,不言"拔木""焰火",必云"铄金",金制於火,火、口同类也。②

> 故火为言,言为小人。小人为妖,由口舌。口舌之征,由人感天,故五事二曰言。言之咎征僭,恒旸若。僭者奢丽,故蝮、蛇多文。文起於阳,故若致文。旸若则言从,故时有诗妖。③

"诗妖"之说始见于《五行传》,故王充此说显然与《五行传》有关。不过,按照传文所言互沴关系,"言"事之失将致"木沴金",而王充则根据《洪范》中"五行""五事"的内部次序,以火、言均居第

---

① 黄晖:《论衡校释》卷二二《订鬼篇》,第941~944页。
② 黄晖:《论衡校释》卷二二《订鬼篇》,第954~956页。
③ 黄晖:《论衡校释》卷二二《订鬼篇》,第958页,标点未尽从。

第九章 渐趋驳杂的东汉《洪范》五行说

二,故以之"同气"。由此看来,王充虽用《五行传》中的相关概念,但其论述已完全抛开传文,反而依托经文来建构其致灾机制,这在汉儒《洪范》五行说中尚为首见。具体来说,第一例中王充强调"太阳之气"伤人,继而根据汉儒以火行主"太阳"的观念,认为"太阳之气"所致妖毒当具火气,再根据其"言、火同气"之说证成"诗妖"的形成机制。第二例中王充围绕"众口烁金"一词的合理性展开,指出"口"对应"言","言"对应"火",火克金,故"众口"得以"烁金"。至于"口"何以会触发祸殃,王充再次基于其"太阳"伤人的理论,将"众口"限定为"含太阳气而生"的"小人之口",甚至进一步根据"太阳"与南方之间的对应关系,将"小人"指为"南越之人"。第三例的逻辑与前例基本一致,只是进一步根据《洪范》"言"事之失咎征"曰僭,恒旸若"的说法,将"僭"释为"奢丽",从而不仅将小人之口进一步定性为巧言令辞的"辨口",还借助"奢丽"与"多文"之间的意义关联,将其认为同属"含太阳气而生"的蝮、蛇纳入与诗妖类似的致灾机制中。通读《论衡》,王充仅在这三处论及《五行传》,而其全部论述的基础就是"太阳"之气有毒,因此,他仅围绕对应"太阳"的"言毒""诗妖"展开,并未涉及其他灾异类型。显然,这种说法与《五行传》"五行""五事"皆可致妖的观念相去甚远,只是对《五行传》"言之不从——诗妖"说的个性化截取。王充早年曾受业太学,但并未接受系统师学,其经说不乏断章取义、随意发挥之处,就其对《五行传》的择用来说,一方面可见后者影响力之大,另一方面也可以看出东汉《洪范》五行说的驳杂多元。

《春秋繁露·五行五事》则展现出一种系统重构"五行""五事"关系的尝试。从结构上看,该篇可分为两个部分,第一部分专论"五事"之失所导致的各种异象,基于《五行传》"五事"与"五行"之间的对应关系,《五行五事》截去传文"五事之失"的灾异效验和"五行失性"的人事咎由，直接将"五行失性"作为"五事之失"的灾应，又援引时令文献所见物候灾异和五音说，进一步拓展《洪范》五行说的关涉范围①：

表 9-1

五事之失	貌不肃敬	言不从	视不明	听不聪	心不能容
五行失性	木不曲直	金不从革	火不炎上	水不润下	稼穑不成
四时效验	夏多暴风	秋多霹雳	秋多电	春夏多暴雨	秋多雷
五行之气	风	霹雳	电	雨	雷
五音	角	商	徵	羽	宫

这里"五行"与五种天气现象之间的对应关系并不见于其他文献，未知何据。从系统性来看，金气为霹雳、火气为电、水气为雨之说大抵遵循比类相从的原则。至于木气为风，或以《说卦》有"巽为木、为风"之说。土气为雷，或据《复》卦象辞有"雷在地中"之说②，与前三种有所不同。此外，也许是考虑到相关天气现象的发生规律，"五事"之失所致灾异在季节分布上明显不均衡，有三种集中在秋天，而冬天则阙如，这显然不符合气象灾害的正常时间分布。至于最后加入的五音说，与前文所言四时效验或五行之气似乎也缺乏相关性。整体上看，这部分显得相对疏阔，缺乏系统性。

第二部分首先对《洪范》"五事"经文展开全面的训解，其后则以貌、言、视、听四事与四时的对应关系为基础，从正、反两方面展现了王者是否顺时施政所带来的不同效验③：

---

① 苏舆：《春秋繁露义证》卷一四《五行五事》，第 387～389 页。
② 《周易正义》卷九《说卦》，《十三经注疏》，第 198 页下栏 b；卷三《复》，第 78 页下栏 a。
③ 苏舆：《春秋繁露义证》卷一四《五行五事》，第 389～393 页。

第九章　渐趋驳杂的东汉《洪范》五行说

表 9-2

《洪范》五事	貌曰恭	言曰从	视曰明	听曰聪	思曰容
五事之德	恭作肃	从作乂	明作晢	聪作谋	容作圣
五事主时	春	夏	秋	冬	
顺时施政之德	阳气微,万物柔易,移弱可化。	阳气始盛,万物兆长,王者不掩明,则道不退塞。而夏至之后,大暑隆,万物茂育怀任,王者恐明不知贤不肖,分明白黑。	气始杀,王者行小刑罚,民不犯则礼义成。	阴气始盛,草木必死,王者能闻事,审谋虑之,则不侵伐。不侵伐且杀,则死者不恨,生者不怨。冬日至之后,大寒降,万物藏于下。	
避贼气之法	于时阴气为贼,故王者钦钦不以议阴事,然后万物遂生。	于时寒为贼,故王者辅以赏赐之事,然后夏草木不霜。	于时阳气为贼,故王者辅以官牧之事,然后万物成熟,秋草木不荣华。	于时暑为贼,故王者辅之以急断之事。	
五行得性	木可曲直	火炎上	金从革	水润下	
逆时施政之灾	春行秋政,则草木凋;行冬政,则雪;行夏政,则杀。	夏行春政,则风;行秋政,则水;行冬政,则落。	秋行春政,则华;行夏政,则乔;行冬政,则落。①	冬行春政,则蒸;行夏政,则雷;行秋政,则旱。	
当时失政之灾	春失政则(以下脱文)	夏失政,则冬不冻冰,五谷不藏,大寒不解。	秋失政,则春大风不解,雷不发声。	冬失政,则夏草木不实,霜,五谷疾枯。	

① 此处"落"疑误。《管子·四时》此句作"耗"(黎翔凤《管子校注》卷一四,第851页)。

关于前后两部分的关系，两者虽同属一篇，但在行文、结构方面却非常疏离。第一部分开篇径言"五事"之失，对"五事"的内涵未作任何说明；至第二部分反而开始引用《洪范》经文，并对"五事"的具体内涵进行系统阐释。更重要的是，两者所言物候灾异不仅缺乏对应关系，甚至存在明显矛盾。在第一部分，"貌"事之失将导致夏多暴风，但在第二部分，夏季的暴风却成为"言"事有失、夏行春政的效验，两者显然无法兼容。因此，笔者认为，《五行五事》篇前后两部分虽然都基于《五行传》"五事"和"五行"的对应关系，但两者的知识依据和系统思路却有所不同，应作为相对独立的两章分别加以理解。

就第二部分来说，无论"五事"还是"五行"，显然只是作为建构灾异理论的框架而具有结构性的意义，真正支撑其实际内容的完全是战国以来流行的各种时令灾异说。考虑到时月令观念在东汉社会的巨大影响，这一尝试的目的似乎在于让《洪范》五行说更适应东汉士人的知识观念；但它完全忽略了《五行传》自身的灾异逻辑，相关论说不过徒具其形，如所谓"王者能敬则肃，肃则春气得"，强行以"貌"德之"肃"对应"春气"，但这在战国秦汉时令文献中完全缺乏依据；又如"王者无失谋，然后冬气得，故谋者主冬"，也缺少必要的学理依据，显然难以得到传播。

《五行五事》所见两种《洪范》五行说虽然在系统性、学理性方面有所缺失，但其展现出的将《五行传》"五事""五行"两部分加以整合的思路却代表了东汉士人的一种理解倾向，并对后世产生了一定的影响。司马彪《续汉书·五行志》打破班固分列"五行""五事""皇极"的体例，将"五行"与"五事"分别对应，最后附以"皇极"，将灾异类型从十一类减少为六类。司马彪言其《五行志》的编纂基础是"故泰山太守应劭、给事中董巴、散骑常侍谯周并撰建武以来

第九章 渐趋驳杂的东汉《洪范》五行说

灾异"[1]，未知这一体例是否即从东汉诸家而来。

与谶纬、京氏《易》，乃至时令说相比，《洪范》五行在东汉儒学灾异论体系中已难称显学，但借助《尚书大传》、刘向《传论》、刘歆《传论》以及《汉书·五行志》的流传，这一学说仍颇见士人征引。甚至因为《洪范》无可置疑的经典地位，在部分士人的观念中，《洪范》五行学更被视为销灾去祸的正道。尹敏、卢植、蔡邕等奏对灾异皆首言《洪范》，章帝元和二年（85）论灾异诏亦将销祸之道归本于"五事"[2]。尽管从系统性、学理性层面来看，东汉士人的部分论说存在驳杂、细碎之失，但若就品格而论，这些奏议或抑权臣外戚而尊君统，或讽谏人君节欲慎行，多能针砭时弊而有所补益，作为一种具有数术色彩的经学知识，终不失儒者"主文而谲谏"的风范。

---

[1] 《后汉书》志第十三《五行一》，第 3265 页。
[2] 《续汉书·律历志》："间者以来，政治不得，阴阳不和，灾异不息，疠疫之气，流伤于牛，农本不播。夫庶征休咎，五事之应，咸在朕躬。信有阙矣，将何以补之？"（《后汉书》志第二《律历志》，第 3026 页）

第十章　郑玄经学体系中的
《洪范五行传》注

  作为东汉最后一位经学大师,郑玄对《洪范五行传》进行了系统笺注。在比勘了《五行传》多种版本,并参考夏侯始昌所传师法、刘向《洪范五行传论》、刘歆《洪范五行传论》《汉书·五行志》之后,郑玄运用他广博的知识和系统性阐释再次重建了《洪范》五行学的理论体系,表现出汉代经学精巧富丽的学术风格。近年来,学界在郑玄研究方面多有创获,其中如乔秀岩所揭"结构取义"说更引发广泛讨论①。不过,郑玄研究的重心历来集中在"三礼"注、《毛诗》笺、《易》注等经注,至于《尚书大传》《中候》及纬书注的研究则相对冷寂②,这一方面是因为这类文献长期不受关注,甚至被视为郑学

---

① 乔秀岩:《郑学第一原理》,原刊石立善主编《古典学集刊》第一辑(2015年);收入《学术史读书记》,北京:生活·读书·新知三联书店2019年版,第105～132页;讨论性文献可参史应勇《再论郑玄经学——兼与乔秀岩先生商榷》,《中国哲学史》2020年第5期,第73～80页。

② 关于郑玄纬书注的研究,可参吕凯《郑玄之谶纬学》,台北:台湾商务印书馆1982年初版,2011年第2版;池田秀三:《纬书郑氏学研究序说》,洪春音译,原刊《哲学研究》第47卷第6册(1983),译文见《书目季刊》第37卷第4期,第59～78页。

第十章　郑玄经学体系中的《洪范五行传》注　　363

之糟粕①，另一方面也是因为它们均已散佚，难以系统窥见郑注之特点。不过，由于《洪范》五行学在中古时期的广泛流传，《五行传》郑注佚文基本得以保存，为我们了解郑玄《洪范》五行学提供了难得的依据。此外，目前学界多关注郑注与王肃等魏晋注家之异同，这在很大程度上是因为两汉经注保存非常有限，能与郑玄比义者更是希见，而《五行传》恰好有刘向、刘歆和《汉书·五行志》三种说解，前二者虽仅存佚文，但规模尚存，可以让我们在汉代《洪范》五行学的整体脉络中观察郑玄如何对前人故说加以去取，对我们认识郑玄经学风格的形成自不无裨益。

一、《尚书大传》郑注的散亡与辑佚

刘向将西汉时期单篇流传的一批《尚书》学经传加以整合，以"《传》四十一篇"为总名加以著录②，但未言其作者。该书在东汉时期逐渐被称为《尚书大传》，在《汉书》《白虎通》等文献中均见征引，郑玄认为其说皆源自伏生，遂对其进行全面注释。③ 随着魏晋时期郑学广泛传播，《尚书大传》郑注也成为《尚书》学经典传注，在中古义疏中广见征引。不过，随着东晋以来《古文尚书孔传》的出现与流行，特别是唐人将其定为唯一的《尚书》学官定经传，《尚书》郑注与《尚书大传》郑注的流传乃逐渐衰落。自《隋书·经籍志》至《崇文总目》《郡斋读书志》《宋史·艺文志》均著录三卷本《尚书大传》郑玄注④，陈振孙《直斋书录解题》则著录一种四卷本的《尚书大传》

---

① 如南朝儒士许懋在论及封禅时即认为："郑玄有参、柴之风，不能推寻正经，专信纬候之书，斯为谬矣。"（《梁书》卷四〇《许懋传》，北京：中华书局 2020 年版，第 640 页）
② 《汉书》卷三〇《艺文志》，第 1705 页。
③ 王应麟撰，武秀成、赵庶洋校证：《玉海艺文校证》（上）卷三《书》，第 142 页。
④ 《隋书》卷三二《经籍志》，第 1034 页；《崇文总目》卷一，《粤雅堂丛书》本；晁公武撰、孙猛校证：《郡斋读书志校证》卷一，第 53 页；《宋史》卷二〇二《艺文一》，第 5042 页。

郑注，然称其"印板刓缺，合更求完善本"①，知《大传》郑注曾有刻印，只是至南宋中后期已严重残缺。《明史·艺文志》以后，公私目录再无著录《大传》者，《四库全书总目提要》称"伏生《尚书大传》久无刻本，外间传写残帙，讹缺颠倒，殆不可读"②，知明清时期尚有残帙写本，然讹谬已甚。随着乾嘉汉学风潮兴起，清人乃着意辑佚此书，先后有孙之騄、卢见曾、卢文弨、董丰垣、孔广林、任兆麟、陈寿祺、王谟、樊廷绪、孙志祖、姚东升、袁钧、黄奭、皮锡瑞、王闿运、王仁俊等十余种辑本及注、疏问世③。就《五行传》及郑注而言，主要辑自《续汉书·五行志》刘昭注、《玉海》《通鉴前编》《仪礼经传通解续》《文献通考》《太平御览》等，一般认为陈寿祺辑本最为完备④，开篇、六事之失、共御之术、五行之失四部分皆具规模，是民国以来学者研读《大传》的通行本。

抛开细节不论，清人辑本的主要缺憾在于未能完整参考宋仁宗赵祯所纂《洪范政鉴》。此书以《续汉书·五行志》所录《五行传》为纲，抄录历代注说，其中就包括郑玄对五行、六事、共御部分的注释。此书问世后似未刊刻，故流传不广。《总目》称"《洪范政鉴》世无传本，惟《永乐大典》载其全书"⑤，知四库馆臣亦以为原书已佚。光绪八年(1882)，"有以明辑熙殿影宋抄本求售京师者"，黄国瑾据以抄录，又将其转示叶昌炽，叶氏以陈寿祺辑本对校后发现多处重

---

① (宋)陈振孙:《直斋书录解题》，上海：上海古籍出版社1987年版，第28页。
② 纪昀总纂:《四库全书总目提要》卷一四《经部14·书类存目二》，第409页。
③ 可参谷颖《伏生及〈尚书大传〉研究》，东北师范大学2005年硕士学位论文。
④ 可参宗静航《读陈寿祺辑校〈尚书大传〉偶记》，《中华文史论丛》2006年第2期，第267~280页。
⑤ 纪昀总纂:《四库全书总目提要》卷一二《经部12·书类二》，第369页。

要佚文和异文①，如"时则有脂夜之妖"句下，《政鉴》有郑注25字，自"治宫室"至"稼穑不成"句则存郑注合122字，皆清辑本未录者，故撰长跋加以考订。此本今藏国家图书馆，而国图更藏有南宋淳熙十三年(1186)内府写本原帙一部，张兵全面考订书中62枚钤印，确证其为宋、明内府官藏②，后流入民间，经盛昱、完颜景贤、傅增湘递藏，由傅先生之子遵父嘱捐献国家。今据此宋写本可进一步补充和校定郑注佚文，我们对郑注亦可得到更全面的认识。

关于版本，郑注《尚书大传》源自《汉书·艺文志》所录"《传》四十一篇"，其所收《五行传》与许商、刘向所据通行本应属同一系统，与刘歆所据别本有所不同。郑注在"厥咎雾"和"曰二月三月"两处注文均以"子骏《传》"引述刘歆所据本异文③，也足以印证这一判断。不过，郑注本与刘向本也存在一些异文，如"建用王极"句郑注言"王极，或皆为皇极也"④，从《汉书·五行志》等所录刘向本《五行传》来看，此处"或本"即包括刘向本，可知通行本在流传中也出现了一定程度的分化。

二、《五行传》郑注体例与系统化趋向

作为两汉《洪范》五行学的殿军，《五行传》郑注对刘向、刘歆《传论》以及《汉书·五行志》颇有吸取，如"眚""祥"在先秦文献中表示"灾异"义时本无明确区别，但《五行传》每言"五事"变怪则析

---

① (清)叶昌炽：《书宋仁宗洪范政鉴后》，王立民、徐宏丽整理《叶昌炽集》，北京：中华书局2019年版，第458~461页。国图藏宋写本《洪范政鉴》钤有"缉熙殿书籍印"，缉熙殿为南宋理宗经筵讲读之所，多藏书画，相关研究可参汪桂海《南宋缉熙殿考》，《文献》2003年第2期，第113~119页。

② 可参张兵《〈洪范政鉴〉版本流传考论》，《中南民族大学学报》2019年第3期，第101~107页。

③ 朱熹著、黄榦编：《仪礼经传通解正续编》，第2257页上栏a、下栏b。

④ 朱熹著、黄榦编：《仪礼经传通解正续编》，第2255页上栏b。

言"眚""祥",显示二者应有所不同。刘向在解释昭公二十五年"有鸜鹆来巢"事时,基于《春秋》书鸟虫之异或言"来",或不言"来",认为"不言来者,气所生,所谓眚也""言来者,气所致,所谓祥也"①,巧妙地将《春秋》辞例援入《五行传》阐释之中。此说为《汉书·五行志》"说曰"所取,"甚则异物生,谓之眚;自外来,谓之祥"②,而郑注亦认为"眚生于此,祥自外来也"③,与汉儒故说相合。事实上,郑注佚文有明确称引"志、论"之例,陈寿祺指出:"志、论,谓《汉书·五行志》、刘向等《五行传论》也。"④郑注又引"夏侯胜说"和"子骏《传》",在解释"星辰莫同"句时则引"或曰"⑤,可见郑玄在注释传文前曾全面收集两汉《五行传》故说,在加以融会的基础上提出个性化阐释,与他注释群经的程序基本一致。因此,从训诂的层面看,《五行传》郑注的体例、特点亦与其经注非常接近。以下即按其体例逐一讨论。

首先,与郑玄经注大量载录、利用异文一样⑥,《五行传》郑注也注意载录异文,并据其辅翼训诂。此例凡三见:

其一为"王之不极"条"厥咎霿",郑注云:

"霿"与思心之咎同耳,故子骏《传》曰"眊"。眊,乱也。君

---

① 《汉书》卷二七中之下《五行志》,第1414页。
② 《汉书》卷二七中之上《五行志》,第1353页。
③ 《后汉书》志第十三《五行一》,第3267页。
④ 维木金水火沴土"句郑注:"《志》《论》皆言'君不宽容则地动',玄或疑焉。"(陈寿祺辑:《尚书大传》卷三,《四部丛刊初编》景清刻《左海文集》本,第12叶a)
⑤ "星辰莫同"句郑注:"或曰:将晨为朝,初昏为夕也。"(黄榦《仪礼经传通解续》卷二六《因事之祭 祭礼十》,《仪礼经传通解正续编》,第2258页上栏b)
⑥ 如《扬之水》"彼其之子"笺云:"其,或作记,或作己。"(《毛诗正义》卷四一一,《十三经注疏》,第700页上栏b)《礼记·檀弓上》"衽每束一"郑注:"衽,或作漆,或作髹。"(《礼记正义》卷八《檀弓上》,《十三经注疏》,第2801页下栏a)《王制》"周人养国老于东胶"郑注:"胶,或作缘。"(《礼记正义》卷一三《王制》,《十三经注疏》,第2914页下栏a~b)陈澧对此曾说:"郑注《周礼》并存今书、故书,注《仪礼》并存古文、今文,此后来校书之法也。"(陈澧《东塾读书记》卷一五《郑学》,第258页)

第十章　郑玄经学体系中的《洪范五行传》注　367

臣不立则上下乱矣。①

"雺"，《汉书·五行志》作"眊"②，《南齐书·五行志》作"霿"③，《隋书·五行志》作"瞀"④，《仪礼经传通解续》作"雺"。王先谦指出"雺""霿"与《说文》所见"霚"为音义皆同的异体字⑤，《隋书》"瞀"则为"霿"之形讹，故异文实际存在于"眊""雺"二字之间。《五行传》"思心"条亦言"厥咎雺"，故问题可以归结为"思心""皇极"二事之咎是否相同。刘向《传论》言："皇之不极，是谓不建，其咎在霿乱失听，故厥咎霿，思心之咎亦霿。"⑥以思心、皇极同咎，皆作"霿"。至于刘歆所据本，其"思心"之咎为"霿"，"皇极"之咎为"眊"，各有不同，《汉书·五行志》此处应从刘歆本。郑注认为"思心""皇极"不应同咎，故取刘歆本异文而不从《尚书大传》，其解释也据"眊"字展开。事实上，《五行传》"六事"之咎本自《洪范》"庶征"，后者仅言"五事"之咎，故"皇极"之咎实为传文自行补凑。若与"思心"同咎，可以理解为《洪范》仅言"五咎"，故传文使"皇极"与"思心"同咎；但郑玄不作此解，故改从刘歆本为训。

其二为"王之不极"条"下人伐上之疴"句中"伐"字，郑注云：

> 夏侯胜说"伐"宜为"代"，书亦或作"代"。……天于不中之人，恒耆其味，厚其毒，增以为病，将以开贤代之也。⑦

---

① 朱熹著、黄榦编：《仪礼经传通解正续编》，第2257页上栏a。漫漶处及"耳""故"二字据《后汉书》志第十七《五行五》刘昭注引郑玄《尚书大传》注补。《后汉书》此处原无"子骏"二字，中华本据《文献通考》补，今检《续仪礼通传经解续》所引郑注，亦作"子骏传"，知刘昭注所引郑注此处确有脱文。
② 《汉书》卷二七下之上《五行志》，第1458页。
③ 《南齐书》卷一九《五行志》，第418页。
④ 《隋书》卷二三《五行志》，第726页。
⑤ （清）段玉裁：《古文尚书撰异》卷一三《洪范》，清刻《经韵楼丛书》本，第40叶b。
⑥ 《南齐书》卷一九《五行志》，第418页。
⑦ 《后汉书》志第十七《五行五》，第3342页。

此例前文已言①，先秦儒家以征伐为天子专有之权，而"下人伐上"显然挑战了这一专权，故夏侯胜主张"伐"为"代"字之误。郑玄认可夏侯胜之说，并称其所见本中确有作"代"者。事实上，"代""伐"互讹是写本中常见的现象，很可能只是写手之误，但郑玄通过这一异文规避了"下人伐上"背后的伦理风险。同时，他将"下人代上""以开贤代之"的主体确定为"天"，将易代革命的合法性归结于"天"，进一步消解了《五行传》挑动臣子僭越篡政的政治风险，更符合东汉经学强调君臣秩序的学术风气。

其三为"六沴司月"部分的一段传文，"曰二月三月，维貌是司，四月五月，维视是司，六月七月，维言是司，八月九月，维聪是司，十月十一月，维思心是司，十二月与正月，维王极是司"，郑注云：

> 此皆据夏数也。夏时得天之正。玄或疑焉，此用五事之次，则四月五月主视，六月七月主言，非也。若五行王相之次，则八月九月主听，十月十一月主思心，亦非也。子骏《传》曰："二月三月，维貌是司，四月五月，维视是司，六月七月，惟思心是司，八月九月，维言是司，十月十一月，维听是司，十二月与正月，维王极是司。"于四时之气，以近其实也。②

传文所言"五事"之次为貌、言、视、听、思心，此处则先举"视"而后举"言"，前后相违，故引起郑玄注意。如果按照五行王相之次③，则貌（木）、视（火）、言（金）、听（水）的次序倒是合理了，但听主水，于四时当司冬，而传文却以听主八月九月，显然也难以周全。至于刘

---

① 可参第四章第五节的相关论述。
② 朱熹著、黄榦编：《仪礼经传通解正续编》，第 2257~2258 页。"以"，《洪范政鉴》作"似"，可从；"维聪是司"，《政鉴》作"维听是司"，未知孰是；"子骏《传》"，《政鉴》作"刘向"，恐误。（赵祯：《宋钞本洪范政鉴》，第 536 页）
③ 《白虎通·五行》："五行所以更王何？以其转相生，故有终始也。木生火，火生土，土生金，金生水，水生木。是以木王，火相，土死，金囚，水休。"（陈立：《白虎通疏证》卷四《五行》，第 187~188 页）

第十章 郑玄经学体系中的《洪范五行传》注

歆所据本,其以五行相生为次,且以貌主木春而司二三月,视主火夏而司四五月,思心主土季夏而司六七月,言主金秋而司八九月,听主水冬而司十、十一月。在郑玄看来更为合理,故载其异文以为说。

从《汉书·五行志》可知,通行本与刘歆所据别本在妖、孽、痾的设置方面存在大量异文,但郑注一字未言。此外,《周礼·天官·疾医》"掌养万民之疾病,四时皆有疠疾"句郑注曾引《五行传》"六疠作见"之文①;《春官·大祝》"掌六祈,以同鬼神示"句郑注亦言:"天神、人鬼、地祇不和,则六疠作见,故以祈礼同之。"②从上下文语境来看,郑玄将"疠"释为疾疫,可知其《周礼》注所据《五行传》确作"六疠"③。此外,《春秋左氏正义》引郑玄《箴膏肓》:

> 伯有恶人也,其死为厉鬼。厉者阴阳之气,相乘不和之名,《尚书·五行传》"六厉"是也。……为厉者,因害气而施灾,故谓之厉鬼。《月令》"民多厉疾",《五行传》有御"六厉"之礼,礼天子立七祀,有大厉,诸侯立五祀,有国厉,欲以安鬼神,弭其害也。子产立良止,使祀伯有以弭害,乃礼与《洪范》之事也。④

这几处所言"六厉"显然正是《五行传》中的"六沴",但用字又有不同,不过,《五行传》郑注对这些异文均未见载录,可见郑玄载录异文是基于其实际训释的需要,并不追求全面,也存在不同经注中采用不同版本的现象。

其次,在没有异文的情况下,郑玄亦间以"当为""读曰""读为"

---

① 《周礼注疏》卷五《疾医》,《十三经注疏》,第1436页下栏a。
② 《周礼注疏》卷二五《大祝》,《十三经注疏》,第1746页上栏b。
③ 郑玄《五行传》注云:"沴,殄也。"(《后汉书》志第十三《五行一》刘昭注,第3267页),可证其《五行传》注所据本作"六沴"。
④ 《春秋左传正义》卷四四,《十三经注疏》,第4452页上栏a。

等易字为训,此例亦同其经注。

（一）以"当为"校正误字。阮元认为郑注中"当为"的功能是"定其字之误"①,据张能甫、丘郑敏统计,郑注四种存世经注中"当为"共出现145次,其变化形式35次,佚文中则出现11次,主要用于"指明文字、语音的错误"②,这一功能在《五行传》郑注的两处用例中得到贯彻。其一见于"思心之不容"句下：

> "容",当为"睿"。睿,通也。心明曰圣。孔子说休征曰："圣者通也。"兼四而明,则所谓圣。圣者,包貌、言、视、听而载之以思心者,通以待之。君思心不通,则是不能心明其事也。③

"思心"句又见于《春秋繁露·五行五事》和《战国策》高诱注所引《五行传》④,皆作"容"。《汉书·五行志》论及"赢虫之孽",称"刘歆以为属思心不容"⑤,知通行本与刘歆所据别本《五行传》此处均作"容",并无异文。至于《洪范》经文中相应的用字,《史记·宋微子世家》引《洪范》作"思曰睿"⑥,《汉书》应劭注言"古文作睿"⑦,知此字有今、古之别,《大传》所从为今文用字,《史记》则或从古文⑧。不过,今本《汉书·五行志》所引《洪范》经文与《五行传》均作"容",

---

① （清）阮元:《周礼注疏校勘记序》,《十三经注疏》,第1383页上栏 a。
② 张能甫、丘郑敏:《论郑玄注释中的文字改读和校正》,《西昌师范高等专科学校学报》1999年第1期,第11页。
③ 马端临:《文献通考》卷八八《郊社考二十一》引《尚书大传》郑注,第2698页。
④ （汉）高诱注、范祥雍笺证《战国策笺证》卷三二《宋卫》,上海:上海古籍出版社2006年版,第1829页。《春秋繁露·五行五事》:"思曰容,容者言无不容。"（〔清〕苏舆:《春秋繁露义证》卷一四,第390页）。
⑤ 《汉书》卷二七中之下《五行志》,第1406页。
⑥ 《史记》卷三八《宋微子世家》,第1937页。
⑦ 《汉书》卷二七中之上《五行志》应劭注,第1351页。
⑧ 关于《史记》用古文《尚书》用字,可参李晶《清华简〈金縢〉与〈尚书〉郑注文本考——兼论〈史记〉述〈金縢〉的今古文问题》,《古代文明》2016年第3期,第40~45页。

第十章 郑玄经学体系中的《洪范五行传》注

钱大昕以为"盖浅人所改"①,古本《汉书》应作"容"。连鹤寿系统讨论了"睿""容""睿"三字之间的关系②,认为今文《尚书》及古本《汉书》均作"容",颜师古所据本《汉书》乃误作"睿",遂延误至今,其说可从。郑玄注《大传》而易之以古文用字,故段玉裁视此为郑玄"据孔本以正伏本"之证③。

关于"容"字之意,班固认为:

> 宽也。孔子曰:"居上不宽,吾何以观之哉!"言上不宽大包容臣下,则不能居圣位。④

萧吉《五行大义》言:"思心得谓之容。容者能容畜臣子,故谓之圣也。思心不得,四者皆失,则不能容畜臣子,故曰思心不容,是谓不圣,过在霿乱失纪。"⑤《五行大义》对"六事"的说解素与刘向《传论》关系密切,这里"过在霿乱失纪"之辞亦见于《南齐书·五行传》所引刘向《传论》⑥,而郑玄在注释"维木金水火沴土"时称"《志》《论》皆言'君不宽容,则地动'",明指刘向《传论》与《汉书·五行志》均训"容"为"宽容",可见《五行大义》此处解释应源自刘向《传论》,以"宽容"训"容"应为汉儒故说。

不过,基于版本差异,东汉中后期具有古文背景的经师乃有异

---

① 钱大昕:《十驾斋养新录》卷一"思曰容"条(《嘉定钱大昕全集(增订本)》第七册,第50页)。
② (清)王鸣盛撰、(清)连鹤寿注:《蛾术编》卷二二《说字八·卷四下考证》"'睿'字注"条鹤寿案,陈文和主编《嘉定王鸣盛全集》第七册,第456页。可参(清)孙星衍《尚书今古文注疏》卷一二《洪范第十二上》,北京:中华书局2004年版,第299页;(清)皮锡瑞《今文尚书考证》卷一一《鸿范第十一》,第251~252页;(清)王先谦《尚书孔传参正》卷一六《洪范第六》,北京:中华书局2011年版,第556页。诸家说大抵相同。
③ (清)段玉裁:《古文尚书撰异》卷一三《洪范》,清刻《经韵楼丛书》本,第9叶a。
④ 《汉书》卷二七下之上《五行志》,第1441页。
⑤ 中村璋八:《五行大義校註(增訂版)》,第122~123页。
⑥ 今本《南齐书·五行志》引刘向《传论》"思心传"言"思心不睿,其过在瞀乱失纪"(《南齐书》卷一九《五行志》,第418、431页)。中华书局校勘记据钱大昕、王念孙对《汉书·五行志》的校勘认为此处亦当作"容",其说可从。

说。《史记集解》"思曰睿"下引马融注言"睿,通也"①,知其已循古文;《毛诗正义》引郑玄此句注言"通于政事"②;《汉书》应劭注则言"容,通也",均从马说。基于此,郑玄在《五行传》"思心"条"维木金水火沴土"句下乃对刘、班故说提出质疑:

> 《志》《论》皆言"君不宽容,则地动"。玄或疑焉。今四行来沴土,地乃动,臣下之相帅为畔逆之象,君不通于事所致也。以为不宽容,亦皆为阴胜阳、臣强君之异。③

刘向《传论》认为:"地阴类,大臣之象,阴静而不当动,动者,臣下强盛,将动而为害之应也。"④这一解释由阴阳失序指向君臣权力关系的失衡,符合刘向《传论》以阴阳说君臣大义的一贯思路。《汉书·五行志》并未专门论述"地动"的形成机制,仅录刘向对《春秋》五次"地震"的说解,其后录西汉地震五次,但仅记灾而不言咎由,故郑玄此处虽并言《志》《论》,但主要针对的实为刘向《传论》。从"亦皆为"的语气来看,郑玄认为刘向的阐释过于程式化,未能充分反映传文以"四行来沴土"乃致地动,即以"思心"统摄"五事"的结构安排。为此,郑注一方面以古文"睿"字更易今文"容"字,并循马融故说释其为"通";另一方面,与其在《洪范》注中将"通"理解为通达政事不同,其在《五行传》注中将"通"理解为君主对貌、言、视、听四事的兼通、贯通,突出了"思心"在"五事"中的主导地位,也显示出郑注"结构取义"的解经风格。

"当为"另一用例见于"时则有华孽"句下:

---

① 《史记》卷三八《宋微子世家》集解,第1937页。
② 《毛诗正义》卷二一二《凯风》引郑玄《尚书》注,《十三经注疏》,第635页下栏a。
③ 马端临:《文献通考》卷八八《郊社考二十一》引《尚书大传》郑注,第2698页。
④ 《魏书》卷一一二上《灵征志上》,第3151页。

第十章　郑玄经学体系中的《洪范五行传》注

"华",当为"夸"。夸蚓,虫之生于土而游于土者。①

我们在讨论通行本《五行传》灾异体系时已指出,其妖、孽、祸、痾的设置颇有特别之处,以"六孽"而言,其中五种表现于龟、介虫、倮虫、鱼、龙蛇等动物身上,而"思心"却对应"华孽",显然与其他五者异类。刘向将"华孽"释为"秋冬木复华"②,即草木反季开花,保留了传文"六孽"内部的差异性。至于刘歆,其所据本"思心"条作"蠃虫之孽",而他认为"庶征皆以虫为孽,思心,蠃虫孽也"③,以此论证其所据本在系统性方面胜于通行本。《汉书·五行志》又引述"一曰",以为"华者色也,土为内事,为女孽也"④,将其释为女子之异。可见,汉儒对"华孽"的解释人各异辞。郑玄曾参校刘歆《传论》,自然会注意到后者所言"华孽"与其他诸孽不伦的问题,但他在这里并未采用刘歆本,而是易字为训,改"华"为"夸",又增"蚓"字,将其释为"虫之生于土而游于土者",这就使得"六孽"均表现为虫异,有效回应了刘歆的质疑。从对传文的忠实度来看,郑注改字兼增字,显然不如刘向,但其迂曲恰反映出郑玄对传文系统性的关注,这也

---

① 马端临:《文献通考》卷八八《郊社考二十一》引《尚书大传》郑注,第2698页,中华书局整理本作"夸,蚓虫之生于土而游于土者。《尚书大传疏证》此句中华书局整理本作"夸,蚓,虫之生于土而游于土者"(皮锡瑞:《尚书大传疏证》卷四《周传》,第180~181页)。蚓皆生于土而游于土,故若言"蚓虫之生于土而游于土者",显然缺乏排他性,于理不合。根据《五行传》"六孽"郑注体例,其举出某虫后,均以"虫之生于某而游(藏)于某者"描述其生活习性,故此处"夸蚓"应连读。"夸"有"大"义,"蚓"为郑注所增,夸蚓即大蚓,以其较常蚓为大,故视为异象。《吕氏春秋·有始览》:"凡帝王者之将兴也,天必先见祥乎下民。黄帝之时,天先见大螾大蝼,黄帝曰:'土气胜。'"(许维遹:《吕氏春秋集释》卷一三《有始览》,第284页)《太平御览》引纬书《河图说征》:"黄帝起,大蚓见。"(李昉等撰:《太平御览》卷九四七《虫豸部四》,第4203页上栏a)或为郑说所本。朱骏声以"夸"为"蠖"之假借,《说文》:"蠖,尺蠖,屈申虫"([清]朱骏声:《说文通训定声·豫部弟九》,北京:中华书局2016年版,第428页下栏b),其屈伸而行的性状确与蚯蚓相似;但蠖栖于树枝,与郑注"生于土游于土"的描述并不一致,其说恐难成立。

② 《汉书》卷二七下之上《五行志》,第1441~1442页。

③ 《汉书》卷二七中之上《五行志》,第1412页。

④ 《汉书》卷二七下之上《五行志》,第1442页。

成为其贯穿全注的特点之一。

(二)以"读为""读曰"易字为训。阮元认为郑注"读为""读曰"的功能是"就其音以易其字"①,即以音近之字互通为训。张能甫全面考察了存世郑玄经注中的 161 处"读为"和 24 处"读曰"②,基本证实了阮元的看法,但也发现郑玄有用其拟音或释义之例。从《五行传》郑注佚文来看,其所见 5 例均为易字为训。

第一例见于开篇"若六沴作见,若是共御"句下:

> 共读曰恭。③

"恭"作"共"之例广泛见于先秦两汉文献,郑玄此说亦为颜师古所承,《汉书》先后四次出现"共御",师古注均言"共,读曰恭"④。

第二例见于"六沴"部分"思心之不容"条"时则有脂夜之妖"句下:

> 夜读曰液。脂膏所煎之物,思心实也,此谓变异八珍,作新味者也。⑤

"脂夜"一词难解,两汉经师各持异说。刘向似以脂、夜为两种妖祥,以鬼夜哭为夜妖:"哭者死亡之表,近夜妖也。鬼而夜哭者,将有死亡之应。"⑥类似说法也见于《汉书·五行志》所引"一曰",以"云风并起而杳冥"为"夜妖"⑦,《隋书·五行志》所举诸事多为此

---

① 阮元:《周礼注疏挍勘记序》,《十三经注疏》,第 1383 页上栏 a。
② 张能甫、丘郑敏:《论郑玄注释中的文字改读和校正》,《西昌师范高等专科学校学报》,1999 年第 1 期,第 1~6 页。
③ 朱熹著、黄榦编:《仪礼经传通解正续编》,第 2255 页上栏 a。
④ 《汉书》卷二七中之下《五行志》"若是共御"句师古注,第 1411 页;卷二七下之上"共御厥罚"句师古注,第 1468 页;卷二七下之下"共御厥罚"句师古注,第 1481 页;卷八五《谷永杜邺传》"若不共御"句师古注,第 3450 页。
⑤ 赵祯:《宋钞本洪范政鉴》卷九之上,第 425 页。
⑥ 《隋书》卷二三《五行下》,第 729 页。
⑦ 《汉书》卷二七下之上《五行志》,第 1441 页。

第十章 郑玄经学体系中的《洪范五行传》注

类。《汉书·五行志》则认为"在人腹中,肥而包裹心者脂也,心区霿则冥晦,故有脂夜之妖"。以"脂"为心,以"夜"寓意此心晦暗,显然是有意牵合咎由"思心不容",稍嫌迂曲。《五行志》还引述另一种"一曰":"有脂物而夜为妖,若脂水夜污人衣,淫之象也。"较前说更贴合"脂夜"的字面意义,然其所言异象在文献中颇为稀见,故在说解中缺乏实际意义。至于郑玄,乃改"夜"为"液",以"脂夜"为"脂膏",也就是动物油脂,并将其与煎制"八珍"之法相联系,这应与其《周礼》注所言四时用膏之法有关。《周礼·天官·庖人》言庖人四时荐羞:"凡用禽献,春行羔、豚,膳膏香;夏行腒、鱐,膳膏臊;秋行犊、麛,膳膏腥;冬行鱻、羽,膳膏膻。"郑注云:

> 郑司农云:膏香,牛脂也,以牛脂和之。腒,干雉。鱐,干鱼。膏臊,豕膏也,以豕膏和之。杜子春云:膏臊,犬膏。膏腥,豕膏也。鲜,鱼也。羽,雁也。膏膻,羊脂也。玄谓膏腥,鸡膏也。羔、豚物生而肥,犊与麛物成而充,腒、鱐暵热而干,鱼、雁水涸而性定,此八物者得四时之气尤盛,为人食之弗胜,是以用休废之脂膏煎和膳之。牛属司徒,土也;鸡属宗伯,木也;犬属司寇,金也;羊属司马,火也。①

郑玄认为羔、豚等八物各得四时盛气,故煎制时需据五行王相休废之说,以其所克之物的"脂膏"来煎制,从而达至"和膳"之境,如木主春,克土,故春季食羔、豚时应用土性动物的油脂来煎制。同时,根据《周礼》牛人、鸡人、犬人、羊人的官属及其五行属性②,郑注认

---

① 《周礼注疏》卷四《天官·庖人》,《十三经注疏》,第 1424 页上栏 a。
② 《周礼·地官司徒》:"牛人掌养国之公牛,以待国之政令。"(《周礼注疏》卷一三《牛人》,《十三经注疏》,第 1559 页上栏 a)《夏官司马》:"羊人掌羊牲。凡祭祀,饰羔。"(《周礼注疏》卷三〇《羊人》,《十三经注疏》,第 1820 页下栏 b)《秋官司寇》:"犬人掌犬牲。凡祭祀,共犬牲,用牷物,伏瘗亦如之。"(《周礼注疏》卷三六《犬人》,《十三经注疏》,第 1906 页下栏 a)《春官宗伯》:"鸡人掌共鸡牲辨其物。"(《周礼注疏》卷二〇《鸡人》,《十三经注疏》,第 1668 页上栏 a)

为春时所用"膏香"当指牛油,夏时所用"膏臊"当指犬油,秋时所用"膏腥"当指鸡油,冬时所用"膏膻"当指羊油。至于其注文所言"新味",亦见于《后汉书·皇后纪》永初七年邓太后诏:"凡供荐新味,多非其节,或郁养强孰,或穿掘萌芽,味无所至而夭折生长,岂所以顺时育物乎!"①知此"新味"与"新声"相类,皆指不古非制之物。总之,郑玄认为"脂膏所煎之物"当依四时成法,若妄加变异而求新味,则属妖祥。从训诂上看,"夜""液"互通之例并不多见,郑说径改传文,同样有迂曲之弊,但他由此将《五行传》所言妖祥与《周礼》相勾连,丰富了传文的经学内涵,体现出郑玄意在强化《五行传》经学色彩的基本立场。值得注意的是,《周礼》所言牛、鸡、犬、羊四牲的五行属性不同于《礼记·月令》,却与《五行传》所言牛、鸡、犬、羊四祸所属"四事"的五行属性完全一致②,这也使得郑玄援引《周礼》说解《五行传》的做法更显巧妙自然。

第三、四例均见于共御部分"御听于怵攸"句:

> 怵,读曰"兽不狘"之"狘"。攸,读为"风雨所漂飘"之"飘"。③

《五行传》训释最大的难点集中于"共御"部分所言"乔忿""讫众""忽似""怵攸""有尤""宗始"等"共御六事"之所在,这些词语构造怪异,又不见于他书,殊为费解。由于汉儒崇信以德销祸的灾异观,故其奏议、经说虽多言"共御",但所指多人君修己改政之事,从未论及传文"御事"之术,可以推知,郑玄对这些神秘术语的出处、

---

① 《后汉书》卷一〇上《皇后纪》,第425页。
② 《礼记·月令》以羊为木、鸡为火、牛为土、犬为金,而《五行传》牛属土,为思心;鸡属貌,为木;犬属金,为言;羊属火,为视,与《周礼》相合。《礼记》郑玄注试图据《周礼》说阐释《月令》,但效果似乎并不理想。
③ 朱熹著、黄榦编:《仪礼经传通解正续编》,第2258页下栏b。下文所引"共御"部分郑注皆见于此。

第十章 郑玄经学体系中的《洪范五行传》注

本义已无从查考，而其解释策略则是依托"共御六事"的整体结构，努力将这些词语的字面义与其在"六事"中的功能相勾连。例如，关于"讫众"，他认为"讫，止也"，故"止众，谓若周威厉王弭谤以障民口之类也"，举《国语·周语》厉王道路以目之事为例，使其与"言之不从"条所主言说之事相对应。又如"忽忽"，郑注以为"若乱于是非，象龚滔天及不辨鹿马之类"，举《尚书·尧典》共工事及赵高指鹿为马事为例，使其与"视之不明"所主明察之事对应。至于字面意义实在难以索解者，郑玄就采用易字之法，如"乔忿"，郑玄认为即"骄忿"①，故理解为"若傲很明德，忿类无期之类也"，举《左传·文公十八年》言梼杌之词及《左传·昭公二十八年》言伯封之词为例②。至于此例所言"怵攸"则更不知所云，故郑玄将两字均加以改易，读为"犹飘"。"兽不犹"见于《礼记·礼运》，郑注言："飞走之貌也。""风雨所漂飘"见于《豳风·鸱鸮》，今本《毛诗》作"漂摇"，皮锡瑞以为郑注"盖三家异文"③。"犹""飘"均有动荡之意，故郑玄所谓"犹飘"大抵亦取其意。他还进一步引《诗》为例："谓若老夫灌灌，小子蟜蟜，诲尔谆谆，听我眊眊之类。"④这里前二句见于《大雅·板》，《毛诗》作"天之方虐，无然谑谑。老夫灌灌，小子蹻蹻"⑤，郑笺言："今王方为酷虐之政，女无谑谑然以谗愿助之。老夫

---

① 《洪范政鉴》所引《尚书大传》即作"骄忿"（赵祯：《宋钞本洪范政鉴》，第538页），与《仪礼经传通解续》《文献通考》作"乔忿"不同（马端临：《文献通考》卷八八《郊社考》，第2699页）。若《政鉴》所引不误，则郑注此处不存在改字问题。只是《五行传》所言共御"六事"之法多不用成词，故亦不能排除《政鉴》或此钞本据郑注回改传文的可能性。
② 《左传·文公十八年》载季文子之言，称梼杌"傲很明德，以乱天常"（《十三经注疏》，第4043页下栏b），《昭公二十八年》载叔向之母言，称伯封"实有豕心，贪婪无厌，忿纇无期"（《十三经注疏》，第4600页上栏a）。
③ 皮锡瑞：《尚书大传疏证》卷四《周传》，第190页。
④ 朱熹著、黄榦编：《仪礼经传通解正续编》，第2258页下栏b；赵祯：《宋钞本洪范政鉴》，第539页。《洪范政鉴》所引《尚书大传》作"小子嶠嶠"。
⑤ 《毛诗正义》卷一七—四《板》，《十三经注疏》，第1184页上栏a～b；卷一八—一《抑》，第1199页下栏a。

谏女,款款然自谓也,女反蹻蹻然。"后二句见于《大雅·抑》,《毛诗》作:"诲尔谆谆,听我藐藐。匪用为教,覆用为虐。"郑笺言:"我教告王口语谆谆然,王听聆之藐藐然,忽略不用我所言。"结合诗句,知"狱飙"亦不听劝谏、骄横自负之意,故与"听之不聪"所主兼听、从谏之事相合。从训诂学的角度来看,这些解释明显具有"强为之说"的色彩,不符合阙疑精神,但郑注本就是具有建构性的经学阐释,故其说亦自有其合理性。黄侃论"小学之训"与"经学之训",以为:"小学之训诂贵圆,经学之训诂贵专。"①此或可为例。值得注意的是,郑注在解释这些术语时每条均引"六艺"经传为例,再次体现出其强化《五行传》经学色彩的用意。

第五例也见于共御部分"播国率相行祀"句下:

> 播读曰藩,藩国,谓诸侯。相,助也。言诸侯率其常事,来即助行祭之礼也。②

关于"播国",刘向释为"举国"③,"播"有布、散之意,故刘向引申出全体之意。至于郑玄之说,据《周礼·春官·大司乐》"播之以八音"郑注:"播之言被也。故书'播'为'藩'。"④"播""藩"既有互通之例,故郑玄以"播国"为"藩国",并将其理解为诸侯助祭之礼。这显然也是用"六艺"经传中常见的概念来解释《五行传》的独特用词。这样的阐释策略在郑注中非常多见,如"木不曲直"条"田猎不宿"句注文亦先后引"《周礼》四时习兵,因以田猎"与"《礼志》曰:天子不合围,诸侯不掩群"为证⑤。经过这一系列援引,《五行传》与群经之间的联系显得更为密切,《洪范》五行学由此被纳入郑玄经学

---

① 黄焯:《毛诗郑笺平议》,武汉:武汉大学出版社2008年版,第4页。
② 朱熹著、黄榦编:《仪礼经传通解正续编》,第2259页上栏b。
③ 《晋书》卷八三《江逌传》,第2174页。
④ 《周礼注疏》卷二二《春官·大司乐》,《十三经注疏》,第1704页上栏b。
⑤ 《后汉书》志第十三《五行一》刘昭注,第3266页。此处《礼志》实为《礼记·王制》。

第十章 郑玄经学体系中的《洪范五行传》注

庞大的知识体系中。

由此看来，系统化和经学化可谓《五行传》郑注训诂的两大基本特征。关于后一点，我们在下文还将论及；关于前一点，可以通过下表得到更直观的认知：

表 10-1

	妖	孽	祸	疴
貌	服，貌之饰也。	龟，虫之生于水而游于春者也，属木。	鸡，畜之有冠翼者也，属貌。	貌气失之病也。
言	诗之言志也。	蠓、螽、蜩、蝉之类，虫之生于火而藏于秋者也，属金。	犬，畜之以口吠守者也，属言。	言气失之病也。
视	草，视之物，可见者莫众于草。	蚕、螟、虱之类，虫之生于火而藏于夏者也。①	羊，畜之远视者也，属视。	（已佚）
听	鼓，听之应也。	鱼，虫之生于水而游于水者也。	豕，畜之居闲卫而听者也，属听。	听气失之病也。
思心	脂膏所煎之物，思心实也，此谓变异八珍作新味者也。	夸蚓，虫之生于土而游于土者。	地厚德载物，牛，畜之任重者也，属思心。	思心气失之病也。
王极	射，王极之度也。射人将发矢，必先于此仪之，发矢则必中于彼矣。君将出政，亦先于朝廷度之，出则应于民心，射其象也。	龙，虫之生于渊、行于无形、游于天者也。属天。蛇，龙之类也。	天行健，马，畜之疾行者也，属王极。	王极气失之病也。

---

① 今本《后汉书》引此处作"藏于秋者也"（《后汉书》志第十四《五行二》，第3292页），《仪礼通解续》引作"藏于夏者也"（朱熹著、黄榦编：《仪礼经传通解正续编》，第2256页上栏a），据蚕、螟、虱之习性，特别是考虑到"视之不明"主火、夏，此处宜作"夏"。

郑玄对服妖、诗妖、鸡祸、犬祸、羊祸的解释显然延续自刘向《传论》和《汉书·五行志》，但对草妖、脂夜之妖、射妖等的阐释则体现出他对传文系统性的高度关注。根据传文，"貌"失致服妖、"言"失致诗妖、"听"失致鼓妖，妖祥与所失之德存在明显的感官联系，然而"视"失则致草妖，显然令人费解。刘向认为"犯上者不诛，则草犯霜而不死。或杀不以时，事在杀生失柄，故曰草妖也"①。这里"杀不以时""杀生失柄"等都指向君主昏聩失"明"，可见刘向关注的是"视之不明"内部各妖祥之间的系统性；至于草妖与其他诸妖的相关性，刘向并未着意。班固试图对"视之不明—草妖"在系统性方面的缺失做出解释："凡妖，貌则以服，言则以诗，听则以声。视则以色者，五色物之大分也，在于眚祥，故圣人以为草妖，失秉之明者也。"②"视之不明"本应导致"色妖"，但由于"五色"是万物的重大分别，不可笼统归为某一妖祥，故以五眚、五祥分为十类。至于为何改以草妖为象，班固将其归为"圣人"所定，未再说明。郑玄认为"可见者莫众于草"，将"草"作为视觉官能的代表，在建立起草妖与"视"失对应关系的同时，也使其与其他诸妖的形成机制保持一致。从系统性层面看，郑注较刘向、班固更为全面。

又如"王极"失所致射妖，刘向认为"射者，兵戎祸乱之象，气逆天则祸乱将起"③，基于"皇极象天"之说将"射"理解为兵祸，并将其纳入"逆天"所致系列妖祥中，至于"射妖"与其他诸妖的致灾机制是否一致，似乎不在其考虑中。《汉书·五行志》认为"礼，春而大射，以顺阳气。上微弱则下奋动，故有射妖"④，将射妖置于射礼的背景中进行理解，这符合班固基于经学知识理解《五行传》的整体

---

① 《南齐书》卷一九《五行志》引《传》，第417页。
② 《汉书》卷二七中之下《五行志》，第1405~1406页。
③ 《隋书》卷二三《五行志》引《洪范五行传》，第738页。
④ 《汉书》卷二七下之上《五行志》，第1458页。

第十章　郑玄经学体系中的《洪范五行传》注

思路,但同样没有将射妖与其他诸妖纳入同一致灾机制。郑注将"射"视为君王施政的喻象,射者发矢于此而中鹄于彼,正如君主审度于内廷而施政四方。"射"既为"王极"之象,故"王极"失则致射妖。这一解释不仅实现了"王极"与"射妖"的关联,而且至少在形式上确保了"六妖"均与人体官能或行为有关。如果将"六事"咎由与其所致妖祥的对应关系视为 X 轴,将诸妖、孽、祸、痾内部致灾机制的一致性视为 Y 轴,则刘向相对更注重 X 轴系统性的构建,班固已经注意到兼顾 Y 轴方向的系统性,但尚有疏漏,至郑玄乃全面建立起 X、Y 轴两个方向的系统性,他对于传文结构体系的关注较刘向、班固更为细腻。

再如"王之不极"所致"下人伐上之痾","痾"有疾病之意,其他"五事"之失所致下体生上、口舌、目、耳、心腹之痾均为身体病变,唯"下人伐上"表现为政治失序,与"五痾"不类。刘向认为"人君下悖人伦,上乱天道,必有篡杀之祸"①,班固认为"君乱且弱,人之所叛,天之所去,不有明王之诛,则有篡弑之祸"②,均以"下人伐上"并非疾痾,称其为"痾"只是一种抽象化的比喻方式;但郑玄不接受这种结构性缺失,他解释到:

> 阴阳之神曰精气,情性之神曰魂魄,君行不由常,佚张无度,则是魂魄伤也,王极气失之病也。天于不中之人,恒耆其味厚,其毒增以为病,将以开贤代之也。③

郑玄将"下人伐(代)上"分为两步,首先是君主因"毒增"而"魂魄伤",再因此而致政权崩解。如此,"下人伐上"仍是建立在身体病变基础上的权力更迭。事实上,为了解决"六痾"的系统性问题,刘

---

① 《魏书》卷一二上《灵征志》引《洪范论》,第 3175 页。
② 《汉书》卷二七下之上《五行志》,第 1458 页。
③ 《后汉书》志第十七《五行五》刘昭注引"郑玄曰",第 3342 页。

歆所据本干脆将"下人伐上之疴"改为"鼻疴",如果只是为了维护传文的系统性,郑玄可以像"六沴司月"部分一样改从刘歆所据本,但他没有这样做,而是通过创造性的阐释将"下体生上"巧妙地纳入人体病变的范畴之中,这多少透露出郑玄对其阐释能力的自信。

郑玄对于 Y 轴的重视在"六孽"部分体现得更为突出。如前所述,通行本"六孽"的设置非常奇特,其中龟、鱼、龙蛇是具体动物,介虫和蠃虫是动物类属,华孽则不是动物,故无论是刘向还是班固,都未能实现"六孽"系统性的构建。刘歆所据本则将"六孽"径改为毛、介、蠃、羽、鳞"五虫之孽"。至于郑玄,他不仅通过易字将"华孽"改为"夸蚓"之孽,而且通过对六虫生、游、藏等生活习性的描述,同时建立起其与各自咎由的对应关系和内部致灾机制的统一性。当然,郑玄在这里遇到了更多挑战,因为这些动物的习性是相对客观、普遍性的知识,不容许他任意阐释,如龟和鱼都是"生于水",而介虫和蠃虫的生长周期也存在重合,因此,郑玄只能在尊重客观知识的同时,通过"生于某而藏(游)于某"的结构至少在"生"和"藏(游)"之间为其找到一个联系点,其中有些论述颇为巧妙。比如他注意到龟有冬眠的习性,到春天才出来活动,因此认为龟"生于水而游于春",由此将其与"貌"所主"木"行对应起来。

可以说,郑玄对于传文纵、横两个向度上系统性的兼顾贯穿于整个注文中,相较而言,似乎只有"六罚"部分稍存疏漏。在这一部分,郑玄采用"貌曰木,木主春,春气生,生气失则逾其节,故常雨也"的标准论述方式[①],在形式上仍然具有一致性。但稍加细究会发现,在上举"貌"事部分,所谓"逾其节",是指"生气"过多、逾节而导致"常雨";这在"视"事部分"夏气长,长气失,故常燠"和"听"事

[①] 本段所引《五行传》郑注皆见于《续汉书·五行传》刘昭注。《后汉书》志第十三《五行一》,第 3266 页;志第十四《五行二》,第 3292 页;志第十五《五行三》,第 3306 页;志第十三《五行一》,第 3276 页;志第十七《五行五》,第 3342 页。

第十章　郑玄经学体系中的《洪范五行传》注

部分"冬气藏,藏气失,故常寒"均得到贯彻,这里的"气失"不是指缺失,而是指失节、失序。可在"言"事部分,"言曰金,金主秋,秋气杀,杀气失,故常阳也","杀气"无疑属阴,"杀气失"却导致"常阳",这里的"失"显然不能再理解为"逾其节",而是指杀气缺失,故有"常阳"。当然,所谓过犹不及,"失"字既可表示过度,亦可表示不足,郑玄此说不为有误,但如果就系统性而言,"六罚"内部就存在完全相反的两种致灾机制,不能不说是一个缺憾。至于"王极"部分,郑玄认为"王极象天,天阴养万物,养气失故常阴也",天本为纯阳,但为了维护传文,郑玄只好强行赋予天"阴养"之德,使其所谓"养气"逾节而成为"常阴",这事实上已经不符合汉人对于天地阴阳属性的基本认知;更有趣的是,在下文解释"厥极弱"时,郑玄又称"天为刚德,刚气失,故于人为弱",转而承认天为乾阳刚德,一句之间乾坤倒转,郑注形式层面的一致性难以掩盖其逻辑层面的混乱。事实上,对于"六罚"的阐释曾经也困扰过刘向,并最终成为其《传论》中难以圆融的疏漏。究其原因,还是由于在《洪范》本经中,"庶征"原本只与"五事"对应,与"五行"未必一一对应,更与"皇极"无关,《五行传》强行将"五行""五事""皇极""庶征"纳入同一体系,自难避免方枘圆凿。郑玄能在形式上完成系统性阐释,已良为不易。

乔秀岩以"结构取义"为郑学第一原理,这确实抓住了郑注的核心特征。当然,从两汉《洪范》五行学的整体演进看,由于《五行传》本就具有较强的结构性,故注释者对其结构给予关注也属自然。从刘向、刘歆到《汉书·五行志》,他们的阐释均关注《五行传》占验体系的系统性,并借助其结构赋予各妖祥事变以相应的解释。只是与刘向主要关注六沴、五行各自致灾机制的系统性相比,郑玄还希望建构起诸罚、极、妖、孽、祸、痾之间的系统性,故其面临的阐释难度自然更大。

三、基于"六天说"的"神怒"与"变异"

郑玄对于《五行传》的系统化、经学化建构并不止于训诂层面，在阐释《五行传》"六事""五行"之失的致灾机制时同样有所体现。《洪范》开篇自述其所出："鲧则殛死，禹乃嗣兴，天乃锡禹《洪范》九畴"①，将经文传承归诸天赐和往圣，这种敬天、宗圣的观念在《诗经》《尚书》中多次出现②，只是受孔子"不语怪力乱神"的影响，晚周儒学对于圣人探知天意的具体方式往往讳莫如深③。不过，《五行传》对其文本来源的描述有所不同，传文的产生被置于"帝令大禹步于上帝"的具体场景中，这里"帝"指帝舜，而"大禹步于上帝"则是一种不见于传统儒学文献的天人沟通方式。马王堆帛书《五十二病方》《养生方》、张家山汉简《引书》、北大秦简《杂祝方》均提及所谓"禹步"，扬雄《法言·重黎》云，"昔者姒氏治水土，而巫步多禹"④，显然，"禹步"是一种在导引和祷祠中广泛使用的巫术步法⑤。继而，在谈到"六沴"的应对之术时，传文反复提及"神"之"怒"，先后见于"是用知不畏而神之怒"和"神则不怒"两句，将"神

---

① 《尚书正义》卷一二《洪范》，第397页下栏 b～398页上栏 a。
② 如《大雅·皇矣》反复以"帝谓文王"的形式强调"上帝"对圣王的告诫（《毛诗正义》卷一六《大雅·皇矣》，《十三经注疏》，第1121页上栏 a、1123页上栏 b）；《尚书·洛诰》言："公不敢不敬天之休，来相宅，其作周配。"（《尚书正义》卷一五《洛诰》，《十三经注疏》，第455页下栏 b）
③ 如《论语》载孔子言："巍巍乎唯天为大，唯尧则之。"（《论语注疏》卷八《泰伯》，《十三经注疏》，第5402页下栏 a）《周易·系辞》亦言："是故天生神物，圣人则之；天地变化，圣人效之；天垂象，见吉凶，圣人像之；河出图，洛出书，圣人则之。"（《周易正义》卷七《系辞上》，《十三经注疏》，第170页上栏 b）均以"则""效"等词概言之。
④ （汉）扬雄撰、汪荣宝疏：《法言义疏》卷一三《重黎》，第317页。
⑤ 可参［日］工藤元男：《睡虎地秦简所见秦代国家与社会》，［日］广濑熏雄、曹峰译，上海：上海古籍出版社2010年版，第246～254页；张鹏：《秦汉简所见〈禹须臾〉与"禹步"新论》，《世界宗教研究》2019年第1期，第90～92页。

第十章　郑玄经学体系中的《洪范五行传》注

怒"与否作为致灾或销祸的关键,这与晚周儒学多以道德化的理性之"天"为祸福之源的表述同样存在微妙差异,与儒家修己改政的销祸观念尤为不同,凡此均显示出《五行传》的数术色彩。对于这些说法,刘向《传论》以"阳曰神,阴曰灵"解释传文"若尔神灵"①,试图以"阴阳"这一更具儒学色彩的概念淡化传文的数术色彩。《汉书·五行志》则完全删去这些论述,使《五行传》在形式上完全成为依附于《洪范》的儒家经传。

郑玄《五行传》注同样采用了刘向的解释策略,如"步于上帝",郑注以为:"步,推也。令禹推演天道,谓睹得失反复也。"②将其塑造为理性的认知过程。不过,对于"神""神灵"等概念,郑玄却没有回避或改训③,反而基于传文自身的叙述逻辑,将"神怒"确定为《五行传》各类妖祥事变的共同生成机制;只是在深入讨论"神怒"的致灾机制时,他将"神灵"落实为其礼学体系中的"六天",又以《春秋》灾异学中的"变异"统摄传文"六沴"与"五行"之失,从而在依托于《五行传》的同时,重构了《洪范》五行学的内在结构,并将其纳入自身经学体系之中。

先说用以统摄各类妖祥的"变异"。《五行传》有一套相对独立的妖祥概念体系,大抵可分为三类,第一类是作为先兆性预警的

---

①　《晋书》卷八三《江逌传》,第2174页。

②　朱熹著、黄榦编:《仪礼经传通解正续编》,第2254页下栏b。

③　与刘向、班固大量使用"阴阳"说《洪范》五行灾异不同,除了在论及"天"时笼统地涉及"阴阳",郑玄从未将阴阳学说作为具体的致灾机制,甚至对刘向、班固将大量妖祥归咎于"阴胜阳,臣强君之异"的阐释方式颇不以为然。这或许是因为《五行传》本身并未直接使用"阴阳"等概念,故以阴阳说洪范《五行》灾异,多少有舍《传》远求之弊。《五行传》郑注中有关"阴阳"的论述如下:其一见于"王之不极"句注:"天变化为阴为阳,覆成五行。"(赵祯:《宋钞本洪范政鉴》卷一一上《皇极上》,第534页)其二见于"下人伐上之痾"注:"阴阳之神曰精气,情性之神曰魂魄,君行不由常,倚张无度,则是魂魄伤,王极气失之病也。"(赵祯:《宋钞本洪范政鉴》卷一一上《皇极上》,第535页)其三见于"建用王极"句注:"于以尽得天人阴阳之用"(〔宋〕金履祥《资治通鉴前编》卷二引"郑氏曰",文渊阁《四库全书》本,第28叶b)。均与"皇极"有关。

"六沴",包括妖、孽、祸、痾、眚、祥以及"日月乱行,星辰逆行";第二类是"六沴"出现后"若不共御"而导致的实质性惩罚,即"六罚""六极";第三类则是五行之失所致木不曲直、火不炎上、土无稼穑、金不从革、水不润下,这部分既没有明确的概念将其加以统摄,也没有交代其与"六沴""六罚""六极"之间的关系,故在理解传文时成为难点。当然,汉儒在讨论天人关系时最常用的概念体系来自董仲舒基于《春秋》"灾异"而建立的谴告说,"国家将有失道之败,而天乃先出灾害以谴告之,不知自省,又出怪异以警惧之,尚不知变,而伤败乃至"[1],灾害、怪异均意在谴告、警惧人君,但程度有所不同。此后,"灾异""变异"等词频见于汉人诏令、奏议与论著[2],刘向《传论》遂将其援入《五行传》阐释体系中。不过,与董生以"灾异"均为先兆性预警不同,刘向仅以"异"为先兆性预警,而以"灾"为事后的实质性惩罚[3],由此建构起《五行传》"六沴—六罚六极"与《春秋》"异—灾"之间的同构关系。不过,刘向在阐释具体灾异事例时未能有效整合两种灾异论对部分妖祥的不同定性,如以"大雨雪"和"大水"同为"常雨之罚",但前者于《春秋》属异,后者属灾,由此造成其学理体系的混乱,也限制了他在传文阐释中系统援用《春秋》灾异说。

郑玄在经纬注释中同样多次使用"变异",如《大雅·瞻卬》"天何以刺,何神不富,舍尔介狄,维予胥忌"句笺云:"王之为政既无过

---

[1] 《汉书》*卷五六《董仲舒传》,第2498页。

[2] 以诏书为例,宣帝本始四年(前70)四月地震、山崩水出,诏书言:"盖灾异者,天地之戒也。"(《汉书》卷八《宣帝纪》,第245页)元帝初元三年(前46)四月"茂陵白鹤馆灾",诏书言"不烛变异,咎在朕躬"(《汉书》卷九《元帝纪》,第283~284页),以此火灾属"异",似据《公羊传·僖公二十年》以"西宫灾"为"异";又如永始二年(前15)二月日蚀,成帝诏以为"乃者,龙见于东莱,日有蚀之。天著变异,以显朕邮,朕甚惧焉"(《汉书》卷一〇《成帝纪》,第321页)。

[3] 刘向《传论》以为:"凡有所害谓之灾,无所害而异于常谓之异。灾为已至,异为方来。"(李昉等撰:《太平御览》卷八七四《咎征部一》引《洪范五行传》,第3876页下栏b)

第十章 郑玄经学体系中的《洪范五行传》注

恶,天何以责王见变异乎?神何以不福王而有灾害也?"①《周礼·女祝》"掌以时招梗襘禳之事,以除疾殃"句注云:"除灾害曰襘,襘犹刮去也;却变异曰禳,禳,攘也。"②两处皆对举"灾害"与"变异",显然亦基于《春秋》灾异谴告说。至于"灾害"与"变异"之别,《小雅·十月之交》"高岸为谷,深谷为陵,哀今之人,胡憯莫惩"句笺云"变异如此,祸乱方至"③,强调"变异"为先兆性预警,"祸乱"为实质性惩罚,可知其灾异观更接近于刘向而非董生。在《五行传》注中,郑玄九次使用"变异"一词,明确其"以谴告人"的预警作用④,而其指涉范围不仅包括"六沴"诸妖祥,也包括五行之失所致诸变,凡此均显示出郑玄打破传文"六事""五行"之间的隔阂,将五行之失纳入"六沴"整体致灾机制的用意。这无疑有助于传文系统性的提升,也进一步彰显了其《洪范》五行说的经学色彩。由于郑注仅阐释传文,不涉及灾异事例的定性和说解,故得以回避刘向在事例说解中遇到的诸多具体问题,在系统性层面显得更为顺畅。

再说作为核心致灾机制的"神怒"。郑注建构的"神怒"机制包括三个层次,第一层次针对"五事"之失所致诸妖祥的形成,相关论述主要见于"貌之不恭"部分"维金沴木"句注文:

> 凡貌、言、视、听、思心,一事失则逆人之心,人心逆则怨,木、金、水、火、土气为之伤,伤则冲胜来乘沴之,于是神怒人怨,将为祸乱。故五行先见变异,以谴告人也。及妖孽祸痾眚祥,皆其气类暴作非常为时怪者也。各以物象为之占也。⑤

郑玄将"五事"之失所致妖祥细分为四个阶段,首先是人君于某

---

① 《毛诗正义》卷一八—五《大雅·瞻卬》,《十三经注疏》,第 1246 页上栏 b~下栏 a。
② 《周礼注疏》卷八《女祝》,《十三经注疏》,第 1485 页下栏 b。
③ 《毛诗正义》卷一二—二《小雅·十月之交》,《十三经注疏》,第 957 页上栏 b。
④ 马端临:《文献通考》卷二九五《物异考一》,第 8046 页。
⑤ 马端临:《文献通考》卷二九五《物异考一》,第 8046 页。个别文字据《后汉书》注改。

"事"有所失，由此触发民怨。其次是民怨导致某"事"对应的五行之气伤败，并由此带来五行内部关系的失衡。这是由"人"事之失转向"天"变的关键，此时五行之气作为客观的物质力量，其失序是一个无法改变的必然过程。第三步是因为五行之气失序而惊扰天神，神怒于人怨，将降下"祸乱"。最后一步，由于天神的仁爱之心，故在降祸前结合时令和物象因素，先显现妖、孽、祸、痾、眚、祥等各种"变异"作为"谴告"，换言之，若"谴告"无效，再降下"祸乱"，也就是《五行传》"六罚""六极"，或是《春秋》学中的"灾"。简言之，第一步是人事触发机制，第二步是物质性变化，第三步是神怒，第四步是谴告。第二步完全由第一步驱动，没有独立性，第三步则加入一个变量，那就是作为一种情绪的"神怒"，变异的显现及其方式都取决于"神怒"的程度及其时空环境，因此，变异的禳救也要从平息神怒着手。郑玄在"维五位复建，辟厥沴"句下注云："复立之者，当明其吉凶变异，则知此为貌邪，言辄改过以共御之，至司之月，又必斋肃祭祀以抚其神，则凶咎除矣。"[1]通过一系列娱神行为抚平神怒，由此转祸为福。

郑注"神怒"机制的第二层次专门针对"王之不极"。无论传文开篇所言"洪祀六沴"诸事，还是篇中所言"六沴司月""共御"之术，均并举"六沴""六事"，但在分述"六事"妖祥祸痾时，"五事"诸条均言其五行相沴关系，如"金沴木""木沴金"等，至"王之不极"则不言"沴"而仅言"日月乱行，星辰逆行"，在其后概述"六沴"的应对之术时，也仅言"维五位复建，辟厥沴"，显示"五事"和"王极"的致灾机制仍有所不同，但究竟差异何在，传文未作明确交代。"五事"本于"五行"，是早期尚"五"观念的产物，"五事"和"皇极"在《洪范》中本是独立的两畴，传文将其合为一体，难免有所割裂。对于"皇极"部

---

[1] 朱熹著、黄榦编：《仪礼经传通解正续编》，第2257页下栏a。

第十章　郑玄经学体系中的《洪范五行传》注

分不言"沴",《汉书·五行志》认为:"为若下不敢沴天,犹《春秋》曰'王师败绩于贸戎',不言败之者,以自败为文,尊尊之意也。"①《续汉书·五行志》引述"说云"则更明确指出:"此沴天也。不言沴天者,至尊之辞也。"②按照礼制,下民本无敢逆天,但皇极不建、礼崩乐坏之际,则屡有冒犯天颜者,故此处援引《春秋》"为尊者讳"的辞例,以不言"沴天"为曲笔讳辞,若究其实,则正以"沴天"而致日月、五星之变。此说照顾了传文所言"六沴"的整体结构,也符合汉儒的知识观念。不过,郑玄的看法完全不同:

> 不言沴天,天至尊,无能沴之者。"离逢非沴,维鲜之功",谓此也。③

同样强调天的"至尊"地位,但郑玄从根本上否认存在一种可以挑战"天"的力量。郑注所引"离逢"二句见于传文"共御"之术部分:"星辰莫同,是离逢非沴,维鲜之功。"其意令人费解,尤其是"离逢"和"维鲜",皆无其他用例可参。郑注认为:

> 离,忧也;逢,见也。是谓忧见之象,非沴也,言五行非能沴天者也。鲜,杀也。功,成也。维凶咎之杀已成,故天垂变异以示人也。④

这里关键的训释是"鲜,杀也"。《仪礼·既夕礼》"鱼腊鲜兽皆如初",郑注云"鲜,新杀者"⑤,故郑玄以"鲜"有"杀"意,并据此推定"维鲜之功"所言正是寓指杀伐的"下人伐上之疴",进而反推前句

---

① 《汉书》卷二七下之上《五行志》,第1459页。
② 《后汉书》志第十七《五行五》,第3341页。《新唐书·五行志》"皇之不极"条亦言:"谓木金火水土沴天也。"(《新唐书》卷三六,第948页)从《新唐书·五行志》叙论部分来看,其曾经参考过题名《洪范五行传》的刘向《洪范五行传论》,故此说很可能亦源自刘向《传论》。
③ 朱熹著、黄榦编:《仪礼经传通解正续编》,第2257页下栏a。
④ 朱熹著、黄榦编:《仪礼经传通解正续编》,第2258页上栏b。
⑤ 《仪礼注疏》卷三九《既夕礼》,《十三经注疏》,第2499页上栏a。

"离逢非沴"所言正是"王之不极"。郑玄此说固然迂曲,且此处以"杀"训"鲜"亦未必可靠,但他由此在形式上为王极"非沴"找到了传文的内证,不仅完美解释了"王之不极"部分何以不言"沴",而且进一步强化了其理论体系中"天"的至尊地位。在"五位复建,辟厥沴"句下,郑注再次指出:"不言六位,天不违其位也","日月乱行,星辰逆行"均是"天"主动垂示变异,绝非受到任何力量的破坏而被迫致祸。至于天垂异于人的具体原因,郑注这里并未明言,相关论述见于"则木不曲直"句注文:"凡神怒者,日、月、五星既见适于天矣。"①这里的"日、月、五星"之异显然指"日月乱行,星辰逆行",根据郑注的逻辑,由于"王极象天"②,"王极"与"天"本就以物类相感,故与"五事"之失以五行之气互沴而间接导致"神怒"不同,"王之不极"将直接触发"神怒",故垂示变异以为警惧。在"六沴是合"句下,郑注总结到:"六沴是神灵所为也","王极"之失虽未导致五行相沴的物质性变化,但其以"神怒"而致变异的机制则与"五事"相同,这样,郑玄既实现了其进一步尊"天"的用意,又维护了传文以"六沴""六事"并举的基本结构。

郑注"神怒"机制的第三层次是"五行失性"。《五行传》所言妖祥分为"六事之失"和"五行失性"两大部分,各有其咎由效验,但传文开篇和"共御"部分仅言"六事"得失,故"五行失性"部分的结构性意义成为理解传文的难点。刘向将"六事"和"五行"作平行化处理,建立起十一种并行的致灾机制,这相对忠实于传文,但未能解决"五行"部分游离于传文的问题。《汉书·五行志》将这两部分先后以十一段"传曰"的形式列于《洪范》"初一曰五行"和"羞用五事"两段经文之下,在结构上赋予其合理性;但传文本先言"六事"而后

---

① 《后汉书》志一三《五行一》刘昭注,第3266页。
② 赵祯:《宋钞本洪范政鉴》卷一一上《皇极上》,第534页。

言"五行",班固据经文调换二者次序,实际上已经破坏了传文的自身结构。《汉书·五行志》又引"一曰":"金沴木曰木不曲直"①,显示西汉时期已出现将"五沴"与"五行失性"一一对应的尝试,这一思路在《春秋繁露·五行五事》和《续汉书·五行志》中得到不同形式的实现,"木不曲直"等成为"五事"之失导致的若干妖祥之一。这在结构上固然更为简明,但对传文的改动也更大,仍难称妥善。郑玄以"注"解《传》,这决定了他必须像刘向一样依托于传文,不可能直接改变其文本结构;而他通过对传文的独特阐释,使得整个"五行失性"部分成为对所谓"六事之机"的具体说明,在完全不改变传文结构的前提下重构了"六事"与"五行"两部分的关系,并将二者所致妖祥全部归于"神怒"的致灾机制中,在忠实传文和廓清结构之间找到了难得的平衡,展现出精妙的阐释能力。传文"共御"部分所载祝词如下:

  若尔神灵洪祀六沴是合,无差无倾,无有不正。若民有不敬事,则会批之于六沴,六事之机以县示我,我民人无敢不敬事上下王祀。②

关于"六事之机",《说文》言:"主发谓之机。"③"机"本是一种触发装置,引申有机微、预兆之意,故"六事之机"即"六事"之兆。结合上下文,应指前文所言"六沴",意谓"六沴"即神灵悬示人君"六事"有失之兆,故自人君至于臣民皆不敢不敬事奉祀。祝文到此为止,随后转入全《传》最后一部分关于"五行失性"所致妖祥的记述。不过,郑玄对这段材料做出完全不同的阐释,其关键在于对"六事之机"的解释:

---

① 《汉书》卷二七中之下《五行志》,第1411页。
② 朱熹著、黄榦编:《仪礼经传通解正续编》,第2259页上栏b~下栏a。
③ 许慎撰、段玉裁注:《说文解字注》,第262页。

> 六事,貌、言、视、听、思心、王极也。机,天文也,天文运转,以县见六事之变异示我。①

《尚书·尧典》有"在璇玑玉衡,以齐七政"句,汉儒多将其置于天文背景下理解。司马迁以北斗七星解之,《史记索隐》引马融注:"机,浑天仪,可转旋,故曰机。"②《宋书·天文志》引郑玄说:"动运为机,持正为衡,皆以玉为之。视其行度,观受禅是非也。"③皆以"机"与天文有关,故此亦以"机"为"天文运转",类似解释亦见于《易是类谋》郑注④。至于"天文运转"的具体所指,在传文所言"六事"妖祥中,仅"王之不极"提及"日月乱行,星辰逆行",其他"五事"均与"天文"无关,可知郑注所言悬示"六事"的"天文"应别有所指。通观《五行传》郑注,实以"五行失性"部分所言"天文"最为系统,不妨将其表见如下⑤:

表 10-2

	《洪范五行传》	郑玄注
木	田猎不宿	**角**主天兵。《周礼》四时习兵,因以田猎。**角**南有**天库**、**将军**、**骑官**。
	出入不节	**角**为天门,**房**有三道,出入之象也。
	夺民农时	**房**、**心**,农时之候也。季冬之月,命农师计耦耕事,是时**房**、**心**晨中。
	及有奸谋	**亢**为朝廷,**房**、**心**为明堂,谋事出政之象。
	木不曲直	君行此五者,为逆天**东宫**之政。东宫于地为木……

---
① 朱熹著、黄榦编:《仪礼经传通解正续编》,第 2259 页下栏 a。
② 《史记》卷二七《天官书》索隐,第 1536 页。
③ 《宋书》卷二三,第 735 页。
④ 《易是类谋》"命机之运"郑注:"机,转者,纪数天之运。"(〔清〕赵在翰《七纬》,北京:中华书局 2012 年版,第 172 页)
⑤ 表中郑注据《续汉书·五行传》刘昭注,"土无稼穑"条及"水不润下"条据《洪范政鉴》校补。(《后汉书》,第 3266、3276、3291~3292、3305 页;赵祯《宋钞本洪范政鉴》,第 424 页)

第十章　郑玄经学体系中的《洪范五行传》注

续表

	《洪范五行传》	郑玄注
火	弃法律、逐功臣	**东井**主法令也。功臣制法律者也。或曰，**喙**主尚食，**七星**主衣裳，**张**为食厨，**翼**主天倡。……七星北有**酒旗**，南有**天厨**，翼南有**器府**。
火	杀太子	五行火生土，天文以**参**继**东井**，四时以秋代夏，杀太子之象也。
火	以妾为妻	**轩辕**为后妃，属南宫。其大星女主之位。**女御**在前，妾为妻之象也。
火	火不炎上	君行此四者，为逆天**南宫**之政。南宫于地为火……
土	治宫室、饰台榭	**紫宫**、**太微**，宫室、台榭之象。太微西南有**灵台**。
土	内淫乱、犯亲戚	**大帝**、**太子**、**后妃**、**群妾**同居紫宫，内淫乱、犯亲戚之象。
土	侮父兄	天文混为一体，北斗指使四方，**大微五帝**转相乘贬，侮父兄之象。
土	稼穑不成	君行此五者，为违天**中宫**之政，中宫于地为土……
金	好攻战	**参**、**伐**为武府，攻战之象。
金	饰城郭	昴、毕间为**天街**。《甘氏经》曰："天街保塞，孔途道衢。"保塞，城郭之象也。
金	侵边竟	**毕**主边兵。
金	金不从革	君行此四者，为逆天**西宫**之政。西宫于地为金……
水	简宗庙、不祷祠	**虚**、**危**为宗庙。
水	废祭祀	**牵牛**主祭祀之牲。
水	逆天时	日在**星纪**，周以为正，在**玄枵**，商以为正，皆不得四时之正，逆天时之象也。
水	水不润下	君行此四者，为逆天**北宫**之政也。北宫于地为水……

《史记·天官书》言"常星之变希见,而三光之占亟用"①,由于恒星的相对位置较少变化,故在星占中多作为背景,据以衡量日月、五星相对位置的变化,但这里郑注所言显然不涉及日月、五星,而是通过三垣、五宫、二十八宿星官的职守、运行与分布特点,揭示天文与政事的对应关系。具体而言,其描述可分为两类,一类是"常象",也就是通过星官的日常职守来了解人间政事要务。与传统星占多关注群星的位置、亮度、光色变化不同,郑玄将"五行"视为周天"五宫"在地上的对应物,将"五行失性"理解为逆天"五宫"之政的效验。如东宫角宿主天兵,据《周礼》四时习兵之说,当主"田猎"之事,故人君若田猎不中节,则"东宫于地为木",将致"木不曲直"。同理,南宫东井主法令,人君若背弃法律,则应在南宫所主之"火",为"火不炎上"。"五行失性"部分多数注文均属这一类型。显然,这里的"五行"不再是"六沴"部分郑注中尚显虚幻的"五行之气",而是实实在在的五种材质,故郑注在此特别援据《左传》"五材"之说:"木金水火土,谓之五材,《春秋传》曰:'天生五材,民并用之。'"②这一理解与传文"五行失性"部分强调木之"曲直"、火之"炎上"、土之"稼穑"等物质性特征的描述恰相吻合。通过建立"五材"物质性特征与"五宫"所主政事的相关性,"五行失性"成为星占术的一部分,这在传统的星占和五行占术中都是罕见的,显示出郑注的创造性。

另一类则是"凶象",也就是通过某些星官特殊的组成方式揭示宫廷政治的凶险。例如南宫轩辕,据《史记·天官书》:"轩辕,黄龙体。前大星,女主象;旁小星,御者后宫属。"③轩辕大星即轩辕十四,在轩辕十七星中亮度最高,故为正妻之位,但其周围又有轩辕

---

① 《史记》卷二七《天官书》,第 1536 页。
② 《后汉书》志第十三《五行一》刘昭注,第 3266 页。
③ 《史记》卷二七《天官书》,第 1544 页。

第十章　郑玄经学体系中的《洪范五行传》注　395

十三为夫人、轩辕十二为妃、轩辕十七为御女,这些小星的亮度虽不及大星,但位置相逼,不免夺其光芒,故郑注以此为"妾为妻之象"。又如中宫紫微垣,据《史记·天官书》:"中宫天极星,其一明者,太一常居也;旁三星三公,或曰子属。后句四星,末大星正妃,余三星后宫之属也。"[1]紫微垣同时分布着大帝("其一明者")、太子("旁三星"之一)、正妃("末大星")、群妾("余三星")等众多星官,郑注认为这一天象本身就隐藏着淫乱相犯的可能性,故将其视为"内淫乱、犯亲戚之象"。

在关于"凶象"的注文中,郑注两次使用"天文"一词,一是"火不炎上"部分"杀太子"句:

五行火生土,天文以参继东井,四时以秋代夏,杀太子之象也。[2]

这里郑玄分别举出五行、天文和四时的运转方式。五行火生土,故火王之时,土当为太子,但"天文"直接以西宫参宿接续南宫东井之位,西宫、南宫分别对应金、火,是金僭土而继火;同样,四时亦径以主秋之金替代主夏之火。在时空变化中,皆以金代火而王,郑玄认为这暗示着"土"以太子而遭废黜,故将其作为"杀太子之象"。郑注此说极为巧妙,而其所言"天文"自然是指"天文运转"之象。

另一处是"土无稼穑"部分"侮父兄"句:

天文混为一体,北斗指使四方,大微五帝转相乘贬,侮父兄之象。[3]

---

[1] 《史记》卷二七《天官书》,第1533页。
[2] 《后汉书》志第十四《五行二》刘昭注,第3292页。
[3] 赵祯:《宋钞本洪范政鉴》卷八之上《土行上》,第424页。

这里"天文"指全天日月星辰。汉人有"浑天"之说①，故郑注认为日月星辰无所区隔，实隐藏着失序、相争的危机。同理，北斗斗柄随四时指向四方，太微垣则有五帝座并立，这些都被视为权力转移、更迭的象征，故郑注认为凡此均为"侮父兄之象"。郑注两处所言"天文"均指星官的运行方式，这自然让我们想到其"六事之机"注文所言"天文运转，县见六事之变异示我"，无论具体措辞，还是郑玄在"五行失性"注文中建构的天文与政事之间的对应关系，都显示其所谓"天文运转"正是"五行失性"注文所言五宫天象。在郑注的阐释体系中，"五行失性"成为对祝词所言"六事之机以悬示我"的具体说明，是有别于"六沴"但又与"六事"存在对应关系的一套相对独立的妖祥体系。郑注由此为"五行失性"找到了结构上的定位。

至于"五行失性"的致灾机制，郑玄在"木不曲直"条注文指出：

> 其政逆则神怒，神怒则材失性，不为民用。其他变异皆属沴，沴亦神怒。凡神怒者，日、月、五星既见适于天矣。②

与"五事"部分相比，此处所言政事之失并未经由五行相沴的物质性变化而引发神怒，而是直接触发神怒，并导致"无故生不畅茂，多有折槁""无故因见作热，燔炽为害""无故苗生消恶，或秀实不就""无故冶之不销，或入火飞亡，或铸之裂形""无故源流竭绝，川泽以涸"等一系列"五材""不为民用"的异象③，这或许是因为"五行"部

---

① 扬雄《法言·重黎》："或问'浑天'。曰：'落下闳营之，鲜于妄人度之，耿中丞象之，几乎！几乎！莫之能违也。'"（〔汉〕扬雄撰、汪荣宝疏《法言义疏》卷一〇，第 320 页）《续汉书·天文志》刘昭注引蔡邕《表志》："言天体者有三家：一曰《周髀》，二曰宣夜，三曰浑天。……唯浑天者近得其情，今史官所用候台铜仪，则其法也。"《后汉书》志第十《天文上》，第 3217 页）
② 《后汉书》志第十三《五行一》刘昭注，第 3266 页。
③ 《后汉书》志第十三《五行一》刘昭注，第 3266、3276 页；志第十四《五行二》刘昭注，第 3292 页。

第十章　郑玄经学体系中的《洪范五行传》注

分所言政事均为五官所主,故可"直达天听",不必转由五行沴变惊扰。不过,从"其他变异皆属沴,沴亦神怒"句的表述来看,郑玄又认为"五材"失性与"五沴"诸妖、孽、祸、痾、眚、祥之间存在对应关系,它们均由"神怒"造成,只是前者较"五沴"更为直接,是同具谴告意义,但更为迅捷的一类特殊"变异"。

郑注中"五事之失""王之不极""五行失性"所致妖祥的形成过程虽有所不同,但它们基于"神怒"而致"变异"的核心机制却完全一致,《五行传》由此获得空前完备的系统性。不妨以下图表示:

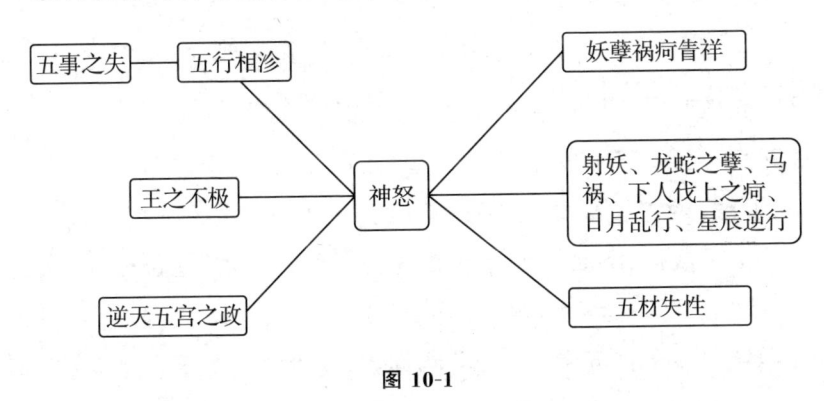

图 10-1

当然,要理解这一框架,还有一个关键问题:既然所有"变异"均源自"神怒",那么此"神"究竟是何方神圣呢?早期儒家经传并未建构系统性的神谱,只是在《左传》《国语》《大戴礼记》《礼记》等文献中有关于五官、五时之神的零星记述。至两汉之际谶纬兴起,有关神灵之说乃逐渐丰富,并趋向系统性。《五行传》郑注将"神"分为"天"和"五精之神",其关键论述见于"六沴之礼"诸句注文:

> 此祀五精之神,其牲、器、粢盛有常,礼记其异者也。不祀天,非正月,亦以此礼祀此神也。①

---

① 朱熹著、黄榦编:《仪礼经传通解正续编》,第 2259 页上栏 a。

这里郑玄明确将"五精之神"和"天"作为两种祭祀对象。关于"天","帝令大禹步于上帝"句郑注云"上帝,谓天也",前引"内淫乱"句郑注则以"大帝""居紫宫",可知"天"在郑注中是具有神格属性的至高神,其具体形象就是居于紫微垣的"上帝"或"大帝"。至于"五精之神"的具体所指,见于"若尔神灵洪祀六沴是合"句注文:

> 神灵,谓木精灵威仰、火精赤熛怒、土精含枢纽、金精白招矩、水精叶光纪,及木帝太皞、火帝炎帝、土帝黄帝、金帝少皞、水帝颛顼,木官勾芒、火官祝融、土官后土、金官蓐收、水官玄冥皆是也。古者生能其事,死在祀典,配其神而食。[①]

"五精"之说见于《礼记正义·郊特牲》所引《春秋纬》[②],"五帝"与"五官"之说见于《礼记·月令》,"五官"说亦见于《左传·昭公二十九年》蔡墨之言[③]。郑玄将三者加以整合,其"上下王祀"句注言:"上君祀灵威仰,下君祀太皞之属也",可见,"五精"地位较高,次为"五帝""五官"。这一结构又部分见于其《周礼·小宗伯》"兆五帝于四郊"句注文:"五帝,苍曰灵威仰,太昊食焉;赤曰赤熛怒,炎帝食焉;黄曰含枢纽,黄帝食焉;白曰白招拒,少昊食焉;黑曰汁光纪,颛顼食焉"[④],而《五行传》注则是存世郑注中唯一完整呈现"五天帝—五人帝—五人神"体系的注文[⑤]。"五精之神"与"天"共同构成郑注中以"怒"而致灾的"神",这一"六神"体系自然让我们想到郑

---

① 朱熹著、黄榦编:《仪礼经传通解正续编》,第2259页下栏 a。
② 《礼记正义·郊特牲》引《春秋纬》:"紫微宫为大帝,又云北极耀魄宝,又云大微宫,有五帝坐星,青帝曰灵威仰,赤帝曰赤熛怒,白帝曰白招拒,黑帝曰汁光纪,黄帝曰含枢纽。"(《礼记正义》卷二五,《十三经注疏》,第3129页上栏 b)类似引文又见于《礼记正义·曲礼下》《春秋左传正义·桓公五年》《毛诗正义·廊风·君子偕老》。
③ 《春秋左传正义》卷五三,《十三经注疏》,第4611页上栏 a~b。
④ 《周礼注疏》卷一九《小宗伯》,《十三经注疏》,第1653页上栏 b。
⑤ 有关这一系统的总结见于《周礼·大宗伯》贾疏:"若然,迎气在四郊,还是迎五天帝,明知五人帝、五人神亦配祭可知,以其自外至者,无主不止,故皆以人帝、人神为配也。"(《周礼注疏》卷一八,《十三经注疏》,第1645页上栏 a)

第十章　郑玄经学体系中的《洪范五行传》注　399

玄在"三礼"注、《毛诗》笺、《孝经》注中多次提及的"六天"说[①]。《周礼·春官·司服》言王吉服之礼："祀昊天上帝,则服大裘而冕,祀五帝亦如之"[②],《天官·掌次》又言："王大旅上帝则张毡案,设皇邸;朝日祀五帝则张大次、小次"[③],均以"上帝"之外别有"五帝",这成为郑玄强调"昊天上帝"与"五帝"之别的经典依据。《礼记·月令》"以共皇天上帝"句郑注："皇天,北辰耀魄宝,冬至所祭于圜丘也。"[④]以圜丘为祭祀昊天上帝之礼;在前引《周礼·小宗伯》"兆五帝于四郊"句郑注中,又以郊祀为祭祀五帝之礼,二者合为"六天"。

我们在讨论《五行传》文本结构时已指出,传文整合《洪范》"五事""皇极"以为"六事",本身就有强调大一统皇权的用意,只是这一结构缺少经典依据,因此成为传文阐释的又一难点。刘向《传论》以《乾》《坤》、四正卦的《易》学体系作为"六事"的经学依据,可备一说;而郑玄发现了"王极—五事"与"昊天上帝—五帝"之间的同构关系,遂将后者引入传文阐释中。他一方面指出"天变化为阴为阳,覆成五行"[⑤],另一方面又强调"五行无能渗天",这就意味着

---

① 近年来有关郑玄"六天说"的研究,可参陈赟《郑玄"六天"说与禘礼的类型及其天道论依据》,《陕西师范大学学报》2016年第2期,第86～10页;褚叶儿《郑玄的六天说与阴阳五行》,《中国哲学史》2020年第4期,第83～90页。
② 《周礼注疏》卷二一,《十三经注疏》,第1686页下栏a。
③ 《周礼注疏》卷六,《十三经注疏》,第1456页下栏a～b。
④ 《礼记正义》卷一六《月令》,《十三经注疏》,第2968页上栏b。此处郑注又言:"上帝,大微五帝。"以"上帝"与"昊天"有别而为"五帝",与《周礼》之说不合,孔疏认为:"别言五帝,则昊天上帝之中无五帝矣,故以为一;《月令》文无所对,宜广及天、帝,故分之为二。"认为郑玄是为了迁就《月令》统称"皇天上帝"之文,故使"上帝"别指"五帝",其目的仍在于强调并祀"六天"。事实上,在《王制》"天子将出类乎上帝"注中,郑玄亦以"帝,谓五德之帝,所祭于南郊者"。《礼器》"故鲁人将有事于上帝"注亦言:"上帝,周所郊祀之帝,谓苍帝灵威仰也。"此皆以感生帝为上帝。此外,《孝经》"祀后稷以配天,宗祀文王于明堂以配上帝"别言"天"与"上帝",然郑注以为:"郊祀后稷以配天,配灵威仰也,宗祀文王于明堂以配上帝,泛配五帝也。"《周礼·典瑞》"四圭有邸以祀天,旅上帝"注言:"祀天,夏正郊天也。上帝,五帝所郊,亦五帝。殊言天者,尊异之也。"均以"天"与"上帝"均为"五帝"。其目的均是为了贯彻"昊天上帝"为超然之天,"五帝"为感生帝这一核心观念,故不以词害意,随文见义也。
⑤ 赵祯:《宋钞本洪范政鉴》卷一一上《皇极上》,第534页。

"天"一方面化生五行，另一方面又始终以更超然的形态存在于五行之外，这正是"昊天上帝"与"五天帝"之间的共生关系。此外，"上帝"居于"紫宫"，"五帝"居于"太微"，六者同属中宫，故尽管"五行失性"部分仅言五宫天文，但其所指涉的却是包括"王极"在内的"六事之机"。传文"五行"与"六事"之间的数理矛盾在"六天说"的框架下也得以解决。

当然，郑注"六神"体系较其"六天说"又略有不同。在"六天"说中，昊天上帝和五帝的职权有所不同，"王者之先祖皆感太微五帝之精以生"①，五帝是导致政权易姓的感生帝，"昊天上帝"则是更为超然的至尊之"天"。《礼记正义》总结到："郑氏以为六者，指其尊极清虚之体，其实是一；论其五时生育之功，其别有五，以五配一，故为'六天'。"②作为感生帝的"五帝"代表着政权的更迭，而"昊天上帝"则代表天命本于一体。这一结构既符合秦汉以来五德终始的历史观念，又满足了大一统皇权制度下"天道无二"的宇宙观念③，实际上是为董仲舒"王者有改制之名，亡变道之实"的政治观念建立起宇宙论基础。至于《五行传》郑注，由于传文"王之不极"条特言"下人伐上之疴"，也就是易姓灭身之事，故郑玄在"御王极于宗始"句下注云："大者易姓，小者灭身。"④显然，《五行传》注中的"天"并不像《周礼》注中的"昊天上帝"那样清虚无为，而是直接介入鼎革之事，可见，尽管《五行传》郑注"六神"体系在结构上类似于"六天"，但受制于传文的自身结构，其具体内涵仍有所不同。

---

① 《礼记正义》卷三四《大传》郑玄注，《十三经注疏》，第3264页上栏a。
② 《礼记正义》卷二五《郊特牲》，《十三经注疏》，第3129页上栏b。
③ 苏舆：《春秋繁露义证》卷一二《天道无二》，第345页。
④ 朱熹著、黄榦编：《仪礼经传通解正续编》，第2259页上栏a。

四、"共御"之术的礼学化阐释

《五行传》数术色彩最浓厚的部分是有关"共御"之术的论述①，因此，从夏侯始昌所传师法弟子到刘向、歆，都从儒学角度将其理解为修己改政等道德、政治层面的改变。《汉书·五行志》则不录这部分传文，显然意在削弱《洪范》五行学的数术色彩。郑注在"共御"部分同样体现出经学化的阐释思路，他通过对"共御"之术的礼学化阐释将其纳入儒家礼制之中，并与其在"三礼"注中构建的礼学体系形成互证。

《五行传》关于"共御"的论述包括两个层次，第一层次从"御貌于乔忿"至"御皇极于宗始"，分别介绍共御"六事"的具体方法。细忖传文："御貌于乔忿，以其月从其礼祭之，参乃从。"句中"之"应指代前文"乔忿"，由于"二月三月，维貌是司"，故"乔忿"应是分主二月、三月的司貌之神，而"讫众""忽伮""怵攸""有尤""宗始"则应是言、视、听、思心和皇极的分司之神。这些神名不见于他书，汉儒在奏议、论述中亦罕言及，故其来源及具体所指难以知晓。不过，郑玄既已援取"六天"说作为《五行传》的神祀体系，此处"乔忿"诸词自然无法再被视为神灵，因此他在这部分采用完全义理化的阐述方式，将"御"理解为"止""去"，将"貌"增字训为"貌之失"，将"乔忿""讫众"等理解为人君政事之弊，如此，所谓"共御"之道就是人君革除"六事"之失，而其所祭之神则代之以郑注构建的"六神"体系。在对"乔忿"等"六御"的具体训释中，郑玄一方面通过改读、转训等技巧建立它们与"六事"之间的意义关联；另一方面则通过对《诗经》《礼记》《周礼》《左传》《国语》等儒家经传的征引，强化"共

---

① 可参陈侃理《儒学、数术与政治：灾异的政治文化史》，第80～82页。

御"之术的经学色彩。除前文所举四例外，又如"御思心于有尤"，郑玄训"尤"为"过"①，将"有尤"理解为"欲有所过"，并举《左传》鲁昭公事为例："若昭公不知礼而习小仪，不修政而欲诛季氏之类也。"故"御思心"之道也就成为完全道德化的"去欲"。再如"御王极于宗始"，郑玄认为："宗，尊也。止王极之失者，在于尊用始祖之法度。"②将"宗始"解释为"尊始祖"，这就与儒家慎终追远、法古敬祖的观念结合起来；同时，为了贯彻其"王极象天"说，郑玄又指出："录延其受命之君，承天制作，犹天之教命也。"始祖作为"受命之君"承受天命，故"尊始祖"也就等同尊天，郑玄还引《周礼·春官》"天府"为证："故掌祖庙之藏者，谓之天府也。"③经过这样的解释与引证，原本数术色彩浓厚的"共御"之术就此被纳入"六艺"知识体系之中。

"共御"之术的第二层次主要介绍禳除"六沴"的《格祀》之礼。由于汉儒多强调以德销祸，故"六沴之礼"似乎并未被汉儒视为正礼，孔光在据《五行传》陈说销灾之道时强调人君应"崇德博施，加精致诚"，认为"俗之祈禳小数，终无益于应天塞异"④，不但没有提及《格祀》之礼，对祈禳之术更明确表示否定。东晋哀帝一度试图施行此礼，但太常江逌回奏："'洪祀'之文，惟神灵大略而无所祭之名"，故"自前代以来，莫有用者"⑤。不过，郑玄注意到"六沴之礼"的仪式有与"三礼"相类者：

---

① 朱熹著、黄榦编：《仪礼经传通解正续编》，第2258页下栏b～2259页上栏a。
② 与"乔恣"等被视为君主某一方面的弊政不同，郑玄认为"宗始"并非弊政："不言其恶者，人性备于五德，得失在斯，王不极则五事皆失，非一恶也。"非止一恶，故需"宗始"以救弊。
③ 《周礼·春官》："天府，掌祖庙之守藏与其禁令。"（《周礼注疏》卷二〇《天府》，《十三经注疏》，第1674页上栏b）
④ 《汉书》卷八一《匡张孔马传》，第3360页。
⑤ 《晋书》卷八三《江逌传》，第2175页。

第十章　郑玄经学体系中的《洪范五行传》注　403

> 六沴之礼，散齐七日，致齐，新器，絜祀，用赤黍。三日之朝，于中庭，祀四方，从东方始，卒于北方。①

"散斋""致斋"亦见于《礼记·祭义》："致斋于内，散斋于外"②，《祭统》亦言："散斋七日以定之，致斋三日以齐之……然后可以交于神明也。"③郑玄以此为天子、诸侯祭祀之常礼，如《周礼·大宰》"前期十日"注："十日，容散斋七日，致斋三日。"④《礼记·礼器》"七日戒，三日宿"注亦云："戒，散斋也；宿，致斋也。"⑤以散斋七日、致斋三日之说贯通三礼。《五行传》既言散斋、致斋，自然可与其三礼注互通。不过，在斋期方面，传文仅言"散斋七日"，不言致斋之日，似乎于翌日即行祀礼，这又与三礼之说不合，故郑注指出：

> 《礼志》致齐三日，《周礼》凡祭祀前期十日，宗伯帅执事卜日，是为斋一旬乃祀也。今此致斋即祀者，欲得容三祀也。盖八日为致斋明，九日朝而初祀者，一旬有一日，事乃毕也。新器、赤黍，改过之宜也。中庭，明堂之庭也。或曰即朝廷之廷。此祀五精之神，其牲、器、粢盛有常，礼记其异者也。⑥

郑玄先举《礼记·祭统》与《周礼·大宰》关于致斋三日的说法，继而指出，由于《五行传》在论及具体祭祀方法时反复强调"以其月从其礼祭之，参乃从"，也就是所有仪式需要反复进行三次。为确保一个月之内能完成三次祭祀，只能将单次祭祀的时间压缩至一旬，而"致斋"也就随之被压缩至一天。严格来说，此说并不完美，按照传文"曰二月三月，维貌是司"等论述，每"事"对应两月，故传文所

---

① 朱熹著、黄榦编：《仪礼经传通解正续编》，第2259页上栏a。
② 《礼记正义》卷四七《祭义》，《十三经注疏》，第3455页下栏a。
③ 《礼记正义》卷四九《祭统》，《十三经注疏》，第3480页下栏a。
④ 《周礼注疏》卷二《大宰》，《十三经注疏》，第1398页下栏b。
⑤ 《礼记正义》卷二四《礼器》，《十三经注疏》，第3116页下栏b。
⑥ 朱熹著、黄榦编：《仪礼经传通解正续编》，第2259页上栏a。

言"以其月从其礼祭之"的"其月"当指所司两月,合六十日,完全可以按照"散斋七日,致斋三日"的常礼完成三次祭祀,郑注所言恐非《传》义。不过,郑注援据三礼,并尽量弥合二者异说,足以显示出他将"六沴之礼"纳入三礼体系的努力。

郑玄对"共御"之术的礼学化阐释还体现在一些细节上,如传文以"祝"言祷词,郑玄强调此"祝"为《周礼》"大祝";传文所言祭品仅有"赤黍",但郑玄认为所祭既为五天帝,则所用牲、器、粢盛自有常礼,传文仅"记其异",故省文不言,实际祭祀仍应据礼书备齐诸牲、器、粢盛。有的解释虽出自纬书,但相关说法既已为郑玄"三礼"注所援纳,故就郑玄立场而言,仍可视为礼学化的努力。如"五精之神"的祀所,传文泛称"中庭",并未明确。《援神契》解《孝经》"宗祀文王于明堂以配上帝"句:"帝者谛也,象上可承五精之神。"[1] 以"明堂"祀"五精之神"。《尚书帝命验》亦言:"唐虞谓之五府,夏谓之世室,殷谓之重屋,周谓之明堂,皆祀五帝之所也。"[2] 郑注云:"象五精之神,天有五帝,集居太微,降精以生圣人。"[3] 郑玄又据其解经,如《礼记·曲礼下》"大飨不问卜",郑注云:"祭五帝于明堂。"此处亦将传文"中庭"释为"明堂之庭"。通过这些阐释,"共御"之术的数术色彩大为淡化,成为郑玄礼学体系的一部分。

五、小结

郑玄经注在汉魏之际一度获得"小一统"的地位,在河洛地区广为流行,但随着王肃之学兴起,郑玄的解经风格受到质疑和批评,其中有两点最为激烈,其一是任意改字、随文为训;其二是杂引

---

[1] (清)陈寿祺:《五经异义疏证》,上海:上海古籍出版社2012年版,第85页。
[2] 《史记》卷一《五帝本纪》索隐,第28页。
[3] 李昉等撰:《太平御览》卷五三三《礼仪部十二》,第2418页上栏a。

第十章　郑玄经学体系中的《洪范五行传》注

谶纬秘说。关于第一点，乔秀岩已经指出，郑注随意性的表面下隐藏着他贯通"三礼"乃至"六艺"，在更大的文本层级上构建系统性的努力，而这在其《五行传》注中同样得以体现。通过考求异文、易字增字为训等弥缝曲说，以及对"六天说"、五宫星官等知识的援用，郑玄为《五行传》建构起"失政—神怒—变异"的致灾机制和"改政—共御—神不怒—销祸"的禳救机制，强化了传文"六事"与"五行"两部分的关联。相较刘向、刘歆或班固，郑注在系统性方面更趋完备，尤其是与刘向大量杂用《易》学、《春秋》学、星占学、阴阳说等外部知识相比，郑注在最大程度上利用传文的自身结构和概念，主要通过阐释的力量来实现其系统性建构，这不仅使得其注释在形式上更贴近传文，在风格上也呈现出一种简洁、匀称之美。

至于采择谶纬秘说，池田秀三指出，由于郑玄相信纬书为孔子所作，故其经注必然要整合经纬，甚至对纬书的利用往往超过经书[1]，这是东汉时代风气使然，不必特为回护。不过，必须认识到，在面对《五行传》这一本身具有浓厚数术色彩的文本时，从夏侯始昌所传师法到刘向、刘歆、班固，历代经师皆致力于强化《五行传》的经学色彩，而郑玄通过对传统经传的援引和勾连，进一步强化了《洪范》五行学的经学色彩，显示出汉代经学在走向"数术化"的同时，也存在将数术知识"经学化"的努力。我们在讨论《汉书·五行志》天人学体系时已经指出，刘歆、班固通过构建河图与八卦、洛书与《洪范》的对应关系，建立起以"六艺"为中心的新天人学，而郑玄《六艺论》言："六艺者，图所生也。"[2]将图谶作为"六艺"的文本来源，这显然是在刘歆、班固基础上的进一步推演，"六艺"在被蒙上谶纬色彩的同时，自身也占据了天人学的中心。总之，尽管在后儒

---

[1] 池田秀三：《纬书郑氏学研究序说》，洪春音译，《书目季刊》第37卷第4期，第77～78页。

[2] 《春秋公羊传注疏》卷一，《十三经注疏》，第4763页上栏b～下栏a。

看来,郑注具有随意性和神秘化倾向,但将郑注置于《五行传》自身背景之中,仍可清晰辨识出郑注在系统化和经学化方向的努力。

　　据笔者管见,《五行传》郑注的真正挑战在于他在关注《五行传》的系统性建构与经学化阐释的同时,在多大程度上仍可以保证传文的实用性。阎步克在评价郑、王礼制构建时指出[①],郑玄胜于学理性,而王肃在实用性上有所擅长,这一点在《洪范》五行学刘向与郑玄的比较中似乎也有体现。《五行传》虽有经传之名,但就其根本仍是用于实际占验的文本,刘向《传论》据《五行传》说解古今灾异,当传文的学理性与实用性发生冲突时,多牺牲学理性而迁就实用性。不过,郑玄显然更看重传文作为"经传"的性质,更看重其与"六艺"知识体系的协调性,至于传文的实际占验效果,似乎并未特别关注。郑注甚至没有列出一条灾异事例,而"六事"部分所列咎由过于单一等刘向已经解决的问题,在郑玄注中又重新暴露出来。可以说,历来与政治瓜葛甚深的《洪范》五行学在郑玄这里变得更为纯粹,这也许与它进入《尚书大传》,成为更为典型的"经传"有关。《后汉书·郑玄传》称其学术志向为"念述先圣之元意,思整百家之不齐"[②],郑玄追求的是一种更具超越性和持久性的经典结构。因此,从经学层面来说,郑注显然有利于《五行传》的经典化;但从灾异论的层面来说,一部脱离了实际占验需求的占书,其生命力无疑会受到削弱。在两汉时期一度流行的《洪范》五行学在魏晋之后逐渐衰落,除了作为史志保留于《五行志》以外,鲜少出现于宫廷议政或士人论述中,这背后固然有汉魏知识转型的大背景,但与郑玄《五行传》注在实用性方面的缺失恐怕也不无关联。

---

　　① 阎步克:《服周之冕:〈周礼〉六冕礼制的兴衰变异》,北京:中华书局2009年版,第115页。
　　② 《后汉书》卷三五《张曹郑列传》,第1209页。

结语:一种异质性知识的经学化

汉代《洪范》五行学的发展可以分为形成期、兴盛期、转型期三个阶段。从西汉初至成帝前期是形成期,表现为《洪范五行传》文本的形成与夏侯始昌所传师法的建立。根据《五行传》以十月为岁首的纪年方式,该传形成于秦始皇二十六年(前221)至汉武帝太初元年(前104)改历这118年之间,只是其具体形成过程与早期传播均难以考定。景、武时期的《尚书》学经师夏侯始昌是史籍所载最早以《五行传》推灾异者,经过夏侯胜、周堪等数代弟子的传习,至宣、成时期的许商乃将师说书于竹帛,《洪范》五行学作为一种相对独立于大夏侯《尚书》学的师法体系至此初具规模。由于夏侯始昌、夏侯胜等人的影响力,《洪范》五行学在汉廷形成初步的影响力,但其传习范围主要限于大夏侯《尚书》学的少数"贤弟子"[1],在地域上则基本限于故齐地。

《洪范》五行学的兴盛期始于西汉成帝中后期刘向《洪范五行传论》的撰述,至东汉明帝朝班固《汉书·五行志》的编纂为止。此

---

[1] 《汉书》卷二七中之上《五行志》,第1353页。

期《洪范》五行学在宫廷议政和经传著述两个层面都取得令人瞩目的成就。谷永、刘向、孔光、王嘉、鲍宣、尹敏、东平宪王等多位公卿大臣在奏议中称引《五行传》，他们的师学背景越出大夏侯《尚书》学和齐学的范围，显示《洪范》五行已成为士人广泛关注的灾异学说。同时，这一时期先后产生刘向、歆两部《洪范五行传论》和《汉书·五行志》。尤其是刘向将《五行传》编入《尚书》"《传》四十一篇"，后者以《尚书大传》之名为士人所重，打破了《五行传》因师弟相承而流传有限的局面。《汉书·五行志》的编纂则进一步推动了《五行传》的传播，《洪范》五行学由此进入汉儒天人学的核心，也成为士人公共知识的一部分。

　　东汉中后期是《洪范》五行学的转型期。无论是何敞、陈忠、陈蕃、杨赐、卢植、蔡邕等儒臣的奏议，还是《白虎通》《论衡》《申鉴》等官私论著，均见称引《洪范》五行说，显示其作为灾异学说仍有持续活力。只是随着谶纬大兴，《洪范》五行说的使用空间明显受到挤压，在汉儒灾异论整体退出历史舞台之前，《洪范》五行在灾异学实践中已趋于边缘化。倒是在尹敏、张衡、卢植等大儒看来[1]，《五行传》本于经典，又有师法，与图谶等"奸妄不经"、错谬互异之说不可比拟[2]，在谶纬风靡之世恰有端本正源之效，显示经过两汉经师持续推毂，《洪范》五行学的经学身份已深入人心。不过，就所见用例来看，与西汉士人多称师法不同，东汉士人论及《五行传》时颇多异说，一些细节显示出《汉书·五行志》的影响，可见随着《五行传》的公开传播，其阐释逐渐趋于驳杂多元。东汉后期《洪范》五行学的最大成就是郑玄《五行传》注的出现。作为《尚书大传》注的一篇，郑玄赋予《五行传》新的结构，并将其纳入自身庞大的经学体系之

---

[1] 《后汉书》志第十三《五行一》刘昭注，第3268页；志第十七《五行五》刘昭注，第3350页；卷六四《吴延史卢赵列传》，第2117页。

[2] 《后汉书》卷八二上《方术列传》，第2705页。

中，成为汉代《洪范》五行学当之无愧的殿军。

梳理汉代《洪范》五行学的发展历程，可以发现两个重要趋势，即系统化和经学化。先谈系统化。尽管《五行传》的基本框架来自《洪范》"五行""五事""皇极""庶征""五福六极"诸畴，但其所言咎由和灾应则大量取自阴阳、五行、时令文献，在结构与逻辑层面颇为驳杂。如"六妖"分别表现为服、诗、草、鼓、脂夜、射六种形态，相互之间缺乏基本的相关性，总为一类显得不伦；"六孽"或为介虫、蠃虫等类属，或为龟、鱼、龙蛇等具体物象，而华孽则完全越出"五虫"范围，与其所属"思心"之间的对应性也难以悬测；此外，"六沴"部分详于灾应而略于咎由，"五行"部分则详于咎由而略于灾应，两者之间的关系也颇为疏离，这些缺憾不仅影响士人对传文的理解，也不便于实际灾异推度。为此，汉儒大体采取两种策略：一是直接改造传文，也就是刘歆所据别本的出现。该本根据汉人广泛接受的《月令》重新调整《五行传》的灾应体系，将"六孽"改为鳞、毛、羽、介、蠃虫"五孽"，对祸、痾的具体形态和灾应关系也加以调整，使传文更符合汉儒的知识观念。另一种则借助阐释的力量，如刘向通过转移、扩充传文的语义指向，重建了一套更符合其学术理念和政治诉求的占验体系，使得"六沴""五行"两部分的灾应与咎由趋于平衡。他还援用气类相感说、卦气说等多种知识论证了传文所列每种灾应关系的合理性。郑玄更通过援取异文、易字为训等方式，不仅勾连起"六沴"各咎由与效验的对应关系，而且为诸妖、孽、祸、痾内部建立起相关性，进一步强化了《五行传》的系统性。为了解决"五行"失性部分与全传的游离关系，郑玄以传文开篇所言"神怒"作为全传的核心致灾机制；又援取星占说，将三垣、四宫星官与"五行"相配，从而将"五行"失性确立为较"六沴"程度略轻、反应更为直接的"变异"，《五行传》的内部结构由此变得更为严整。这些解释虽非本义，但改变了《五行传》零散杂乱的原貌，使其得以跻身庙堂和史志，不仅成为士人有效干预现实政治的思想武器，自身也得以流传不朽。

至于经学化，《五行传》大量整合阴阳、五行、时令文献，数术色彩浓厚，为了实现其经学化，汉儒采取了至少六种方式。

首先，强化儒家立场。与战国以来流行的时令文献相比，《五行传》本就具有鲜明的儒学色彩，除了对《洪范》部分概念的袭用外，最重要的是对战国儒学批判精神的继承。无论是孟子"说大人而藐之"的自信，还是《春秋》公羊学"贬天子，退诸侯，讨大夫"的立场①，无不彰显着战国儒生的独立性与批判性。随着大一统皇权的建立，这种立场势必要做出调整，体现在《五行传》中，就是以"皇极"统摄"五事"的结构设置；不过，传文的微妙之处在于，作为至尊的"皇极"同样存在"皇之不极"的隐患，而其所致妖祥既可能是来自臣下的"下人伐上之疴"，也可能是悬现于天的"日月乱行，星辰逆行"，显示"下人"与"天"均对皇权有所制约，是儒家君道观的典型体现。两汉儒臣多据《五行传》针砭时弊，刘向《传论》更专门针对外戚擅政的政治现实而撰，展现了君臣关系失衡导致的各种弊端。汉宣帝即位之初曾颁诏列举武帝朝宝鼎出、白麟获、海效巨鱼等符瑞，命公卿大夫议立庙乐，夏侯胜在奏对中却避祥瑞而专言"蝗虫大起，赤地数千里"等灾异，以为"亡德泽于民，不宜为立庙乐"②，体现出一位《洪范》五行学经师的独特视角。《五行传》的批判精神和警惧意识是其作为儒学灾异论最重要的品质，故尽管宋人对其数术色彩多加伐挞，但仍充分肯定其"天地告戒之意，阴阳

---

① 《史记》卷一三〇《太史公自序》，第3975页。
② 《汉书》卷七五《眭两夏侯京翼李传》，第3156页。

消复之理"①,《五行志》也因此始终备位正史史志之列。

其次,建立以师法为核心的传习方式。《荀子·修身》言:"不是师法而好自用,譬之是犹以盲辨色,以聋辨声也,舍乱妄无为也。"②儒家素重师传,由于秦火之后经籍散乱,经师在经学传承中的意义显得更为重要。汉儒师法有两个特点,其一是特尊师法,弟子在奏议、论著中常称引师法以示其言有据。这在汉儒《洪范》五行学论述中即有体现,如李寻奏对:"《洪范》所谓鼓妖者也。师法以为人君不聪,为众所惑,空名得进,则有声无形,不知所从生。"③"鼓妖"之说仅见于《五行传》,可知此处师法非指小夏侯《尚书》,而是《洪范》五行学。孔光奏对也以"臣闻师曰"引出关于《五行传》"六沴作见"诸语的阐释。其二是师说的书面化。早期经师如伏生、申公、辕固生等多以口授传经,但随着师法的系统化和官学化,至西汉中前期逐渐出现书面化浪潮,如后仓撰《齐后氏故》《齐后氏传》,结束了齐诗无传的局面,又撰《曲台礼》,使后氏礼师法趋于完备。就《洪范》五行学而言,经过夏侯始昌、夏侯胜等数代经师传承,宣帝时期的师学弟子许商撰成《五行传记》,使《洪范》五行学在形态上具备了师法的基本要素。《后汉书》记载周磐的游学经历,称其"少游京师,学古文《尚书》《洪范》五行、《左氏传》"④,显示至晚到西汉后期,《洪范》五行学已成为一种独立传授的经学师法。

第三,强化传文与《洪范》本经的联系。无论是"五行""五事"的对应,还是"皇极"与"五事"的并置,《五行传》都突破了《洪范》的原有结构,至于传文中大量的灾异名目和"共御"之术,更显出《五

---

① 又如《宋史·五行志》称《汉书·五行志》"于庶征惟述灾眚,而休祥阙焉,亦岂无所见欤?"(苏轼:《御试制科策一道》,《苏轼文集》卷九《策》,第296页;《宋史》卷六一《五行一上》,第1318页)

② 王先谦:《荀子集解》卷一《修身》,第34页。

③ 《汉书》卷二七中之下《五行志》,第1429页。

④ 《后汉书》卷三九《刘赵淳于江刘周赵列传》,第1310~1311页。

行传》的异质性色彩。为了实现《五行传》的经学化，汉儒在阐释中往往强化传文与《洪范》之间的关系，其中以《汉书·五行志》的处理最为彻底。通过"经曰""传曰"的文本层级，班固将《五行传》分别对应于《洪范》经文，原传先言"六沴"、后言"五行"失性的次序被调整为先言"五行"而后言"五事""皇极"，传文开篇大禹"步于上帝"、篇中"六沴司月""共御之术"等于经文无据者则被删裁。经此调整，"六沴"这一在《五行传》中具有核心意义、但缺乏经典依据的概念完全被湮没，《五行志》在结构上回归到以《洪范》为架构的经学传统中。

第四，援引他经，强化《五行传》与"六艺"经传体系的联系。汉代经学在发展过程中分化出两种不同倾向，一种强调贯通"六艺"，主张牵引他经以为辅翼，小夏侯《尚书》、王式、颜严《春秋》以及郑玄经学均有此特点；另一种则主张固守本经，宁阙疑而不枝蔓，大夏侯《尚书》、博士江公、何休《春秋》学即属此类。夏侯始昌遍治五经，但《洪范》五行学源出大夏侯，因此《洪范》五行学师法对他经似乎鲜少旁涉，但随着刘向、刘歆、班固、郑玄以通儒而治《五行传》，其阐释风格发生明显变化。刘向以《周易》乾坤、四正卦与"六事"相配，赋予"六沴"以结构上的合理性；又以《春秋》"灾异"谴告说阐释"六沴作见"的生成机制，使"六沴"这一数术概念融入传统经传知识体系中；即便在援纳阴阳、时令、星占等数术知识时，也在细节上对其加以儒学化改造，显示其试图突破传统经传与数术知识的边界，以"六艺"为中心重建汉儒知识体系的雄心。刘歆《传论》援引《易》说、《春秋》说论证其所据本《五行传》的合理性，在灾异事例说解中则大量援引《左传》所载时人灾异说，试图借助这部《洪范》五行学论著呈现《左传》所载历数知识的可信性。班固大量引用《诗经》《尚书》《论语》以释《传》。郑玄将其在"三礼"注、《毛诗》笺、《孝经》注中建构的"六天"说作为《五行传》的基本框架，以传文所言"上帝"为"昊天上帝",以分司五行者为五方感生帝,《五行传》由此融入其独具个性的经学体系之中。

第五,淡化传文的数术色彩。"神"是《五行传》致灾机制的关键,其"怒"与"不怒"直接决定妖祸的出现与中止,而"共御"之术则通过奉祀和祷祠来安抚其怒,具有鲜明的数术色彩。不过,早期儒家对"神"取敬畏态度,尤其反对以淫祀销祸祈福。《论语》中子路言谏曰"祷尔于上下神祇",孔子以为"丘之祷久矣"[1];《系辞》称"阴阳不测之谓神",将"神"视为宇宙运行之理[2];《荀子》则称"君子以为文,而百姓以为神",视神道设教为化民之术[3]。总之,一个高度情绪化、通过祷祠便可转怒为喜的"神灵"形象对于儒者来说是难以接受的。因此,刘向《传论》提出"阳曰神,阴曰灵"[4],以"阴阳"这一更为儒学化的概念取代"神灵";郑玄则以其所谓"六天"对应此"神",二者阐释策略虽有不同,但都意在削弱传文的数术色彩。又如《五行传》所言"共御"之术既不见于"六艺",也缺乏实际祭祀传统,颇有"淫祀"之嫌,故孔光在奏对中明确批评"俗之祈禳小数"[5],主张以修己改政为销祸之道,可知师法对传文"共御"之说已有扬弃。郑玄广征《诗经》《礼记》《周礼》《左传》《国语》等传统经传,赋予传文"乔忿""讫众""忽似""恔攸""有尤""宗始"等神秘的"共御"对象以理性化、历史化解释,又以见于"三礼"的"散斋""致斋"为桥梁,将"共御"之术纳入儒家礼典之中,凡此均意在削弱传文的数术色彩。

第六,重构"六艺"经典体系。随着《洪范》五行学的发达,如何

---

[1] 程树德:《论语集释》卷一四《述而下》,第501页。
[2] 《周易正义》卷七《系辞上》,《十三经注疏》,第162页上栏b。
[3] 王先谦:《荀子集解》卷一一《天论》,第316页。
[4] 《晋书》卷八三《江逌传》,第2174页。
[5] 《汉书》卷八一《匡张孔马传》,第3360页。

处理《洪范》五行说在"六艺"经传体系中的地位成为汉儒必须面对的问题。刘歆提出"八卦""九畴"源出"河图""洛书"的说法，认为二者相为表里，共同构成汉儒天人学的核心。在此基础上，班固又以孔子所作《春秋》"则《乾》《坤》之阴阳，效《洪范》之咎征，天人之道粲然著矣"①，由此建构起以《周易》《洪范》为基础，以《春秋》为纲领的天人学体系。在"六艺"内部隐然形成一种更具内核性的"三书"之学，后者虽未能像后来的"四书"学一样蔚为大观，但在经学史上仍留下难以磨灭的印记。

通过上述途径，《洪范》五行学的经学色彩不断得到强化；不过，数术毕竟是一种异质性知识，在与"六艺"经传融合的过程中难免会出现"排异反应"，具体而言可分为三个层面：

首先是观念的冲突。传统经传中虽不乏推度灾异之说，但基于敬天崇德的天道观，也有大量反对牵合天人、妄言效验的论述，它们与《五行传》天人相感的基本立场存在冲突，是阐释者必须处理的问题。例如，《穀梁传》虽有灾异例，但对部分自然现象并不从天人相感的角度去理解，如成公五年梁山崩，《穀梁传》以为"高者有崩道"，又引辇者之言："天有山，天崩之。天有河，天壅之。虽召伯尊如之何？"②明确否认其人事相关性。作为穀梁学弟子，刘向在论及《春秋》灾异时多用穀梁说，但这里辇者之言显然不符合其灾异学立场，故转据董氏公羊说，将山崩归咎于"天下大夫皆执国政"③。又如僖公十六年陨石于宋，宋襄公问叔兴所关人事，《左传》载叔兴之言："君失问。是阴阳之事，非吉凶所生也。"④同样否认天人相感，而刘歆在引述《左传》时则删去关键的"君失问"句，并以

---

① 《汉书》卷二七上《五行志》，第1316页。
② 《春秋穀梁传注疏》卷一三，《十三经注疏》，第5251页下栏b。
③ 《汉书》卷二七下之上《五行志》，第1456页。
④ 《春秋左传正义》卷一四，《十三经注疏》，第3924页下栏b～3925页下栏a。

"言吉凶繇人,然后阴阳冲、厌受其咎"为说①,试图从灾异学角度重新解释叔兴之言。汉儒素重师法,向、歆父子对于榖梁学和《左传》的推重更为《汉书》所乐道,但为了维护《五行传》的灾异学立场,也不得不在论著中暂时调整其经学立场,数术对于经学发展之影响于此可见一斑。

其次是概念体系的抵牾。《春秋》公羊学以灾、异区分妖祸,董仲舒认为二者均属谴告,只是程度有所不同。至西汉中后期又形成"异"为先兆性预警,"灾"为实质性惩罚的说法,翼奉、刘向、何休等均用此说。"灾异"谴告说在两汉影响广泛,但《五行传》自有其概念体系,它以妖、孽、祸、痾、眚、祥等"六沴"为先兆性预警,以六罚、六极为实质性惩罚。只是"六沴"缺乏经学依据,故刘向援据《春秋》灾异说,以"六沴"为"异",以"六罚六极"为"灾",在结构上将两种灾异理论加以整合。不过,一旦落实到具体的灾异类属上,二者之间的矛盾就暴露出来。例如暖冬,在《五行传》中属"常奥之罚",为实质惩罚,但在《春秋》中为"无冰",为谴告之"异";又如各类虫患,在《五行传》中分属"介虫之孽""蠃虫之孽",均为先兆性预警,但《公羊传》于"螟""螽""蜮"皆定为灾,视为祸殃。显然,两种灾异理论的结构性差异很难真正得到弥合,刘向《传论》也由此招致随意性的批评。

再次是相关知识内在逻辑的乖戾。数术虽然虚妄,但经长期发展,已建立起内在的系统性。不同的数术之间、数术与经传之间、甚至新兴数术与经传所载早期数术之间都存在不同程度的系统性差异,要将其加以融会殊非易事。例如,《五行传》在匹配人事与五行时并未完全遵循战国以来流行的阴阳、时令学说,但后者在汉代影响广泛,故刘向大量援据阴阳、时令说以阐释传文,如以

---

① 《汉书》卷二七下之下《五行志》,第1519页。

"言"主"金",为少阴,则"言之不从"所应诸变均为亢阳过盛而害阴所致,故以"孤阳持治,下畏君之重刑,阳气胜则旱象至"解释"常阳之罚",以"有甲,能蛰扬之类,阳气所生"解释"介虫之孽",以"亢阳失众之应"解释"犬祸",由此赋予《五行传》以系统性。然而,若照此推演,"视"主"火",为纯阳,其所致灾异当为阴侵阳,但在《五行传》中,其所致之罚为"常奥",表现为暖冬,冬为纯阴所主,按阴阳理论,反倒应该是阳侵阴所致,两说完全相反,故刘向在这里只好搁置其系统性追求,放弃阴阳说。又如刘歆《传论》大量借助历术知识对《左传》所载时人灾异说加以论证,但当他据三统历核验《春秋》食日时,发现其中颇有不合历术者,新兴数术对传统经传中的记载构成挑战。对此,刘歆一方面毫不留情,指出《春秋》食日多系史官误载;但对《左传》却流露出回护之意,如庄公十八年"三月"日食,刘歆据三统历校订为"二月",据其分野说当为齐、越分,但《左传》中士文伯明以此次日食为鲁、卫分,刘歆虽然校正《春秋》食日,却遵从《左传》之说将其定为鲁、卫分,显示出其在数术与经学之间进退失据的困境。

尽管存在这些难以弥合之处,但汉儒对《五行传》的经学化阐释仍取得令人瞩目的成就。如果没有从夏侯始昌以来历代经师的持续推毂,难以想象致力于"旁贯五经"的班固会选择以《五行传》为基础载录两汉灾异,更难以想象这一史体能历经浮沉,在经受各种思想冲击与知识转型后仍被赋予新意。事实上,除了将数术援入经说以外,经学还与多种异质性知识发生过互动。董仲舒《春秋》学中杂有道、法之说,王充主张以诸子补"六艺"之阙。六朝玄学兴起,王弼、何晏、郭象、孙绰等以玄学解《周易》《论语》,由此形成一种兼具玄学与儒学色彩的解经体系。随着六朝以来佛教对士人文化的深入影响,尤其是禅宗的形成,经学又与禅宗相融合,形成带有禅学色彩的经说。近代以来,随着西学知识的进入,部分知识人又尝试将西学知识援入经传阐释中①。由此看来,尽管"六艺"始终占据传统社会知识体系的中心,但其阐释向度却随着时代知识观念的更新而不断转变。对于经学传承而言,既需要固本持正的"正义",也离不开与时浮沉的"时义",二者共同构成经学史研究的基本内容。

---

① 叶纯芳:《经学变形记:晚清学者以西学比附中国经学现象之探析》,[日]乔秀岩、叶纯芳《学术史读书记》,北京:生活·读书·新知三联书店2019年版,第409~445页。

参 考 文 献

一、基本古籍

（清）惠栋：《易汉学》，北京：中华书局2007年版。

（清）阎若璩：《尚书古文疏证》，上海：上海古籍出版社1987年影印本。

（清）孙星衍：《尚书今古文注疏》，北京：中华书局2004年版。

（清）皮锡瑞：《今文尚书考证》，北京：中华书局1989年版。

（清）陈寿祺辑校：《尚书大传》，《四部丛刊初编》景清刻《左海文集》本。

（清）樊廷绪辑：《尚书大传》，嘉庆五年刻本。

（清）卢见曾辑：《尚书大传》，乾隆二十一年刻本。

（清）王闿运：《尚书大传补注》，清光绪刻民国汇印《王湘绮先生全集》本。

（清）王先谦：《尚书孔传参正》，北京：中华书局2011年版。

（清）段玉裁：《古文尚书撰异》，《经韵楼丛书》本。

（宋）赵祯：《宋钞本洪范政鉴》，北京：书目文献出版社1992年版。

（宋）胡瑗《洪范口义》：文渊阁《四库全书》本。

（宋）朱熹著、（宋）黄榦编：《仪礼经传通解正续编》，北京：北京大学出版社2012年版。

（清）王聘珍：《大戴礼记解诂》，北京：中华书局1983年版。

（宋）程公说：《春秋分记》，文渊阁《四库全书》本。

（清）刘逢禄：《春秋公羊经何氏释例》，北京：北京大学出版社2012年版。

（清）刘文淇：《左传旧疏考正》，《清经解续编》本，上海：上海书店1988年影印本。

（清）廖平：《穀梁古义疏》，北京：中华书局2012年版。

程树德：《论语集释》，北京：中华书局1990年版。

（清）焦循：《孟子正义》，北京：中华书局1987年版。

（清）陈寿祺：《五经异义疏证》，上海：上海古籍出版社2012年版。

（清）阮元校刻：《十三经注疏》，北京：中华书局2019年影印本。

（汉）许慎撰、（清）段玉裁注：《说文解字注》，上海：上海古籍出版社1988年版。

（清）朱骏声编著：《说文通训定声》，北京：中华书局1984年版。

（唐）陆德明：《经典释文》，上海：上海古籍出版社1987年影印宋元递修本。

（唐）陆德明撰、吴承仕疏证：《经典释文序录疏证》，张力伟点校，北京：中华书局2008年版。

（清）皮锡瑞：《经学历史》，北京：中华书局2008年第2版。

（清）皮锡瑞：《经学通论》，北京：中华书局1954年版。

（清）康有为：《新学伪经考》，北京：中国人民大学出版社2010年版。

（汉）司马迁撰、（南朝宋）裴骃集解、（唐）司马贞索隐、（唐）张守节正义：《史记》，北京：中华书局2013年版。

（汉）班固撰、（唐）颜师古注：《汉书》，北京：中华书局1962年版。

（汉）班固撰、（清）王先谦补注：《汉书补注》，上海：上海古籍出版社，2012年。

（清）沈钦韩等：《汉书疏证（外二种）》，上海：上海古籍出版社2006年影印《续修四库全书》本。

（清）姚振宗：《汉书艺文志拾补》，王承略、刘心明主编《二十五史艺文经籍志考补萃编·第二卷》，北京：清华大学出版社2012年版。

（南朝宋）范晔撰、（唐）李贤等注：《后汉书》，北京：中华书局1965年版。

（南朝宋）范晔撰、（清）惠栋补注：《后汉书补注》，《丛书集成初编》本，上海：商务印书馆1936年版。

（清）周寿昌：《后汉书注补正》，《丛书集成初编》本，上海：商务印书馆1936年版。

（唐）房玄龄：《晋书》，北京：中华书局1974年版。

（梁）沈约：《宋书》，北京：中华书局2018年版。

（梁）萧子显：《南齐书》，北京：中华书局2017年版。

（北齐）魏收：《魏书》，北京：中华书局2017年版。

（唐）魏徵、令狐德棻：《隋书》，北京：中华书局2019年版。

（清）姚振宗：《隋书经籍志考证》，王承略、刘心明主编《二十五史艺文经籍志考补萃编·第十五卷(第一册)》,北京:清华大学出版社 2014 年版。

(后晋)刘昫等:《旧唐书》,北京:中华书局 1975 年版。

(宋)欧阳修、宋祁:《新唐书》,北京:中华书局 1975 年版。

(元)脱脱等:《宋史》,北京:中华书局 1977 年版。

(清)张廷玉等:《明史》,北京:中华书局 1974 年版。

徐元诰集解:《国语集解》,北京:中华书局 2002 年版。

(汉)刘向辑录、范祥雍笺证:《战国策笺证》,上海:上海古籍出版社 2006 年版。

(汉)荀悦、(晋)袁宏:《两汉纪》,北京:中华书局 2002 年版。

(宋)王益之:《西汉年纪》,郑州:中州古籍出版社 1993 年版。

(清)胡秉虔:《汉西京博士考》,《丛书集成初编》本,上海:商务印书馆 1937 年版。

(清)张金吾:《两汉五经博士考》,《丛书集成初编》本,北京:中华书局 1985 年新 1 版。

(清)唐晏:《两汉三国学案》,北京:中华书局 1986 年版。

(晋)常璩撰、任乃强校注:《华阳国志校补图注》,上海:上海古籍出版社 2007 年版。

(北魏)郦道元撰、陈桥驿校证:《水经注校证》,北京:中华书局 2007 年版。

(唐)杜佑:《通典》,北京:中华书局 1988 年版。

(宋)郑樵:《通志二十略》,北京:中华书局 1995 年版。

(元)马端临:《文献通考》,北京:中华书局 2011 年版。

(宋)王尧臣等编、(清)钱东垣等辑释:《崇文总目》,《丛书集成初编》本,上海:商务印书馆 1937 年版。

(宋)晁公武撰、孙猛校证:《郡斋读书志校证》,上海:上海古籍出版社 1990 年版。

(宋)陈振孙：《直斋书录解题》，上海：上海古籍出版社1987年版。

(清)朱彝尊：《经义考》，北京：中华书局1998年影印本。

(清)纪昀总纂：《四库全书总目提要》，石家庄：河北人民出版社2000年版。

(唐)刘知几著、(清)浦起龙通释：《史通通释》，王煦华整理，上海：上海古籍出版社2009年版。

(宋)胡寅：《致堂读史管见》，宋嘉定十一年刻本。

(清)赵翼著、王树民校证：《廿二史札记校证》，北京：中华书局1984年版。

(清)王先谦：《荀子集解》，北京：中华书局1988年版。

(清)苏舆：《春秋繁露义证》，北京：中华书局1992年版。

(汉)桑弘羊撰、王利器校注：《盐铁论校注(定本)》，北京：中华书局1992年版。

汪荣宝：《法言义疏》，北京：中华书局1987版。

(汉)桓谭撰、朱谦之校辑：《新辑本桓谭新论》，北京：中华书局2009年版。

黄晖：《论衡校释》，北京：中华书局1990年版。

(汉)班固撰集、(清)陈立疏证：《白虎通疏证》，北京：中华书局1994年版。

黎翔凤：《管子校注》，北京：中华书局2004年版。

姚春鹏译注：《黄帝内经》，北京：中华书局2010年版。

(明)邢云路：《古今律历考》，明万历刻本。

[日]中村璋八：《五行大義校註(增訂版)》，东京：汲古书院1998年版。

(唐)瞿昙悉达：《开元占经》，清文渊阁《四库全书》本。

（唐）瞿昙悉达：《开元占经》，北京：九州出版社2012版。

（唐）李淳风：《乙巳占》，清《十万卷楼丛书》本。

（旧题）李淳风：《观象玩占》，明钞本。

（清）孙诒让：《墨子间诂》，北京：中华书局2009年版。

许维遹：《吕氏春秋集释》，北京：中华书局2009年版。

何宁：《淮南子集释》，北京：中华书局1998年版。

（汉）应劭撰、王利器校注：《风俗通义校注》，北京：中华书局1981年版。

（清）陈澧：《东塾读书记》，上海：上海古籍出版社2012年版。

（唐）欧阳询撰、汪绍楹校：《艺文类聚》，上海：上海古籍出版社1982年新1版。

（唐）徐坚等著：《初学记》，北京：中华书局2004年版。

（唐）虞世南辑录、（清）孔广陶校注：《北堂书钞》，北京：学苑出版社1998年影印本。

（宋）李昉等撰：《太平御览》，北京：中华书局1960年影印涵芬楼影宋本。

（宋）王钦若等编纂、周勋初等校订：《册府元龟（校订本）》，南京：凤凰出版社2006年版。

（宋）王应麟撰，武秀成、赵庶洋校证：《玉海艺文校证》，南京：凤凰出版社2013年版。

（晋）王嘉撰、（梁）萧绮录、齐治平校注：《拾遗记校注》，北京：中华书局1981年版。

（晋）干宝：《搜神记》，北京：中华书局1979年版。

（晋）葛洪：《西京杂记》，北京：中华书局1985年版。

（唐）释道世著，周叔迦、苏晋仁校注：《法苑珠林校注》，北京：中华书局2003年版。

（三国魏）王弼注、楼宇烈校释：《老子道德经注校释》，北京：中华书局2008年版。

（清）郭庆藩：《庄子集释》，北京：中华书局2012年版。

（梁）萧统编、（唐）李善注：《文选》，上海：上海古籍出版社1986年版。

（唐）罗隐撰、雍文华校辑：《罗隐集》，北京：中华书局1983年版。

（宋）晁说之：《嵩山文集》，《四部丛刊续编》本。

（宋）苏轼撰、（明）茅维编：《苏轼文集》，北京：中华书局1986年版。

（宋）王安石：《王安石文集》，北京：中华书局2021年版。

（宋）祝穆编：《事文类聚》，清文渊阁《四库全书》本。

（明）陆时雍：《古诗镜》，明刻本。

（明）梅鼎祚：《古乐苑》，明万历刻本。

（明）熊明遇：《文直行书诗文》，顺治十七年熊人霖刻本。

（明）杨慎：《古今风谣》，清《函海》本。

（明）张溥：《汉魏六朝百三名家集》，南京：江苏古籍出版社2002年影印本。

（清）程廷祚：《青溪集》，合肥：黄山书社2014年版。

（清）杭世骏：《道古堂全集》，清乾隆四十一年刻光绪十四年汪曾唯修本。

（清）洪颐煊：《筠轩文钞》，民国二十三年《遂雅斋丛书》本。

陈文和主编：《嘉定钱大昕全集（增订本）》，北京：中华书局2016年版。

陈文和主编：《嘉定王鸣盛全集》，北京：中华书局2010年版。

（清）钟襄：《考古录》，清嘉庆十三年阮元刻本。

（清）孔广林：《通德遗书所见录》，嘉庆十八年刻本。

（清）俞正燮：《癸巳类稿》，清道光日益斋刻本。

（清）皮锡瑞撰、吴仰湘整理：《皮锡瑞全集》，北京：中华书局2015年版。

王立民、徐宏丽整理：《叶昌炽集》，北京：中华书局2019年版。

（清）王谟：《汉魏遗书钞》，嘉庆三年刻本。

（清）阮元编：《清经解》，上海：上海书店1988年版。

（清）马国翰辑：《玉函山房辑佚书》，上海：上海古籍出版社1990年版。

（清）王先谦：《清经解续编》，上海：上海书店1988年影印南菁书院本。

（清）袁钧：《郑氏佚书》，浙江书局光绪十四年刻本。

[日]安居香山、中村璋八：《纬书集成》，石家庄：河北人民出版社1994年版。

二、出土文献

睡虎地秦墓竹简整理小组：《睡虎地秦墓竹简》，北京：文物出版社1990年版。

荆门市博物馆编：《郭店楚墓竹简》，北京：文物出版社1998年版。

马承源主编：《上海博物馆藏战国楚竹书（二）》，上海：上海古籍出版社2002年版。

银雀山汉墓竹简整理小组编：《银雀山汉墓竹简（贰）》，北京：文物出版社2005年版。

清华大学出土文献研究与保护中心编、李学勤主编：《清华大学藏战国竹简（肆）》，北京：中西书局2013年版。

湖南省博物馆、复旦大学出土文献与古文字研究中心编纂，裘锡圭主编：《长沙马王堆汉墓简帛集成》，北京：中华书局2014年版。

北京大学出土文献研究所编：《北京大学藏西汉竹书(伍)》，上海：上海古籍出版社2014年版。

三、近代以来出版论著

陈侃理：《儒学、数术与政治：灾异的政治文化史》，北京：北京大学出版社2015年版。

程苏东：《从六艺到十三经——以经目演变为中心》，北京：北京大学出版社2018年版。

程元敏：《尚书学史》，上海：华东师范大学出版社2013年版。

葛兆光：《中国思想史(三卷本)》，上海：复旦大学出版社2019版。

顾颉刚：《顾颉刚全集·顾颉刚古史论文集》(卷二)，北京：中华书局2010年版。

顾颉刚：《秦汉的方士与儒生》，上海：上海人民出版社1957年版。

侯外庐、杜守素、纪玄冰、邱汉生：《中国思想通史》，北京：生活·读书·新知三联书店1950年版。

华喆：《礼是郑学——汉唐间经典诠释变迁史稿》，北京：生活·读书·新知三联书店2018年版。

黄焯：《毛诗郑笺平议》，武汉：武汉大学出版社2008年版。

姜广辉主编：《中国经学思想史》(第一、二卷)，北京：中国社会科学出版社2003年版。

金春峰：《汉代思想史》，北京：中国社会科学出版社2006

年版。

李零:《长沙子弹库战国楚帛书研究》,北京:中华书局1985年版。

李零:《中国方术考》,北京:东方出版社2001年。

李零:《中国方术续考》,北京:中华书局2006年版。

李学勤:《简帛佚籍与学术史》,南昌:江西教育出版社2001年版。

刘德汉:《从〈汉书五行志〉看〈春秋〉对西汉政教的影响》,台北:华正书局1979年版。

刘国忠:《〈五行大义〉研究》,沈阳:辽宁教育出版社1999年版。

刘起釪:《尚书学史》,北京:中华书局1989年版。

刘起釪:《尚书研究要论》,济南:齐鲁书社2007年版。

刘汝霖:《汉晋学术编年》,上海:华东师范大学出版社2010年版。

刘贻群编:《庞朴文集·第一册》,济南:山东大学出版社2005年版。

卢央:《中国古代星占学》,北京:中国科学技术出版社2008年版。

吕思勉:《吕思勉论学丛稿》,上海:上海古籍出版社2020年版。

马宗霍:《中国经学史》,上海:上海书店1984年版。

牟润孙:《海遗杂著》,香港:香港中文大学出版社1990年版。

钱穆:《两汉经学今古文平议》,北京:商务印书馆2001年版。

沈文倬:《宗周礼乐文明考论(增补本)》,杭州:浙江大学出版社2006年版。

史应勇:《〈毛诗〉郑王比义发微》,北京:华夏出版社2016

年版。

史应勇：《郑玄通学及郑王之争研究》，成都：巴蜀书社2007年版。

苏德昌：《〈汉书·五行志〉研究》，台北：台大出版中心2013年版。

孙猛：《日本国见在书目录详考》，上海：上海古籍出版社2015年版。

王爱和：《中国古代宇宙观与政治文化》，上海：上海古籍出版社2011年版。

王葆玹：《今古文经学新论》，北京：中国社会科学出版社1997年版。

王国维：《王国维全集》，杭州：浙江教育出版社；广州：广东教育出版社2010年版。

夏曾佑：《中国古代史》，上海：商务印书馆1944年版。

徐复观：《两汉思想史》（第一～三卷），北京：九州出版社2014年版。

徐复观：《徐复观论经学史二种》，上海：上海书店出版社2006年版。

徐建委：《文本革命：刘向、〈汉书·艺文志〉与早期文本研究》，北京：中国社会科学出版社2017年版。

徐兴无：《经纬成文——汉代经学的思想与制度》，南京：凤凰出版社2015年版。

徐兴无：《刘向评传（刘歆评传）》，南京：南京大学出版社2005年版。

许抗生、聂宝平、聂清：《中国儒学史·两汉卷》，北京：北京大学出版社2011年版。

阎步克：《服周之冕：〈周礼〉六冕礼制的兴衰变异》，北京：中华书局 2009 年版。

杨东莼：《中国学术史讲话》，北京：北新书局 1934 年版。

杨树达：《积微居甲文说》，《杨树达文集》第八册，上海：上海古籍出版社 2006 年版。

杨向奎：《绎史斋学术文集》，上海：上海人民出版社 1983 年版。

杨振红：《出土简牍与秦汉社会》，桂林：广西师范大学出版社 2009 年版。

殷善培、周德良主编：《叩问经典》，台北：台湾学生书局 2005 年版。

张兵：《〈洪范〉诠释研究》，济南：齐鲁书社 2007 年版。

张光直：《中国青铜时代》，北京：生活·读书·新知三联书店 2013 年版。

张沛林：《追寻平实精微——汉唐春秋穀梁学论稿》，福州：福建教育出版社 2019 年版。

张岂之主编：《中国思想学说史·秦汉卷》，南宁：广西师范大学出版社 2008 年版。

张书豪：《汉书五行志疏证》，台北：台湾学生书局 2017 年版。

章太炎：《章太炎全集·春秋左传读　春秋左传读叙录　驳箴膏肓评》，上海：上海人民出版社 2014 年版。

赵林：《殷契释亲——论商代的亲属称谓及亲属组织制度》，上海：上海古籍出版社 2011 年版。

朱伯崑：《易学哲学史》，北京：华夏出版社 1995 年版。

诸葛俊元：《西汉学术与政治权力变迁》，台北：文津出版社 2014 年版。

［英］崔瑞德、鲁惟一编：《剑桥中国秦汉史》，杨品泉等译，北京：中国社会科学出版社 1992 年版。

[英]李约瑟:《中国科学技术史》,北京:科学出版社;上海:上海古籍出版社1990年版。

　　[美]本杰明·史华兹:《古代中国的思想世界》,程钢译、刘东校,南京:江苏人民出版社2004年版。

　　[日]安井小太郎等:《经学史》,林庆彰、连清吉译,台北:万卷楼图书公司1996年版。

　　[日]板野長八:《儒教成立史の研究》,东京:岩波书店1995年版。

　　[日]島邦男:《五行思想と禮記月令の研究》,东京:汲古书院2004年版。

　　[日]本田成之:《经学史论》,江侠庵译,上海:商务印书馆1935年版。

　　[日]福井重雅:《漢代儒教の史的研究:儒教の官学化をめぐる定説の再検討》,东京:汲古书院2005年版。

　　[日]沟口雄三、小岛毅编:《中国的思维世界》,孙歌译,南京:江苏人民出版社2006年版。

　　[日]工藤元男:《睡虎地秦简所见秦代国家与社会》,[日]广濑薰雄、曹峰译,上海:上海古籍出版社2010年。

　　[日]鎌田正:《左傳の成立と其の展開》,东京:大修馆书店1963年版。

　　[日]泷熊之助:《中國經學史概説》,陈清泉译,上海:商务印书馆1941年版。

　　[日]内野熊一郎:《漢初經書學の研究》,东京:清水书店1948年版。

　　[日]平澤步:《漢代経学に於ける五行説の変遷》,东京:汲古书院2022年版。

　　[日]乔秀岩、叶纯芳:《学术史读书记》,北京:生活·读书·新

知三联书店 2019 年版。

［日］日原利国:《漢代思想の研究》,东京:研文出版 1986 年版。

［日］西嶋定生:《中国古代国家と東アジア世界》,东京:东京大学出版会 1983 年版。

［日］小林信明:《中國上代陰陽五行思想の研究》,东京:日本雄弁會講談社 1951 年版。

［日］齋木哲郎:《秦漢儒教の研究》,东京:汲古书院 2004 年版。

四、学位论文

陈业新:《灾害与两汉社会研究》,华中师范大学 2001 年博士论文。

方麟:《秦汉博士制度初探》,北京大学 2010 年博士学位论文。

谷颖:《伏生及〈尚书大传〉研究》,东北师范大学 2005 年硕士学位论文。

侯金满:《〈尚书大传〉源流考》,南京大学 2013 年硕士学位论文。

彭敦:《汉书十志研究》,香港浸会大学 2007 年博士学位论文。

吴祖春:《〈汉书·五行志〉阴阳五行思想研究》,中山大学 2010 年博士论文。

游自勇:《天道人妖:中古〈五行志〉的怪异世界》,首都师范大学 2006 年博士论文。

五、期刊论文

白奚:《中国古代阴阳与五行说的合流——〈管子〉阴阳五行思想新探》,《中国社会科学》,1997年第5期。

常森:《论汉代〈诗经〉著述之内外传体》,《国学研究》,第30卷(2012)。

陈君:《政治文化视野中〈汉书〉文本的形成》,《文学遗产》,2017年第5期。

陈侃理:《〈洪范五行传〉与〈洪范〉灾异论》,《国学研究》,第26卷(2010)。

陈侃理:《刘向、刘歆的灾异论》,《中国史研究》,2014年第4期。

陈业新:《两〈汉书〉"五行志"关于自然灾害的记载与认识》,《史学史研究》,2002年第3期。

陈赟:《郑玄"六天"说与禘礼的类型及其天道论依据》,《陕西师范大学学报》,2016年第2期。

程苏东:《陈侃理:〈儒学、数术与政治:灾异的政治文化史〉》(书评),李四龙主编《人文宗教研究》第10辑,北京:宗教文化出版社2018年版。

程苏东:《〈春秋繁露〉"五行"诸篇形成过程新证》,《史学月刊》,2016年第7期。

程苏东:《激活"衍生型文本"的文学性》,《中国社会科学报》,2016年7月25日,第5版。

程苏东:《〈开元占经〉所见董仲舒灾异说辑考》,杜泽逊主编《国学季刊》,第26辑(2022.6)。

程苏东:《史学、历学与〈易〉学:刘歆〈春秋〉学的知识体系与方法》,《中国文化研究》,2017年冬之卷。

程元敏:《〈汉书·艺文志、儒林传赞〉论经学博士讨核》,《"国立"编译馆馆刊》,第29卷第2期(2000)。

褚叶儿:《郑玄的六天说与阴阳五行》,《中国哲学史》,2020年第4期。

丁四新:《刘向、刘歆父子的五行灾异说和新德运观》,《湖南师范大学学报》,2013年第6期。

范文澜:《与颉刚论五行说的起源》,《燕京大学史学年报》,1931年第3期。

冯浩菲:《〈洪范五行传〉的学术特点及其影响——兼论研究天人感应说之不能忽略伏生》,《中国文化研究》,1997年夏之卷。

冯树勋:《阴阳五行的阶位秩序——董仲舒的天人哲学观》,《台大文史哲学报》,第70期(2009)。

郜积意:《〈世经〉三统术与刘歆〈春秋〉学》,《汉学研究》,第27卷第3期(2009年)。

龚留柱:《汉代对〈左传〉的发覆与研究》,《史学月刊》,2003年第1期。

胡平生:《阜阳双古堆汉简数术书简论》,《出土文献研究》,1998年第2期。

黄复山:《萧吉〈五行大义〉与谶纬关系探微》,《书目季刊》,2004年第2期。

黄复山:《赵在翰〈七纬〉引〈五行大义〉之谶文考正》,《淡江中文学报》,2000年第6期。

黄启书:《〈汉书·五行志〉之创制及其相关问题》,《台大中文学报》第40期(2013.3)。

黄启书:《试论刘向、刘歆〈洪范五行传论〉之异同》,《台大中文学报》第27期(2007)。

黄启书:《试论刘向灾异学说之转变》,《台大中文学报》第26期(2007)。

江素卿:《从汉书五行志论西汉春秋学特色》,《文与哲》(台湾),第7期(2005.12)。

李晶:《清华简〈金縢〉与〈尚书〉郑注文本考——兼论〈史记〉述〈金縢〉的今古文问题》,《古代文明》2016年第3期。

李士彪、隋长虹:《论经学对〈汉书〉义例的影响》,《山东大学学报》,2002年第1期。

梁启超:《阴阳五行说之来历》,《东方杂志》,第20卷第10号(1923)。

林甸甸:《从贞人话语看早期记录中的修辞》,《中国社会科学》,2019年第4期。

刘大钧:《"卦气"溯源》,《中国社会科学》,2000年第5期。

刘起釪:《释〈尚书·甘誓〉的"五行"与"三正"》,《文史》,第7辑(1979)。

刘湘兰:《论汉唐间的五行志与志怪小说》,《中山大学学报》,2009年第5期。

马楠:《〈洪范五行传〉作者补证》,《中国史研究》,2013年第1期。

缪凤林:《汉书五行志凡例》,中国史学会编《史学杂志》,第1卷第2期(1929.5)

缪凤林:《洪范五行传出伏生辨》,中国史学会编《史学杂志》,第2卷第1期(1930)。

庞朴:《马王堆帛书解开了思孟五行说之谜——帛书〈老子〉甲本卷后古佚书之一的初步研究》,《文物》,1977年第10期。

庞朴:《阴阳五行探源》,《中国社会科学》,1984年第3期。

彭曦:《试为〈汉书·五行志〉拭尘》,《天津师大学报》,1984年第 4 期。

彭曦：《我读〈汉书·五行志〉》，《光明日报》，2007 年 8 月 16 日。

邱嘉靖：《"普天之下"：传统天文分野说中的世界图景与政治涵义》，《中国史研究》2007 年第 3 期。

任蜜林：《〈洪范五行传〉新论》，《河北师范大学学报》，2020 年第 5 期。

任蜜林：《刘向〈洪范〉五行说新论》，《社会科学研究》，2020 年第 6 期。

任蜜林：《刘歆〈洪范〉五行说新论》，《中国哲学史》，2021 年第 5 期。

史应勇：《再论郑玄经学——兼与乔秀岩先生商榷》，《中国哲学史》，2020 年第 5 期。

汪高鑫：《刘向灾异论旨趣探微——兼论刘向、刘歆灾异论旨趣的不同及其成因》，《安徽大学学报》2003 年第 2 期。

王继训：《刘向阴阳五行学说初探》，《孔子研究》，2002 年第 1 期，第 91～94 页。

王利华：《〈月令〉中的自然节律与社会节奏》，《中国社会科学》，2014 年第 2 期。

吴祖春：《〈汉书·五行志〉的礼学实质》，《宁夏社会科学》，2010 年第 2 期。

向燕南：《论匡正汉主是班固撰述〈汉书·五行志〉的政治目的》，《河北师范大学学报》，2000 年第 1 期。

徐公持：《"诗妖"之研究》，《国学研究》，2006 年第 2 期。

徐兴无：《经典阐发与政治术数——〈洪范五行传〉考论》，《古典文献研究》，第 15 辑（2012）。

张兵：《〈洪范政鉴〉版本流传考论》，《中南民族大学学报》，

2019年第3期。

张能甫、邱郑敏:《论郑玄注释中的文字改读和校正》,《西昌学院学报》,1999年第1期。

张鹏:《秦汉简所见"禹须臾"与"禹步"新论》,《世界宗教研究》,2019年第1期。

张书豪:《〈汉书·五行志〉所见刘向灾异论》,《先秦两汉学术》,第10期(2008)。

张书豪:《试探刘向灾异论著的转变》,《国文学报》,第57期(2015.6)。

张书豪:《西汉灾异思想的基础研究——关于〈洪范五行传〉性质、文献、作者的综合讨论》,《台大中文学报》,第43期(2013)。

张涛:《略论刘向刘歆父子的易学思想与成就》,《文献》,1998年第2期。

章太炎:《鏸子政左氏说》,《续修四库全书》第128册,上海:上海古籍出版社1995年影印浙江图书馆刊《章氏丛书》本。

赵益、刘仁:《〈开元占经〉版本谱系考》,《古典文献研究》,第19辑上卷(2016)。

郑万耕:《刘向、刘歆父子的易说》,《周易研究》,2004年第2期。

庄天山:《论鲁庄公七年夏四月辛卯夜,恒星不见,夜中星陨如雨》,《天文学报》,2006年第1期。

宗静航:《读陈寿祺辑校〈尚书大传〉偶记》,《中华文史论丛》,2006年第2期。

[日]安居香山:《大唐〈开元占经〉异本考》,《东京教育大学文学部纪要》,1961年第3期,第1~83页。

[日]坂本具償:《「漢書」五行志の災異説——董仲舒説と劉向説の資料分析》,《日本中國學會報》,第40期(1988)。

[日]板野長八:《图谶和儒教的成立》,《史学杂志》,第 84 卷第 2、3 号(1975)。

[日]池田秀三:《劉向の學問と思想》,《東方學報》,第 50 輯(1978)。

[日]多贺浪砂:《干宝〈搜神记〉と〈汉书〉〈晋书〉五行志》,《九州中国学会报》,第 23 卷(1981)。

[日]末永高康:《董仲舒陰陽刑德說について》,《中国思想史研究》,卷 15(1992)。

[日]平澤步:《「漢書」五行志と劉向「洪範五行伝論」》,《中国哲学研究》,第 25 号(2011.3)。

[日]田中麻纱巳:《刘向の灾异说について——前汉灾异思想の一面》,《集刊东洋学》,第 24 号(1970)。

[日]西嶋定生《皇帝支配的成立》,岩波讲座《世界历史》第 4 卷,东京:岩波书店 1970 年版,第 217~256 页。

[日]野间文史:《刘向春秋说考》,《哲学》,第 31 期(1979.10)。

[日]伊藤計:《董仲舒の災異說:高廟園災對とによう上奏文を中心にして》,《集刊東洋學》第 41 号,东北大学中国文史哲研究会 1979 年版。

[英]艾兰:《"亚"形与殷人的宇宙观》,汪涛译,《中国文化》,1991 年第 4 期。

后　记

　　从2011年5月确立博士后选题至今,倏忽12年过去了,到这一刻才敲下"后记"两个字,这大大超出了我的预期。我的博士论文《从六艺到十三经:以经目演变为中心》是对经目制度的历时性梳理,按照袁行霈先生"点、线、面三结合"的类型划分,属于"线"的研究;因此,在考虑博士后选题时,我的基本思路就是选一个专门的"点"加以深挖,从而与博士期间的训练形成互补。在博士论文的写作中,我曾经利用《汉书·五行志》讨论刘歆《左氏》学"引传以解经"的特点,面对这篇《汉书》中篇幅最大、但研究基础最为薄弱的志书,感到其中还有不少经学材料可以发掘,因此,便有了对《汉书·五行志》做专题研究的想法。我在国学研究院修读过阎步克教授的"《汉书·百官公卿表》研读",深感《汉书》各表、志都有巨大的研究空间;加上当时刚工作的建委师兄正兴致高昂地投身《汉书·艺文志》研究,这也给我很大鼓舞。其实当时我还有一个选择,就是以日藏《孝经述议》为基础做有关域外中古义疏学文献的研究,当时我已经完成《孝经述议》残卷的校录,也积累了5万多字的论文稿;而《汉书·五行志》还没有认真读过,成文稿更是一个字也没有。不过,当我把这两个题目提交给合作导师王博教授时,他几乎没有犹豫就建议我选择《汉书·五行志》,并且提醒我要注意将经学文献和数术文献作为一个整体加以研究。尽管当时我对这一提示的理解还非常有限,但想到全志篇幅有限,《汉书》的整体研究基础也比较好,对于两年内完成这个课题,我还是很有信心。

可是,一旦进入实际研究,我很快就被中古五行文献纷繁的传抄关系所困扰。我的第一步工作是刘向《洪范五行传论》的辑佚,从而为《汉书·五行志》研究提供一个背景。《汉书·五行志》大量引用刘向之说,而《南齐书·五行志》《魏书·灵征志》《隋书·五行志》《开元占经》等文献中同样载录不少出自"刘向《洪范五行传》"的文献,他们之间明显存在传抄关系,但几乎没有一条是完全相同的,有些差异度还非常之大,让人怀疑是否真的源于一书。如何处理这些异文,让我感到非常棘手。2012年10月,我有幸参加了第二届"中国文学博士后论坛",会上林晓光关于《艺文类聚》所见中古诗赋的研究给我留下深刻印象,史志文献与类书在征引汉魏文献时存在的改笔现象具有相当大的共同点,对传统辑佚学、校勘学的理念和方法提出了挑战。晓光兄机敏高才,率真耿介,每与之谈,必大快意。2014年,在刘跃进老师的推动下,我们成立了"周秦汉唐读书会",最初的学术兴趣也集中在早期文本生成与传播这个问题上。当时,中古史学界关于史料批判、历史叙事的研究方兴未艾,文史学科的青年学者经常举行跨学科工作坊,在此过程中,我进一步意识到中古文本生成与传播的复杂性在四部文献中普遍存在,而其起点就在西汉。汉儒要将单篇流传、形制散乱、思想多元的先秦文献整理为多篇卷的系统性文献,其编撰方式与后来的文学创作大不相同,既受制于既有文本的保存情况,也面临文本之间的各种矛盾。在反复阅读《汉书·五行志》的过程中,我不断发现班固的疏漏,也充分感受到班固工作的挑战性。一个很偶然的时机,我脑子里冒出"失控的文本"这个概念,我自觉这个说法既体现出"文本"自身的力量,也揭示出书写者试图掌控文本的努力。在原来的文学想象中,"作者"如同威严的将军,所有的文字都匍匐于他脚下,忠诚地履行他的意志;但早期"衍生型文本"的生成方式让我们认识到文本自身的力量,书写由此成为书写者与文本之间角力、博弈的过程;而这一过程不会随着文本的完成而终结,反而会在一次次阅读中被重新激活。

显然这时我的研究兴趣已经离最初的想法很远了,但学术研究的魅力就在这里。最初我只是抱着"拿来主义"的功利想法,试图利用志文中的相关史料讨论经学史问题,但随着研究的深入,《汉书·五行志》自身的魅力终于凸显出来,并将我引向另一条充满趣味的学术道路。2014年11月,我在南京大学高研院的一次座谈中曾以"文本探险"为名介绍我研读《汉书·五行志》的历程,对我来说实在是一种真实的体验。博士后出站后,我将大量精力用于战国秦汉衍生型文本生成方式的研究,对《汉书·五行志》的研究一度处于停滞的状态。不过,在我自己看来,这段"弯路"是有意义的,学术研究需要计划,但有时个人兴趣、激情以及陈寅恪先生所谓"预流"同样不容错过。2018年博士论文出版后,我开始把主要精力集中到博士后报告的重新修订中。彼时有关阴阳、五行等数术知识的研究已成为新的学术热点,《汉书·五行志》先后有两种校疏本问世,极大方便了我的研究。我对于研究课题的认识也有所深化,《洪范五行传》先后拥有夏侯始昌、刘向、刘歆、班固、郑玄等一流经师的阐释,是汉代经学史研究中不可多得的个案,应该通过系统性的梳理发抉出汉代经学演进的若干脉络。我把视野拓展到整个汉代《洪范》五行学，把问题集中到经学与数术之间的互动关系，尤其是经师如何通过自己的阐释，将数术融会到新的"六艺"知识体系中。他们会遇到什么困难？又如何解决这些困难？最终，我提炼出"异质性知识的经学化"这一总括性命题，并据此重新撰写了班固、刘向、刘歆和郑玄的相关篇章。感谢《北京大学学报》《文学遗产》《文史》《中华文史论丛》《史语所集刊》《中国史研究》《苏州大学学报》《国学研究》《华中学术》《传统文化研究》等刊物慨允发表论文部分章节，审稿人的中肯意见与责编的精心编校都为拙文增色不少。

这篇论文的起点是我的博士后出站报告，借此机会要特别感谢我的合作导师王博教授。他对于先秦两汉传世文献与出土文献掌握之精熟、理解之透彻，常让我惊叹；而他宽厚平正的人格、风趣睿智的谈吐，以及通达果决的处事方式，亦令我深深敬佩。感谢恩师袁行霈先生多年来的关爱，得幸随侍老师左右，实在是这辈子最大的幸运。唯一的遗憾是敬爱的师母杨老师于去年底离开了我们，她总是将优雅的风度和洒脱的性情那样完美地融合在一起，那慈祥的笑容，让我永远难忘。参加工作以来，我得到太多师友的帮助、提携，无论是春风化雨的鼓励，还是切中肯綮的批评，都让我深深受益，这里无法一一具名，但皆感铭在心！感谢中国博士后科学基金、教育部人文社科基金和国家社科基金对本研究的资助，论文在成果鉴定中侥幸获评"优秀"，对我是很大的鼓励。感谢家人、朋友们对我工作的支持，女儿出生后不久就遭遇疫情，生活不断被按下中止键、倒带键、复位键、快进键，以往平滑流畅的时空维度不断被折叠、挤压、翻转，书中不少篇章就是在这种状态中完成的。本书的研究对象是灾异，身处这场史无前例的大疫，也让我对灾害有了更真切的体会。感谢北大出版社马辛民编审和责任编辑魏奕元老师,他们给一个青年学者从事的冷门研究以大力支持,让我真切地感受到学术的尊严。感谢北大,小书得以在留校工作的第十年出版,就算是我交给老师们一份迟到的作业吧。

2023年2月6日,癸卯月初圆

京西肖家河